Les Églises De Gand: Eglise Cathédrale De Saint-Bavon

by Philippe Augustin Chrétien Baron Kervyn De Volkaersbeke

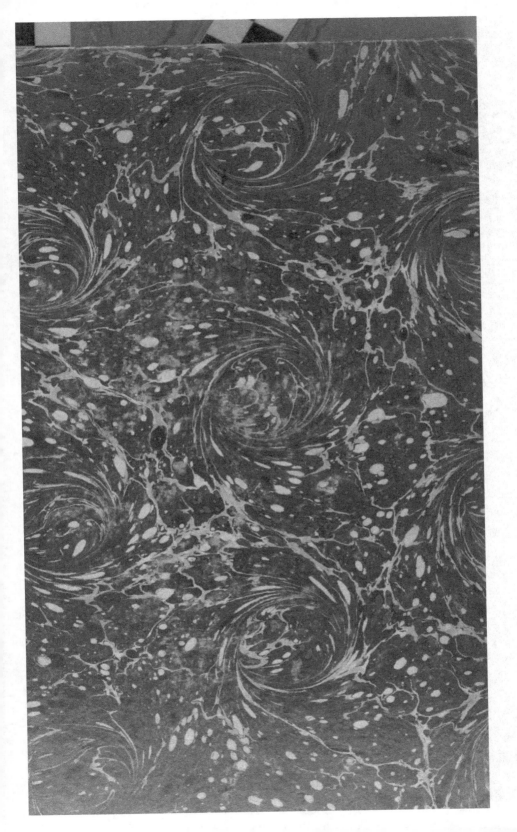

PROSPER·CLAEYS

1534

BVTEN·DE·TVRRE=
POORTE·GHENDT

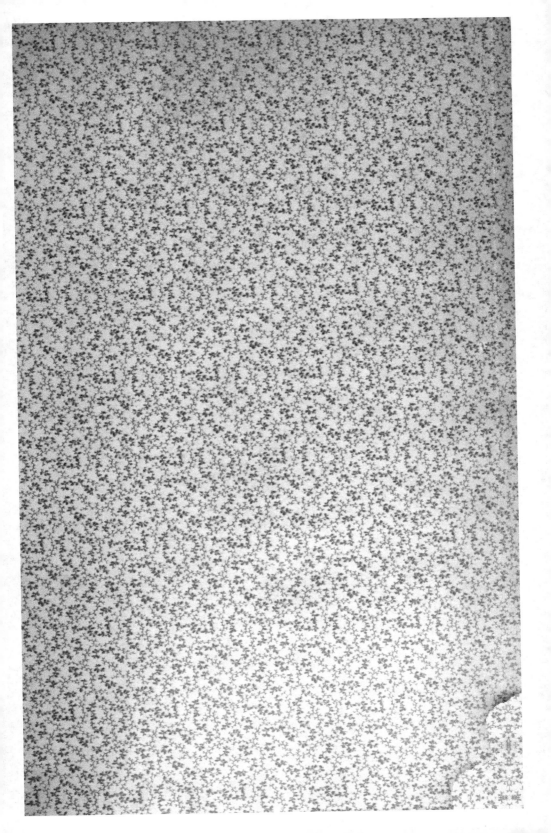

18 5.

OUVRAGES DU MÊME AUTEUR :

HISTOIRE GÉNÉALOGIQUE ET HÉRALDIQUE DE QUELQUES FAMILLES DE FLANDRE. In-folio, Gand. — Grandes planches, coloriées et dorées, avec texte gravé.

DOCUMENTS HISTORIQUES INÉDITS CONCERNANT LES TROUBLES DES PAYS-BAS de 1577 à 1584, avec des notes biographiques et historiques, une introduction et des fac-simile. 2 vol. in-8°. Gand, 1849.

JOYEUSE ENTRÉE DE L'EMPEREUR MAXIMILIEN I, A GAND, en 1508 (description d'un livre perdu). Grand in-8°, avec une gravure. Gand, Bruxelles et Leipzig, 1850.

LES BORLUUT DU XVI° SIÈCLE (IMPORTANCE DES ARCHIVES PRIVÉES). Grand in-8°. Anvers, 1851; tiré à 100 exemplaires.

VERSLAG VAN 'T MAGISTRAET VAN GENT nopens de godsdienstige beroerten aldaer, loopende van den 30 juny 1566 tot den 30 april 1567, gevolgd door talryke bewysstukken. Gent. — Publié dans la collection de la *Société des Bibliophiles flamands*, et tiré à 138 exemplaires.

LES BIBLIOPHILES FLAMANDS. LEUR HISTOIRE ET LEURS TRAVAUX. Grand in-8°, orné de deux gravures. — Tiré à 200 exemplaires, dont 137 sur papier vélin satiné, 38 sur papier fort de Hollande et 25 sur papier vélin fort.

LE SONGE D'UN ANTIQUAIRE, nouvelle fantastique. In-12. Gand, avec une gravure.

CANTATE PATRIOTIQUE, composée à l'occasion du séjour de S. M. le Roi et de la Famille royale à Gand, en 1853. Musique de M. Charles Miry.

HYMNE SACRÉE. Musique de Charles Miry.

CORRESPONDANCE DE FRANÇOIS DE LA NOUE, surnommé Bras-de-Fer, accompagnée de notes historiques et précédée de la vie de ce grand capitaine. In-4° et in-8°. Gand, 1854.

BIOGRAPHIES. — Le baron de Reiffenberg. — Félix Bogaerts. — Helias d'Huddeghem. — Le dernier comte de Thiennes.

LES ÉGLISES

DE GAND.

I.

ÉGLISE CATHÉDRALE DE SAINT-BAVON.

PROPRIÉTÉ.

—

LES
ÉGLISES
DE
GAND,

PAR

KERVYN DE VOLKAERSBEKE.

Les démolisseurs sont nombreux ,
Les bons architectes sont rares.
BARON DE STASSART, *Fables*.

TOME PREMIER.

ÉGLISE CATHÉDRALE DE SAINT-BAVON.

GAND,
CHEZ L'ÉDITEUR L. HEBBELYNCK, IMPRIMEUR ET LITHOGRAPHE,
rue des Peignes, 6.
—
1857.

AVANT-PROPOS.

———

Aucun pays, si toutefois on en excepte l'Italie, ne possède de plus riches ni de plus beaux produits des arts que la Belgique. Cette vérité est reconnue par tous ceux qui ont étudié l'histoire des divers peuples de l'Europe. Son école de peinture, sœur aînée de celle d'Italie, exerça dès le XIV° siècle une influence prodigieuse sur les autres nations qui l'admiraient et qui venaient lui demander de les initier aux merveilleux secrets de ses grands maîtres. « C'est aux frères VAN EYCK — dit le comte de Laborde, dans son remarquable ouvrage : *La Renaissance des Arts à la cour de France* — que nous dûmes de sortir entièrement des voies conventionnelles. Guidés par ces puissants talents, nous adoptâmes leur principe, l'imitation de la nature et leurs moyens matériels si habilement perfectionnés, la peinture à l'huile. Les Flandres étaient alors par le voisinage, par la parenté de leurs souverains et des nôtres, tout aussi françaises que la France, plus françaises que la Bretagne et la Guienne. Leur industrie merveilleuse, leurs richesses exubérantes, le luxe de leurs princes et les malheurs qui bientôt frappèrent la France, durent rendre plus puissante encore cette influence. D'ailleurs, à la fin du XIV⁰ siècle, où trouver d'autres modèles? L'Italie sommeillait encore au milieu des trésors amoncelés par l'antiquité; l'Espagne, l'Allemagne et l'Angleterre n'avaient pas un artiste de valeur; nous suivîmes les Flamands dans leur résurrection surprenante, mais nous les suivîmes en faisant quelques réserves qui nous permirent de rester Français dans nos imitations. »

Ces paroles extraites d'un livre du plus haut intérêt, dû à la plume d'un savant dont l'autorité en matière d'art n'est contestée par personne, prouvent une fois de plus l'importance de notre ancienne École de peinture, et les droits de nos grands peintres à la reconnaissance de leur patrie.

Comment la postérité, si souvent oublieuse des faits dont elle hérite, s'acquittera-t-elle envers ces hommes dont le génie l'a dotée de tant de chefs-d'œuvre divers? Leur élevera-t-elle des statues plus ou moins colossales; ou bien, inscrira-t-elle leurs noms sur le frontispice d'un monument que la moindre commotion politique peut abattre sans en laisser subsister de traces? Non, cette manière de rendre hommage au génie est incomplète si l'on n'entoure les œuvres qu'il a créées, du respect et de la vénération dont elles sont dignes.

Combien de souvenirs précieux pour l'histoire et les arts n'avons-nous pas perdus au milieu des orages politiques qui ont si souvent bouleversé notre pays, lorsque la multitude abrutie et possédée du démon de la destruction se ruait furieuse sur nos monuments les plus chers?

Cependant, les tempêtes populaires, quelque terribles qu'elles soient, ne sont pas les seuls périls que les arts aient à redouter. Il en est d'autres d'autant plus sérieux qu'on ne les aperçoit que lorsqu'ils ont déjà produit leurs désastreux effets. De ce nombre est l'ignorance, ennemie naturelle des arts et qui devient implacable lorsque la cupidité l'accompagne. C'est par elle que notre imposante et riche cathédrale a vu mutiler, en 1817, la plus belle et la plus vaste composition des frères Van Eyck, *l'Adoration de l'Agneau sans tache,* dont six panneaux ornent aujourd'hui la galerie du roi de Prusse; et c'est encore par elle qu'Anvers s'est vu enlever le célèbre *Chapeau de paille* de Rubens; sublimes et inimitables créations du génie, que la Belgique a perdues sans espoir de les reconquérir jamais.

Il existe encore un autre danger que nous ne pouvons passer sous silence, notre ancienne École de peinture y est particulièrement exposée : c'est celui de tomber entre les mains perfides de ces prétendus restaurateurs qui gâtent ou détruisent impitoyablement tout ce qu'ils touchent. « Cette espèce de *nettoyeurs* — dit Descamps — s'étend et augmente tous les jours; je voudrais que les magistrats défendissent de toucher, sans leur permission, aux ouvrages placés en public, et qu'on fût certain du mérite de ceux à qui on les confie; ce serait le moyen de conserver des productions qui intéressent ceux qui aiment les arts, et qui servent de modèles à ceux qui les étudient (1). »

(1) J. B. Descamps, *Voyage pittoresque de la Flandre et du Brabant.*

Ce vœu exprimé par Descamps en 1769, a été réalisé par l'institution de la Commission royale des monuments et par les comités provinciaux, qui veillent à la conservation des richesses artistiques et archéologiques que la Belgique possède.

C'est surtout au zèle et à l'activité de M. le comte de Beauffort, président de la Commission royale, que nous devons de pouvoir admirer aujourd'hui tant d'œuvres précieuses pour les arts et l'histoire, oubliées ou enfouies dans les localités les plus ignorées de la Belgique.

La constante sollicitude que le Gouvernement a mise à sauver, autant qu'il était en son pouvoir, les débris épars des travaux de nos pères, a eu pour effet d'inculquer partout, en même temps que le respect pour ces glorieux souvenirs, le désir de les étudier et de les imiter.

Les églises richement dotées de chefs-d'œuvre inspirés par l'esprit sublime du christianisme, sont des sources fécondes auxquelles nos jeunes artistes viennent puiser la science. C'est ainsi que le génie de l'ancienne École flamande se reflète dans les principales productions de l'École moderne (1).

___

(1) Partout le haut clergé prend l'initiative pour rendre à l'art chrétien son caractère sévère et religieux. En France, l'évêque de Langres publie son importante lettre pastorale sur la restauration des églises. Pendant le courant du mois de septembre 1856, l'association pour l'art chrétien, instituée par Pie IX, se réunit à Cologne; plus de cinq cents représentants de toutes les parties de l'Allemagne s'y rendent pour resserrer les liens entre les arts et la religion et les ramener à leur pureté primitive, alors qu'ils s'inspiraient du sentiment de la foi. Dans cette assemblée, d'éloquents et savants prélats prennent la parole; Son Éminence le cardinal de Geissel, archevêque de Cologne, indique avec une clarté remarquable les causes de la décadence des arts chrétiens et les moyens de les relever.

Tous les temples religieux de la Flandre possèdent des tableaux d'un ou de plusieurs peintres qui ont illustré les Pays-Bas au XVII° siècle. La ville de Gand surtout, malgré les pertes qu'elle a essuyées pendant les révolutions, renferme encore les plus belles toiles dues au pinceau des Van Eyck, des Vander Meeren, des Otho Venius, des Pourbus, des Jordaens, des Rubens, des Van Dyck, des Rombouts, des Janssens, des Quellin, des Bockhorst, des Seghers, des Van Thulden, des Roose, des De Crayer, des De Cleef, des Franck, des Van Uden et de bien d'autres, qui furent la gloire de l'art flamand. Les églises de Gand sont de splendides musées où nos artistes modernes trouveront toujours de grands et admirables modèles à suivre.

Cependant, tous les tableaux qui ornent ces magnifiques galeries du catholicisme, ne sont pas également connus et plus d'un nom illustre qui jeta de l'éclat sur la brillante phalange des peintres de l'ancienne école est à peine cité par les auteurs qui se sont occupés de nos églises. *Descamps, Mensaert, De Goesin* et *Auguste Voisin* n'ont donné que des aperçus généraux et souvent inexacts des monuments religieux qu'ils ont décrits. Ils n'ont pas fait ressortir, autant qu'ils le devaient, les qualités artistiques des peintres ou des statuaires dont ils avaient à juger les œuvres. Ils auraient pu mieux initier leurs lecteurs au sujet que l'artiste avait à traiter, pour leur inspirer le sentiment que le peintre éprouva lui-même lorsqu'il mit la main à l'œuvre. La parfaite connaissance du sujet facilite l'appréciation du travail de l'artiste.

L'histoire des églises de Gand était donc à faire. Si

nous avons osé l'entreprendre, c'est parce que les fasci-
cules que nous avons publiés dans le *Messager des Sciences* (1) ont rencontré la sympathie de ceux qui se dévouent
à l'étude des arts et qui s'intéressent à la conservation de
nos vieux édifices, glorieux débris d'un passé où le présent, malgré sa prétention au progrès, trouve de grandes
et utiles leçons à suivre; c'est parce que des mines abon-
dantes et inexplorées nous ont été confiées avec une courtoisie extrême. Grâce à l'obligeance de Sa Grandeur
Monseigneur Delebecque, évêque de Gand, les impor-
tantes archives de la cathédrale nous ont permis d'écrire
l'histoire de l'église de Saint-Bavon, en nous appuyant
sur l'autorité de pièces authentiques et inédites. C'est à
ce dépôt qu'appartient le curieux mémoire de Corneille
Breydel. Il suffit de parcourir les sommaires de ce factum
pour se convaincre qu'il est de nature à jeter un jour nouveau sur les événements qui ensanglantèrent les Pays-Bas
au XVI° siècle (2).

Messieurs les curés ont aussi des droits à notre reconnaissance. Ils se sont empressés de nous introduire dans
les dépôts d'archives des églises paroissiales. Nous y avons
trouvé des renseignements importants et bien certainement inconnus, sur la plupart des œuvres d'art qui font
aujourd'hui l'admiration de ceux qui visitent nos temples
catholiques.

Ces archives, que la révolution française de 1793 a si
impitoyablement dispersées, mais qu'elle n'a pu détruire

(1) V. année 1851, p. 321, 329 et 441; année 1852, p. 265, et année 1854, p. 1.
(2) V. les PIÈCES JUSTIFICATIVES, n° IV.

comme tant d'autres souvenirs d'un passé qu'elle cher-
chait vainement à faire oublier, ces archives ont été pour
nous une mine féconde que nous avons explorée avec
tout le zèle, toute la persévérance que le désir de jeter
un peu de lumière sur l'histoire de l'art peut inspirer.

C'était surtout des *résolutions* et des *comptes* des conseils
de fabrique que la vérité devait jaillir. « Les comptes —
dit M. de Laborde — sont les documents les plus expli-
cites, les moins contestables; ils consignent le fait, l'en-
registrent parce qu'ils le payent, mais ils ne l'ont payé
qu'après avoir régulièrement constaté par témoin, affirmation et quittance, qu'il est dûment accompli. Quelle autre
source d'informations porte avec elle plus de certitude ?
je n'en connais aucune ; car je vois des chroniqueurs se
tromper quand ils ne se vendent pas, les chartes mentir
dans tel ou tel intérêt ; quant aux médailles, n'en avons-
nous pas frappées d'avance pour telle victoire que le Dieu
des batailles a tournée en défaite ! La critique, il est vrai,
vient au secours de l'érudition ; mais, dans les comptes,
elle n'a rien à voir ; ce qui est payé est un fait accompli,
désormais acquis à l'histoire (1). »

Il est impossible de donner une définition plus exacte
et plus complète d'un acte dont l'authenticité est incontestablement établie. Que de fois n'avons-nous pas eu
occasion d'en vérifier la justesse !

Les comptes étant la preuve la plus forte, la plus irré-
cusable que l'on puisse fournir, nous les avons compulsé
avec soin et nous reproduisons textuellement dans notre

(1) COMTE DE LABORDE, *Les Ducs de Bourgogne.*

travail, les articles dont nous invoquons l'autorité. Quelque arides que soient ces citations, elles seront lues avec intérêt, car, « les comptes embrassent la vie publique et privée; ils trahissent les forces de l'État et les faiblesses des individus (1). »

Des collections privées nous ont également été ouvertes; nous nous faisons un devoir de les signaler chaque fois qu'elles nous fournissent un renseignement utile.

Les ouvrages imprimés auxquels nous avons eu recours, sont nombreux. Les anciens chroniqueurs, les historiens et les iconographes ont été consultés et maintes fois nous avons eu occasion de rectifier des erreurs. Mais, c'est principalement dans les auteurs modernes qui travaillent avec une noble ardeur à répandre la lumière sur l'histoire nationale et à exhumer de la tombe de grands noms oubliés, que nous avons trouvé les guides les plus sûrs pour arriver à la connaissance de la vérité. Comme eux, mais dans la mesure de nos moyens, nous apportons une pierre au monument qu'ils élèvent à toutes les gloires de notre belle patrie.

Gand, le 30 novembre 1856.

(1) Comte de Laborde, *Les Ducs de Bourgogne*.

ÉGLISE CATHÉDRALE

DE

SAINT-BAVON.

———◦◦●◦◦———

Dans la sévère et terrible sentence que Charles-Quint prononça le 30 avril 1540 contre les révoltés de Gand, l'empereur irrité s'exprimait ainsi : « Réservons et déclairons de faire démolir et abatre aucunes vieilles portes, tours et murailles non nécessaires à nostre ville, dont ferons la spécificacion endedens huit jours; pour les matériaulx en procédans estre employés au chasteau encommencye au castel de sainct Bavon, en ceste nostre dicte ville » (1).

En effet, peu de jours après la promulgation de cette sentence, les vieilles murailles de l'abbaye de Saint-Bavon, que six siècles avaient respectées, tombèrent sous la sape et la hache des démolisseurs.

(1) Dans les PIÈCES JUSTIFICATIVES, nous publions sous le N° IV un document inédit de la plus haute importance, non seulement pour l'histoire de la cathédrale, mais encore pour celle de l'abbaye de Saint-Bavon, de la Prévôté qui lui succéda, et même pour celle de la ville. Les §§ 4, 5, 6 et 7 de la partie française se rapportent à la révolte des Gantois en 1539 et à la création du chapitre de l'église collégiale de Saint-Bavon.

Une citadelle formidable destinée à maintenir les Gantois sous l'obéissance impériale, allait surgir de terre à la place même où saint Amand avait fait retentir des paroles de paix et de pardon, en apportant la lumière du christianisme aux peuplades sauvages et idolâtres de la Flandre.

Aujourd'hui la redoutable forteresse est rasée ; il n'en reste plus de vestiges ; mais, au milieu de la plaine qu'elle occupait naguère, on voit encore quelques débris de l'ancienne abbaye, ruines imposantes et sacrées échappées à la fureur destructive du temps et des tempêtes humaines.

Cependant Charles-Quint ne s'était pas emparé de ce monastère sans indemniser largement les moines qui devinrent les premiers chanoines du chapitre de la nouvelle église collégiale de Saint-Bavon. Luc Munich échangea la dignité abbatiale contre le titre de Prévôt du chapitre, en conservant pour lui et ses successeurs toutes les prérogatives, immunités, droits et dignités dont il avait joui. Le Prieur de l'abbaye devint Doyen, le Prévôt Chantre, et le Prévôt de Papingloo Écolâtre du chapitre.

L'église paroissiale de Saint-Jean où l'empereur avait reçu le baptême, fut choisie pour devenir la résidence de la nouvelle institution religieuse.

« L'abbaye fut abandonnée le 12 mai 1540 — dit un écrivain moderne (1). — Les chanoines, ayant à leur tête Charles de Croy, transportèrent les reliques de leur antique monastère à la collégiale de Saint-Jean, qui avait été placée sous l'invocation de saint Bavon. Le curé de Saint-Jean ne se laissa pas déposséder sans résistance : il s'opposa si énergiquement avec ses marguilliers et ses paroissiens à cette mise en possession, que les chanoines

---

(1) A. Van Lokeren, *Histoire de l'abbaye de Saint-Bavon et de la crypte de Saint-Jean, à Gand*, p. 172. Gand, L. Hebbelynck, 1855; in-4°.

durent avoir recours à l'intervention de l'empereur, qui maintint sa première décision, et confirma de nouveau l'attribution du spirituel et du temporel sur cette église, en faveur du chapitre, en dédommageant le curé par le don de la moitié d'une prébende, et ses deux vicaires, par l'autre moitié. Ce dédommagement ne contenta cependant pas les fabriciens de l'église de Saint-Jean; ce ne fut qu'en 1547 que ces difficultés furent terminées par une transaction, par laquelle le chapitre s'obligea à lui payer une somme de 1000 florins, et annuellement 100 livres de gros.

» En suite d'un arrangement conclu entre la reine douairière de Hongrie et le prévôt Luc Munich, l'empereur s'était réservé la collation des douze prébendes de chanoines, siégeant à droite du chœur; celles à gauche étaient à la nomination du prévôt. Ceux de droite se nommaient alors : Josse Arents, Laurent Boele, Jean Uutenhove, Antoine Andries, Alexandre Van Vaernewyk, Jacques Damman, François Van der Gracht, Liévin Van Dixmude, George De Backere, Bartholomé Wielandt, Antoine Perrenot (cardinal de Granvelle dans la suite) et Wautier Van der Gracht. Les chanoines de gauche étaient Guillaume Van Hove, Charles Van Poucke, Martin Van Huele, Denis Van Vaernewyc, Guillaume Van den Eecke, Jean Mayo, Herman Van Gauda, Liévin Megank, Baudouin Van der Meere, Jean De Vos, Nicolas d'Yve et Roger Pothée.

» Tous les anciens moines de Saint-Bavon ne furent cependant pas dotés d'une prébende; car sur la réclamation de l'un d'eux, Nicaise Van Male, le grand Conseil de Malines approuva un arrêt du Conseil de Flandre, qui avait reconnu ses droits à une pareille prérogative. »

Parmi les nombreux documents concernant la translation du chapitre à l'église paroissiale de Saint-Jean, que les archives de la cathédrale possèdent, on trouve une pièce fort intéressante.

C'est l'acte daté de Bruges du 10 juillet 1540, par lequel l'empereur accorde au chapitre de la collégiale les mêmes priviléges, libertés, franchises, immunités, droits, coutumes, usages et exemptions dont l'ancienne abbaye avait joui. De là vient la qualification de « chapitre exempt de Saint-Bavon » que cette institution a conservée jusqu'à ce jour (1).

Il n'entre pas dans notre plan de raconter les diverses péripéties qui précédèrent la suppression de l'antique monastère fondé par saint Amand, l'auteur de l'*Histoire de l'abbaye de Saint-Bavon* a rempli cette tâche avec la plus scrupuleuse exactitude. Il a dissipé les nuages qui enveloppaient le berceau de la puissante corporation religieuse. Il a fouillé la terre et il a interrogé les fondements de ces vieilles murailles. Les tombes de pierre se sont ouvertes et elles lui ont montré les ossements blanchis des premiers moines contemporains peut-être de saint Liévin, de saint Machaire, de saint Bavon, de Florbert ou d'Éginard.

Après la translation du chapitre, l'église de Saint-Jean fut placée sous le vocable de Saint-Bavon et devint plus tard la belle et célèbre cathédrale que nous allons essayer de décrire.

ASPECT GÉNÉRAL DE LA CATHÉDRALE.

La première pensée qui nous vient à l'esprit après avoir contemplé ce vaste édifice religieux, est celle-ci : à quelle époque appartient-il et par qui a-t-il été élevé?

A ces deux questions la réponse est facile, grâce aux sources précieuses que nous avons à notre disposition.

Disons d'abord que l'antique chapelle de Saint-Jean-Baptiste,

(1) V. les Pièces justificatives, Nos I et II.

dont nous reparlerons en visitant la crypte, remonte au Xe siècle;
qu'en 1228, le corps échevinal héréditaire des Trente-Neuf fit
bâtir le chœur et les nefs latérales, dont les piliers subsistent
encore aujourd'hui; et que cet édifice n'était pas encore achevé
à l'époque où il devint la collégiale du nouveau chapitre institué
par Charles-Quint.

Si nous ouvrons le *Memorieboek der stad Ghent*, ouvrage important pour l'histoire nationale (1), nous y voyons qu'en 1461,
on jeta les fondements de la tour de l'église de Saint-Jean et
que le 25 mai 1462, Philippe Conrould, abbé de Saint-Pierre,
posa solennellement la première pierre de cette magnifique construction qui allait s'élever rapidement dans les airs et dominer
ses rivales.

Peu de temps après, l'empereur ajouta aux subsides que la
fabrique de l'église avait obtenus, un don de quinze mille couronnes italiennes pour terminer les travaux (2).

Le contrôle de l'emploi de ces fonds était confié à trois commissaires désignés par l'empereur, savoir : Adrien de Croy, le

---

(1) Le *Memorieboek der stad Ghent van 't jaer* 1301 *tot* 1793, est publié par les soins
de M. Polidore Van der Meersch dans la collection des *Bibliophiles flamands*.

(2) M. DE GOESIN donne à la couronne italienne, qui était d'or, une valeur de 43 sols,
tandis que dans les comptes de l'emploi des fonds on ne lui donne qu'une valeur de
56 sols, comme le prouve l'extrait suivant :

« Ontfaen vanden eersamen Guillae. van Walewyck, bailliu vanden lande van Waes,
» ende gheeomiteert ten ontfanghe ende distributie vande xv^m Italiaensche croonen, te
» xxxvi stuvers stick byden K. M^t ghegheven ter hulpe van het opmakene vande ede-
» ficie vande kercke van Sint-Jans by den Bandt, vanden eersamen Jan de Hertoghe,
» ontfangher generael van Oost-Vlaenderen, betalende vuer den selven Walewyck, de
» somme van vierhondert viermael twintich seven ponden elleven scellinghen vier pen-
» ninghen gr. van XL gr., die de voors. Guillae. van Walewyck schuldich ende tach-
» tere es geblevene by slote van zynder rekeninghe ghedaen voor commissarissen van
» Zynder M^t, ter causen vander selve XV^m croonen. Dus hier de selve IIII^c IIII^{xx}
» VII lib. XI sch. III d. gr. »

comte de Rœulx, gouverneur de Flandre et d'Artois, le comte de
Lalaing et Louis de Flandre, seigneur de Prat (1).

Le 23 décembre 1550, on mit les travaux en adjudication.
Le cahier des charges stipulait entre autres clauses, que l'édifice
devait être achevé à la Saint-Jean 1552, et que l'entrepreneur ne
pouvait employer que la pierre de taille provenant des carrières
de Belsbeersch, de Lede, d'Oosterzeele, de Vlierzeele ou de Baeleghem (2).

Un plafond lambrissé de bois abritait le chœur. Ce ne fut qu'au
XVIIe siècle que l'on construisit la voûte actuelle. Le *registrum
contractuum*, reposant aux archives de la cathédrale, contient un
acte passé entre la fabrique de l'église et l'entrepreneur, par lequel
ce dernier s'engage à remplacer l'ancien plafond par une voûte.
Ce document stipule que ledit entrepreneur sera tenu d'effectuer
les travaux sans détériorer le maître-autel, la clôture du chœur,
les stalles, le jubé et les autres ornements; qu'il enlèvera les
fermes ou charpente du plafond et les remplacera par d'autres
semblables à celles du jubé. Une autre clause l'obligeait à livrer,
alle de ogyven dienende tot vyf cruicen ende huyne, etc., ce qui
prouve qu'à cette époque le nom d'*ogive* était donné aux arêtes
des voûtes et non à une forme architectonique.

Comme dans la construction de l'édifice on ne pouvait se servir
que de matériaux provenant des carrières indigènes, de même
l'entrepreneur s'obligeait à n'employer que des briques fournies
par les briqueteries de Hollande ou d'Armentières.

Quant à l'ensemble du monument, laissons à un savant ar-
chéologue belge, M. Schayes, le soin d'en donner la description
technique.

(1) Les comptes de l'emploi des fonds reposent aux Archives provinciales de la
Flandre orientale.
(2) V. les PIÈCES JUSTIFICATIVES, no III.

« L'église de Saint-Bavon, une des belles et des plus grandes églises gothiques de la Belgique, est, comme d'ordinaire, bâtie en croix latine. Deux rangs de colonnes à nervures prismatiques réunies en faisceaux la partagent en trois nefs. A la place du triforium de la nef centrale et des transepts, il n'existe qu'une simple balustrade en fer. Le chœur, construit au-dessus de la crypte, et dont le sol est beaucoup plus élevé que celui de la partie antérieure de l'église, est soutenu par des colonnes cylindriques, couronnées par des chapiteaux à volutes ou feuilles recourbées. La galerie au-dessus de ce premier ordre se compose d'une suite d'arcades géminées à ogives tréflées et inscrites dans un arc ogival majeur. Elle est surmontée de grandes et belles fenêtres de style rayonnant, divisées chacune par trois meneaux couronnés de rosaces. Les fenêtres qui éclairent le devant du chœur et la grande nef, présentent des ogives très-évasées, sans subdivisions, et dont la largeur égale presque la hauteur. Les extrémités des transepts sont percées de deux vastes fenêtres de style flamboyant. Le chœur et ses collatéraux ont des voûtes en tiers-point et à nervures croisées; celles des nefs et de la croisée sont à cintres surbaissés et ornées de compartiments prismatiques. De nombreuses chapelles s'élèvent le long des bas-côtés de la grande nef et du chœur. Le rond-point de l'église est marqué par la chapelle de la Vierge, d'une étendue assez grande, et séparée du chœur par des colonnes cylindriques. Le grand portail de l'église, au bas de la tour, offre, comme celui de l'église de Saint-Michel, un porche profond à voussures cannelées, et surmonté d'une plate-forme bordée d'une balustrade à quatrefeuilles encadrées (1). La tour, d'un beau style et construite dans des

---

(1) Au-dessus de la porte, on plaça le 16 octobre 1637, la statue de saint Bavon, due au ciseau de *Guillaume Huge*. Quant aux autres statuettes qui décorent actuellement la façade de la cathédrale, elles ont été posées en 1845 aux frais du gouvernement; elles sont l'œuvre du sculpteur *Van den Bogaert*.

proportions très-élégantes, se compose de trois divisions ou éta-
ges percés de quatre rangs superposés d'ouvertures lancéolées à
archivoltes hérissées de crochets et couronnées d'un panache. Les
deux premières divisions sont de forme carrée; la troisième présente un octogone flanqué aux angles de quatre contreforts isolés,
liés à la tour par des arcs-boutants. La plate-forme qui termine
aujourd'hui la tour à une hauteur de 272 pieds, portait autrefois
une belle flèche en bois, qui fut consumée par la foudre en 1603.
Les autres parties extérieures de l'église de Saint-Bavon n'offrent
rien de remarquable. Les murs des nefs et du chœur ne sont
soutenus que par de simples piliers-butants, et n'ont pas de ba-
lustrades à la hauteur du toit. Ces dernières n'existent que sous
le galbe des transepts, qui sont encadrés par de longues et minces
tourelles octogones » (1).

Deux tourelles surmontent également les angles de la façade
principale; celle de droite, située vers le nord, fut abattue par le
vent en février 1662, et reconstruite un an après, en même temps
que la voûte intérieure du grand portail.

Maintenant que nous avons jeté un regard sur l'ensemble de
l'édifice, commençons la revue détaillée de toutes les richesses
artistiques qu'il renferme.

Grand Portail intérieur.

Une large fenêtre qu'un splendide vitrail ornait jadis, répand
la lumière dans cette partie de l'église.

Au centre, en face de la grande nef, on remarque dans une
niche de granit, la statue du *Sauveur* et à sa droite, celle de la
Vierge Marie (2) au-dessous de laquelle on lit :

(1) A. G. B. Schayes, *Mémoire sur l'architecture ogivale en Belgique.*
(2) Les comptes de la confrérie de N. D. aux Rayons font mention d'une statue de
la Vierge, qui pourrait bien être celle dont nous nous occupons. On y trouve :

AMORI ÆTERNO
ET
GERARDO DE BLASERE (1);
QUI GENERE NOB. STUDIO IURISC.
DIGNITATE CANON. HUJUS ECCLESIÆ
ROMÆ ABREPTUS MORTE PRÆMATURA
SUI DESIDERIUM RELIQUIT PATRIÆ
ANNO M. DC XVII ÆTATIS XXIIII NOVEMB. XX.

Quartiers :

Blasere. Bette. Le Poyvre. Bette.

A gauche de la statue du *Sauveur*, est celle de *Saint-Jean-Baptiste*.

Le socle porte cette inscription :

D. O. M.
ET MEMORIÆ NOBILIS AC VENERABILIS VIRI
JOANNES-BAPTISTÆ BAERT (2),
I. U. LICENCIATI,
CANONICI HUJUS ECCLESIÆ, ET OFFICIALIS
GANDAV., QUI OBIIT 11 MARTII 1627.

Quartiers :

Baert. Vanden Heetvelde. De Mares. Anderlecht.

Ces statues sont de pierre, comme celles des quatre Évangélistes qui décorent les murs latéraux, et nous ne pouvons que regretter de les voir badigeonnées.

Sous celle de *Saint-Jean*, on lisait autrefois, car les lettres sont entièrement effacées, une inscription destinée à rappeler la mémoire du chanoine Jean de Vos, mort en 1731.

Betaelt voor onze L. Vrouwe beldt staende onder den torre aen mr *Jacques Cock* den 14e mey 1636. . . . . XX sch. gr.
Aen mr *Nicolais Roose* om het beldt van onze L. Vrouwe te schilderen. VIII sch. gr.
Aen Pr. Nicasius voor de moluere te vergulden . . . . VI sch. gr.

(1) Les armoiries de DE BLASERE sont : d'argent au chevron de gueules, accompagné de trois huchets de sable, virolés d'or.

(2) Les armoiries de BAERT sont : de gueules, au chevron d'argent, accompagné de trois étoiles d'or; au chef de même, à un lion passant d'azur, armé et lampassé de gueules.

2

Sous celle de *Saint-Luc* :

D. O. M.

ET

MEMORIÆ

R. D. JACOBI RICARDT (1),

HUJUS ECCLESIÆ CANONICI

QUI RESEDIT XL ANNIS ET VARIIS MUNIIS PERACTIS

BENEFICIT ECCLESIÆ

ERECTO HOC S. LUCÆ SIMULACHRO

OBIIT ANNO M DC XLVII NONIS MARTIYS :

HUIC BENE PRECARE.

Sous celle de *Saint-Marc* :

D. O. M.

R. AC VENERABILI D.

D. PHILIPPO SYLVIO (2),

HUJUS ECCLESIÆ

ANNIS XXVIII CANONICO

QUI OBIIT AN. ÆTAT. LVII

M. DCXXVIII. XIX NOV.

Sous celle de *Saint-Matthieu* :

D. O. M.

NOBILI VIRO

GERARDO DE NEBRA (3),

PROTONOTARIO APOSTOLICO

PRESBYTERO ROMANO

I. U. LICENCIATO,

H. E. CANONICO DICATUM.

Quartiers :

De Nebra. d'Altorf. De Croix, dit Bourguignon. Fispe.

(1) Les armoiries de RICARD sont : Écartelé; au premier et quatrième d'or, à une autruche de sable tenant dans le bec un fer à cheval de même; au deuxième et troisième, d'azur à trois anneaux d'or garnis d'un diamant d'argent.

(2) Les armoiries de SYLVIO sont : Écartelé; au premier et quatrième, tranché de gueules et d'argent; au deuxième et troisième, d'or à deux branches écotées en sautoir de sable.

(3) Les armoiries de NEBRA sont : d'azur à l'échelle de cinq échelons d'or.

Les comptes de la fabrique de l'église de l'année 1643 révèlent que cette statue est l'œuvre du sculpteur *Jacques Cocx* (1).

Le portail de bois, sculpté dans le style de la Renaissance, porte la date de 1572.

Cette construction due à la munificence du célèbre prévôt Viglius d'Aytta de Zuichem, dont nous aurons à nous occuper plus loin, porte les armoiries de ce prélat (2). Après la suppression de l'abbaye de Saint-Bavon, le portail de l'église abbatiale avait été transporté dans la nouvelle collégiale; mais pendant les premiers troubles religieux qui désolèrent la Flandre au XVIe siècle, cette œuvre, sans doute d'une grande richesse artistique, fut brisée par les Iconoclastes et remplacée par celle que nous voyons encore aujourd'hui (3).

---

(1) Item soe heeft den rendant betaelt aen meister *Jaques Cocx*, belsnyder, twelf ponden thien sch. groot, ende dat by overcoeminghe vande eerw. heeren fabriek-meisters met den voors. sr Jaques over het maecken van eene nieuwe figure vanden apostel Mattheus die ghevallen was ende gheheel ghebrocken, achtervolgende syne quitantie in date van acht Augusti 1643. XII lib. X sch. gr.

(*Comptes de la fabrique d'église de 1643*).

(2) Les armoiries de Viglius d'Aytta de Zuichem sont : d'azur à une gerbe d'or, liée de même. La crosse abbatiale posée en pal derrière l'écu et surmontée de la mitre pontificale, le tout d'or, avec la devise : VITA MORTALIUM VIGILIA.

(3) V. les Pièces justificatives, No IV, partie flamande, litt. A et E.

CHAPELLES.

I.

Chapelle du Saint-Esprit.

Une fort belle toile, la *Décollation de saint Jean-Baptiste,* par *Gaspard De Crayer* (1), est l'unique ornement que cette chapelle possède. La *Décollation de saint Jean-Baptiste* compte à juste titre au nombre des chefs-d'œuvre de ce maitre. La tête blême du saint martyr, posée sur un plat, est effrayante de vérité et produit un contraste frappant avec la physionomie insolente et colorée du bourreau et avec le visage frais et impassible d'Hérodiade. Cette toile a été gravée par *P. Spruyt.*

Nous avons trouvé dans les archives de la cathédrale le contrat passé le 22 novembre 1657, entre les administrateurs de l'autel de saint Jean-Baptiste et le peintre De Crayer, par lequel ce dernier s'engage à exécuter ce magnifique sujet pour la somme de six cents florins. On devait lui remettre l'ancien tableau représentant *le Précurseur,* peint sur panneau par *Martin De Vos,* et

---

(1) GASPARD DE CRAYER mourut à Gand en 1669, à l'âge de quatre-vingt-sept ans. Sa dernière œuvre que la mort ne lui permit pas d'achever, le *Martyre de saint Blaise,* appartient au Musée de Gand. Ce peintre illustre fut inhumé dans l'église des Dominicains, dans la chapelle de sainte Rose. Cependant, toutes les recherches que l'on a faites en 1855 pour découvrir le cercueil renfermant les ossements de De Crayer, sont restées infructueuses. Ce peintre a habité longtemps une maison marquée n° 16, située dans la rue des Peignes.

ajouter au marché trois patacons pour une paire de gants destinés à sa femme (1).

Ce tableau demande une importante restauration.

L'ancienne famille de Gruutere, éteinte aujourd'hui, avait sa sépulture dans cette chapelle (2).

En sortant, les yeux s'arrêtent sur une ancienne peinture, d'un caractère tout-à-fait gothique; elle porte cette inscription :

MEMORIE VAN DEN EERSAEMEN PIETER VANDE VYVERE,
F° LIEVEN, DIE GEBOOREN VAN GHISELE LANDT VAN RODE WIEN
FONDATEUR PROVEN DIE BY SYNE VRIENDEN UYTGEDEELT WORDEN TOT
TACHENTIGH IN GELDE STAERS ENDE ALLE VRYDAEGEN EENE GELESEN MISSE
ENDE EEN IAERGHETYDE BINNEN DE KERCKE VAN SINTE BAEFS.
ZOO OOCK VAN GHELYCK GIFT GHESTELT HEEFT JONKVRAUWE CATHELYNE
VAN CORCELLIS, SYNE HUYSVRAUWE, ENDE GEDEELT IN SINTE
MAURITIUS KERCKE BINNEN DE STEDE VAN RYSSEL, BEGONST ANNO
DOMINI 1515.

R. I. P.

AL SOO HET SELVE VERNIEUWT DOOR DE VIER TOESIEDERS
DESER FONDATIE TE WETEN SIEUR SIMOEN HYNDERIEXX,
SIEUR JOANNES VAN DRIESSCHE, SIEUR PAULUS DE BRIE ENDE
SIEUR ZACHARIAS VAN DRIESSCHE, DESEN 20
SEPTEMBER 1785.

Ce fut donc vers la fin du XVIII° siècle que cette inscription funèbre fut renouvelée. Le manuscrit de M. Van Hoorebeke : *Recueil des épitaphes tant anciennes que modernes des églises, couvents, monastères, cloitres et cimetières de la ville de Gand,* t. I, p. 8, donne le texte primitif, qui diffère du texte actuel. CATHELYNE VAN CORCELLIS y est nommée CATHELYNE VAN RONCHELLES ou VAN ROCHELS.

(1) V. les PIÈCES JUSTIFICATIVES, N° V.
(2) V. l'*Histoire chronologique des évêques et du chapitre exempt de l'église cathédrale de Saint-Bavon, suivie d'un recueil des épitaphes modernes et anciennes de cette église,* par le chanoine HELLIN. Gand, 1772, p. 555.

II.

Chapelle dédiée à sainte Colette, autrefois à saint Michel.

Le rétable de l'autel renferme une toile représentant *Sainte Colette recevant du Magistrat de Gand le diplôme de la donation d'une vaste demeure, faite par une dame noble de la ville pour y établir un couvent,* par *Joseph Paelinck* (1). La composition de ce tableau est gracieuse. Les étoffes sont bien traitées, mais il est à regretter que les physionomies soient froides et sans expression.

Anciennement l'autel était orné d'un magnifique *saint Sébastien,* dû au pinceau de *Gérard Honthorst* et à la munificence du chanoine della Faille. Cette œuvre enlevée par les Français, n'a jamais été restituée.

Disons ici un mot de la sainte à laquelle cette chapelle est actuellement dédiée.

Sainte Colette naquit le 13 janvier 1381, à Corbie. Elle était enfant unique d'un charpentier, nommé Robert Boellet. Sa mère, Marguerite Moyon, avait plus de soixante ans lorsqu'elle donna le jour à cette sainte fille, dont le nom devait briller plus tard d'un vif éclat parmi les plus glorieux du catholicisme. En recevant les eaux du baptême, ses parents la nommèrent *Colette,* c'est-à-dire *petite Nicole,* à cause de leur dévotion à saint Nicolas.

Le Père Sellier, auteur de la *Vie de sainte Colette,* réformatrice des ordres de saint François, dit que la naissance miraculeuse

(1) Joseph Paelinck, né à Oostacker près de Gand, est mort à Bruxelles en 1839. L. De Bast, dans ses *Annales du salon de Gand et de l'École moderne des Pays-Bas,* Gand, 1823, un beau volume in-8°, orné de magnifiques gravures au trait par *C. Normand,* donne d'intéressants détails sur les œuvres de ce peintre. Le *Messager des Sciences historiques de Belgique* a consacré un article nécrologique à cet excellent artiste, dans le volume de l'année 1839, p. 508.

de Colette présageait la mission extraordinaire qu'elle aurait un jour à remplir. « Elle devait, comme saint Jean-Baptiste, préparer à Dieu un peuple parfait et ramener les enfants de saint François à la pratique des vertus de leur père. »

En effet, les religieux de ces ordres avaient complétement perdu de vue les règles austères prescrites par leur fondateur.

Ramener ce peuple égaré aux sentiments de ses saints devoirs, était une mission sublime que Dieu réservait à l'humble et vertueuse vierge de Corbie.

Son enfance s'écoula paisible et heureuse au milieu de pratiques de piété. Arrivée à l'âge de puberté, elle excita l'admiration générale de ceux qui l'approchaient, non seulement pour la beauté de son visage, qui avait, selon l'expression de son biographe, l'éclatante blancheur du lys, symbole de la candeur et de la pureté de son âme, mais encore pour sa haute vertu et l'esprit transcendant dont elle donna des preuves éclatantes pendant toute sa vie. Elle parlait avec une égale facilité le latin, l'espagnol, l'italien, le français et l'allemand.

Ce fut par des conférences pieuses auxquelles les auditeurs accoururent en foule, que Colette débuta dans la carrière religieuse, et ce fut aussi à dater de cette époque que les persécutions de tout genre commencèrent à l'assaillir.

Il ne nous est pas permis de suivre notre héroïne jusque dans les moindres détails de sa vie. Contentons-nous d'indiquer les époques les plus mémorables de sa carrière, jusqu'au moment où elle arriva à Gand.

Après la mort de ses parents, la sainte fille craignant les dangers du monde, se réfugia d'abord chez les Béguines, puis chez les Urbanistes et enfin chez les Bénédictines; mais aucun de ces ordres ne parut posséder les qualités qu'elle aurait désiré rencontrer dans une institution religieuse où elle voulait terminer ses jours.

En 1402, elle se dépouilla de ses biens et se retira dans un ermitage dépendant de l'abbaye de Corbie et attenant à l'église de Saint-Étienne, où elle vécut en recluse pendant plusieurs années.

Elle resta dans cette retraite jusqu'en 1406, époque de son départ pour l'Italie. Ayant reçu à Nice du pape d'Avignon, Benoît XIII (Pierre de Lune), l'investiture des fonctions de réformatrice des trois ordres de saint François, elle fonda à Besançon la maison-mère de la Réforme; puis elle parcourut les principales villes de la Savoie et du midi de la France, établissant partout des monastères soumis à la nouvelle règle qu'elle avait introduite dans l'ordre. Sa réputation de sainteté prit tant d'extension que les souverains la prièrent de se rendre dans leurs états pour y fonder ses institutions pieuses.

Voici comment le Père Sellier raconte l'apparition de sainte Colette dans la Flandre. « Cette contrée — écrit-il — qui s'est toujours distinguée par la vivacité de sa foi, n'était pas restée indifférente aux merveilles que Colette opérait partout. Dès l'année 1426, les habitants de Gand l'avaient sollicitée de venir fonder un établissement de son ordre dans leur ville. Une généreuse demoiselle, nommée Hélène Sclapper, avait concédé pour cette construction un emplacement convenable sur la paroisse de Saint-Jacques (1). Elle avait obtenu de Martin V, le 26 juin 1427, un bref qui autorisait l'érection de ce couvent. Plusieurs bourgeois des plus notables de la ville, jaloux de prendre part à cette bonne

(1) Un autre biographe flamand de sainte Colette, dit : que la donatrice s'appelait Hélène Schappers et qu'elle était veuve de Jean Van den Voerhaute. Nous ignorons à quelles sources ce biographe a puisé ses renseignements, mais nous savons qu'il n'est nullement d'accord avec DIERICX, qui dit dans le tome II de ses *Mémoires sur la ville de Gand*, p. 200 : « Quelques dévotes ou religieuses du second ordre de saint François établirent, vers l'an 1440, leur couvent au quartier aquatique, dans la rue d'Or, non loin du petit pont nommé *Hofkins-brugge*. Elles eurent pour fondatrices Hélène et Barbe Halewyn. Ce fut dans ce cloître que sainte Colette introduisit plusieurs réformes très-austères et où elle décéda en 1447. »

œuvre, avaient voulu concourir de leurs deniers à la construction de ce monastère. Les travaux furent incontinent commencés; mais il fallut bientôt les interrompre, à cause des guerres qui survinrent et pour d'autres empêchements, qui durèrent plusieurs années. Les troubles ayant cessé, les habitants de Gand renouvelèrent leurs instances; mais la sainte n'ayant pu donner de promesse que pour un temps indéterminé, les travaux ne furent pas repris. »

Après un laps de douze années, on continua la construction du couvent destiné à recevoir sainte Colette, qui arriva à Gand le 3 août 1442, accompagnée de plusieurs religieuses. Elle donna au nouveau couvent le nom de Bethléem (1): puis, elle partit pour le monastère d'Hesdin, où elle avait été appelée par le duc Philippe-le-Bon.

Sur l'ordre du pape Eugène IV, elle se rendit à Lausanne après avoir fondé un monastère à Heidelberg, pour ramener par son intervention l'anti-pape Félix V sous l'obéissance de Rome.

Le 6 décembre 1446, Colette revint à Gand. Le 26 février suivant, elle tomba malade et trois mois après, le 6 mars 1447, à huit heures du matin, elle rendit le dernier soupir, entourée de toutes ses religieuses dont elle était tendrement aimée (2). Selon ses désirs, sa dépouille mortelle fut inhumée sans cercueil dans le cimetière du couvent. Exhumés en 1492, ses ossements furent enfermés dans un cercueil de plomb et déposés dans un caveau. Les troubles qui éclatèrent à Gand, en 1577, forcèrent les religieuses à quitter cette ville livrée aux horreurs de la guerre civile.

(1) Le cloître dont il s'agit, reçut les noms suivants : *le nouveau couvent de sainte Claire*, le *couvent de Bethléem*, le *couvent des Pauvres claires* et le *couvent des Colettines* (Diericx, *Mém. sur la ville de Gand*, t. II, p. 203).

(2) Item, in dit jaer, den vi van maert, overleet hier binnen der stede van Ghent, in 't clooster van sinte Claren bachten der Vryndachmaert, suster Colette, die seer heylich gheleeft hadde (K. M.) *Memorieboek der stad Ghent, van 't jaer 1301 tot 1793*, I deel, bl. 224.

3

Ces saintes filles éplorées se refugièrent avec la dépouille mortelle de leur fondatrice, en Artois dans un monastère de leur ordre.

La Flandre étant pacifiée par Alexandre Farnèse, les Colettines rentrèrent à Gand où elles ramenèrent leurs précieuses reliques.

Joseph II, par son édit du 17 mars 1783, ayant prononcé la suppression de ce couvent, les religieuses partirent pour la France avec les reliques de sainte Colette. Protégées par la princesse Louise, fille de Louis XV, elles s'établirent dans le couvent de Poligny, où elles habitèrent jusqu'en 1790 (1).

La révolution brabançonne ayant changé de face les affaires politiques des Pays-Bas, les Colettines rentrèrent à Gand où elles reçurent l'hospitalité chez les Bernardines, à l'abbaye dite *Nonnenbossche*. La révolution française qui mit l'Europe à feu et à sang, n'ayant laissé aucune institution religieuse debout, dispersa les Colettines jusqu'en 1814.

De nombreuses aumônes leur permirent de construire un couvent près du grand Béguinage, où l'on conserve encore le manteau de bure brune ayant appartenu à la sainte réformatrice de l'Ordre. Pendant la grossesse de Marie-Louise, Napoléon fit demander ce manteau afin de le poser sur les épaules de l'impératrice et d'obtenir par l'intercession de sainte Colette l'heureuse délivrance du fruit qu'elle portait dans son sein. Le manteau revint à Gand après qu'on en eut coupé un morceau qui fut remplacé par un

---

(1) La narration du départ de Gand des Colettines et de leur arrivée en France, a été écrite dans un petit opuscule devenu fort rare, intitulé : *Histoire de l'émigration des religieuses supprimées dans les Pays-Bas, et conduites en France par M. l'abbé de Saint-Sulpice, envoyé de Madame Louise de France et du prince-évêque de Gand, pour la translation des reliques de sainte Colette, à Poligny, en Franche-Comté;* rédigée d'après les mémoires de l'abbé de Saint-Sulpice, par le R. P. ÉLIE HAREL, membre de plusieurs académies. Bruxelles, et se trouve à Paris, chez Guillot, libraire de MONSIEUR, frère du ROI, rue Saint-Jacques, vis-à-vis de celle des Mathurins. Et à Bruxelles, chez C. Le Francq, libraire, M. DCC. LXXXV, avec gravures.

autre de soie rouge. Cette particularité ajoute encore à l'intérêt que ce vêtement grossier inspire.

En 1604, le pape Clément VIII autorisa la communauté de Gand à célébrer l'anniversaire de la mort de la réformatrice. Paul V étendit cette autorisation à tous les monastères de Colettines de Belgique, et Urbain VIII, par une bulle datée de 1626, décréta que les Ordres de saint François en général célébreraient solennellement cet anniversaire. Sous le pontificat de Benoît XIV, on songea pour la première fois à la canonisation de la vertueuse abbesse; toutefois, l'autorisation de commencer l'instruction ne fut accordée qu'en 1790 par Pie VI. Les guerres qui se succédèrent et qui ensanglantèrent l'Europe pendant tant d'années, retardèrent la canonisation de Colette jusqu'en 1807. Cette imposante cérémonie eut lieu à Rome le 24 mai. Un an après, le 28 mai 1808, la même solennité s'accomplissait à Gand dans la cathédrale de Saint-Bavon, au milieu d'une affluence extraordinaire de fidèles.

Aujourd'hui les reliques de sainte Colette ne reposent plus dans la châsse de bois placée sous l'autel. Elles sont conservées dans un reliquaire dont nous dirons quelques mots en parlant de la trésorerie (1).

Le fronton de l'autel est décoré des armoiries du chanoine trésorier Maximilien-Hippolyte della Faille et de ces quatre quartiers :

Della Faille. Stechers. De la Haye. De la Cauchie (2).

Plusieurs membres de l'ancienne famille Borluut avaient jadis leur sépulture dans cette chapelle (3).

(1) V. au sujet d'un miracle de sainte Colette les PIÈCES JUSTIFICATIVES, N° VI.

(2) V. au sujet du chanoine Maximilien-Hippolyte DELLA FAILLE, l'*Histoire chronologique des évêques et du chapitre exempt de l'église cathédrale de Saint-Bavon, à Gand*, par le chanoine MELLIN, p. 167 et 551.

(3) V. idem, p. 551.

III.

Chapelle dédiée à saint Jean et autrefois à saint Cornille.

Le tableau d'autel retrace *le Baptème du Christ*, par *De Cauwer-Ronse* (1). Il est signé : **J. D. CAUWER** fit 1808.

L'antependium est orné d'un bas-relief de marbre, représentant *Saint Jean prêchant dans le désert*, par *Augustin Portois* (2).

L'ancienne famille Triest avait sa sépulture dans cette chapelle (3).

IV.

Chapelle dédiée à la Vierge Immaculée, autrefois à saint Laurent.

L'autel est orné de la statue de bois de la *Mère du Sauveur*, due au ciseau du sculpteur *Jean-Baptiste Van Biesbrouck*, de Gand.

En face de l'autel où elle figurait encore en 1855, on voit une des plus belles productions artistiques que la cathédrale possède, un tableau représentant *le Christ mort dans le giron de sa mère*, peint sur panneau par *Abraham Janssens*.

Deux anges en pleurs, des flambeaux à la main, se tiennent agenouillés à côté de la Vierge et du Sauveur. Une expression sublime de douleur et de résignation est répandue sur le beau

---

(1) DE CAUWER est mort à Gand en 1855. Voyez au sujet de ce peintre : L. DE BAST, *Annales du salon de Gand*, p. 25.

(2) AUGUSTIN-BERNARD-FRANÇOIS PORTOIS, sculpteur, né à Gand, le 17 août 1755.

(5) V. HELLIN, p. 534 et suivantes.

visage de Marie, qui contraste admirablement avec les traits colorés et attristés des anges. L'anatomie du corps et surtout du bras gauche du Christ, est fort remarquable.

Ce tableau se fend et demande une impérieuse et intelligente restauration.

Voici ce que Descamps dit de ce peintre contemporain et rival de Rubens : « Janssens — écrit-il — avait une belle manière. Ses compositions ont le feu des plus grands maîtres. Son dessin est plein de goût, sa touche facile et ressentie, ses draperies sont jetées et pliées avec choix. Une disposition admirable dans ses sujets et soutenue par une entente savante du clair-obscur, donnait de la force à ses tableaux et lui était particulière. Il était surtout grand coloriste. C'est avec des talents de cette espèce, qu'il a mérité d'être égalé aux plus habiles peintres flamands. Il aimait à représenter des sujets éclairés au flambeau. Il aimait cette extrémité du clair au grand brun, sans être noir dans ses ombres. On est surpris de l'éclat qu'il a donné à ce qui est éclairé (1). »

L'antependium de l'autel est sculpté par *Portois*.

V.

Chapelle dite : du Saint Sacrement.

Située dans le transept de l'église, cette chapelle occupe la place de l'une des deux entrées latérales que l'évêque Fallot de Beaumont supprima au commencement de ce siècle.

Elle ne renferme rien de bien remarquable, si ce n'est le banc de communion de bois de chêne, sculpté à jour et fouillé par

(1) J. B. DESCAMPS, *La Vie des Peintres*, t. I, p. 261.

un artiste dont nous avons le regret de ne pouvoir citer le nom.

Autrefois le jour pénétrait dans cette partie de l'édifice par un gigantesque vitrail peint, représentant *Philippe II et sa seconde femme Marie, reine d'Angleterre*, dans l'attitude de la prière. Derrière eux on voyait leurs patrons, saint Philippe, l'un des sept premiers diacres élus par les apôtres, et la Vierge Marie. Dans le haut du vitrail, l'artiste avait retracé un épisode de la vie de saint Philippe : le baptême de l'eunuque de Candace, reine d'Éthiopie. Dans la partie inférieure, on lisait : *Philippus Dei gratia Hispaniarum, Angliæ ac utriusque Siciliæ rex, archidux Austriæ, comes Flandriæ*, etc., *paternæ pietatis exemplum secutus, in Dei et sancti Philippi diaconi honorem et ab eo baptizati Eunuchi Candacis, reginæ Æthiopiæ, memoriam; D. D. anno MDLVI*. Ce vitrail était l'œuvre de *Michel Coxie* (1).

L'autel dédié à saint Jean-Baptiste avait autrefois sa place entre l'entrée de la crypte et l'escalier conduisant au pourtour du chœur. Cet autel était orné de la belle toile de Gaspard De Crayer, qui se trouve aujourd'hui dans la première chapelle.

Le chanoine Hellin (2) nous apprend qu'en face de l'autel contre le mur, on voyait jadis le monument élevé à la mémoire de François de Lummene, qui avait épousé en secondes noces Jeanne Hembyze, fille du fameux démagogue de ce nom, dont la tête roula sur l'échafaud en 1584. Ce monument a été transféré dans la crypte et figure dans la cinquième chapelle.

---

(1) Cette *verrière* fut exécutée en 1535, car dans les comptes de l'année 1556, on trouve un article qui se rapporte au papier que l'on employa pour calquer le patron de la fenêtre. Voici cet article : « Item, betaelt Michel Neetensone vuer den coop ende leveringhe van twee rymen groote forme papiers verorbuert *inde twee groote veysters int cruce vande patroonen af te makene om de veystere van onsen Duerluchteghe K. M¹ om den cuenic van Inghelandt*, compt per quitan. XIIII sch. VIII d° gr. »

(2) P. 529.

VI.

Chapelle dite des Prévôts, dédiée à saint Nicolas.

Le tableau d'autel à volets, représente *Jésus enseignant au temple*, par *François Pourbus*. Cette œuvre est signée : F. POURBUS INVENTOR ET PICTOR 1571.

Les panneaux intérieurs des volets représentent *la Circoncision* et *le Baptême de Notre Seigneur Jésus-Christ*, et à l'extérieur le panneau de droite représente le *Sauveur*, et celui de gauche, *Viglius d'Aytta, prévôt de Saint-Bavon*, dans l'attitude de la prière. Ces deux figures sont de grandeur naturelle.

Dans cette œuvre admirable, le peintre a introduit les portraits de Charles-Quint, de Philippe II, de beaucoup d'autres personnages considérables de cette époque et le sien même que l'on aperçoit derrière les deux monarques. De là sans doute cette grande variété de types qui donne un cachet de vérité à l'ensemble de cette belle composition. Mais rien n'est comparable aux panneaux extérieurs. La figure du Sauveur, admirable de style et de caractère, est bien certainement le chef-d'œuvre de Pourbus. C'est bien là le regard plein de bonté et de majesté divine de ce Dieu qui s'est fait homme pour racheter les péchés de l'humanité. Le portrait de Viglius, sans doute d'une ressemblance frappante, est d'une parfaite délicatesse de ton et les habits pontificaux dont l'illustre prévôt est revêtu, couverts de broderies ainsi que les autres accessoires, sont traités avec le plus grand soin.

Ce panneau porte les armoiries de Viglius, qui sont : d'azur, à une gerbe d'or, liée de même.

En face de ce chef-d'œuvre on voit le mausolée de ce grand homme non moins célèbre par ses hautes vertus que par sa science. Arrêtons-nous un instant devant le sarcophage où sa cendre repose, et jetons un rapide coup-d'œil sur une existence qui fut si utile et si bien remplie.

Viglius d'Aytta de Zuichem, célèbre jurisconsulte des Pays-Bas, naquit, le 19 octobre 1507, à Barrahuis, village situé dans la seigneurie de Zuichem, près de Leeuwarden, appartenant à la famille d'Aytta. Ses parents, Foulques d'Aytta et Ida Hania, l'envoyèrent faire ses premières études à Deventer, puis à La Haye et à Leyden, et enfin à Louvain pour y apprendre le grec et les principes de la jurisprudence. De là il se rendit à Dôle en Franche-Comté, où il se perfectionna dans la science du droit; puis il alla recevoir le bonnet de docteur à Valence, en Dauphiné, et parut avec honneur dans les assemblées publiques d'Avignon. La renommée d'André Alciat l'attira ensuite à Bourges, où cet illustre professeur lui donna sa chaire lorsqu'il s'en retourna en Italie. Viglius enseigna deux ans le droit à cette université, qu'il quitta ensuite en laissant de vifs et sincères regrets dans le cœur de ses nombreux élèves. Lorsqu'il passa en Allemagne, il fut fort bien reçu par Érasme à Fribourg; puis il se fixa à Padoue, où il interpréta les Instituts de Justinien. C'est aussi dans cette ville qu'il mit en lumière ses notes sur le titre des testaments. Enfin, après quatorze ans d'absence, il voulut revoir sa patrie. A son passage à Bâle, il y fit imprimer les Instituts grecques de Théophile, qu'il avait tirées de la bibliothèque du cardinal Bessarion, que l'on conserve au palais de Saint-Marc, à Venise. Sa réputation se répandant de plus en plus en Allemagne, plusieurs princes voulurent le voir et le consulter. En 1534, François, évêque de Munster, le créa juge de sa cour. L'année suivante, l'empereur Charles-Quint le nomma conseiller de la chambre impériale de Spire, et sept ans plus tard, Guillaume, duc de Bavière, l'honora d'une chaire de professeur à l'université d'Ingolstadt. Viglius ayant exercé ces fonctions jusqu'en 1543, la princesse Marie, gouvernante des Pays-Bas, le rappela en Flandre pour lui donner, en 1542, un siége au grand Conseil de Malines. Peu après, Charles-Quint le nomma successivement président des Conseils privé et d'État et chancelier de l'ordre de la Toison d'or (1).

Ce grand homme employa l'autorité dont il disposait si noblement à maintenir les provinces sous l'obéissance de son souverain et à tempérer autant qu'il le pouvait, la sévérité du duc d'Albe par des conseils de douceur, qui ne furent pas toujours écoutés. Enfin, touché des malheurs de sa patrie et frappé au cœur par la perte de sa femme, Jacqueline Damant, sœur germaine de Pierre, troisième évêque de Gand, et de Nicolas Damant, vicomte de Bruxelles, morte en 1552 sans enfants, il quitta la cour et embrassa l'état ecclésiastique. Le Roi le nomma coadjuteur de Luc Munich à la Prévôté de Saint-Bavon. Après la mort de celui-ci, Viglius devint le deuxième Prévôt mitré du chapitre (21 janvier 1562). L'année suivante Philippe II lui accorda, par lettres-patentes du 18 mai, la faculté de se choisir un coadjuteur destiné à lui succéder. Il jeta les yeux sur son neveu, Bucho d'Aytta de Zuichem, chanoine du chapitre de Saint-Bavon, et lui assigna pour tout revenu affecté à la dignité de Prévôt, une prébende double de celles dont son prédécesseur et lui avaient joui, attendu que tous les autres biens du premier Prévôt, Luc Munich, dernier abbé de l'abbaye de Saint-Bavon, devaient retourner à la masse épiscopale après le décès de Viglius.

Les premiers troubles politiques de l'année 1566 étaient à peine étouffés par la main puissante du duc d'Albe, lorsque Viglius arriva à Gand et ordonna la restauration de toutes les églises et de tous les couvents qui avaient souffert de la fureur des Iconoclastes.

(1) V. les Pièces justificatives, n° IV, partie française, § 44.

4

Il consacra des sommes considérables à faire disparaître les derniers vestiges du règne des sectaires, « afin — disait-il — de divertir le juste courroux de sa catholique Majesté, » qui allait se rendre dans les Pays-Bas pour cicatriser les plaies que l'hérésie avait faites. A cette occasion, Viglius dépensa à la restauration de sa chapelle une somme de 1041 florins 4 sols (1). Il ne se borna pas à embellir sa chapelle particulière; toutes les parties de la cathédrale reçurent des marques de sa munificence. Vivement attaché aux lieux où il avait puisé la science, Viglius fonda à Louvain un collége qui porte encore son nom, destiné à recevoir douze étudiants, dont six frisons issus de la famille d'Aytta et six autres choisis parmi les enfants de chœur de Saint-Bavon. De plus, il créa deux bourses au séminaire de l'évêché de Gand en faveur de *choraux* qui s'y préparaient aux études du collège de Louvain. Il n'oublia pas le lieu de sa naissance; Barrahuis fut doté d'un hôpital où les malheureux et les infirmes trouvèrent un refuge pour adoucir leur misère.

Viglius mourut à Bruxelles le 8 mai 1577, à l'âge de soixantedix ans. Sa dépouille mortelle fut transportée à Gand et inhumée dans la sépulture qu'il avait fait élever de son vivant dans la cathédrale.

La perte de Viglius dut être immense, car il apparaît au milieu des illustrations de son siècle comme un consolateur toujours prêt à soulager les maux de sa patrie.

Jetons maintenant un regard sur le monument funèbre élevé à sa mémoire (2).

Le sarcophage de marbre est placé dans une niche, dont le fond porte les armoiries de Viglius, surmontées de la crosse et de la

(1) V. Pièces justificatives, n° IV, partie flamande, lit. K.

(2) Ce monument a été gravé par Mr Ch. Onghena et publié en 1844 dans le *Vrije Fries*, et le *Messager des Sciences* a reproduit cette planche dans son volume de 1846.

mitre, celles de la seigneurie de Saint-Bavon (1) et celles du chapitre (2).

Au-dessous est gravée l'épitaphe suivante :

D. O. M.

ADMODUM REVERENDO VIRO VIGLIO AYTA DE ZUICHEM FRISIO I. COMITI CLARISSIMO
CATHED. HUJUS ECCLESIÆ PRIMO PRÆPOSITO MITRATO AUREI VELLERIS
CANCELARIO SUPREMI BELGICÆ STATUS ET SANCTIORIS CONCILII
SUB POTENTISS. PP. CAROLO V. IMP. ET PHILIPPO II HISP. REGE.
PRÆSIDI SUMMO, VIGILANTISSIMO, INTEGRISSIMO, QUI CUM HANC ECCLESIAM
PYS FUNDATIONIBUS, PLURIBUS MONUMENTIS DECORASSET.
ACADEMIAM LOVANIENSEM STRUCTO SUI NOMINIS COLLEGIO NON
MINUS LIBERALITER QUAM MAGNIFICE DOTASSET : NATALE
SOLUM NOVI HOSPITALIS BENEFICIO PERPETUO SIBI DEMERUISSET,
TANDEM POST LONGAS VIGILIAS POST INDEFESSOS LABORES.
PLENUS DIERUM, PLENUS HONORUM, REGI FIDUS, PATRIÆ CHARUS,
UTILIS OMNIBUS, INJURIUS NEMINI, MAGNO SUI RELICTO DESIDERIO
QUIEVIT IN DOMINO ANNO CIƆ IƆ LXX VII DIE OCTAVO MAY.

———

ISTE VIR FUIT, LECTOR, SED FUIT.
MIRARE, IMITARE, ET VIGILA, MEMOR PRUDENTISSIMI ILLIUS SCITI
VITA MORTALIUM VIGILIA (3).

Le tombeau de Viglius, tel que nous le voyons aujourd'hui, est loin de valoir le monument primitif, dont l'illustre Prévôt avait adopté le plan et surveillé lui-même l'exécution.

Le manuscrit de Corneille Breydel nous fournit à ce sujet les renseignements les plus curieux et bien certainement inconnus (4).

Nous avons vu qu'après les premières dévastations des Iconoclastes, Viglius avait fait restaurer la chapelle des Prévôts ainsi

(1) Qui sont : d'azur, au lion d'argent chargé de quatre faces de gueules, armé, lampassé et couronné d'or.

(2) Qui sont : d'azur, à un Phénix essorant sur des flammes, et une crosse d'abbé posée en pal derrière le Phénix, le tout d'or avec la devise : GOD DOET MEER.

(3) VAN LOON donne plusieurs médailles frappées en l'honneur de Viglius. On peut encore consulter sur ce personnage célèbre : WAGENAAR, Vaderl. Historie, t. VI; HOYNCK VAN PAPENDRECHT; J. B. CHRISTYN, Les tombeaux des hommes illustres, et surtout VANDEN AA, Biographisch Woordenboek der Nederlanden.

(4) V. les PIÈCES JUSTIFICATIVES, No IV.

que le tombeau destiné à recevoir sa cendre. Peu de temps après cette révolte, au mois d'août de l'an 1578, les églises furent de nouveau saccagées et Saint-Bavon, dont les richesses tentaient toujours la cupidité, devint une seconde fois la proie des pillards. La chapelle des Prévôts ne pouvait échapper à leur fureur destructive. Les marbres, les albâtres et les sculptures précieuses furent brisés ou enlevés. Et qu'on ne se figure pas que les chefs du parti calviniste qui conduisaient cette foule aveugle et effrénée, fussent animés du saint désir de voir disparaître les *idôles du papisme*. Non, ils n'avaient pas une aversion irrésistible pour tous les objets rappelant le culte catholique. S'ils lançaient les fanatiques Iconoclastes dans les églises, c'était afin de s'approprier les œuvres d'art; qu'elles fussent de marbre, d'or, d'argent, de bois ou de pierre, peu leur importait. Le rigorisme du sectaire servait de masque au voleur.

A la tête de ces hommes *désintéressés* et ardents réformateurs de la religion, figure le fameux Hembyze, le PREMIER DE GAND ! Son hôtel situé dans la rue des Foulons, regorgeait de sculptures enlevées aux églises de la ville. La colère des Iconoclastes de l'an 1578, allait se tourner contre la sépulture de Viglius. Ils voulaient arracher la dépouille mortelle de ce grand homme de la tombe, pour la livrer aux insultes d'une populace en délire. Déjà la hache avait entamé le marbre du sarcophage, lorsque deux employés de l'église, Liévin Vanden Heede et Joachim Derinck, leur demandèrent s'ils ne préféraient pas goûter le vin du chapitre. Une énergique affirmation sortit de toutes les poitrines. Les deux serviteurs conduisirent les zélés religionaires dans les caves, où le vin et la bierre les rendirent bientôt incapables de poursuivre leur mission dévastatrice.

Quoi qu'il en soit, ce mausolée, qui renferme sans doute encore les restes de Viglius, subit des mutilations graves, que le Prévôt

Adrien Vareus voulut faire disparaître en ajoutant d'autres dégradations à celles commises par les sectaires. Breydel nous apprend
que ledit Prévôt mutila cette sépulture, en faisant raccourcir
la pierre de marbre servant de couvercle au tombeau (n'estant
semblable en ceste ville ayant cousté 150 florins) d'un demi-pied
à chaque extrémité. De plus, il remplaça la plaque de pierre de
touche destinée à recevoir l'épitaphe du défunt, par une autre de
granit de Tournai, « y ayant fait mettre — ajoute l'auteur du
» mémoire — les armes de sa R^{ce}, ressemblant mieux à la comète
» de l'année 1570 comme une verge, qu'à une gerbe de blé, vrayes
» armoiries de la maison d'Aytta (1). »

Cette épitaphe ne mentionnant pas tous les titres de Viglius,
Breydel, qui l'a rédigée, en fait lui-même la nomenclature et termine en disant : « Quod rusticus Molebecanus ignorat, » faisant
allusion au lieu de naissance, Meulebeke en Flandre, du Prévôt
Adrien Vareus.

Dans le même manuscrit, nous trouvons aussi qu'au-dessus de
la tombe de Viglius, « la ville de Jhérusalem estoit bien vivement
» contrefaicte, » et que la magnifique composition de Pourbus qui
orne l'autel était surmontée, avant les derniers troubles du
XVIe siècle, d'un crucifix de pierre de touche portant un *Christ*
d'albâtre. Les statues de la *Vierge* et de *saint Jean*, taillées dans
un même bloc d'albâtre, étaient posées à la droite du Sauveur; à
sa gauche, on voyait la statue d'albâtre de Viglius, « estant à
» genoux — dit le manuscrit — acoustré avec ses ornements
» pontificaux, ainsy qu'il est peinct par le dehors de la dicte
» table d'autel. »

Sous la fenêtre, encastré dans le mur, on voit le monument

_____

(1) V. Pièces justificatives, n° IV, partie flamande, lit. m, n, t et u; de la partie
française, §§ 42 et 43.

élevé à la mémoire de Jacques Roose, VIe Prévôt du chapitre de Saint-Bavon; voici l'inscription :

JACOBUS ROOSE
J. U. L. PBR.
EXEMPTÆ ECCLESIÆ CATHED. SANCTI BAVONIS
DUM VIVERET,
CANONICUS ET PRÆPOSITUS
PER ANNOS XXX.
EPISCOPATUS GANDENSIS NON SEMEL
VICARIUS GENERALIS,
AD STATUS FLANDRIÆ E CLERO GAND.
DEPUTATUS PRIMARIUS
TOPARCHA OPPIDI ET TERRITORII SECLINIEN.
P. C.
VIVERE DESIIT X. FEBRUARII A° M. D. C. LXXII.

Quartiers :

Roose, Ryngout, Kinschot, Gevaerts,
Fredericx dit Vander Bouchorst, Ruys, de Moy, de Clerc.

Au centre du pavement, on remarque une pierre tumulaire, concernant le même personnage; elle porte cette épitaphe :

JACOBUS ROOSE
PBR. J. U. L.
EXEMPTÆ ECCL. CATH. SANCTI BAVONIS
DUM VIVERET
CANONICUS ET PRÆPOSITUS
PER ANNOS XXX.
EPISCOPATUS GANDENSIS NON SEMEL
VICARIUS GENERALIS,
AD STATUS FLANDRIÆ E CLERO GAND.
DEPUTATUS PRIMARIUS,
TOPARCHA OPPIDI ET TERRITORII SECLINIEN.
HIC EXPECTAT RESURRECTIONEM
ET MISERICORDIAM,
QUAM UT CONSEQUATUR,
FUNDAVIT MISSAM QUOTIDIANAM AD HOC ALTARE
CUM PSAL. MISERERE, DE PROFUND. ET COLLECTA
ITEM 150 FLOR. ANNUE DISTRIBUENDOS IN
PAUPERES, DIE ANNIVERS., FRUCTUS POST OBITUM
RESTANTES MENSÆ SANCTI SPIRITUS LEGAVIT, ALIAQUE PIE.
VIVERE DESIIT
X. FEBRUARII M. D. C. LXXII.

Au-dessus de la porte d'entrée à l'extérieur, les armoiries du chanoine de Lalaing.

VII.

Chapelle dédiée à sainte Barbe.

Le tableau d'autel retrace *le Martyre de sainte Barbe*, par *Gaspard De Crayer.*

La sainte, renversée sous la main de son père, qui la tient par la chevure pour lui trancher la tête, sourit à l'ange qui apparait dans les cieux et lui apporte la palme du martyre.

Cette toile, pleine de sentiment et d'harmonie, peut être considérée comme une des bonnes productions de ce maitre.

En face de l'autel est placé le monument élevé en 1842 à la mémoire de *Josse et d'Ambroise Goethals* (1). Cette sculpture de marbre est due au ciseau des frères *Parmentier*. L'ange qui éteint le flambeau est la partie la plus saillante de l'œuvre.

Sur le sarcophage on lit :

D. O. M.

ET MEMORIÆ NOBILIUM VIRORUM JUDOCI ET AMBROSII GOETHALS, GANDAVENSIUM,

JUDOCUS

ANNO M DCL XXXI IN ALMA ACADEMIA LOVANIENSI INTER SODALES PRIMUS, JURIS UTRIUSQUE
LICENTIATUS, HUJUS ECCLESIÆ CATHEDRALIS CANONICUS ET ARCHIDIACUS SEDE VACANTE SEMEL
ET ITERUM VICARIUS CAPITULARIS, INGENIO, ERUDITIONE, ZELO CATHOLICÆ RELIGIONIS, CLARUS.
OBIIT ANNO ÆTATIS LXXXI DIE XV DECEMBRIS ANNI SALUTIS MDCCXLII,

AMBROSIUS

JURIS PARITER UTRIUSQUE ET SACRÆ THEOL. LICENTIATUS, HUJUS ECCLESIÆ CATHEDRALIS
CANONICUS ET ARCHIPRESBYTER, ULTRA XXX ANNOS VICARIUS GENERALIS, SUMMIS
PONTIFICIBUS PIO VIII, ET GREGORIO XVI, OB PRUDENTIAM, ET INVICTUM ANIMI
ROBUR INPRIMIS CARUS, PRO SACRARUM LEGUM ET ECCLESTICÆ DISCIPLINÆ DEFENSIONE,
ÆRUMNAS, PROBRA,
CARCERES, TRIBUNALIA PERPESSUS, LXXXV ÆTATIS ANNO DIE XXVII APRILIS
ANNI RECUPERATÆ SALUTIS M DCCC XXXVI E VIVIS EXCESSIT;
UTERQUE MORUM INTEGRATE, AVITA IN DEUM PIETATE, LIBERALITATE IN PAUPERIBUS, NON MINUS QUAM
STIRPE INCLYTUS, QUARUM VIRTUTUM MERCEDE UT IN COELIS INSIMUL
PERFRUANTUR, PRECARE LECTOR CHRISTIANE.

R. I. P.

(1) V. un article biographique sur JOSSE et AMBROISE GOETHALS dans le *Messager des Sciences* de 1842.

Sous la fenêtre, le monument du doyen Maximilien Van de Woestyne, dont voici l'épitaphe :

AC
MEMORIÆ
REVERENDI ADMODUM AMPLISSIMI DOMINI
MAXIMILIANI VAN DE WOESTYNE
EX NOBILI ET EQUESTRI FAMILIA DOMINORUM DE BECELAERE
PRESBYTERI I. V. L. HUJUS EXEMPTÆ CATHED. ECCLES. SANCTI BAVONIS
CANONICI GRADUATI, THESAUR, AC DEIN
DECANI.
AD COMITIA FLANDRIÆ PRO PARTE CLERI GANDAVENS.
DEPUTATI PRIMARII
OBIIT 1 JANUARY ANNO 1669.

R. I. P.

Quartiers :

Van de Woestyne. Dixmude. Rosymbos. Habarcq.
Huerne. Hellinc. Le Becq. Le Maire.

Dans le pavement, la pierre tumulaire du chanoine Cardon, portant cette épitaphe :

D. O. M.

ET PIÆ MEMORIÆ
REV. ADM. AC AMPLISSIMI DOMINI
PETRI BERNARDI CARDON
S. T. ET J. U. LICENTIATI IN CAPITULARI
COEMETERII COMMUNIS CRYPTA SEPULTI
HUJUS EXEMPTÆ ECCLESIÆ CATHEDRALIS
ANNOS XXV CANONICI GRADUATI
ANTE HAC PAROCHIÆ DE KNESSELAERE
VICE PASTORIS, AC PER ANNO XXX
SANCTIMONIALIUM S. GEORGII CONFESSARII
AC DIRECTORIS, QUI OBIIT V.
CALENDAS SEPTEMBRIS M DCC XCIII.
ÆTATIS ANNO LXVIII FUNDATA SOLEMNI
COMMEMORATIONE.

R. I. P.

VIII.

Chapelle dédiée à saint Gilles.

L'autel est orné d'une toile, représentant *Les quatre Évangélistes, saint Matthieu, saint Marc, saint Luc et saint Jean, écrivant sur l'Eucharistie*, par *Bernaerd*.

Anciennement, l'autel de cette chapelle possédait un autre tableau de grand mérite, *Job sur son fumier*, par *G. De Crayer*. Cette œuvre, comme beaucoup d'autres, a été enlevée par les Français et n'est plus revenue dans le pays.

Jetons maintenant les yeux sur une composition précieuse, appartenant à l'ancienne école flamande : *le Calvaire*, tryptique peint sur panneau, par *Gérard Van der Meeren*, élève des frères Van Eyck.

Le Christ est en croix entre les deux larrons. Les saintes femmes, des prêtres, des soldats et des hommes du peuple sont groupés dans les diverses parties de la composition. Les panneaux latéraux retracent des épisodes de la vie de Moïse, l'*Élévation du serpent d'airain* et *Moïse faisant jaillir l'eau du rocher*. Ces panneaux portent l'inscription suivante : PINX. DISCIP. HUB. VAN EYCK GER. VAN DER MEEREN, et plus bas : ANNO MDCCCXXIV RESTAURAVIT J. LORENT.

Ce tableau est un des meilleurs de l'école à laquelle il appartient. Les figures ont beaucoup d'expression. Toutes les parties de l'œuvre sont d'un fini remarquable. et il est impossible de ne pas reconnaître dans Gérard Van der Meeren, l'élève des célèbres inventeurs de la peinture à l'huile. Ce tableau, le seul que Gand possède de ce maître, a été restauré en 1824, par J. Lorent.

Sur le monument élevé à la mémoire du chanoine Jean-Antoine Triest, on lit :

ÉGLISE CATHÉDRALE

D. O. M.

AC REVERENDO ADMODUM ET NOBILI VIRO
DOMINO JOANNI ANTONIO TRIEST
I. U. LICENTIATO
PRIMUM ECCLESIÆ COLLEGIATÆ SANCTI AMATI
IN CIVITATE DUACENA
CANONICO, DEIN DECANO
AC UNIVERSITATIS DUACENÆ
VICE CANCELLARIO
DEMUM HUJUS EXEMPTÆ CATHEDRALIS
ECCLESIÆ CANONICO NOBILI GRADUATO,
NEC NON ELEEMOSYNARIO.
AD COMITIA FLANDRIÆ PRO PARTE CLERI GADAVEN.
DEPUTATO.
ANNO ÆTATIS SUÆ 49º
PARTÆ, VERO SALUTIS M. DCLXV
III IDUS DECEMBRIS.
VITA FUNCTO.
APPRECARE VIATOR UT REQUIESCAT
IN PACE. AMEN.

Quartiers :

Triest. De Gruutere. Wttenhove. De Baenst.
De Ontaneda. Martines Sumero. De Aranda. Sandelin.

Dans le pavement :

1º L'épitaphe du chanoine Ferdinand Sigers :

D. O. M.

ET
REVERENDO ADM. AC AMPLISSIMO VIRO
DOMINO FERDINANDO SIGERS
PATRIA LEODIENSI
HASLETI NATO 16 APRILIS 1657
I. U. L. PRESBYTER.
PROTONOTARIO APOSTOLICO :
AC PRIMUM GANDAVI
APUD Dᵐᵐ PHARAILDEM
CANONICO
DUOBUS SUCCESSIVE EPISCOPIS
PER PLURES ANNOS A SECRETIS
DEMUM IN HAC EXEMPTA
ECCLESIA CATHEDRALI SANCTI
BAVONIS CANONICO
NEC NON
PER ANNOS 25 IN CURIA
ECCLESIASTICA OFFICIALI GENERALI
MORTALEM VITAM

CUM IMMORTALI COMMUTAVIT
17a SEPTB. 1730
DEFUNCTO VIATOR
PACEM APPRECARE ÆTERNAM.

2° Celle du chanoine pénitencier Gilles Estricx :

MONUMENTUM
R. D. ÆGIDII ESTRICX
PRESBYT. S. T. L.
HUJUS EXEMPTÆ CATHED.
ECCLESIÆ S. BAVONIS
CANONICI GRAD. POENITENTIARII
AC DEIN SCHOLASTICI
OBIIT 10 MAII 1658
R. I. P.
AMEN.

En sortant de cette chapelle, on s'arrête devant le mausolée de marbre, élevé à la mémoire de *Jean-Baptiste De Smet*, XIVe évêque de Gand. Ce monument, qui avait d'abord sa place dans la chapelle d'*Adam* et d'*Ève*, fut exécuté en 1745 aux frais de la famille De Smet, par le sculpteur *Jacques Bergé*, dont il porte la signature : Jbus BERGÉ INV. ET FECIT BRUX. 1745.

Le prélat, en habits sacerdotaux, est représenté à demi-couché. D'une exécution parfaite, cette statue est surtout remarquable par le fini et la légèreté des détails.

Sur le sarcophage, on lit :

D. O. M.
HIC REQUIESCIT A LABORIBUS SUIS
ILLUSTRISSIMUS
AC
REVERENDISSIMUS DOMINUS,
D. JOANNES BAPTISTA DE SMET,
LOKERENSIS-WASIANUS,
QUONDAM LOVANII, BRUXELLIS,
MECHLINIÆ CLARUS, EX XV. IPRENSIUM,
XIV. GANDAVENSIUM EPISCOPUS,
UBICUMQUE OPTIME MERITUS,
PIETATE, DOCTRINA, BENIGNITATE,
OMNIBUS CHARUS ET MAGNUS,
HUMILITATE, SIBI VILIS ET PARVUS,
VIVERE DESIIT XXVII SEPTEMB. M.D.C.C.XLI.
ÆTATIS LXVIII., EPISCOPATUS XXI.
IN PACE SIT LOCUS EJUS.

IX.

Chapelle dédiée à saint Ives.

Le rétable de l'autel renferme une toile assez médiocre, *Jésus-Christ pardonnant à la femme adultère,* par *Antonio Vanden Heuvele.*

Si l'on tourne le dos à l'autel, les yeux se fixent sur une tombe de marbre sur laquelle deux statues d'évêques, en habits sacerdotaux, sont couchées. Monument simple et dépourvu de tout mérite artistique, mais rappelant la mémoire des deux premiers évêques de Gand, de CORNELIUS JANSENIUS et GUILLAUME LINDANUS, dont l'histoire a conservé le souvenir (1).

Philippe II, ayant créé de nouveaux évêchés, nomma en 1568 Jansenius évêque de Gand. Après sa mort, Lindanus lui succéda en 1588; mais ce vénérable prélat n'occupa ce siége épiscopal que pendant quelques mois, la mort l'enleva aux travaux apostoliques de son diocèse le 2 novembre de la même année.

Au fond de la niche décorée des armoiries des deux prélats et de celles du chapitre, on lit :

UNICUS EST PHŒNIX, CINERES HŒC TUMBA DUORUM
PHŒNICUM VERŒ RELIGIONIS HABET.

D. O. M.
REVERENDISSIMIS IN CHRISTO PATRIBUS,
TH. DOCTORIBUS,
CORNELIO JANSENIO
ET
WILHELMO DAMASI LINDANO
PRIMO ET SECUNDO HUJUS URBIS EPISCOPIS,
OB MULTOS IN SCRUTANDIS,

(1) Les armoiries de JANSENIUS sont : *d'or à trois trompes de sable, à une feuille de laurier en abîme.*
Les armoiries de LINDANUS sont : *de sinople à trois sautoirs d'argent.*

ET INTERPRETANDIS SACRIS SCRIPTURIS
EXANTLATOS LABORES,
ET MERITA IN DEI ECCLESIAM
ET REM PUBL. CHRISTIANAM, POSITUM.
OBIIT HIC II NOV. M.D.XXXVIII.
ILLE VERO II APRILIS M.D.LXXVI.
QUOMODO IN VITA SUA DILEXERUNT SE,
ITA ET IN MORTE NON SUNT SEPARATI. II. REG. I.

Cette tombe fut élevée en 1595 et restaurée en 1657 par le sculpteur *Rombaut Pauli*.

Au-dessus du monument funèbre, on remarque une toile d'une grande valeur, parce qu'elle est due au pinceau du peintre-poëte *Luc De Heere*. Elle retrace l'épisode de *la reine de Saba devant le roi Salomon*. Le roi assis sur son trône, ayant à sa droite ses conseillers et ses courtisans, reçoit la reine de Saba; celle-ci émerveillée de la sagesse des réponses de ce monarque, lui offre de l'or, des parfums et des pierres précieuses dont ses serviteurs sont chargés.

Sous les traits de Salomon, on reconnaît Philippe II, flatterie assez grossière que rien ne justifie. Le cadre porte l'inscription suivante :

COLLE SIONA SOLI VENIENS NICAULO SABÆI,
SPEM SUPER ET FAMAM GRANDIA MIROR AIT,
ALTER ITEM SALOMON, PIA REGUM GEMMA PHILIPPUS
UT FORIS HIC SOPHIÆ MIRA THEATRA DEDIT.

Le tableau est signé : DERUS, INV. FECIT 1559.

Dans une excellente biographie de ce peintre par M. Philippe Blommaert, nous trouvons qu'il ne signait pas toujours de même; ainsi, sur quelques-unes de ses œuvres artistiques ou littéraires, son nom est écrit, tantôt *L. D'heere*, tantôt *De Heere*, et tantôt *Lucas Derus*, comme sur le tableau qui nous occupe (1).

_____

(1) Les archives de la cathédrale renferment un compte daté du 27 mai 1559, concernant les réparations faites à cette époque au jubé. Sous les rubriques : *schilders* (peintres), nous trouvons : *Lucas myn Heere* recevant 6 sols et 3 gros par jour pour ses travaux. Plus loin, il figure encore pour une somme de 2 liv. de gros.

Ce peintre-poëte naquit à Gand en 1534 et y trépassa le 19 août 1584. Il était fils du fameux sculpteur *Jean De Heere,* que nous aurons occasion de citer plus loin, et d'*Anne Smyters,* connue par ses charmantes peintures à l'aquarelle. Paquot dit qu'il était non seulement habile peintre, mais encore bon poëte en sa langue, savant chronologiste, fort versé dans la numismatique et les antiquités, dont il s'était formé un assez beau cabinet, et enfin l'un des plus beaux génies de son temps.

L'église cathédrale possède peut-être seule des œuvres de Luc De Heere, toutes les autres ayant été détruites ou perdues pendant les troubles du XVI° siècle.

Sous la fenêtre, on voit le monument de marbre du vicaire-général Pierre de Mey, avec cette épitaphe :

D. O. M.

MEMORIÆ
ADMODUM REVERENDI ET AMPLISSIMI DOMINI
D. PETRI DE MEY
EXEMPTÆ CATHED : ECCLESIÆ SANCTI BAVONIS
THESAURARII
QUI UNUS EX VACANTIS EPISCOPATUS VICARIIS GENERALIBUS
FUNDAVIT IN PERPETUUM
ET SACRUM MATUTINALE SUB ODOEO.
ET MENSTRUOS PANES PAUPERIBUS DISTRIBUENDOS
OBIIT 24 AUGUST. 1679 ÆTATIS 68.

R. I. P.

Sur la pierre tumulaire du doyen Corneille Ooms, incrustée dans le pavement, on lit :

D. O. M.

CORNELIUS OOMS
I. C. HUJUS ECCLESIÆ CATHED.
DECANUS
OLIM DEI SACERDOS NUNC VICTIMA
DECIDI ÆTATIS MEÆ A°. LV. NATIVITATIS
DOMINICÆ CIƆ. IƆCLIIII. XII. CAL. OCTOBR.
ET TU QUISQUIS TRANSIS,
IMMORTALIA HIC NE SPERES VIATOR

AD HOC SACRAMENTUM OMNES REDACTI SUMUS FERRE MORTALIA :
VIXI ET QUEM DEDERAT PROVIDENTIA
IN HOC VITÆ STADIO
HONORUM SACRORUM CURSUM,
PEREGI
AN AD RIGIDAM VIRTUTIS NORMAM,
APUD TE OPINIONIS SIT SUFFRAGIUM,
APUD ME DIVINI JUDICIS
SENTENTIA EST.

X.

Chapelle dédiée à saint Quirin.

Le rétable de l'autel renferme les volets réunis d'un tableau que nous verrons dans la dix-neuvième chapelle. Ils représentent *La parabole du mauvais riche,* par *Michel Coxie.*

Le dessin de cette double composition est correct comme tous les sujets sortis du pinceau de ce maitre.

N'est-il pas déplorable que l'œuvre de Michel Coxie paraisse incomplète et mutilée? Le tableau central de la composition est placé dans la chapelle de Saint-Pierre, tandis que les volets sont dans une autre. Incrustées dans la boiserie de l'autel, les peintures extérieures sont cachées et exposées à se détériorer. Il conviendrait de rétablir cette artistique composition dans son état primitif et telle qu'elle a été conçue par le peintre.

Dans le fronton de l'autel on voit *le Christ dans le jardin des oliviers,* peint sur toile par un artiste inconnu. Le soleil a considérablement endommagé cette pièce.

Sur le monument de marbre du chanoine Corneille Pierin, placé sous la fenêtre, on lit cette épitaphe :

ÉGLISE CATHÉDRALE

D. O. M.

MEMORIÆ
REVERENDI ADMODUM ET AMPLISSIMI DOMINI
CORNILII PIERIN PBRI. I. U. L.
QUI PROCURATORIS GENERALIS ET CONSILIARII ORDINARII
IN CONCILIO FLANDRIÆ OFFICIIS LAUDABILITER FUNCTUS
D. PRÆBENDAM GRADUATAM IN JURE IN HAC EXEMPTA CATHEDRALI
ECCLESIA SANCTI BAVONIS PROMOTUS FUIT, AC IN
UTROQUE FORO ET MUNERE SE EXEMPLAREM EXHIBUIT
OBIIT Aº XVIᶜ LXVIII MARTII. DIE VII.

R. I. P.

Dans le pavement, les pierres tumulaires
1º Du chantre archiprêtre Matthieu-Hyacinthe Happaert

D. O. M.

NOBILISSIMUS, AMPLISSIMUS
ET ADM. REV. DOMINUS
D. MATHÆUS HYACINTHUS HAPPART,
QUIDQUID MORTALE HABUIT HIC DEPOSUIT.
GENUS ILLUSTRE,
ILLUSTRIORIBUS ANIMÆ DOTIBUS ILLUSTRAVIT.
COLUIT PIETATEM ERGA DEUM,
CHARITATEM ERGA PROXIMUM,
CUNCTOS EXEMPLO ÆDIFICAVIT.
NATIVITATEM DEDERAT ANTVERPIA,
CAMPUM VIRTUTIS EXERCENDÆ DEDIT GANDAVUM,
FUIT IN ACADEMIA LOVANIENSI J. U. L.,
HUJUS EXEMPTÆ ECCLESIÆ CATHEDRALIS
CANONICUS GRADUATUS,
ARCHIPRESBYTER ET CANTOR.
VIXIT ANNIS LXIV, OBIIT XVIII JANUARII M.DCC.XXX.

R. I. P.

2º Du chanoine Michel :

D. O. M.

MONUMENTUM
REVERENDI ADMODUM DOMINI,
D. MAXIMILIANI-IGNATII MICHEL,
HUJUS EXEMPTÆ CATHEDRALIS ECCLESIÆ S. BAVONIS
CANONICI GRADUATI NOBILIS,
QUI OBIIT 29 MAII 1740.

R. I. P.

XI.

Chapelle dite d'Adam et d'Ève ou de l'Agneau sans tache.

De tous les chefs-d'œuvre que la cathédrale renferme, il n'en est aucun qui jouisse d'une aussi grande renommée, que le tableau qui orne l'autel de cette chapelle. Nous voulons parler de l'*Adoration de l'Agneau sans tache*, due au pinceau des célèbres frères *Hubert* et *Jean Van Eyck*.

Arrêtons-nous devant cette vaste composition, que nous essaye-rons de décrire quoique de nombreux auteurs se soient déjà chargés de cette mission.

Au commencement du XV⁵ siècle vivait à Gand un gentil-homme nommé JOSSE VYDTS, seigneur de Pamele (1). Il possédait une immense fortune dont il faisait un noble usage en protégeant les arts. Les frères Hubert et Jean Van Eyck, inventeurs de la méthode de peindre à l'huile, étant venus se fixer à Gand, exci-tèrent l'admiration de ce seigneur, qui les produisit à la cour de Philippe-le-Bon, où ils obtinrent un succès prodigieux. Ce-pendant Josse Vydts voulant laisser après lui un gage de sa libé-ralité éclairée envers les deux plus grands peintres de l'école

---

(1) JOSSE VYDTS, seigneur de Pamele au pays d'Alost, était fils de Nicolas et d'Amel-berghe Van der Elst; il épousa ISABELLE BORLUUT, fille de Gerlin IIIᵉ du nom et de Marguerite Sersanders. Ils fondèrent à Beveren, au pays de Waes, un hôpital qui fut transformé plus tard en couvent de l'ordre de saint Guillaume. Les religieux de ce monastère étaient tenus de célébrer annuellement un anniversaire pour le repos de l'âme des fondateurs de leur couvent. Isabelle Borluut étant veuve, mourut le 5 mai 1443. Josse Vydts n'eut point d'enfants; ses biens devinrent l'héritage de la famille Vilain et ceux de sa femme retournèrent à la famille Borluut.

Les armoiries de Vydts sont : *d'or, à deux fasces échiquetées d'azur et d'argent, de deux traits.* Celles de Borluut sont : *d'azur à trois cerfs passants, d'or.*

6

flamande, leur commanda, en 1420, une composition grandiose devant servir à la décoration de la chapelle que la famille Vydts possédait dans l'église de Saint-Jean. Les artistes, maîtres de choisir leur sujet, le prirent dans l'Apocalypse et purent, au moyen de la latitude qui leur était accordée, donner un libre cours aux inspirations de leur génie. Citons le texte :

Je vis ensuite une grande multitude que personne ne pouvait compter, de toute nation, de toute tribu, de tout peuple et de toute langue. Ils se tenaient debout devant le trône et devant l'Agneau, et vêtus de robes blanches et ayant des palmes dans leurs mains.

Ils s'écriaient et disaient d'une voix forte : C'est à notre Dieu qui est assis sur le trône et à l'Agneau, qu'est due la gloire de notre salut.

Et tous les anges étaient debout autour du trône et s'étant prosternés sur le visage devant le trône ils adorèrent Dieu, en disant : Amen. Bénédiction, gloire, sagesse, actions de grâces, honneur, puissance et force à notre Dieu dans tous les siècles des siècles. Amen.

Alors un des vieillards prenant la parole, me dit : Qui sont ceux-ci qui sont vêtus de robes blanches ? et d'où sont-ils venus ?

Je lui répondis : Seigneur, vous le savez. Et il me dit : Ce sont ceux qui sont venus ici après avoir passé par la grande tribulation et qui ont lavé et blanchi leurs robes dans le sang de l'Agneau.

C'est pourquoi ils sont devant le trône de Dieu, et ils le servent jour et nuit dans son temple; et celui qui est assis sur ce trône, les couvrira comme une tente.

Ils n'auront plus ni faim ni soif, et le soleil ni aucun souffle brûlant ne les incommodera plus; parce que l'Agneau qui est au milieu du trône, sera leur pasteur, et il les conduira aux sources d'eaux vivantes, et Dieu essuiera toutes les larmes de leurs yeux (1).

Ce magnifique sujet était bien certainement capable d'inspirer des artistes tels que les Van Eyck. Voyons comment ils l'interprétèrent.

---

(1) *Apocalypse de saint Jean*, chap. VII, 9e verset et suivants.

L'œuvre entière devait former un ensemble de douze panneaux divisés en deux séries, et disposés conformément à la configuration que nous en donnons ici :

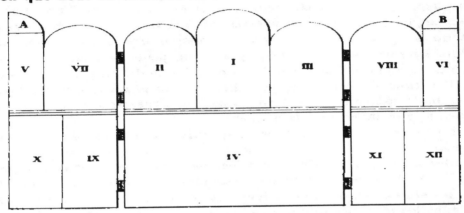

Suivons maintenant autant que possible le docteur Waagen, qui a publié dans le *Kunstblatt* de Stuttgard, un article extrêmement intéressant sur l'*Adoration de l'Agneau*, article qui a été traduit et reproduit dans le *Messager des Sciences et des Arts*, années 1824 et 1825.

I. *Dieu le Père*, assis sur son trône et vu en face, y est représenté non pas, comme chez Raphaël et Michel-Ange, sous les traits d'un homme âgé avec une longue barbe ondoyante, mais sous ceux d'un homme dans la force et la vigueur de l'âge, tel que les anciens figuraient le Jupiter Olympien; cette manière de représenter la divinité, s'il est permis toutefois de prêter à l'Être Suprême des formes humaines, nous semble la plus digne, la plus convenante; elle est au surplus très-remarquable ici, comme étant tout-à-fait particulière aux frères Van Eyck. La physiono-

mie du Père Éternel, qui rappelle le type ancien de la tête du
Christ, exprime une auguste gravité, un calme profond et sublime, une majesté qui, selon nous, ont été rarement atteints
dans les productions modernes. La tête est couronnée d'une tiare
richement ornée de pierres précieuses. De la main gauche, Dieu
tient un sceptre de cristal, d'une transparence supérieurement
rendue. Le sommet du sceptre, également garni de riches pierreries, est surmonté d'un grand saphir. La main droite est levée
dans l'attitude de donner la bénédiction à la réunion des fidèles,
qui, dans le tableau placé en dessous, sont rassemblés autour de
l'Agneau sans tache, qu'ils adorent.

Les vêtements, tant supérieurs qu'inférieurs, sont d'un pour-
pre éclatant; le premier, rattaché sur la poitrine par une agrafe
magnifiquement garnie de pierreries, descend par dessus les genoux jusqu'à terre, en formant des plis qui montrent, surtout
dans les sinuosités d'un bord large et richement brodé en perles,
les lignes les plus élégantes, les plus belles, entre lesquelles on lit,
en lettres brodées, dont les sens est interrompu par ses différents
plis : SABAωT ...... PEX + PEΓY + Δ .... ΔNC .... M + PED .... ΩANΞCIM + D ....
NC + ΔNANΞ... ΔNΓ .... Nous n'essayerons pas de restituer ce texte;
le mélange de lettres grecques et latines et de signes qui lient ces
lettres, peut faire croire que le peintre n'a pas eu l'idée de faire
une phrase suivie qui offre un sens, mais qu'il les y a placées en
guise d'ornement, et pour figurer une sorte d'écriture, comme
plusieurs artistes le font encore.

Les pieds, dont on ne voit que la pointe, ont une chaussure
recouverte, à ce qu'il paraît, d'une étoffe tissue de fil d'or et de
soie verte. Devant les pieds est placé l'emblème de la Toute-
Puissance : une couronne magnifiquement enrichie de pierres fines
et de perles. Trois lignes de lettres capitales gothiques, forment
des demi-cercles parallèles autour de la tête de Dieu; on y lit :

RIC Ē DEUS ¦POTĒTISSIM² PP DIVINĀ MAJESTATE ✝ SU² ŌIM OPTĪ PP DULCEDĪS BOITATĒ. ¦ REMUNERATOR LIBERALISSIMUS PROPTER INME ¦ NSAM LARGITATEM.

Aux deux côtés de la couronne, au devant de la marche sur laquelle est placé Dieu le Père, est écrit en lettres plus petites :

VITA. SINE. MORTE. IN. CAPITE.   JVVET². SN. SENECTVTE. Ī. FRONTE. GAVDIV̄. SÑ. MERORE. A. DEXTRIS.   SECVRITAS. SÑ. TĪORE. A SINISTS.

II. *La sainte Vierge*, également assise sur un trône, est tournée vers Dieu le Père, de sorte que sa figure est un peu moins qu'en profil. La tête légèrement inclinée, les yeux baissés sur un livre qu'elle tient dans les mains, elle lit attentivement. Une candeur sublime de l'âme, jointe à la tranquillité, à la béatitude, à la dévotion la plus intime et la plus profonde, s'exprime dans ses traits divins. Quoique d'autres têtes de Vierge de cette école s'approchent plus ou moins de cette même expression, nous n'en connaissons aucune qui, pour la beauté, la grâce et la pureté des formes, puisse être comparée à celle-ci; le bel ovale du visage, les grands sourcils arqués, le nez supérieurement tracé, la bouche délicate et gracieuse, légèrement entr'ouverte, la placent au rang des Madones de Leonardo da Vinci et de Raphaël. Ses cheveux châtains flottent des deux côtés de la tête, qui est ornée d'une magnifique couronne d'or, entrelacée au sommet de roses et de lis. La couleur des vêtements est bleu-azur, à l'exception des manches qui sont rouges; la partie supérieure est rattachée sur le sein par une riche agrafe. Une inscription autour de la tête contient les paroles suivantes :

HEC Ē SPECIOSIOR SOLE. ✝ SUP. OĒM STELLARŪ DISPOSICŌE². LUCI 9PATA ĪVEĪT² PO..CAPOR EĒNĪ LU..S ..ETNE ✝ SPECĪM SÑ. MACLĀ DEI.

Les mots sont interrompus par la couronne de la Vierge et les étoiles qui planent au-dessus de sa tête.

III. *Saint Jean-Baptiste*, placé de l'autre côté de Dieu le Père qu'il regarde, forme avec la Vierge, un très-beau contraste. Sa barbe et sa chevelure épaisses et d'un brun foncé, lui donnent un air sombre, qui convient parfaitement à la sévère austérité qu'expriment ses traits mâles et vigoureux. De la main gauche il tient un livre posé sur ses genoux et imité avec un art surprenant qui fait une illusion complète. C'est probablement le livre *de l'ancienne alliance, de la promesse* ou *des prophètes* dont saint Jean-Baptiste a été le dernier; comme, au contraire, le livre dans lequel lit la Vierge, paraît être celui de *la nouvelle alliance* ou de l'*accomplissement,* dont elle avait été élue l'instrument. De la main droite, saint Jean-Baptiste montre celui dont il est l'envoyé et le précurseur. Il porte, par-dessus un vêtement de peau velue à longues manches, un manteau vert, retenu sur la poitrine par une agrafe ornée d'un rubis. Ses pieds sont nus. Autour de la tête on lit cette inscription :

HIC Ē BAPTISTA JOHĒS MAJOR HOIE PAR ANGLIS LEGIS SŪMA EWĀGELII SACIO (*sanctio?*) APLŌR. VOX. SILĒCIV̄ PPHETAR. LUCERNA MUND ... MÑI. (*homini?*) TESTIS.

La tenture derrière Dieu le Père est verte, les ornements sont en or; l'objet principal qui y est plusieurs fois répété, est *un pélican avec ses jeunes,* au-dessous duquel on lit, sur une petite banderolle : IHESUS XPS; celle derrière la sainte Vierre est blanche, les feuillages sont en or et l'inscription, ou peut-être des signes imaginaires, s'y répète plusieurs fois; il en est de même des lettres de la tapisserie rouge, ornée de feuillages verts et dorés, du tableau de saint Jean (1).

IV. C'est dans ce tableau, pièce principale de la composition, que Jean Van Eyck, frère d'Hubert, s'est inspiré du texte de l'Apocalypse. Une pelouse d'une éclatante verdure, parsemée de

---

(1) Ces trois tableaux sont de la main de Hubert Van Eyck.

fleurs de lis et de violettes, est ornée de cyprès, de palmiers, de rosiers et d'arbrisseaux de toute espèce. Dans le lointain, on aperçoit les tours de Jérusalem. Sur un autel, au centre du tableau, on voit l'Agneau sans tache, dont le sang expiateur jaillit dans le calice. Dans la bordure de l'antependium de l'autel on lit :

ECCE AGNUS DEI QUI TOLLIT PĒCA MŪDI.

IHES   VITA.

VIA   VITA.

Quatorze anges, dont quatre tiennent les instruments de la Passion, sont agenouillés et en adoration devant l'Agneau. Tous ont des traits extrêmement beaux. Leur front est orné d'une croix, ils sont vêtus de longues tuniques à larges manches. Ils portent de grandes ailes rougeâtres ou jaunes. Derrière eux, on voit sortir de la cité sainte et s'avancer entre les arbres et les buissons, la troupe des martyrs; à droite, les hommes, à gauche et en plus grand nombre, les femmes; tous portent dans leurs mains les palmes de la victoire. Parmi les femmes-martyrs, dont les têtes sont coiffées de grands turbans, on reconnaît à leurs attributs les saintes Agnès, Barbe et Dorothée, qui marchent à la tête des autres. Sur le devant, à droite, un peu vers le milieu du tableau, l'on voit une quantité de personnes à genoux, les regards fixés sur l'Agneau et tenant dans leurs mains des livres ouverts; ce sont vraisemblablement les prophètes de l'ancien Testament, qui ont prédit le Messie. Plus vers le côté, se trouve un nombre plus considérable encore d'hommes revêtus de longs et amples manteaux. On y distingue principalement, par une grande dignité de caractère et d'expression, un homme vêtu de blanc, portant sur la tête une couronne de laurier et, dans la main droite, une branche d'oranger avec un fruit; c'est probablement un poëte; ensuite un autre en manteau bleu, avec une coëffe rouge; il tient également à la main une branche, mais qui paraît de myrte. A la gauche de l'autel, on remarque *quatorze* figures d'hommes, affublées de manteaux bruns, les pieds déchaussés; la plupart sont agenouillés pour adorer l'Agneau; ce sont vraisemblablement les apôtres ou les plus anciens ermites, premiers héros de la nouvelle alliance. Un peu plus vers l'intérieur, suivent trois papes lisant dévotement les saintes Écritures; puis sept évêques, dont l'un se fait reconnaître par sa langue qu'il porte en sacrifice; c'est saint Liévin, patron de la ville de Gand, martyrisé en 633. On voit ensuite plusieurs autres saints et martyrs, parmi lesquels saint Étienne est désigné par les pierres, instruments de son martyre. Une grande foule de peuple de toutes les classes ferme la marche, conformément encore au passage cité de l'Apocalypse, qui dit : qu'une multitude innombrable de tous les gentils et de tous les peuples avait été rassemblée autour de l'Agneau. On aurait, sur la signification de tous les sujets représentés dans ce tableau, une certitude complète, si le cadre primitif, qui contenait sans doute des explications semblables à celles qu'on voit écrites sur les autres panneaux, eût été conservé.

Au milieu du tableau, tout-à-fait sur le devant, les artistes ont figuré la fontaine d'eau vive, à laquelle, d'après le verset XVIIe du chapitre cité de l'Apocalypse, l'Agneau conduira les fidèles. Une colonne, placée au milieu de la fontaine et surmontée d'un ange en bronze, fait jaillir l'eau dans le bassin par plusieurs bouches de dragons. La clarté de l'eau et les cercles que forment sur sa surface les différents jets dont elle est battue, sont imités à merveille. Sur la plate bande, en haut du bassin de la fontaine, on lit :

HIC EST FONS AQUÆ VITÆ PROCEDENS DE SEDE DEI + HONI.

Au bord de la partie supérieure du tableau, au-dessus de l'Agneau et aux pieds du Père-Éternel, on voit le saint Esprit, envoyé par Dieu sous la forme d'une colombe, répandant des rayons d'or sur la multitude assemblée.

V et VI. Ces deux volets représentant *Adam* et *Ève* de grandeur naturelle, sont indubitablement de la main de Hubert Van Eyck. A cause de leur nudité, ils sont déposés actuellement dans la grande sacristie; mais, nous devons reconnaître que cette nudité n'a rien qui choque la décence. La honte et le désespoir peints sur le visage d'Adam expriment au contraire toute l'étendue de la faute commise par nos premiers parents. Adam regarde le centre du tableau; il est placé à peu près de profil, ayant la main gauche sous le sein droit, tandis que de l'autre il couvre sa nudité d'une branche de figuier. Une grisaille (A), représentant *le Sacrifice de Caïn et d'Abel*, surmonte le mot ADAM, écrit entre le sommet de la niche et la grisaille. Le second volet représente *Ève*, regardant également vers le centre du tableau; elle se couvre aussi de feuilles de figuier, mais de la main gauche, tandis que de la droite, elle élève le fruit défendu — qui ressemble plus à un petit ananas qu'à une pomme — jusqu'à la hauteur de la poitrine.

Au bas du panneau on lit : EVA OCCIDENDO OBFUIT.

La niche dans laquelle notre première mère est placée, est surmontée d'une grisaille (B), représentant *la Mort d'Abel*, et dans l'intervalle qui sépare la grisaille du sommet de la niche, est écrit le mot EVA.

Sur le revers des volets réunis, l'artiste a représenté l'*Annonciation*. Une vue de Gand, où l'on aperçoit entre une colonnade gothique, la maison que les frères Van Eyck occupaient et où ils exécutèrent cette œuvre grandiose, est reproduite dans le lointain. A la hauteur des arcades, on lit en lettres d'or : PLENA DNS TECU. Dans la partie cintrée du haut, on voit une figure agenouillée sous une banderole flottante dont les plis portent en lettres gothiques : NIL MORTALE CONAB. AFFLATA... ES NUMINE CELSO. Au-dessous : SIBILLA ERITREA.

Sur le revers du volet d'Ève, la partie cintrée supérieure ren-

7

ferme aussi une figure agenouillée, dont la robe est fermée par une ceinture, sur laquelle on lit : MEIAPAROS. La banderole flottante porte cette inscription : REX AI... ADUEIET P SECLA FUTUR SCIZ I CARM. Au-dessus de la bordure est écrit : SIBILLA CUMANA.

M. Waagen, en examinant les revers des tableaux qui sont à Berlin, remarque que les parties extérieures, à l'exception des têtes et des mains, ne sont pas d'une exécution égale aux autres parties de cette vaste composition. A ce sujet, le traducteur de M. Waagen ajoute : « Un œil un peu exercé y reconnaît facilement le pinceau d'un jeune peintre, qui cependant a déjà su donner à son ouvrage un caractère qui le distingue de son maître. En faisant la comparaison de la SIBYLLE DE CUMANA avec la composition de Gérard Van der Meeren, conservée dans la même église (1), nous ne devons plus douter que cet élève de Hubert Van Eyck n'ait peint cette partie du tableau. »

Sur le revers des panneaux X et XII de la série inférieure, l'artiste a peint les statues de *saint Jean l'Évangéliste* et de *saint Jean-Baptiste*. Les revers des panneaux IX et XI occupant les extrémités, sont ornés des portraits des donateurs Josse Vydts et Isabelle Borluut, agenouillés et en prières. Sur les cadres on lit :

> *Pictor Hubertus ab Eyck, major quo nemo repertus*
> *Incepit; pondusque Johannes arte secundus*
> *Perfecit laetus, Judoci Vyd prece fretus*
> *VersV seXta MaI Vos CoLLoCat aCta tVerI.*

Ce qui veut dire :

Le peintre Hubert Van Eyck, le plus grand qui ait jamais existé, a commencé cet ouvrage, et Jean, le premier de son art après lui, s'est chargé d'achever cette grande œuvre, engagé par les prières de Josse Vyd. Dans ce vers, le 6 mai vous montre les tableaux achevés et exposés à la vue du public.

---

(1) V. huitième chapelle, page 33.

Quant aux six autres panneaux, tout le monde sait qu'ils n'appartiennent plus à la cathédrale. Ils ont été vendus en 1817, par les membres de la fabrique de l'église, pour 6000 francs à un brocanteur de Bruxelles, qui les a vendus en 1818 à un marchand anglais au prix de 100,000 francs, lequel les a vendus à son tour au roi de Prusse pour la somme énorme de 100,000 thalers (410,000 francs).

Indiquons les sujets de ces magnifiques productions dont la Belgique déplorera éternellement la perte.

Les tableaux de la série supérieure désignés sur le plan par les chiffres VII et VIII, offrent un admirable chœur d'anges. Le premier panneau contient les chanteurs groupés de la manière la plus gracieuse, et le second, les instrumentistes qui accompagnent leurs hymnes sacrées.

Dans la série inférieure, les panneaux IX et X montrent les milices du Christ à cheval, bannières déployées, allant adorer l'Agneau sans tache. Parmi ces cavaliers on retrouve les portraits de plusieurs personnages illustres et même ceux des frères Van Eyck.

Du côté gauche de cette série, le XIᵉ panneau représente les saints ermites, le rosaire à la main, se rendant également vers l'Agneau.

Dans le XIIᵉ panneau on voit saint Christophe à la tête d'une troupe de pélerins, arrivant de loin pour se prosterner devant le sang de la Rédemption.

Lorsque Josse Vydts consacrait avec un noble enthousiasme une partie de sa fortune à doter son pays de la plus belle création des princes de nos peintres flamands, il était loin de prévoir que cette œuvre sublime, après avoir échappé à la fureur destructive de la révolution du XVIᵉ siècle, serait mutilée et dispersée en lambeaux au XIXᵉ, par la coupable ignorance d'un marguillier

plus dangereuse pour les arts que ne le furent jadis les Vandales
et les Iconoclastes (1).

Mais reportons-nous à l'époque où l'*Adoration de l'Agneau*
venait de sortir des mains de son créateur. Ce fut le 6 mai de
l'an 1432, après douze ans de travaux, qu'elle fut inaugurée
solennellement. Il n'avait pas été donné à Hubert Van Eyck de
voir luire ce jour de triomphe et de gloire. La mort l'avait frappé
six ans auparavant, le 18 septembre 1426. Il fut inhumé dans la
chapelle du seigneur de Pamele, et pendant plus d'un demi-siècle
on exposa à la vénération du public l'os du bras de cet illustre
peintre.

Le seigneur de Pamele n'avait rien négligé pour rendre la chapelle digne du tableau. Les murs et la voûte merveilleusement
sculptés dans le style gracieux de l'époque, portaient au milieu
d'ornements divers, des écussons aux armes de Vydts et de Borluut (2), et formaient un encadrement qui s'harmoniait admirablement avec la peinture, tandis qu'un superbe vitrail représentant
des sujets bibliques, ne laissait pénétrer dans ce saint lieu qu'un
jour mystérieux qui ajoutait encore à l'effet magique que produi-
sait déjà l'étonnante composition. L'affluence des personnes accou-
rues à Saint-Jean pour admirer ce chef-d'œuvre, fut si prodigieuse
qu'on pouvait comparer la foule — selon l'expression de Van Mander — à un essaim d'abeilles autour d'une corbeille de fleurs (3).

---

(1) Dans le *Messager des Sciences et des Arts*, année 1825, M. Lievin De Bast a donné
de curieux détails sur cette spoliation.

(2) La clef de voûte porte encore les armoiries de Vydts.

Plus tard, lorsque l'on construisit la belle balustrade de marbre qui ferme la chapelle, on y reproduisit les armoiries de Vydts et de Borluut, ainsi que celles de Triest.

(3) Le *Messager des Sciences et des Arts* a donné de nombreux articles sur les
frères Van Eyck et leurs œuvres. V. les *Tables générales du Messager des Sciences
historiques de Belgique*, p. 96 Gand, L. Hebbelynck, 1854; in-8°.

A l'époque des troubles du XVI⁰ siècle, le chef-d'œuvre des Van Eyck courut les plus grands dangers. Corneille Breydel rapporte que cette précieuse peinture fut transportée à l'hôtel-de-ville par ordre des chefs du parti calviniste; que leur intention était de prier le prince d'Orange de l'offrir à Élisabeth, reine d'Angleterre, en reconnaissance de l'appui qu'elle accordait aux sectaires gantois; mais que Josse Triest, seigneur de Lovendeghem, appuyé de ses amis, s'y opposa en alléguant qu'il avait des droits sur cette œuvre d'art en qualité de descendant des donateurs (1). Sa réclamation fut admise et Gand conserva la sublime création du génie des Van Eyck.

Après la reddition de la ville au prince de Parme, la composition fut réintégrée dans la chapelle de Josse Vydts (2).

On sait que Philippe II, voulant posséder une copie de l'*Adoration de l'agneau*, chargea *Michel Coxcie* de la reproduire avec la plus scrupuleuse exactitude. Le célèbre artiste s'acquitta de sa tâche en donnant le jour à un nouveau chef-d'œuvre, qui de même que l'original est actuellement dispersé dans les plus riches collections de l'Europe.

Lors des incendies de 1640 et de 1822, l'*Adoration de l'Agneau* fut enlevée du rétable et sauvée d'une destruction certaine.

Le peintre *Antonio Van den Heuvele* nettoya ces tableaux en 1663 (3).

Les plus anciens comptes de l'église nous apprennent que l'an-

----

(1) V. le crayon généalogique aux Pièces justificatives, n° VII.

(2) Item betaelt *Franchois Hoorebaut* van zulx als by verleyt hadde in tdraghen vande twee stux vande tafel van Adam ende Eva, van up stadthuus tot inde kercke, 11 sch. gr. (*Comptes de 1584*).

(3) Item betaelt Mr *Van den Heuvel* over het schoonmaecken vande schilderye van Adam en Eva, per billet ord. ende quit. III lib. gr. (*Comptes de 1663*).

niversaire de la mort de Josse Vydts avait lieu le 18 mars et celui de sa femme, Isabelle Borluut, le 22 du même mois.

Cette chapelle est ornée du mausolée de marbre blanc et noir, élevé à la mémoire du chanoine Ferdinand de Bruuswyck-Lunebourg. Ce monument, d'un style sévère et d'une bonne exécution, et l'œuvre du sculpteur *Jacques Martens,* coûta 280 livres de gros (1). Le cénotaphe porte cette inscription :

D. O. M.

PIÆQUE MEMORIÆ
NOBILISSIMI ET AMPLISSIMI DOMINI
FERDINANDI DE BRUNSWYCK-LUNEBURG
EX LINEA HARBURGICANA,
HUJUS EXEMPTÆ CATH. ECCL. PBRI, CANONICI
REGII DEIN CANTORIS, ET ELEEMOSINARII
SANCTI BAVONIS,
VICECOMITIS VANTER VYNCKT,
TOPARCHÆ DE SCHOONBERGHE, BORLUUT, ETC.,
QUI, FUNDATO ANNIVERSARIO OBIIT 26 OCTOB. 1753.
CUJUS ABAVUS LUNEBURGICA STIRPE CLARUS,
FIDE CLARIOR, HÆREDITARIO JURI LIBENTIUS,
QUAM ORTHODOXÆ FIDEI
VALEDICENS,
GENEROSUS EXUL IN DOMINO OBDORMIVIT.

A côté de ce monument on voit celui de la famille de Draeck, sur lequel on lit :

D. O. M.

MONUMENTUM
REVERENDI ADMODUM AC AMPLISSIMI DOMINI
ANTONII JOSEPHI DE DRAECK
TOPARCHÆ VANDER CAENER, THORISWALLE
DRYAERDE, ETC., J. U. L. PRESBYTERI ET EXEMPTÆ
CATHEDRALIS ECCLESIÆ SANCTI BAVONIS CANONICI
PRIMUS GRADUATI NOBILIS, DEIN SCHOLASTICI
PROTONOTARII APOSTOLICI
QUI OBIIT 17 MAII 1784, ÆTATIS SUÆ ANNO 91o.

(1) Item betaelt aen den baes MARTENS, meester beilhouwer, de somme van twee hondert en tachentig ponden grooten over het maken ende stellen volgens accorde ende quittantie het Epitaphium van den eerw. heer de Brunswyck-Lunebourg. Lib. 280.

(*Compte de la donation Triest de l'année 1758*).

NEC NON
NOBILISSIMI AC ILLUSTRISSIMI DOMINI
FREDERICI FRANCISCI JOSEPHI
BARONIS DE DRAECK
TOPARCHÆ DE RONSELE, ETC.
QUI OBIIT HILDESII, 4 APRILIS, 1795.
ET PRÆNOBILIS DOMINÆ MARIÆ LUCIÆ
GAGE CONJUGUM QUÆ OBIIT GAND.E
15 OCTOBRIS, 1792.
EORUMQUE HÆREDUM IN PERPETUUM.

R. I. P.

Quartiers :

De Draeck. Viron. Adornes. Bracle.
Courtewille. de la Bacque de Basseveldc. de Lannoy. de Hane.
Allegambe. Snoeck. Blyleven. Triest.
Volckaert. Backelle. Nieulant. Castillio.

XII.

Chapelle dite : de l'Évêque.

Elle est ainsi nommée, parce que l'évêque Triest y fit exécuter de son vivant des travaux d'embellissement, et que depuis cette époque elle a toujours servi de chapelle particulière aux évêques. Anciennement cette chapelle était réservée à la corporation des boulangers qui y célébrait ses cérémonies religieuses. Plus tard, le prévôt Luc Munich l'embellit considérablement. Il y fit élever un autel qui portait cette inscription :

AD HONOREM DEI OMNIPOTENTIS ET MEMORIAM
D. LUCÆ EVANGEL. HOC ALTARE R. D. LUCAS
MUNICH ABBAS SANCTI BAVONIS RENOVARI AC MISSAM
IN EO HEBDOMADATAM CELEBRARI TESTAMENTO DEPOSUIT,
QUO ET CANONICOS CETEROSQUE HUJUS ECCLESIÆ MINISTROS,
ET PAUPERES ANNIVERSARIA OBITUS SUI DIE, ANIMAM
EJUS DEO COMMENDANTES BENIGNE REMUNERAVIT.

Cet autel fut brisé pendant les troubles du XVIe siècle.

Aujourd'hui la chapelle communique avec le nouveau palais épiscopal construit en 1843, sur les plans de M. *Wolters*, ingénieur en chef de la Flandre orientale.

Le rétable de l'autel renferme une grande toile, représentant *le Christ mort sur le giron de sa mère*, par *Gérard Van Honthorst*. Ce tableau, l'un des meilleurs de ce maître, est d'un style vigoureux et d'une harmonie de couleur digne d'admiration. Le seul reproche que l'on puisse adresser à l'artiste, c'est d'avoir donné trop peu de noblesse à ses figures et notamment aux anges groupés sur le premier plan, dont les physionomies ont une expression beaucoup trop triviale. Ce tableau est signé : GERARDT VAN HONTHORST, FECIT 1633.

Cette date correspond à celle d'un document que nous avons trouvé dans les archives de la cathédrale et que nous publions dans nos PIÈCES JUSTIFICATIVES, sous le n° VIII. C'est l'autorisation donnée par Philippe IV au célèbre graveur *Paul Pontius*, d'Anvers, de reproduire au moyen du burin l'œuvre de Gérard Honthorst, et d'en vendre la gravure à l'exclusion de tout autre (1).

Jetons maintenant les yeux sur une autre grande toile ogivale : *le Christ mourant*, par *Gaspard De Crayer*. Dans le haut du tableau on voit le Père Éternel prêt à recevoir son divin fils. La divine résignation empreinte sur les nobles traits du Sauveur et le sentiment plein de poésie qui règne dans le groupe qui l'entoure, donnent à cette toile un cachet qu'un grand artiste seul sait imprimer à ses œuvres.

Deux paysages, *saint Jean préchant dans le désert* et *la Tentation de saint Antoine*, dùs au pinceau de *Luc Van Uden*, ornent les côtés latéraux de cette chapelle. L'église de Saint-Bavon possédait autrefois beaucoup de tableaux de ce célèbre paysagiste; les meilleurs ont été enlevés sans que l'on sache ce qu'ils sont devenus.

----

(1) PAUL PONTIUS naquit à Anvers en 1596. Élève de *Luc Vostermans*, il jouit conjointement avec cet artiste et avec *Bolswert* des conseils de *Rubens* dont ils furent les graveurs de prédilection. Pontius a gravé plus de cent pièces, portraits et sujets, d'après tous les grands peintres des écoles flamande et hollandaise.

Avant l'époque où une ouverture fut pratiquée dans le mur qui sépare cette chapelle de celle de Notre Dame aux Rayons, pour y élever le mausolée de l'évêque Maximilien-Antoine van der Noot, avant cette époque — disons-nous — on voyait à la même place un monument bien simple, mais qui ne pouvait manquer d'inspirer un vif intérêt, puisqu'il renfermait les restes mortels de Luc Munich, le dernier abbé de la riche et puissante abbaye de Saint-Bavon, supprimée par Charles-Quint.

Le manuscrit de Corneille Breydel (1) nous apprend qu'après la première invasion des Iconoclastes dans les églises de Gand, le Prévôt Viglius fit restaurer la chapelle et la tombe de son prédécesseur (2). Mais en 1578 la tempête révolutionnaire ayant éclaté de nouveau avec plus de fureur, ce monument funèbre subit d'affreuses dégradations. Des forcenés ivres de carnage, se ruent sur le mausolée qu'ils brisent à coups de hâche; ils en enlèvent le cercueil de plomb dont on fait sauter le couvercle, en arrachent le corps encore saignant de Luc Munich, qu'ils livrent aux flammes après l'avoir dépouillé des ornements avec lesquels il avait

---

(1) V. les PIÈCES JUSTIFICATIVES, *Mémoire Breydel*.

(2) Nous trouvons dans un recueil d'épitaphes appartenant au baron J. de Saint-Genois, l'extrait suivant contenant l'inscription gravée sur la tombe de Luc Munich :

In capella vulgo dicta *de Backers capelle* ad latds septentr. inter hanc et D. Mariæ capellam huic proximam est monumentum elevatum ex marmore nigro cùm hac inscriptione, quæ respicit sacellum suprad. pistorum Abbatis in ordine 61 Lucæ Muniaex.

REVERENDO PATRI LUCÆ MUNICH LXI ET ULTIMO MONASTERII SANCTI BAVONIS ABBATI, SUB QUO, ID AUCTORITATE PAULI TERTII PONTIFICIS ROMANI ET CAROLI V. IMPERATORIS IN COLLEGIUM CANONICUM ERECTUM ET DEUM IN HANC ECCLESIAM TRANSLATUM FUIT VITA FUNCTO, ET HIC SEPULTE, D. VIGLIUS SWICHENIUS EJUSDEM SUCESSOR, ET PRÆFATI COLLEGII PRÆPOSITUS HOC MONUMENTUM POSUIT. OBIIT D. LUCAS XVIII JANUARII Aº INCARNATIONIS CHRISTI 1562. ÆTAT. SUÆ 71.

Quod supd. monumentum ab hæreticis destructum, fuit restauratum aº 1600, in eodem loco in tumba elevata cum hac inscriptione.

8

été enseveli (1). C'est en vain que Corneille Breydel, qui rapporte ce fait, a recours à l'autorité du fameux démagoge Jean Hembyze, c'est en vain qu'il lui rappelle les liens d'amitié qui l'unissaient naguères au défunt. Rien n'y fit. Hembyze, intéressé au pillage comme nous l'avons déjà dit, resta sourd à toutes les supplications et permit — toujours dans l'intérêt du nouveau culte — que la profanation fût complète.

Le manuscrit contemporain ajoute que les principaux auteurs de cet acte impie périrent misérablement.

L'abbé Luc Munich était mort seize ans auparavant, le 18 janvier 1562.

Le Prévôt Varéus attribua plus tard au chapitre l'honneur d'avoir fait restaurer cette tombe si souvent mutilée.

L'épitaphe qu'il fit graver dans la bordure du sarcophage et que nous reproduirons lorsque nous visiterons le tombeau de Luc Munich dans la crypte, prouve la vérité de cette assertion. Il paraît que les frais de ce travail furent supportés, après que Gand se fut soumis au prince de Parme, par un certain Benedictus......, hôtelier des *Lombards,* en expiation d'avoir participé aux actes des Iconoclastes. Ce fut au commencement du XVIIᵉ siècle que le tombeau du dernier abbé de Saint-Bavon fut descendu dans la crypte.

Luc Munich avait approuvé lui-même le plan de son mausolée. Le sarcophage devait être supporté par quatre frères cellites de pierre de touche. Ces figures ont été exécutées, mais n'ont jamais servi à l'usage auquel le prélat les avait destinés.

Les trois statues de marbre, *le Sauveur entre deux anges,* qui surmontent l'autel, sont d'une exécution médiocre. Celle de

(1) Ils furent trompés dans leur attente, car Luc Munich fut inhumé avec des bagues de cuivre aux doigts, comme Breydel l'atteste dans son *Mémoire,* nᵒ IV, lit. L, partie flamande.

sainte Dorothée, placée du côté de l'épître, n'est guère préférable.

En sortant, il est impossible de ne pas admirer les belles portes de cuivre doré et travaillées à jour qui ferment cette chapelle.
Sur le pilastre qui réunit les deux battants, l'artiste a placé dans
une niche la statuette de saint Antoine, patron de l'évêque Antoine Triest, qui fit exécuter ce beau travail en 1633. Au-dessus

de la niche le monogramme du prélat figure dans un cartouche. Les battants sont artistement travaillés à jour et portent au centre les armoiries de la seigneurie de Saint-Bavon et celles de Triest, et à l'intérieur celles du comté d'Everghem et de Triest.

Il n'y a pas longtemps qu'on voyait encore les peintures de la voûte, dues au pinceau de *Nicolas Roose*. Elles étaient d'une exécution très-médiocre, ce qui nous console un peu de les avoir perdues. Les comptes de la donation Triest nous apprennent que le peintre *Van Reysschoot* y fit des restaurations en 1791.

XIII.

Chapelle dite : de Notre Dame aux Rayons.

L'origine de cette confrérie remonte au commencement du XIII⁰ siècle, comme l'atteste l'inscription du fronton de l'autel :

D. O. M.

EJUS MAXIMÆ
MATRI VIRGINI MARIÆ AD RADIOS,
SODALITAS OLIM CIRCA ANNUM 1200 INSTITUTA,
POSTEA HÆRETICORUM IMPROBITATE COLLAPSA,
TANDEM AN. 1625 RESTITUTA,
MARMOREUM HOC ALTARE POSUIT ANNO 1630.

L'autel entièrement de marbre est l'œuvre du sculpteur *Hubert Hanicq* (1), et le tableau qui en fait le principal ornement, repré-

(1) Le contrat entre les administrateurs de la confrérie et le sculpteur fut passé le 11 février 1627, et les comptes constatent que l'autel coûta 437 liv. 13 esc. 4 gr. Il fut achevé en 1633, et c'est au bas du compte de cette année que l'on trouve ce qui suit :

« Je soubsigné *Hubert Hanicq* congnoit avoir receu par les mains de Monsieur le chanoisier Matthias, la somme de *deux cent florins*, provenant du testament de mademoiselle Emma de Courova, qu'icelle at légaté à la chapelle de Nre Dame sur les rayons de l'église cathédrale de St Bavon à Gand. Oultre et pardessus ay encoires receu autre

sente le *Mariage de sainte Catherine,* par *Nicolas Liemaecker,* surnommé *Roose.*

La Vierge Marie est assise au milieu d'une gloire céleste. Elle tient sur les genoux l'enfant Jésus, qui passe un anneau d'or au doigt de sainte Catherine. Sainte Agnès agenouillée près de Marie, embrasse avec respect et amour la main gauche du divin Enfant. Cette toile, que l'on considère comme une des meilleures de ce maître, est d'une belle ordonnance, suave et brillante de couleur. Elle fut payée trente-neuf livres. Voici la quittance de l'artiste que nous avons retrouvée dans les archives de la cathédrale.

Ick onderschreven kenne ontfaen thebben vanden Eerwd. Heer Cannonick Heer Mathias, de somme van negenendertich ponden over tmaken ende leveren vande schilderye van Onse lieve Vrauwe op de Radien, dienende inde kereke van Ste Baefs my toorconde, desen 9sten augusti 1644.

Dico negenendertich pont.

NICOLAES ROOSE.

Remarquons que cette quittance, au lieu d'être signée *Nicolas Liemaecker,* est signée *Nicolas Roose,* pseudonyme sous lequel ce grand peintre, émule et ami de Rubens et comme lui élève d'Otho Venius, était connu dans le monde artistique.

cincquante florins de mademoiselle Josyne Polaer, vefve de feu Mre Jaecques Delval, procedant aussy par la moitié du testament qu'en at faict le susdit Mre Jaecques son mary à ladite chapelle. Oultre aye encoires receu de Monsieur Pierre Delval *vingt quatre florins* pour une aumosne qu'il donne à la susdite chapelle, de surplus iay receu ung assignation *de vincte six florins,* sur Jan van Gheldere, recepveur de ladite chapelle, portant ensemble les susdites sommes *trois cent florins,* qui est la reste par payé et entièrement payement de la table d'autel de marbre et albastre que iay faict et posé en la susdite chapelle de N^re Dame, pour lequel ouvrage ie me tiens entièrement satisfaictz et payé, tesmoing mon sing manuel de ce XIe de mars XVI^c trente trois, et plus bas signé Hubrecht Hanicq. Moy présent Lecompte et Pierre Lecompte. »

Il est fàcheux que la statuette de la Vierge, entourée de larges rayons dorés, intercepte la vue des plus belles parties de cette composition (1).

Autrefois cette chapelle entièrement tendue de cuir doré, était ornée de huit tableaux de forme ovale, dont quatre de la main de *Nicolas Roose;* ils retraçaient *la Glorification du saint Sacrement.* Les quatre autres représentant *les quatre Éléments adorant le saint Sacrement,* étaient d'*Anselme Van Hulle* (2).

Le revètement de marbre que nous voyons aujourd'hui, est l'œuvre du sculpteur *Philippe Martens,* qui entreprit ce travail en 1713, pour la somme de six cents livres de gros, argent de change (3). Les deux petites portes latérales de bois de chêne sculpté, sont de la même époque.

A la droite de l'autel, on remarque le mausolée de marbre élevé à la mémoire de *Philippe Érard vander Noot,* XIIIᵉ évêque de Gand (4). — Le prélat à demi couché sur le sarcophage, médite sur le douloureux mystère de la passion de Notre-Seigneur

(1) Ce tableau fut restauré en 1664 par *Pierre Le Plat,* et en 1710 par *Gilles Le Plat.*

(2) Betaelt aen Mʳ *Niclaes Roose,* voor vier ovalen figuren met twelfve engelen, boockxhoofden ende fustons met een groote remonstrance van haut vergult, de somme van XXVIII lib. XIIII sch. VIII gr.

Betaelt voor lint om de fustons te hanghen, XVIII sch. gr.

Voor de nagbels, VI sch.

Voor imtvelt quaent papier om de letters te maken, VI sch. gr.

Betaelt aen sieur *Anselmus Van Hulle,* voor vier schilderyen representerende de vier Elementen eerende het H. Sacrament. Voor elc stuck 4 pont gr. compt XVI p gr.

Item aen Francois Van der Beken over de ramen en molueren dienende aende voors. schilderyen, XXXVI sch. gr.

(*Comptes de la confrérie du saint Sacrement, année* 1655).

(3) V. les Pièces justificatives, chapelle de N. D. aux rayons. N° IX, lit. A

(4) Les armoiries de vander Noot sont : d'or à cinq coquilles de saint Jacques posées en croix, de sable.

Jésus-Christ, qu'un ange lui présente au moment de la flagellation. Les traits de l'évêque sont empreints d'une expression dou-
loureuse pleine de vérité; cette statue est due au ciseau de *Gery
Helderberg*. Le groupe représentant la *Flagellation* est de *Jean
Boeksent*, frère laïque récollet (1), et l'ange de *De Sutter*. Cette
partie du monument est loin de valoir la statue du vénérable
évêque. Le cintre de l'arcade qui encadre tout le sujet est décoré
de trois anges de marbre soutenant la croix, et des statues de *la
Foi* et de *l'Espérance*.

Sur le sarcophage on lit l'épitaphe suivante :

D. O. M.

MEMORIA
ILLUSTRISSIMI
AC
REVERENDISSIMI DOMINI,
D. PHILILPI ERARDI
VAN DER NOOT
XIII. EPISCOPI GANDENSIS.

Quartiers :

Vander Noot. Hinckaert. Enghien. Berchem.
Masnuy. Bernard. de la Croix. Fourneau.
Leefdael. Gavre. Schoonhove. vander Elst.
Eynatten. Busleyden. van Schoore. van der Noot (2).

En face ce de mausolée, on voit celui élevé à la mémoire d'un
autre membre de l'ancienne et illustre maison de Van der Noot,
à *Maximilien-Antoine van der Noot*, XV° évêque de Gand, et
neveu de Philippe Erard.

Cette sculpture dont les détails sont admirablement soignés,
est l'œuvre de *Pierre-Antoine Verschaffelt* (3).

---

(1) Jean Boeksent né à Gand le 22 octobre 1660, profès le 22 août 1685, mort dans
la dite ville le 10 avril 1727.

(2) Ce monument a été gravé par *Heylbrouck*.

(3) Pierre-Antoine Verschaffelt, naquit à Gand en 1710. *Pierre De Sutter*, son

L'artiste a représenté le prélat à genoux, adressant de ferventes prières à la Mère de Dieu et à l'Enfant Jésus. Le sommet de l'arcade est couronné par des anges portant les insignes de la dignité épiscopale.

L'inscription suivante orne le sarcophage :

MEMORIA
ILLUSTRISSIMI AC REVERENDISSIMI DOMINI
MAXIMILIANI ANTONII VAN DER NOOT
XV. EPISCOPI GANDAVENSIS.

Quartiers :

Vander Noot. Enghien. Masnuy. de la Croix.
Leefdael. Schoonhove. Eynatten. van Schoore.
van der Gracht. Berlo. de Gruutere. Rym.
de Varick. Damant. Michault. Halmale.

Au centre du pavement, cette pierre tumulaire :

D. O. M.

IN CRYPTA SUB HOC SACELLO
TUMULATUS EST
PRÆNOBILIS DOMINUS
EMMANUEL CAROLUS VAN HOOBROUCK
TOPARCHA PAROCHIARUM
D'ASPER, SINGHEM, WORTEGHEM ET
HUJUS CIVITATIS THESAURARIUS,
QUI OBIIT 21 JANUARII 1789 ÆTATIS 85
ET
PRÆNOBILIS DOMINA ELEONORA FRANCISCA
NATA BARONISSA DE SCHIFFER
EJUS CONJUX,
QUÆ OBIIT 11 MAII 1797 POSTERORUM
NECNON
REV. ADM. ET NOBILIS DOMINUS
D. CAROLUS VAN HOOBROUCK

oncle maternel, lui enseigna les premiers éléments de son art. Son nom brille avec éclat parmi les sculpteurs belges. Étant à Rome, il y exécuta la statue colossale de l'archange saint Michel, qui couronne le fort saint Ange, et la statue du tombeau du pape Clément XII. Plus tard, il devint statuaire de l'électeur Palatin et mourut à Munich en 1795.

HUJUS EXEMPTÆ CATHEDRALIS ECCLESIÆ
CANONICUS GRADUATUS,
QUI FUNDATO ANNIVERSARIO,
OBIIT 31 JANUARII 1707.
REQUIESCANT IN PACE.

Quartiers :

Van Hoobrouck. Doormael. van Cuyck. Taye.
Ballet. van Spiere. Volckaert. Nieulant.
Schiffer. de Sonderndore. de Herbenstein. Perchtolt.
Sandelin. van Scheynghem. Nieulant. Wouters.

Le banc de communion artistement sculpté à jour, est de la main de *Gaspard Cappers*, d'Anvers, qui exécuta cette pièce en 1727.

Combien de trésors artistiques n'a-t-on pas vus disparaître au milieu du tourbillon révolutionnaire du XVIe siècle? Il suffit de jeter les yeux sur les inventaires qui sont conservés aux archives de la cathédrale pour se convaincre que les arts ont fait à cette époque orageuse, des pertes à jamais regrettables (1). La confrérie de Notre-Dame aux Rayons dont les richesses étaient connues, a été particulièrement éprouvée. Les comptes de l'année 1475 parlent d'un tableau qui représentait *la Passion de Notre-Seigneur*, peint sur toile par un artiste dont le nom n'est pas cité (2).

(1) Item betaelt voor tsalveren ende vertransporteren vande beelden, ornamenten, couffers ende ander juweelen den voorseyden oultaer con
ernerende ende inde zelve capelle wezende ter date vander destructie ende spoliactie in deser ende ander kercken gheschiet, in als ter somme van metter ende vracht ende .   .   .   XVIII sch. II gr.
(*Comptes de l'année 1566*).

(2) Item den schildere vander Passien te leverne van handghedade alleene.   .   .
VIII lib. XVI sch. gr.
Item vander rame daer de passie up staet .   .   .   .   XLII sch.
Item vanden lynwade daer de passie up geschildert es.   .   .   .   .   XXIIII sch.
Item van drie yseren daer de passie ons Heeren gheschilt, up ghestelt was III sch. gr.
(*Comptes de l'année 1475*).

Vers la même époque, en 1481, un peintre nommé *Mathys*, travailla pour la même confrérie.

A la fin du XVIe siècle et au commencement du XVIIe, combien de fois ne rencontrons-nous pas le nom d'*Horebout*, si connu dans les annales artistiques de Gand?

En 1567, les comptes nous révèlent les noms de deux sculpteurs gantois, *Silvestre* et *Jean Schuermans*. Le premier exécuta le tabernacle de la chapelle de Notre-Dame aux Rayons, tandis que le second l'orna de plusieurs statuettes d'albâtre. D'après ces comptes, Jean Schuermans était le gendre du sculpteur Jean Mynheere ou De Heere, et par conséquent le beau-frère du peintre-poëte Luc De Heere, dont nous avons parlé en esquissant la neuvième chapelle (1).

Toutes les pièces d'orfèvrerie ancienne ont disparu. C'est ainsi que nous avons à déplorer la perte d'un calice antique offert à la confrérie de Notre-Dame. Cette pièce supérieurement émaillée, portait les armoiries et les quartiers des donateurs (2).

Ne quittons pas cette chapelle sans avoir jeté un regard sur la belle clôture de marbre, œuvre du sculpteur *Jacques Cocx.*

---

(1) Item noch betaelt *Silvester*, bildesnydere, voor het opmaken onse vrn. tabernakele ende eenen Inghele ghesneden van haute, ende de pylaren te vervastene ende andersins ende ander scrinwerken van dachuere by specificatien van billette compt tsamen . . . . II lib. XI sch. gr.

Item, betaelt *Jan Schuermans* den schoonsone meester *Jan myn Heeren* voor diversche beelden van albaester te maken, dachueren, bielden te snyden, repareren, leveren van albaeste ende plaeste met hen onderrekent ende tzelve ghestelt by billette bedraecht ter somme van. . . . . VI lib. XIX sch. IIII gr.

(*Comptes de l'année* 1567).

(2) Eerst een zilveren vergulden kilck, cum patina et cocleari. De kelk gheteeckent met twee wapenen, deene de wapen int roode velt ende dander met vier quartieren, ende tpasteelken gheteeckent cum Brachio Dni. ende tlepelken zelver vergult.

(*Inventaire de l'année* 1565).

Elle date de l'an 1637, et coûta sept cents livres de gros. Les portes de bois sculptées à jour avec beaucoup de délicatesse, sont l'œuvre de *Jean Bambost* (1).

La vénération que les Flamands ont pour la Mère du Sauveur, a donné aux associations qui lui sont spécialement dédiées une importance que le temps n'a pas amoindrie.

L'antique confrérie de Notre-Dame aux Rayons établissait jadis dans tous les quartiers de la ville des monuments pieux destinés à rappeler au peuple le souvenir de la Reine du ciel. Plusieurs de ces monuments, dont la plupart étaient des *ex-voto* plus ou moins ornés, existent encore aujourd'hui. Celui que nous voyons au coin d'une maison située dans la *Scheldstraete,* date d'une époque très-reculée. Les comptes nous apprennent qu'en 1637, le fameux peintre *Nicolas Roose* fut chargé par la confrérie de l'exécution de deux toiles; l'une devant servir à la station de la *Scheldstraete,* et l'autre à celle adossée à l'hôtel de Madame de Norman (2).

La place de l'Évêché nommée anciennement le *Pleyntje,* était ornée d'un obélisque de granit, surmonté de la statue de Notre-Dame aux Rayons et décoré sur les quatre faces de médaillons de marbre et d'armoiries. Cet obélisque était posé sur un piédestal et entouré d'un grillage. Imitant les monuments de l'ancienne Grèce, les sujets sculptés en bas-relief des médaillons, étaient peints par *Nicolas Roose* (3).

(1) V. les Pièces justificatives, n° IX, lit. B.
(2) V. les Pièces justificatives, n° IX, lit. C.
(3) V. les Pièces justificatives, n° IX, lit. D.

XIV.

Chapelle dite : du Curé, dédiée à saint Sébastien.

Le rétable renferme l'une des plus belles et des plus vastes compositions du prince des peintres de l'ancienne école flamande, de *Pierre-Paul Rubens.*

Le sujet retrace un épisode à la fois religieux et historique : *saint Bavon ayant renoncé au monde et distribué ses richesses aux indigents, se présente à saint Amand, et le supplie de l'admettre dans le monastère que l'apôtre de la Flandre venait de fonder à Gand.*

Pour bien nous rendre compte de cette admirable toile, disons d'abord un mot du sujet.

Sans avoir recours aux nombreux auteurs qui se sont occupés des travaux apostoliques de saint Amand, nous nous arrêterons à un seul ouvrage : la chronique rimée de la vie de ce saint apôtre écrite en flamand vers le milieu du XIVe siècle, par Gilles de Wevel (1). Le chroniqueur y raconte dans ce style simple, naïf et pittoresque qui caractérise les œuvres littéraires de cette époque, qu'un farouche et cruel Leude d'Hasbanie (Hesbaie), nommé Bavon, inspirant la terreur à ses sujets et à ses voisins, avait jeté impitoyablement en prison, un marchand flamand qui s'était rendu à Tongres pour des affaires concernant son commerce. Le terrible Leude confisqua ses marchandises et allait le mettre à mort, lorsqu'Ageltrude, la fille unique de Bavon, vint intercéder en faveur du prisonnier qui gémissait depuis plusieurs jours dans

---

(1) *Leven van sinte Amand, patroon der Nederlanden, dichtstuk der XIVe eeuw.* Ce document important a été publié dans la collection des *Bibliophiles flamands,* par les soins de Mr Philippe Blommaert.

les affreux cachots du manoir féodal. Bavon aimait tendrement cette belle et gracieuse créature, douce comme un agneau, le seul fruit qu'il avait eu de son union avec la fille du puissant comte Odilon. Il se laissa attendrir à la voix de son enfant et permit à Ageltrude de délivrer elle-même le prisonnier de ses fers. Aussitôt elle se rendit dans les sombres et humides prisons du château, où elle apparut au pauvre condamné comme une blanche colombe envoyée du ciel. « Mon ami — lui dit-elle — mon père m'a permis de vous rendre la liberté; pardonnez-lui et priez votre Dieu pour lui et pour moi, car je sais que vous êtes chrétien et j'ai confiance dans votre sainte foi » (1).

Le captif retourna à Gand et alla raconter à saint Amand ce qui lui était arrivé. Il traça le portrait le plus sombre du caractère du redoutable comte, et ne tarit pas en éloges sur la belle

---

(1)
    « Gaet toot hem, » seide hi mettien,
    « En triveleertene, als ghi wilt,
    Ic bem met uwen woorden ghestilt. » —
    « Vader, danc hebt! » seide Adeltruut,
    Ende so ghinc al overluut,
    Daer so den ghevanghenen vond.
    « Vriend, » seide so altehand,
    « Ghi ligghet hier te uwen meskieve,
    Dat sal ic door sine lieve,
    Beteren, daer ghi an gheloovet,
    Al eyst dat mijn vader doovet,
    Verghevet hem, dies biddic hu,
    Ende ooc bem ic begheerende nu,
    Dat ghi uwen God bidt voor mi,
    Want ic weet wel dat ghi
    Sijt een kerstijn salich man,
    Ende ic gheloove seke daer an,
    Dat es die helighe wet,
    Die ter weerelt es ghesed. »

Leven van sinte Amand, bl. 125.

Ageltrude, qu'il dépeignit sous les traits d'un ange gracieux, plein de douceur et de piété filiale. Après ce récit qui émut vivement le saint missionnaire, le marchand se retira et l'apôtre pria Dieu d'avoir pitié du comte Bavon et de faire luire à ses yeux l'éclatante lumière de la Foi.

Peu de temps après, saint Amand poursuivant le cours de ses prédications, arriva à Tongres où il eut le bonheur, grâce à la pieuse intervention d'Ageltrude, de convertir, en 651, le comte Bavon au christianisme.

« Ne pouvant résister à l'éloquente parole d'Amandus, Adhilek, surnommé *Allowin* — écrit un historien moderne (1) — se rendit à Gand auprès de lui, il le supplia de le recevoir au nombre de ses disciples, afin qu'à jamais lié par la règle du cloître, il pût désormais repousser avec plus de force les tentations de sa vie passée. Amandus le conduisit dans l'église de Gand, et là, après avoir fait tomber sa barbe et sa chevelure au pied de l'autel de Saint-Pierre, il l'admit dans la milice chrétienne. Le farouche Allowin devint le doux Bavon. »

C'est cet épisode de la vie de saint Bavon que Rubens a choisi pour le sujet de son tableau.

Sur le palier d'un large escalier de pierre conduisant au monastère, on aperçoit saint Amand revêtu des insignes de l'épiscopat, accompagné de Florbert, le premier abbé de l'antique abbaye dont le saint apôtre est le fondateur. Le comte Bavon se jette à ses pieds et fondant en larmes, il fait l'aveu de ses crimes et demande la pénitence (2). « Saint Pontife — s'écrie-t-il —

---

(1) *Allo-Win*, qui prend tout. KERVYN DE LETTENHOVE, *Histoire de Flandre*, t. 1, p. 68, 1re édition.

(2)   Daer dede Bave an 't abijt
             Van der ordenen des cloosters goed,
             Ende stelde voordan sinen moed

pour le salut de mon âme, donnez-moi de sages conseils. Je veux les suivre, je veux corriger ma vie entière et la purifier. Je m'abandonne à vous, saint Pontife, ayez pitié de moi, sauvez-moi » (1).

En prononçant ces paroles, deux pages lui enlèvent son épée et son manteau écarlate doublé d'hermine.

Au bas du tableau sont groupés les pauvres et les infirmes recevant des mains d'un moine les aumônes du comte Bavon qui s'est dépouillé de tous ses biens pour ne plus songer qu'au salut de son âme. Sur le premier plan, on remarque deux dames dont les types se rencontrent dans la plupart des œuvres de Rubens; ce sont ses deux femmes, Isabelle Brandt et Hélène Fourment. Quant à l'artiste lui-même, il n'est pas difficile de le reconnaître sous les traits mâles et expressifs du comte Bavon.

Cette composition grandiose, pleine de figures admirablement groupées, réunit toutes les brillantes qualités que l'on rencontre dans la fameuse *Descente de Croix* de ce grand maître; œuvre capitale à laquelle le tableau de saint Bavon n'est pas inférieur.

Cette toile offerte à la cathédrale par l'évêque Antoine Triest, dont elle porte les armoiries, ornait primitivement l'ancien maître-autel du chœur. Ce ne fut qu'après la construction du maître-autel actuel que l'œuvre de Rubens prit place dans la chapelle où nous l'admirons aujourd'hui. Nous n'avons pas besoin d'ajouter qu'une pièce aussi remarquable eut le sort de tous les

> Om een leven, in sulker wise
> Te leedene, daer hi ten paradyse
> Christuse by anescouwen mochte;
> Vul penitencien niet sochte
> Was sijn staet, die hi uphief.
>
> *Leven van sinte Amand,* bl. 191.

(1) DESROMBES, *Histoire de saint Amand.*

chefs-d'œuvre de l'Europe, qui allèrent orner le Musée impérial
de Paris. Rendu à la Belgique, ce tableau fut envoyé à Bruxelles;
mais en 1817 Guillaume I le restitua à l'église cathédrale de
Gand, pour laquelle il avait été exécuté.

Cette fameuse toile a été gravée par *François Pilsen* (1). Nous
ne quitterons pas cette belle œuvre sans rappeler les restaurations
qu'elle a subies.

En 1648, elle fut restaurée et nettoyée par *Pierre Hids* (2),
et en 1670, elle fut nettoyée par *Pierre Le Plat*. Le peintre *Philippe Bernaert* la nettoya en 1647 et en 1663. En 1722, le
peintre *Albert Fortain* la restaura aussi et reçut pour son travail
une somme de seize livres de gros.

Cette chapelle renferme encore une toile : *la Glorification de
la sainte Vierge,* par *Nicolas Roose*. La Mère du Sauveur portant
son divin Enfant, est reçue dans le ciel par le Père Éternel et le
saint Esprit, tandis que des chœurs célestes célèbrent sa gloire.
A ses pieds sont groupés les patriarches, les prophètes et les
saintes femmes de l'ancien Testament, qui la bénissent et l'honorent. Marie est posée sur un croissant portant ces mots :
BENEDICTA TU IN MULIERIBUS.

Cette toile a beaucoup de mérite. La figure de Judith est surtout bien traitée; la seule observation qu'on pourrait adresser à
l'artiste, c'est de ne pas avoir assez varié les types des physionomies qui semblent toutes exécutées d'après un même modèle.

L'auteur anonyme d'une notice sur la cathédrale de Saint-

---

(1) FRANÇOIS PILSEN, peintre et graveur, né à Gand en 1700, mort en 1786.

(2) Item, betaelt aen meester PIETER HALS, over het accomoderén ende schoon
maecken vande schilderie vanden autaer inden hooghen choor vande voors. kercke,
de somme van twee ponden groot. hier de zelve per quittentie ende accoort gemaeckt
by den heer Cantor. 11 lib. gr.

(*Comptes de la fabrique de l'église,* année 1648).

Bavon, nous apprend qu'on voyait encore dans cette chapelle, vers la fin du siècle dernier, une *verrière* remarquable, représentant l'archiduc Philippe-le-Bon et son épouse Jeanne-la-Folle, leurs deux fils et leurs quatre filles en prières devant le symbole de la sainte Trinité, reproduit dans la partie supérieure du vitrail.

Dans le pavement, on trouve les inscriptions tumulaires ci-après :

HIC JACET
REVERENDUS ADMODUM AC AMPLISSIMUS DOMINUS
PETRUS VAN DAMME, S. T. L.
SEMINARII EPISC. GANDENS. QUONDAM PROFESSOR
DEIN HUJUS EXEMPTÆ CATHED. ECCLESIÆ
CANONICUS GRADUATUS,
AC DEMUM THESAURARIUS;
VIR CONVERSATIONE AC CONSILIO
OMNIBUS CHARUS
FUNDATA COMMEMORATIONE SOLEMNI,
NEC NON RELICTA PAUPERIBUS
NATALIS SUI D'EXAERDE
SUMMA CONSIDERABILI :
VIVERE DESIIT 26 NOVEMB. 1765.
R. I. P.

D. O. M.
ET PIÆ MEMORIÆ
REVERENDI AC CONSULTISSIMI
DOMINI LUCÆ JOANNIS DE HAESE,
PRESBYTERI IN ALMA
UNIVERSITATE LOVANIENSI JURIS
UTRIUSQUE LICENTIATI HIC
RESURRECTIONEM
EXSPECTANTIS
OBIIT
13 MENSIS FEBRUARII 1740,
ÆTATIS SUÆ 64.
INTERIM SI QUID SUPERSIT
QUOD REQUIEM EJUS
MORETUR LECTOR PRECIBUS
MEDERE UT QUANTOCIUS.
R. I. P.

10

ÉGLISE CATHÉDRALE

D. O. M.

SISTE VIATOR, AUDI, LEGE, LUGE.
JACET HIC
REVERENDUS ADMODUM DOMINUS
PHILIPPUS JACOBUS VAN HULLE,
HUJUS ECCLESIÆ CATHEDRALIS 35 ANNIS
PASTOR VIGILANTISSIMUS,
QUI DEFUNCTUS ÆTATIS SUÆ 75 INCARNATIONIS
DOMINI 1772, MENSIS FEBRUARII DIE 4ᵃ.
CUM SORORE SUA
DOMICELLA CATHARINA JOANNA VAN HULLE,
FILIA DEVOTA ÆTATIS 72 DEFUNCTA 30ᵃ. 7ᵇʳⁱˢ 1763
HOC MARMORE TEGITUR.
R. I. P.

D. O. M.

RESURRECTIONEM
IN DOMINO
EXPECTANT ILLIC
HONORABILIS VIR DOMINUS JUDOCUS GOETHALS, DOMINI
ADRIANI HUJUS URBIS PRIMI SUBSELLII SCABINI FILIUS,
MONTIS PIETATIS CONSILIARIUS REGIUS,
ET CAMERÆ PAUPERUM RECTOR FIDELIS,
QUI MERCATURÆ NON MINUS QUAM
FAMILIÆ REBUS INDUSTRIE GESTIS,
CUM DILECTA CONJUGE DOMINA
THERESIA MICHAELE DE FEBURE
SIBI POSTERISQUE
NUNC SEPULTURÆ LOCUM ELEGIT,
QUI ET OBIIT QUINTA JULII 1760.
HÆC VERO DECIMA APRILIS 1736.
TU VIATOR, QUI HÆC LEGERIS,
NE DISCEDAS QUIN ORAVERIS,
UT ÆTERNUM.
R. I. P.

D. O. M.

HIC INFRA RESURRECTIONIS DIEM EXPECTANT
DOMINI AC MAGISTRI
FRANCISCUS DE PICKERE,
TOPARCHA DE WILLEBEKE IN ELSEGHEM,
ET
JOANNES BAPTISTA IGNATIUS DE PICKERE,

TOPARCHA DE DIEPENBEKE IN EYNE,
AMBO IN CONSILIO FLANDRIÆ ADVOCATI, FILII
DOMINI AC MAGISTRI FRANCISCI, ETIAM IN DICTO
CONSILIO ADVOCATI ET URBIS ALDENARDENSIS
PENSIONARII, ET
SUSANNÆ VANDE WOESTYNE,
NEC NON HÆREDES
DOMINI JUDOCI DE DECKERE,
TERRITORII S. BAVONIS PROTOSCABINI,
QUORUM PRIMUS OBIIT 12 APRILIS 1722,
ET FUNDAVIT IN ANIMÆ SUÆ REFRIGERIUM
QUATUOR MISSAS IN PERPETUUM QUOT ANNIS
ANNIVERSARIO SUO DEPOSITIONIS DIE IN HOC SACELLO
CELEBRANDAS CUM DISTRIBUTIONE PANUM.
OBIIT VERO SECUNDUS 8 MAII 1728. ÆTAT. 82.

R. I. P.

D. O. M.

MONUMENTUM
FAMILIÆ BARONIS
DE ZINZERLING.

D. O. M.

HIC JACET
PETRUS FRANCISCUS GOOSSENS,
PER QUATUOR ANNOS
HUJUS ECCLESIÆ CATHEDRALIS
PASTOR VIGILANTISSIMUS,
QUI OBIIT 7 JUNII 1776,
ÆTATIS 59 ANNORUM.

R. I. P.

Cette chapelle est clôturée par une riche balustrade de marbre, due, d'après le chanoine Hellin, à la munificence de J. I. Van Parys, petit-fils du célèbre Rubens, mort écolâtre de Saint-Bavon, en 1702. Ses armoiries sont sculptées dans le fronton extérieur de la clôture.

De magnifiques portes de cuivre doré, travaillées à jour et ornées des armoiries de van der Noot et de celles du chapitre, ferment l'entrée de la chapelle. Sur le pilastre on lit : Gu De Vos FECIT 1711 A.

XV.

Chapelle dédiée à saint Pierre et saint Paul.

Le tableau d'autel sur panneau représente *la Résurrection de Lazare*, par *Otho Venius*.

Cette belle composition, chef-d'œuvre de l'homme de génie qui enseigna l'art de peindre à Rubens, produit un effet saisissant. Quelle expression sublime de confiance en lui-même, ne lit-on pas sur le visage majestueux et doux du Christ? Il va opérer un nouveau miracle sous les yeux de Marthe et de Marie, les sœurs désolées de Lazare, et confondre d'étonnement les Juifs qui n'ont pas encore reconnu en lui le Fils de Dieu. Ne croirait-on pas entendre ces paroles sortir de sa bouche divine : « Lazare, levez-vous ! »

L'école italienne n'a certainement rien produit de plus beau. Style, coloris, dessin, expression des figures, en un mot toutes les qualités sont réunies au plus haut degré dans cette admirable peinture, l'une des plus précieuses que la Belgique possède. Elle est marquée : O. VOENIUS F. 1608, et eut l'honneur comme tant d'autres chefs-d'œuvre, d'exciter la cupidité de la France et de figurer au Musée impérial.

En face de l'autel, on a placé depuis peu de temps une toile moderne : *la Mort de saint Roch*, par *Charles Picqué*. Ce tableau, un des meilleurs de cet artiste, est marqué : CARLO PICQUÉ. DOENSANUS. PINXᵗ AN° 1853.

Sous la fenêtre on remarque le mausolée élevé à la mémoire de PIERRE DAMANT, IIIᵉ évêque de Gand. Le prélat y est représenté en habits pontificaux et à demi-couché. Les armoiries de

Damant (1), de la seigneurie de Saint-Bavon et du comté d'Everghem, ornent le monument. Cette sculpture n'est pas sans mérite.

Sur le sarcophage on lit :

D. O. M. S.
PETRUS DAMANT
EX PRÆPOSITO ULTRAJECTENSI ET HUJUS
ECCLESIÆ DECANO, III. GAND. EPISCOPUS
HIC SITUS EST
DEFUNCTUS ANNO CHRISTI CIƆ.Ɔ.C.IX.
ÆTATIS SUÆ LXXIX.
SESSIONIS VERO XIX.
HOSPES ABI, BENE PRÆCARE
ET PIO PII PRÆSULIS MONITO
DEUM REDAMA.

Quartiers :

Damant. Marcilly. Saxon. Perrenotte.
Bave. Wielant. Halewyn. Milet.

Dans le pavement :

1° La pierre tumulaire décorée d'armoiries de Gilles-François Audenaert, doyen du chapitre de Saint-Bavon ; en voici l'inscription :

QUOD MORTALE HABUIT
HIC DEPONI VOLUIT
REV. ADM. AC AMPLISSIMUS DOMINUS
ÆGIDIUS FRANCISCUS AUDENAERT,
LOKERENSIS-WASIANUS S. T. L.,
OLIM LOVANII IN QUATUOR PÆDAGOGIORUM
CONCURSU PRIMUS IN ARTIBUS
DECLARATUS,
IBIDEM PHILOSOPHIÆ AC LINGUÆ GRÆCÆ
PROFESSOR, DEINDE ECCL. METROPOLITANÆ
MECHLINIÆ CANONICUS,
TANDEM HUJUS
EXEMPTÆ CATHED. ECC. CAN. GRADUATUS

(1) Les armoiries de DAMANT sont : d'or, à la fasce de gueules, chargée de deux étoiles d'argent rangées l'un à côté de l'autre, accompagnée de trois étoiles d'azur, deux en chef et une en pointe.

ET SUCCESSIVE PÆNITENTIARIUS,
ARCHIPRESBYTER ET DECANUS;
FUIT CENSOR LIBRORUM, PASTOR CHORI,
EXAMINATOR AC JUDEX SYNODALIS,
NEC NON SEDE VACANTE VICARIUS
GENERALIS,
IN OMNIBUS ACUTISSIMO INGENIO,
RECTA AC SINCERA INDOLE EXCELLUIT,
FACTA OPULENTISSIMA APUD LOVANIENSES,
PRO WASIANIS FUNDATIONE EX QUA
IN HAC CATHEDRALI ANNIVERSARIUM
PERPETUUM,
ÆTATIS SUÆ ANNO 77 DIEM ULTIMAM
CLAUSIT 15 NOVEMBRIS 1768.
R. I. P.

2° La pierre tumulaire décorée d'armoiries de Jean Le Monier,
doyen du chapitre; en voici l'inscription :

D. O. M.

REV. ADM. ET AMPL. DOMINUS
D. JOANNES LE MONIER,
EXEMPTÆ CATH. ECCLESIÆ SANCTI BAVONIS
DECANUS,
TRIUM EPISCOPORUM CUM ALIIS
VICARIUS GENERALIS,
ILLORUM, CAPITULI, ET ALIORUM
BENE MERITUS,
DIGNITATIS CUM LAUDE ET INFATIGABILI ANIMO
FUNCTUS
OBIIT A° M. D. C. LXXV, VI AUGUSTI
PAUPERIBUS ET ALIIS PIIS LEGATIS CIRCA
QUADRAGINTA FLOREN. MILLIA
FUNDAVIT.
REQ. IN PACE.

La clôture de marbre de cette chapelle est l'œuvre du sculpteur
Rombaut Pauly, qui l'exécuta en 1669.

XVI.

Chapelle dédiée à saint Liévin.

L'autel, don de Philippe Lanchals, seigneur d'Olsene (1), est décoré d'une toile représentant *le Martyre de saint Liévin*, par *Gérard Seghers*. Ce tableau que nous trouvons en très-mauvais état, n'est pas compté parmi les meilleurs de ce maître.

La clôture de cette chapelle est surmontée de la statue de marbre du saint patron de Gand et décorée des armoiries du chanoine-trésorier Maximilien-Hippolyte della Faille, qui en paya les frais (2).

Dans le pavement on lit sur une pierre :

D. O. M.

HIER ONDER IN DEN CROCH

LICHT BEGRAVEN

JOFF. MARIE GHEYLE,

FILIA PHILIPPUS, IN HAER LEVEN GEESTELYCKE

DOCHTER, OVERLEDEN DEN 6 DECEMBRIS 1736,

OUDT 73 JAEREN.

BIDT VOOR DE ZIELE.

En quittant cette chapelle, on passe devant l'entrée de la sacristie du chapitre. Au-dessus de la plate-forme, il y a une

(1) Dans les comptes de la fabrique d'église, de l'année 1627, nous trouvons : Den autaer in Ste Lievens capelle heeft doen maecken ende betaelt, min heere van Olse, ende cost hondert driendertich pont zes schellinghen ende acht grooten, dus hier voor memorie.

(2) Les armoiries du chanoine della Faille sont : écartelé au premier et quatrième de sable au chevron d'or, chargé de trois fleurs de lis d'azur, accompagné en chef de deux têtes arrachées et affrontées de lions d'or, lampassées de gueules et en pointe d'une tête de léopard d'or, mordant un anneau d'argent. Au deuxième et troisième de sable, à trois étrilles d'or posées 2 et 1, accompagnées de trois étrilles de même, posées 1 et 2, qui sont de la Haye.

toile qui mérite une meilleure place; elle représente l'*Épisode de la vie de saint Philippe*, dont nous avons parlé page 22. On ignore à quel pinceau elle appartient, mais il est à supposer qu'elle a été commandée par Philippe II. Ne serait-elle pas l'œuvre d'*Otho Venius?* Quoiqu'il en soit, nous espérons que ce tableau obtiendra l'importante restauration dont il a besoin et une place plus favorable qui permette d'en apprécier les beautés.

XVII.

Chapelle dédiée à sainte Catherine.

Le tableau d'autel peint sur toile n'a rien de remarquable; il représente *le Martyre de sainte Catherine;* copie médiocre d'après l'œuvre de Rubens qui se trouve à Lille.

En face de l'autel on remarque le monument élevé à la mémoire du prince *de Lobkowitz,* XVIIe évêque de Gand (1). Ce monument d'une grande simplicité, est décoré des armoiries du prélat et porte l'inscription suivante :

D. O. M.

ET

PIÆ MEMORIÆ

REVERENDISSIMI IN CHRISTO PATRIS

AC

DOMINI

FERDINANDI MARLÆ

S. R. J. PRINCIPIS

DE LOBKOWITZ,

(1) Les armoiries du prince DE LOBKOWITZ sont : parti d'un, coupé de deux et sur le tout de *Lobkowitz* et de *Zerstin.* Au 1er, d'or à la tête de buffle de sable bouclée d'or et posée de front; au 2e, de gueules à l'ange naissant d'or; au 3e, d'azur au rocher à trois pointes d'argent surmontées de trois étoiles d'or posées deux et une; au 4e, d'azur au lion rampant et couronné d'or; au 5e, d'or à trois pals de sable; et au 6e, d'or à l'aigle éployée de sable chargée en cœur d'un croissant d'argent; et sur le tout, écartelé au 1er et 4e, coupé de gueules et d'argent; au 2e et 3e, d'argent à l'aigle éployée de sable couronnée d'or et posée en bande.

DUCIS DE RAUDNITZ, COMITIS DE
STERNSTEIN, ETC., ETC.
QUI EX CATHEDRALIUM ECCLESIARUM LEODIENSIS,
AUGUSTANÆ AC METROPOLITANÆ SALISBURGENSIS
CANONICO CAPITULARI,
ANNO 1771 NAMURCENSIS, 1779 EPISCOPUS GANDAVENSIS.
OBIIT MONASTERII WESTPHALORUM 29 JANUARII 1795, ÆTATIS
ANNO 69, IBIDEM IN CATHEDRALI SEPULTUS.

R. I. P.

Sous la fenêtre s'élève le mausolée de Joachim du Puget, baron de la Serre, chantre du chapitre de Saint-Bavon. Au centre de l'obélisque qui surmonte le sarcophage, on voit le médaillon de marbre contenant en relief le portrait du défunt, dont voici l'épitaphe :

D. O. M.
CY GIST
MESSIRE JOACHIM,
BARON DE LA SERRE,
DU PUGET, CHANOINE
ET CHANTRE DE CETTE
EXEMPTE ÉGLISE CATHÉDRALE,
QUI MOURUT LE 29 DE
DÉCEMBRE 1717.
REQUIESCAT IN PACE.

Quartiers :

De la Serre. de la Garique. de la Motte. d'Auberi.
Syburg. Spanheyn. Elteren. Stombourg.

Ce monument funèbre est l'œuvre du sculpteur *Matthys*, élève de Jérôme Duquesnoy.

Dans le pavement :

1° La pierre tumulaire du chantre Robert d'Aubermont :

D. O. M.
IN CRYPTA SUB HOC
SACELLO TUMULATUS EST
REVERENDUS ADMODUM,
AMPLISSIMUS ET PRÆNOBILIS
DOMINUS
ROBERTUS D'AUBERMONT,
67 ANNIS EXEMPTÆ

11

ÉGLISE CATHÉDRALE

CATHEDRALIS HUJUSCE
ECCLESIÆ CANONICUS,
36 VERO CANTOR :
DEUM PRECARE LECTOR IN ÆTERNUM.
REQ. IN PACE.

Quartiers :

Aubermont. Cottrel. Henneron. des Margais.
des Paers. Metteney. Landas. Dimance.
Preys. la Chapelle. la Tremouille. Millot.
Savary. Paillar. Cottrel. Gomer.

2° Celle du chantre Pierre Van Esch :

D. O. M.

R. ADM. D.
PETRI VAN ESCH,
I. U. L. HUJUS ECCL.
CANON. ET CANTORIS
QUOD MORTALE FUIT HIC SUBTUS
DEPOSITUM DONEC INDUAT
IMMORTALITATEM
VIXIT A. LXIX M.X.D.XV.
OB. A. D. MDCXXXVII
KAL. JUN.
DOMINE DILEXIT DECOREM DOMUS TUÆ.

3° Celle du chantre de Grave :

D. O. M.

ÆGID. FRANC.
DE GRAVE
HUJUS ECCLESIÆ CATH.
CAN. ET CANTOR, VENERABILI
DOMINO JOSEPHO PHILIP.
COMITI CASTEL SAM PETRO EJUSD.
ECCLESIÆ PRÆPOSITO SIBIQUE
HOC MONUMENTUM POSUIT.
OBIIT ILLE 28 MARTII 1813,
ÆTAT. 83 ANNOR.
HIC VERO 22 FEBRUARII 1806
ÆTAT. 72 ANNOR.
R. I. P.

Dans le fronton de la clôture, on lit :

D. O. M.

PIISQUE MANIBUS REVERENDI ADMODUM,
AMPLISSIMI ET PRÆNOBILIS
DOMINI ROBERTI D'AUBERMONT,
67 ANNIS EXEMPTÆ CATHEDRALIS
HUJUSCE ÆDIS CANONICI, AC 36 CANTORIS,
NON MINUS ANIMI CANDORE,
ET LAUDABILI VIVENDI RATIONE,
QUAM SANGUINE ET PROSAPIA CONSPICUI
VITAM COLUIT UT SEMEL
ERIPIENDAM, VIRTUTEM UT COMITEM
INSEPARABILEM.
MURIFICUS FUIT PATER PAUPERUM,
DE ILLIS VIVENS ET MORIENS OPTIME
MERITUS : QUI VIVUM AMARUNT,
MORTUUM DEPLORARUNT.
NON OBIIT, SED ABIIT FAMA SUPERSTES
SEXTO IDUS MARTIAS,
VITÆ PERACTIS ANNIS 85.

R. I. P.

Les armoiries de Robert d'Aubermont décorent la balustrade de marbre.

En sortant de cette chapelle, on s'arrête devant le beau mausolée élevé à la mémoire de *Govard Gérard van Eersel,* XVIᵉ évêque de Gand (1).

Ce monument exécuté d'après les dessins du sculpteur *Van Poucke,* est considéré comme une des meilleures pièces de sculpture que l'église de Saint-Bavon renferme. La statue de *la Charité,* œuvre de *Van Poucke,* comme l'indique l'inscription suivante gravée sur le socle : VAN POUCKE MAUSOLÆI PROTOTYPON ET ME FECIT 1782, est la pièce la plus remarquable; celle de *la Foi,* due au ciseau de *F. J. Janssens,* de Bruxelles, lui est de beaucoup inférieure. Cette dernière est marquée : E. J. JANSSENS FACIEBAT 1784.

(1) Les armoiries de van Eersel sont : d'or à trois castors au naturel, deux affrontés en chef et un en pointe. — La biographie de ce prélat a été publiée dans le *Messager des Sciences,* année 1844, avec une gravure du monument par *Ch. Onghena.*

Il est à regretter que le portrait du prélat exécuté à Rome en mosaïque, d'après un tableau du peintre *Valcke*, d'Ypres, ait été confié à un artiste peu habile, qui n'a pas su fixer convenablement le marbre.

Sur l'obélisque qui surmonte le sarcophage, on lit :

PIÆ MEMORIÆ
ILLUSTRISSIMI AC REVERENDISSIMI DOMINI
GOVARDI GERARDI VAN EERSEL
XVI GAND. EPISCOPI, QUI
OBIIT 24 MAII 1778.

L'auteur anonyme de la *Notice sur la cathédrale de Saint-Bavon* nous apprend que les deux arcades suivantes, ainsi que les trois autres de la nef opposée, sont destinées également à recevoir les mausolées des évêques; mais qu'elles étaient ornées jadis de curieux tableaux exécutés d'après les dessins de *Luc de Heere*, par *Benjamin Sameling*, un des meilleurs élèves du célèbre *Frans Floris* (1).

Pendant les grandes solennités religieuses, ces peintures disparaissaient sous de magnifiques tapisseries de haute lice provenant des fabriques d'Audenarde, représentant des sujets sacrés.

Au commencement de ce siècle, un autre peintre gantois, *Maes-Canini*, orna ces arcades de sujets exécutés en gouache, qui ont disparu comme tant d'autres œuvres dont nous regrettons la perte; elles représentaient : *l'Arche de Noé sur les eaux, l'Arc-en-ciel après le déluge, le Samaritain,* et *l'Enfant prodigue.* Ces trois derniers sujets ornaient les arcades de la nef, du côté nord du chœur.

---

(1) FRANS DE VRIEND, dit FRANS FLORIS, d'abord sculpteur, puis l'un des peintres les plus renommés de l'école flamande, naquit à Anvers en 1520 et mourut en 1575. Il eut plus de cent élèves, parmi lesquels BENJAMIN SAMELING, né à Gand la même année que son maître et mort en 1582, figure au premier rang.

XVIII.

Chapelle dédiée à sainte Marguerite.

Cette chapelle appartenait autrefois à la famille du Faing, comme le prouve l'inscription suivante, gravée au bas du rétable de l'autel.

A L'HONNEUR DE DIEU ET DE SAINTE MARGUERITE,
ONT FAIT DRESSER CESTE AUTEL,
MESSIRE GILLES DU FAING,
BARON DE JAMOIGNE, CHEVALLIER, SEIGNEUR DE FAING,
LINAY, HASSELT, NARKEGHEM, VRYE, HOYEN,
PONTRAVE, RYE, ET DU CONSEIL DE GUERRE DU ROY,
ET DE SON ALTEZE SÉRᵐᵉ GENTILHOMME DE LA BOUCHE,
CONSEILLIER DE COURTE-ROBBE AUX CONSEIL DU PAYS ET DUCHÉ DE
LUXEMBOURG, SOUVERAIN BAILLY DE FLANDRES;
ET DAME MARGUERITE DE STEELANDT,
SA FEMME, BARONNE ET DAME DESDICTS LIEUX,
ET AU-DESSOUS DE CESTE CHAPPELLE ET EN CELLE D'EMBAS
EST LEUR FRANCHE SÉPULTURE ET DE LEURS SUCCESSEURS
1626.

Le tableau représentant *sainte Marguerite,* est trop médiocre pour nous y arrêter. Jetons plutôt les yeux sur un paysage placé sous la fenêtre. On y voit *saint Ives, protecteur des veuves et des orphelins, sauvant par ses prières un peuple entier d'un incendie et d'une inondation,* par *Luc Van Uden* et *Thierri Hals.* Ce dernier peignit les figures. Le site est pittoresque et la perspective excellente. Au bas de la toile on lit :

S. IVO PATRONUS VIDUARUM ET PUPILLORUM SIGNO CRUCIS SISTIT AQUAS ET INCENDIUM EXTINGUIT.

Au-dessous de ce tableau est le monument élevé à la mémoire de Philippe-François du Faing, comte de Hasselt, baron de Jamoigne, et de sa femme Pétronille Morel de Tangry, orné d'armoiries et de cette épitaphe :

D. O. M.

CY GIST ILLUSTRE SEIGNEUR MESSIRE
PHILIPPE-FRANÇOIS DU FAING,
COMTE DE HASSELT, BARON DE JAMOIGNE,
SEIGNEUR DU FAING, MARKEGHEM, MOYEN, RYE,
PONTRAVE, RONNECK, ETC.
CONSEILLIER DE COURTE-ROBBE AU CONSEIL DE
LUXEMBOURG,
DÉPUTÉ ORDINAIRE DE L'ESTAT NOBLE DE LADICTE PROVINCE,
GENTILHOMME DE LA BOUCHE DU ROY,
PRÉVOST ET GRAND-ÉCUYER DU COMTÉ DE CHINY,
QUI TRESPASSA LE 2 DÉCEMBRE 1680.
ET
ILLUSTRE DAME PÉTRONILLE MOREL DE TANGRY, SON ESPOUSE,
QUI EST LA DERNIÈRE DE CESTE TRÈS-NOBLE ET ANCIENNE
FAMILLE QUI A LAISSÉE DES ENFANS,
ET MOURUT LE 7 JUILLET 1686.
PRIEZ DIEU POUR LEURS AMES.

Quartiers :

Du Faing. de Tassigny. de Cugnon. de Wal.
de Steelandt. de Edinghen. de Martens. de Cabiliau.
Morel de Tangry. de Pressy. de Bracle. de Vlamincpoorte.
de Watripont. vander Meere. de Schietere. de Damhouder.

Dans le pavement, on voit une pierre armoriée avec cette
inscription :

D. O. M.

AD PIAM MEMORIAM
NOBILIS AC REV. ADM. DOMINI
FRANCISCI LEOPOLDI VAN GROOTVEN
TENERAMUNDANI,
HUJUS ECCLESIÆ SANCTI BAVONIS
PER 42 ANNOS CANONICI,
OBIIT 17 JANUARII 1844,
ÆTATIS 78.

R. I. P.

L'inscription du fronton extérieur de la balustrade est complétement effacée. L'entablement porte les seize quartiers qui décorent le mausolée.

XIX.

Chapelle dédiée à saint Pierre.

Le rétable de l'autel est orné d'un tableau peint sur bois, représentant *les Œuvres de la miséricorde*, par *Michel Coxie*.

Dans la dixième chapelle dédiée à saint Quirin, nous avons vu les volets de cette composition, et la remarque que nous avons faite alors, nous revient naturellement à l'esprit. En effet, ce serait augmenter la valeur des diverses parties de l'œuvre que de les réunir pour en former un ensemble, renfermant la pensée complète de l'artiste.

Quoique de la même main, ce tableau est inférieur aux volets, dont les figures ont infiniment plus de relief.

Sous la fenêtre est placé le monument érigé à la mémoire de Jean Le Monier, doyen du chapitre de Saint-Bavon, le même dont nous avons parlé page 78, comme l'inscription l'indique.

D. O. M.
ET PIIS MANIBUS
REVERENDI ET AMPLISSIMI VIRI
DOMINI JOANNIS LE MONIER J. U. L.,
HUJUS EXEMPTÆ CATH. ECCLESIÆ SANCTI BAVONIS
DECANI,
TRIUM EPISCOPORUM CUM ALIIS, SEDE VACANTE,
VICARII GENERALIS,
IN SACELLO EPISCOPI DAMANTII SEPULTI,
HOC MARMOR POSUIT
NOB. D. FERDINANDUS DE TOLLENARE TOP. DE CRAMEZ, ETC.
FRANCON. BRUGENS. CONSUL ET SCABINUS PERPETUUS,
AD COMITIA FLANDRIÆ DEPUTATUS,
CONSOBRINUS EJUS UNICUS
ANNO 1676.

Dans le pavement une pierre tumulaire armoriée avec cette épitaphe :

ÉGLISE CATHÉDRALE

D. O. M.
MONUMENTUM R. D. PETRI BOELE PRESBYTERI,
J. U. LICENCIATI, CATH. HUJUS ECCLESIÆ
S. BAVONIS CANONICI GRADUATI, QUI
MORTALE QUOD HABUIT HIC SUBTUS
DEPONI VOLUIT. OB. 11 FEB. 1635.

Sur le fronton extérieur de la clôture de cette chapelle, on trouve les armoiries du chanoine Gilles Estrix, ainsi que cette inscription :

APOSTOLORUM PRINCIPI D. PETRO
R. D. ÆGIDIUS ESTRIX,
PRB. S. T. L., HUJUS EXEMP. CATH.
ECCL. SCHOLASTICUS
PONI FECIT.
OBIIT 19 MAII 1658.

XX.

Fonts baptismaux.

Cette chapelle située dans le transept nord, à la place de l'une des entrées latérales de l'église, ne renferme que les *fonts baptismaux*.

D'une simplicité extrême, cette chapelle attirerait à peine l'attention du visiteur, si l'on ne savait que ce vase de granit grossièrement taillé est le même dans lequel coula l'onde sacrée du baptême répandue sur le front de Charles-Quint.

Disons un mot de ce grand événement, en rappelant ce qui se passa dans la capitale de la Flandre, lorsque Charles-Quint vit le jour.

Le 23 février de l'an 1500, les vastes et somptueuses salles du *Princenhof*, résidence habituelle des souverains, étaient brillamment éclairées par de nombreux cierges de cire. Une musique douce et mélodieuse excitait la noblesse flamande à la danse et à jouir des plaisirs que l'archiduc Philippe-le-Bel leur offrait.

Au milieu de cette fête somptueuse, l'infante Jeanne ressentit les premières douleurs de l'enfantement; elle quitta la fête, et peu après, à trois heures cinquante minutes du matin, elle accoucha d'un fils dans un lieu très-dangereux et nullement destiné à cette auguste naissance.

Est-il besoin de dire que la joie des Flamands fut grande lorsqu'ils apprirent que le Ciel leur avait accordé un prince? Heureux d'un événement qui assurait à la Flandre la continuation de la dynastie de ses princes, les Gantois firent éclater des transports d'allégresse dont l'histoire a conservé le souvenir.

La relation des réjouissances extraordinaires qui eurent lieu à cette occasion, a été conservée dans des documents contemporains et notamment dans le *Memorieboek der stadt Ghent*, où nous trouvons de précieux détails sur le baptême de ce prince qui donna son nom au siècle qui le vit naître.

La cérémonie religieuse devait s'accomplir à l'église de Saint-Jean, qui devint plus tard la cathédrale de Saint-Bavon. A cet effet, et sans doute pour rendre le trajet plus commode dans une saison où le terrain est constamment détrempé par la neige et la pluie, à cet effet, disons-nous, on construisit une galerie de bois, depuis le palais jusqu'à l'église. Le plancher de cette espèce d'échafaudage élevé à cinq pieds au-dessus du sol, était recouvert de riches tapis. Une élégante balustrade ornée de dix-huit cents torches, dont l'éclatante lumière éclairait la marche du cortége, régnait de chaque côté de cette route aérienne, couronnée elle-même par trois arcs de triomphe, portant les armes de Philippe-le-Bel et pavoisés aux couleurs nationales et autrichiennes. Le premier arc s'élevait près du Pont du Jugement et représentait *la Sagesse;* le second, *la Justice,* ornait le Marché aux Herbes, et le troisième, *la Paix,* clôturait le passage du Beffroi. Au-dessus de ces arcs de triomphe chargés d'un grand nombre de torches, des fanfares faisaient retentir l'air de leurs bruyants accords.

Ce fut donc le 7 mars de l'an 1500, que le cortége partit du *Princenhof* et se dirigea vers l'église de Saint-Jean. Les magistrats de la ville accompagnés de la noblesse, au nombre de trois cents personnes, ouvraient la marche. Venaient ensuite les membres du conseil, les seigneurs de la cour et de nombreux gentilshommes. La vénérable veuve de Charles-le-Téméraire, Marguerite d'Yorck, portait le jeune prince; et derrière elle marchait Marguerite d'Autriche, l'illustre sœur de Philippe-le-Bel, accompagnée de sa nièce, la princesse Éléonore.

Le peuple dont la joie éclatait de toute part, remplissait les rues et mêlait ses cris d'allégresse à la voix sonore du Beffroi et aux détonations de l'artillerie de la ville.

Arrivé à l'église de Saint-Jean pompeusement décorée, l'enfant fut tenu sur les fonts par Marguerite d'Yorck, Marguerite d'Autriche, Charles de Croy, prince de Chimay, et Philippe de Clèves, seigneur de Ravesteyn. Tout le clergé de Gand, en habits sacerdotaux, les abbés de Saint-Pierre, de Saint-Bavon et les chefs de tous les ordres monastiques, assistaient à la cérémonie. Pierre Kuick, alors évêque de Tournay, versa l'onde sainte sur le front de l'enfant, auquel on donna le nom de CHARLES, en mémoire de son bisaïeul Charles-le-Téméraire.

La cérémonie terminée, le cortége reprit le chemin du palais, précédé de deux hérauts d'armes qui faisaient largesse de monnaie d'or et d'argent au peuple, en criant : Vive Bourgogne! Vive Bourgogne!

Philippe-le-Bel donna à son fils le duché de Luxembourg, et la ville de Gand lui fit cadeau d'un vaisseau d'argent de vingt livres, que six hommes portaient dans la cérémonie du baptême. Le prince de Chimay et Philippe de Clèves lui firent don d'un casque d'argent et d'une épée d'or; sa bisaïcule Marguerite

d'Yorck, d'un buste d'or garni de pierreries, et sa tante Marguerite d'Autriche, d'une coupe de même métal, remplie de diamants
et de perles. Quant au clergé de Flandre, il offrit au jeune prince
un magnifique exemplaire manuscrit des saints Évangiles, enrichi
d'enluminures admirables et de lettrines brillantes (1).

Au nombre des constructions remarquables que la ville fit
exécuter lors de la naissance du prince Charles, nous ne pouvons
oublier de mentionner la fameuse galerie qui joignait le sommet
du Beffroi à la flèche de l'église de Saint-Nicolas, construction
aussi hardie qu'originale et dont nous reparlerons quand nous
visiterons la vieille tour de l'église de Saint-Nicolas.

. Les fonts dans lesquels le grand empereur fut baptisé, sont
renfermés dans un grand globe de cuivre, peint en azur, parsemé
d'étoiles d'or. Les anges qui le soulèvent sont de marbre et de la
main du sculpteur *Portois*. Les armoiries sculptées sur le socle,
sont celles du chanoine Kervyn, donateur du monument dans lequel le précieux vase de granit est conservé (2).

L'immense fenêtre dont le sommet touche à la voûte du transept,
était ornée autrefois d'un magnifique vitrail que Charles-Quint y
avait fait placer avant son abdication, en souvenir du baptême qu'il
avait reçu dans cette église. Au centre, le peintre avait représenté
le Baptême du Christ, et dans la partie inférieure, l'empereur et
l'impératrice Isabelle de Portugal, à genoux et en prière.

Les armoiries de l'empire que l'on y voit encore avec l'emblème

(1) Ce beau manuscrit fait aujourd'hui partie de la collection dite : *Bibliothèque de
Bourgogne*, à Bruxelles.

Le berceau de Charles-Quint existe encore, on le conserve à Bruxelles au Musée de
la porte de Hal.

(2) KERVYN porte de sable au chevron d'or, accompagné en chef à dextre d'un
gland sur sa tige à deux feuilles d'or, à senestre d'une étoile à six raies de même, et
en pointe d'un membre d'aigle d'argent.

du monarque : les colonnes d'Hercule couronnées et unies par la devise : *plus ultra*, étaient reproduites dans la partie inférieure. Au bas de cette splendide *verrière*, on lisait :

CAROLUS, DEI GRATIA, ROMANORUM IMPERATOR
SEMPER AUGUSTUS, EJUS NOMINIS QUINTUS,
AD DEI ET S. JOANNIS-BAPTISTÆ HONOREM ET MEMORIAM,
SUSCEPTI IN HAC ECCLESIA SACRI BAPTISMATIS,
POST TRADITA REGI PHILIPPO, FILIO BELGICÆ REIPUBLICÆ
GUBERNACULA HISPANIAM REPETENS, POSUIT
ANNO XV° LVI.

A côté de l'escalier conduisant au pourtour extérieur du chœur, il y avait autrefois un autel dédié à la sainte Croix. Cet autel semblable à celui de saint Jean-Baptiste, placé dans la partie opposée du transept, était décoré d'une *Descente de croix* de *J. Rombouts*, toile admirable dont nous aurons à nous occuper plus loin.

XXI.

Chapelle dédiée à Notre Dame aux Anges et à saint Joseph.

Le tableau d'autel : *l'Assomption de la Vierge*, est de la main de *Gaspard De Crayer*. Cette toile est considérée comme une des bonnes œuvres de ce maître. Le beau visage de la mère du Sauveur a une expression charmante de grâce et de bonté divine. Les petits anges sont parfaitement groupés; ceux qui planent au-dessus de Marie et qui semblent la précéder au ciel, sont d'une finesse de ton très-remarquable. Nous ne croyons pas que ce tableau ait gagné à la restauration qu'on lui a fait subir, car dans certains endroits, le glacis paraît avoir été enlevé.

En face de l'autel, on a élevé depuis peu d'années un monument sous forme de triptyque, destiné à conserver les noms des ecclésiastiques qui furent incorporés en 1813 dans l'armée française.

Au bas de ce monument, on lit cette inscription :

D. O. M.

ET PIÆ MEMORIÆ
SUPERIORUM ET ALUMNORUM SEMINARII GAND.,
QUI, DUM ANNO MDCCCXIII,
COARCTATO IN ANGUSTA CUSTODIA PIO VII, P. M.,
PRO LEGITIMA EPISCOPI EXULIS AUCTORITATE
ILLEGITIMA ECCLESIÆ GAND. OBTRUDERETUR,
MORI MALUERUNT QUAM DIRO SCHISMATE FOEDARI,
CLERUS GAND. ET BRUG.
PRÆSULIBUS L. DELEBECQUE, GAND. ET F. BOUSSEN, BRUG.
P. C.

XXII.

Chapelle dédiée à saint Macaire.

Avant de parler de la belle toile qui orne l'autel, il convient de jeter un coup-d'œil sur la vie de l'illustre saint dont la Flandre entière implore la protection lorsqu'une maladie pestilentielle vient la frapper.

SAINT MACAIRE, issu d'une famille honnête et pieuse, vit le jour en Pisidie, contrée du patriarchat de Constantinople. Il avait été tenu sur les fonts baptismaux par Macaire, archevêque d'Antioche, qui lui donna son nom et se chargea de l'élever dans les principes de vertu et de piété, afin de le rendre digne de lui succéder un jour dans son saint-ministère.

Le vénérable patriarche ne fut point déçu dans ses espérances. Le jeune Macaire, excité par l'exemple de son parrain, devint après avoir reçu les ordres, l'un des prédicateurs les plus renommés de son temps. Indulgent pour les autres et sévère pour lui-même, il opérait de nombreuses conversions, lorsqu'après la mort de son bienfaiteur, il fut appelé à le remplacer. Devenu archevêque d'Antioche, Macaire ne changea rien à la rigidité de sa vie. Il ne portait que des vêtements de poil de chameau et ne se nourrissait que d'aliments grossiers, tandis que sa main bienfaisante ne cessait de dispenser l'aumône aux malades et aux souffreteux que l'excès de leur misère amenait constamment auprès de lui.

Cependant son âme enthousiaste brûlait du désir de visiter le sol sacré foulé par le Sauveur. Il voulait voir ces lieux d'où le christianisme s'était répandu sur l'humanité entière, comme une rosée bienfaisante sur la terre qu'elle féconde.

Macaire se dépouilla de la dignité épiscopale, la remit entre les mains d'Éleuthère, et partit accompagné d'autres pélerins pour la Palestine.

Arrivé sur cette terre encore imprégnée du sang de Jésus-Christ, Macaire voulut suivre autant que possible l'exemple de son divin maître et s'évertua à ramener les Juifs et les payens à la vraie foi. Ses éloquentes prédications lui attirèrent la haine des ennemis du catholicisme. Il supporta les plus cruels supplices avec une constance et une résignation héroïques. On le jeta dans une prison infecte où il souffrit d'affreuses tortures.

La tradition rapporte, qu'un jour, après avoir subi le plus horrible traitement, ses bourreaux le croyant mort, l'abandonnèrent après avoir fermé les portes de son cachot, dans le but d'y laisser pourrir son cadavre. Aussitôt, une lumière céleste brilla aux yeux du saint martyr. Ses blessures se cicatrisèrent et les lourdes portes de son sépulcre s'ouvrirent pour lui livrer passage. A la vue de ce miracle, plusieurs Juifs crurent en Jésus-Christ dont ils devinrent de fervents adorateurs.

Quittant ensuite la Palestine, saint Macaire dirigea ses pas vers l'Occident. Il parcourut le centre de l'Europe, faisant luire partout la lumière éclatante de la Foi. Les bords du Rhin furent témoins des prodiges du saint apôtre, qui traversa Mayence, Cologne et Aix-la-Chapelle pour se rendre en Belgique.

Il alla à Malines, d'où sa réputation de sainteté se répandit dans les contrées voisines. Infatigable pour le service de Dieu, ce zélé missionnaire visita le nord de la France. Maubeuge et Cambrai l'accueillirent avec des transports enthousiastes, que la foi vive et sincère de ces temps reculés inspirait aux populations chrétiennes. Se dérobant aux louanges des hommes, le saint apôtre visita Tournai, où il parvint à apaiser une sédition populaire, contre laquelle le comte de Flandre lui-même était resté impuissant.

Fatigué de tant de pénibles voyages, saint Macaire alla en 1011 à Gand, dans le monastère de Saint-Bavon, fondé peu de siècles auparavant par saint Amand, l'illustre évêque de Maestricht. Il y fut reçu par l'abbé Érembold, qui l'accueillit avec le plus vif empressement.

A peine était-il dans cette pieuse retraite qu'une maladie pestilentielle sévit à Gand avec une violence extraordinaire. Chaque jour le fléau enlevait de nouvelles victimes, lorsque saint Macaire qui prodiguait ses soins aux pestiférés, fut atteint lui-même du mal qui décimait la population avec une effrayante rapidité. La tradition rapporte qu'à peine saint Macaire eut-il rendu le dernier soupir, le 10 avril 1012, la maladie disparut. Selon le désir qu'il en avait exprimé, il fut inhumé dans la Crypte de Sainte-Marie (1).

La chapelle dédiée à saint Macaire en 1179, subsiste encore au milieu des sombres et imposantes ruines de l'abbaye de Saint-

---

(1) Dans les Pièces justificatives, nous publions sous le n° XXI, un document curieux appartenant aux archives de la cathédrale, où l'on rapporte un miracle que saint Macaire opéra peu d'instants avant sa mort.

Bavon. Les reliques de ce saint sont renfermées dans une châsse d'argent, dont nous aurons occasion de parler lorsque nous visiterons la trésorerie de la cathédrale.

Revenons maintenant au tableau que nous avons devant les yeux. Il retrace *saint Macaire en habits pontificaux implorant la miséricorde divine pour la guérison des pestiférés de Gand, au moment même où il se sent frappé par la contagion,* par *Gaspard De Crayer.*

Cette toile est regardée comme un des chefs-d'œuvre de ce grand peintre. Le coloris en est d'une fraîcheur remarquable, et s'il est permis de le dire, plein d'expression. Quelle pitié sincère et profonde ne lit-on pas sur les traits déjà altérés du saint évêque agenouillé au milieu des malheureux qui l'entourent! Il sent que Dieu vient de le frapper et dans son regard attristé, mais plein de confiance, tourné vers lui, on lit cette sublime prière : « Seigneur! acceptez le sacrifice de ma vie pour sauver celle d'un peuple entier! Faites, Seigneur! que je sois la dernière victime! »

Au bas du tableau, le peintre a placé le cadavre d'une femme sur lequel un enfant cherche encore à se nourrir du lait maternel, et d'autres malheureux au teint hâve et livide, que la mort semble étreindre de son bras inexorable. Cette partie de l'œuvre de De Crayer est d'une effrayante vérité et laisse dans l'âme un sentiment profond de pitié, mêlé d'horreur. L'expression de physionomie du diacre distribuant des aumônes, le seul personnage que la contagion ait épargné, est parfaitement en harmonie avec le sinistre sujet que le peintre a traité en poëte inspiré.

L'autel de marbre de cette chapelle a été offert à la cathédrale en 1617, par les États de Flandre dont les armoiries sont sculptées dans le fronton, avec ces mots : Sancto Machario ordines Flandriæ D. D.

Dans l'antependium on remarque un bas-relief de marbre, *le Corps de saint Macaire porté en procession et suivi d'un grand nombre de fidèles*, par le sculpteur *Portois*.

XXIII.

Chapelle dédiée à saint Landoald.

Le tableau d'autel représente *le jeune saint Lambert, en costume d'enfant de chœur, apportant à saint Landoald des charbons ardents dans son surplis*, par *Pierre Van Huffel*.

XXIV.

Chapelle dédiée aux trois Rois.

On n'y voit qu'un seul tableau : *la Descente de croix*, par *Théodore Rombauts*.

Ce sujet que tous les grands maîtres ont abordé et qui résume en quelque sorte toutes les difficultés de l'art, a été traité par Rombauts d'une manière si large, si grandiose, qu'on ne s'étonne pas que cet artiste se soit déclaré le rival de Rubens.

Cette toile admirable de style, a une vigueur de coloris peu commune. Les nombreuses figures colossales, groupées avec un goût exquis, sont pleines de sentiment et de vérité.

Quelles pensées sublimes de douleur, de vénération, d'amour et de confiance, ne lit-on pas sur les nobles traits de tous ceux qui accomplissent la sainte tâche d'ensevelir le corps du Sauveur? Comme le dessin de cette belle composition est correct, plein de force et de caractère!

13

Il est impossible qu'elle ne soit pas le chef-d'œuvre de ce grand peintre. Cependant, cette toile précieuse se détériore considérablement, et nous croirions manquer à notre devoir, si nous n'engagions l'administration de l'église à prendre promptement des mesures pour sauver une œuvre que l'on compte parmi les plus belles de notre ancienne école.

XXV.

Cette chapelle convertie en vestibule au commencement de ce siècle, était autrefois dédiée à sainte Anne. Destinée primitivement aux fonts baptismaux, Charles-Quint y avait reçu le baptême. Le 17 janvier 1666, sa destination fut changée; elle devint le reposoir du saint Sacrement. A cette époque on y voyait de beaux vitraux, quelques monuments funéraires dont un seul subsiste encore. C'est l'épitaphe de François van Wychhuus, gravée en lettres gothiques sur une lame de cuivre.

Le défunt y est représenté à genoux avec ses huit fils devant la croix; en face de lui est sa femme Marie van Pollynchove, accompagnée de ses trois filles :

HIER VOOREN LICHT BEGRAVEN JONCHEER
FRANCHOIS VAN WYCHHUUS, SCHILCNAPPE,
IN SYNEN TYT GHEWEEST HEBBENDE MAN VAN
WAPENE ENDE RENDVENDELE OP GUYDON
VANDE BENDE VAN ORDONNANTIE VANDEN
MARQUEYS VANDER VERRE, HEERE VAN BEVEREN, ETC.,
TRESORIER VANDEN GROOTEN CASTEELE VAN GHENDT,
CAPITEIN VAN EEN VENDELE KNECHTEN IN 'T JAER 1566,
JEGHENS DE HERETICQUEN REBELLE VANDE CONINCEL.
MAJESTEYT ENDE DAERNAER CAPITEYN LIEUTENANT
VAN HET VENDEL COLONNEL VANDEN GRAVE VAN
ROEUX, GOUVERNEUR VAN VLAENDEREN, ENDE
COLONNEL VAN VYFTHIEN VENDELEN DER BURGHELICKE
WACHTE TEN DIENSTE VAN GOD, DE HELIGHE KERCKE,

CON. MAJESTEYT ENDE SYNE STADT VAN GHENDT,
DIE OVERL. DEN 13 JANNEWARY 1599.
ENDE VAN JONCVR. MARIE VAN POLLYNCHOVE, F^E JO^F DANNEELS,
VOORS. JO^F FRANCHOYS WETTEL. HUYSVR.,
DIE OVERL. DEN 17 JULY 1585.
BIDT GOD VOOR DE ZIELEN.

Quartiers :

Wychhuus. Driessche. de Crane. Goetghebuer.
Pollynchove. Knibbe, Castelberghe. Durynck. Wyemersch.

Cette inscription n'est pas sans intérêt pour l'histoire. Elle rappelle le souvenir d'un de ces courageux capitaines qui combattirent vaillamment avec le grand d'Egmont à Saint-Quentin et à Gravelines.

Au XVIIe siècle, les non-francs bateliers de Gand célébraient leurs solennités religieuses dans la chapelle de sainte Anne, qui porte encore dans les clefs de voûte les emblèmes de cette corporation : des ancres en sautoirs sur fond rouge. Ces derniers vestiges de peinture murale datent probablement de l'année 1644, époque à laquelle la chapelle fut restaurée et embellie.

CHAIRE DE VÉRITÉ.

Cette œuvre du sculpteur *Laurent Delvaux* fait l'admiration de tous ceux qui visitent la cathédrale.

Le regard s'arrête d'abord sur le sujet principal placé sous la Chaire même. Il retrace *le Triomphe de la Foi chrétienne sur le Paganisme.*

L'Humanité plongée dans les ténèbres de l'idolâtrie, y est représentée sous les traits d'un robuste vieillard ailé et assis sur le tronc de l'arbre de vie qui supporte la chaire. Il soulève le voile épais de l'erreur qui lui couvre le visage, et contemple étonné la Vérité, qui lui indique ce passage de l'épitre de saint Paul aux Éphésiens : SURGE QUI DORMIS, ET EXSURGE A MORTUIS ET ILLUMINABIT TE CHRISTUS.

La Vérité a le pied gauche appuyé sur le globe terrestre, et sur sa poitrine brille l'emblème du soleil, symbole de la lumière que le Christianisme répandra sur le monde. Des anges embouchant la trompette, annoncent cette heureuse nouvelle à l'univers et célèbrent la victoire que la Vérité vient de remporter sur l'Erreur.

Des couleuvres et des lézards rampent au pied de l'arbre, au milieu de fleurs et d'herbes de toute espèce. Le tronc porte cette inscription :

L.⁺ DELVAUX GANDAVENSIS INVENIT ET FECIT NIVELLIS 1745.

Des bas-reliefs de marbre ornent les quatre faces de la chaire; ils représentent :

1° *La Naissance du Christ.*

2° *La pénitence de saint Bavon dans la forêt de Mendonck.*

3° *La Conversion de saint Paul.*

4° *Le buste de l'évêque Antoine Triest.*

Aux extrémités du double escalier, dont la rampe est sculptée comme la Chaire elle-même dans le style gracieux du XVIII siècle, l'artiste a placé deux anges de marbre, de grandeur naturelle, s'appuyant sur l'écusson de l'évêque Triest. Du regard et du geste, ces deux belles figures semblent inviter les fidèles à écouter avec attention la parole de Dieu qui retentit sous les voûtes sacrées du temple.

Les branches de l'arbre de vie soutiennent l'abat-voix, dont la conception est digne du sujet représenté dans la partie supérieure. Sur le devant, deux anges soutiennent la croix du Rédempteur, tandis que le génie du mal, sous la forme d'un serpent, se glisse le long de l'arbre, lorsqu'un ange descend du ciel et lui arrache de la gueule le fruit fatal qui causa la perte de nos premiers parents.

La description que nous venons de donner de cette belle composition, était écrite lorsque nous jetâmes les yeux sur celle que Laurent Delvaux en donne lui-même : « L'idée de cette chaire — dit-il — est allégorique à la naissance de Jésus-Christ, qui se trouve représentée dans le bas-relief principal. Le monde, qui jusqu'à cette époque avait croupi dans les ténèbres de l'idolâtrie, est représenté dans la figure du Temps, qui semble sortir d'un profond sommeil au son des trompettes qu'un groupe de Génies fait entendre autour de lui; il lève le voile qui le couvre, et la Vérité, qui s'offre à ses regards interdits, lui montre les livres saints. Comme ce n'a été que par sa mort que Jésus-Christ a

achevé de détruire l'empire de l'erreur et du mensonge, le sculpteur place à cet effet, dans le devant du ciel de cette chaire, un
groupe d'anges qui portent une croix en triomphe, et un autre
groupe d'enfants qui arrachent de la gueule du serpent la pomme
fatale. Les deux figures à la rampe n'ont aucun rapport avec cette
allégorie » (1).

Chaque figure exprime avec tant de vérité le sentiment que
l'artiste lui a donné, qu'il est impossible de ne pas l'éprouver
soi-même en la contemplant. Les poses sont naturelles et pleines
de noblesse, et l'harmonie la plus parfaite règne dans l'ensemble
de cette admirable et poétique composition.

Ouvrons les comptes de la *donation Triest* (2) et nous verrons
que ce chef-d'œuvre de sculpture coûta environ 33,000 francs.
En outre, les comptes de l'année 1739 révèlent que le sculpteur
Allaert exécuta en terre cuite rouge plusieurs modèles dus aux
meilleurs maîtres, tels que *Verbruggen*, d'Anvers, *Théodore Ver-
haegen*, de Malines, et l'orfèvre *Gaspard Lanoy*, de Bruxelles.
Mais aucun ne produisit un plan aussi complet, aussi digne d'admiration que Laurent Delvaux. Son œuvre, acceptée par les chanoines spécialement chargés de la surveillance des travaux, obtint
un éclatant et légitime succès. Modelée d'abord en terre par l'artiste lui-même, elle fut ensuite dessinée par le peintre *Le Roy* et
le graveur *N. Heylbroeck*. Jusqu'à présent nous n'avons pas re-
trouvé ce précieux dessin.

(1) F. V. GOETHALS, *Histoire des lettres*, t. 1, p. 396.
(2) V. les PIÈCES JUSTIFICATIVES, nᵒ X.

LES STATUES DE SAINT PIERRE ET DE SAINT PAUL.

Avant de monter les degrés qui conduisent à l'église supérieure, arrêtons-nous devant les statues colossales de marbre de *saint Pierre* et de *saint Paul*, dues au ciseau du sculpteur *Charles Van Poucke*, qui les modela à Rome en 1778.

Saint Pierre est représenté dans l'attitude de l'apôtre annonçant l'Évangile aux gentils; saint Paul secoue dans le feu la vipère qui lui avait mordu le doigt (1).

Ces deux statues admirablement drapées, coûtèrent 1600 ducats.

Les modèles, de moindre dimension, sont à l'hôtel-de-ville et appartiennent au Musée de la Société royale des Beaux-Arts.

----

(1) Dans les comptes de la *donation Triest*, on trouve qu'en 1780, *Charles Van Poucke* reçut un à-compte de 116 livres de gros, 13 escalins et 4 gros, argent de change.

Voici un extrait des comptes de 1782 et 1783 :

Item aen s^r *Ch. Van Poucke*, meester beelthouwer, de somme van twee hondert ponden wisselgelt, op rekeninghe van syne twee marbele figure voor dese kerke, par twee quitt. komt in courant L. 233. 6. 8.

Item, aen sieur *C. Van Poucke*, meester belthouwer, de somme van vier hondert acht ponden, ses schellingen en acht grooten, op rekeninge van twee marbele figuren voor dese cathedrale, par vier quitt. L. 408. 6. 8.

Noch finalyk aen den selven heer *Van Poucke* betaelt de somme van vyfhondert viertig ponden seventhien schellingen en vier grooten court, over restand hem toegestaen par accord van den 24 november 1776, met het capittel aengegaen voor twee marbele figuren, SS. Pieter et Paul, in dese cathedrale gelevert, waermede hy bekent ten geheele voldaen te zyn, zoo over de 1600 ducaten als voor de L. 69. 16. 9. Voor de twee marbele pederstaelen voor de selve figuren, door hem ook gelevert par quitt. L. 540. 17. 4.

Le transport des statues de *saint Pierre* et de *saint Paul*, de l'atelier du sculpteur à la cathédrale, coûta 12 liv. 6 esc. 8 den.; chaque chariot était attelé de quatre chevaux.

CHŒUR.

I.

Description du Chœur actuel.

Dix marches de marbre noir conduisent au chœur, ce *sanctum sanctorum* du chapitre de la cathédrale, où la statuaire a réuni ses plus précieux chefs-d'œuvre.

L'autel entièrement de marbre d'Italie, et posé sur cinq marches, porte le tabernacle également de marbre, figurant un temple grec circulaire et à coupole, dont l'entablement est supporté par huit colonnes de l'ordre ionique. Les chapiteaux et les piédestaux de ces colonnes sont de cuivre doré, ainsi que la porte figurée sur le devant, représentant *le Sauveur ressuscité se faisant connaître aux disciples d'Emmaüs*. Toutes ces ciselures sont l'œuvre de l'orfèvre anversois *Picavet*, quoique le dessin de la composition entière soit du célèbre sculpteur *P. H. Verbruggen*.

L'autel est placé sous un dais magnifique, soutenu par quatre grandes colonnes cannelées de l'ordre corinthien; au centre de cette splendide construction, le sculpteur a placé la statue de *saint Bavon*, au milieu d'un nuage soulevé par des anges. C'est l'apothéose du saint patron de l'église, taillée dans le marbre. Sur l'entablement des grandes colonnes, à la naissance du dais, sont couchées les statues de la *Foi* et de la *Pénitence*, et près du globe terrestre surmonté du signe de la Rédemption, deux anges étalent une banderole sur laquelle on lit en lettres d'or : CRUCIFIXO

MILITAVI, CRUCIS GLORIAM AGNOSCO, paroles sacrées que saint Bavon prononça deux ans avant sa mort dans un moment d'extase.

Des deux côtés de ce gigantesque autel, l'artiste a placé au-dessus des portes de cuivre qui ferment cette partie du chœur, les statues colossales de marbre de *saint Liévin* et de *saint Amand,* ces deux apôtres qui apportèrent les premiers dans les contrées sauvages de la Flandre, la bienfaisante lumière du christianisme. Ces figures sont d'une belle exécution et produisent avec l'ensemble de l'autel un effet réellement grandiose.

Les comptes de la cathédrale nous ont fourni de précieux renseignements sur cette œuvre de *Verbruggen.* La composition entière coûta 7681 livres 6 escalins 2 gros et 6 deniers, argent de change, ce qui équivaut, si nos calculs sont exacts, à la somme de fr. 97,540-32 (1).

Tous les ornements de bois, y compris les trente-huit rosettes qui décorent le couronnement, ainsi que la partie postérieure du tabernacle donnant accès aux vases sacrés, ont été sculptés par *Jacques Coppens,* et les autres ornements de marbre par *Philippe Martens* et *Hebbelynck,* trois artistes gantois, dont la plupart de nos églises conservent encore les œuvres.

Le sanctuaire est décoré de quatre mausolées, dont nous allons donner la description, en commençant par celui placé à la droite de l'autel, du côté de l'Évangile.

MAUSOLÉE D'EUGÈNE-ALBERT D'ALLAMONT,
IXe ÉVÊQUE DE GAND.

Sur un sarcophage de marbre noir est placée la statue de l'évêque. Le prélat est représenté agenouillé devant la Vierge

(1) V. les PIÈCES JUSTIFICATIVES, n° XI.

14

Marie, portant dans ses bras l'enfant Jésus. Au bas de la statue de la Mère du Sauveur, placée dans une niche, on lit : ET HORA MORTIS SUSCIPE. Sur le mausolée même en face du sujet principal, est couchée la Mort sous la forme d'un hideux squelette de cuivre doré, déployant une banderole, sur laquelle est écrit : STATUTUM EST HOMINIBUS SEMEL MORI.

Dans la niche opposée à celle qu'occupe la sainte Vierge, l'artiste a placé un ange armé du glaive flamboyant. Aux pieds de cette statue, on lit : TU NOS AB HOSTE PROTEGE.

Dans l'ornementation de marbre qui entoure ce monument, on a reproduit les armoiries de l'évêque d'Allamont, accompagnées de seize quartiers (1).

Les armoiries du comté d'Everghem et de la seigneurie de Saint-Bavon y figurent également (2). Le monument est surmonté d'une croix portant ces mots : PAREBIT SIGNUM FILII HOMINIS IN COELO.

Ce mausolée est l'œuvre du sculpteur liégeois *Jean Delcourt*, dont il porte la marque : OPUS IOᵢˢ DELCOUR (3).

Il faut convenir que la conception de ce monument funèbre n'est pas heureuse. Le squelette inspire un sentiment de répulsion et de terreur que bien certainement le vertueux prélat n'éprouva pas à son heure dernière. La consolante et sublime pensée d'une vie meilleure, dont la foi dépose le germe dans l'âme du chrétien, disparaît en présence de l'horreur que la mort

---

(1) Les armoiries de D'ALLAMONT sont : de gueules au croissant d'argent, au chef d'argent chargé d'un lambel à trois pendants d'azur. Devise : PATIENS ESTO.

Les seize quartiers de l'évêque d'Allamont sont :

Allamont. Pavan. Custines. Ficquemont. Lenoncourt. Haraucourt. Choiseul. Ray. Mérode. Warfusée. Thiant. Ghistelles. Harchies. Wissocq. Liedekercke. vander Gracht.

(2) Les armoiries du comté d'EVERGHEM sont : d'azur, au lion d'argent chargé de quatre faces de gueules, armé, lampassé et couronné d'or. Une couronne comtale sur l'écu.

(3) V. le comte de BECDELIÈVRE, *Biographie universelle*, t. II, p. 312.

inspire dans ce qu'elle a de plus affreux et de plus désespérant.

Cette œuvre a du mérite. La tête et les mains du prélat sont bien modelées. L'artiste, en voulant éviter la roideur dans les draperies, est tombé dans un excès contraire; l'étoffe semble chiffonnée. La figure de la Vierge d'une bonne exécution n'est pas sans grâce, quoique d'un caractère trop mondain. Nous en dirons autant de l'ange, qui manque de sévérité et de grandeur.

Dans le pourtour du chœur, derrière le mausolée de l'évêque d'Allamont, on lit l'inscription suivante :

D. O. M.

EUGENIUS ALBERTUS D'ALLAMONT

COMES DE BRANDEVILLE, TOPARCHA DE MALANDRI, ETC ,

EX NOBILI CANONICO CATH. LEODIENSIS

CREATUS,

RUREMONDENSIS PRÆSUL V,

DEIN

VACANTIS ECCLESIÆ SYLVÆDUCENSIS

VICARIUS APOSTOLICUS,

DEMUM

GANDAVENSIS EPISCOPUS IX,

QUIA MORTEM SEMPER PRÆ OCULIS HABUIT,

HOC VIVENTI SIBI SEPULCHRUM CONDIDIT.

ARTEM ET PRETIUM ADDIDIT,

UT ESSET NON SIBI,

SED SUÆ ECCLESIÆ ORNAMENTUM.

DISCE VIATOR,

NE PRÆOCCUPERIS A MORTE,

ILLAM SEMPER PRÆ OCULIS HABERE.

EUGÈNE-ALBERT D'ALLAMONT, baron de Bussy, seigneur d'Allamont, de Malandri, etc., naquit à Bruxelles en 1609; il fut tenu sur les fonts baptismaux par les archiducs Albert et Isabelle-Claire-Eugénie, qui lui donnèrent leurs noms. Il reçut l'onde sainte des mains du cardinal Alphonse de la Cueva. Il était fils de Jean, seigneur d'Allamont, et d'Agnès de Mérode. Ce vénérable prélat, qui fut le bienfaiteur des pauvres et de son diocèse, mourut à Madrid, où il s'était rendu dans le but de régler certaines affaires concernant son évêché. A peine fut-il arrivé dans la capitale de l'Espagne que la mort l'enleva, le 20 août 1673, à l'affection de ses ouailles. Selon ses dispositions testamentaires, son corps fut inhumé dans l'église de l'hôpital Saint-André, à Madrid, et son cœur dans la crypte de la cathédrale de Gand (1).

MAUSOLÉE D'ANTOINE TRIEST,

VIIe ÉVÊQUE DE GAND.

Nous voilà en face de la plus belle œuvre de la statuaire nationale. Le noble prélat en habits pontificaux est représenté à demi-couché sur le sarcophage. La tête appuyée sur la main droite, il contemple avec confiance le Sauveur qui lui montre la croix. En face de l'Homme-Dieu, l'artiste a placé la Vierge Marie, qui semble lui dire : RECORDARE FILI MISERICORDIÆ TUÆ. De chaque côté du sarcophage, deux petits génies, dont l'un tient un clep- sydre et l'autre un flambeau renversé, rappellent sans cesse à l'homme la brièveté de sa vie qui doit s'éteindre un jour dans l'éternité.

Sur la face antérieure on lit l'épitaphe suivante, gravée dans un cartel que deux petits anges sculptés en bas-relief déployent :

ANTONIUS VII
EPÙS GAND. DESIDERAVIT
QUOD MORTALE HABUIT, HIC DEPONI.
SACERDOS, DUM AB ARA DESCENDIS,
TE OBTESTATUR
UT QUOD DEFUNCTO DEBES, EXSOLVAS;
HOC AQUA SACRA ASPERGE,
ET IMMORTALI
ÆTERNAM PACEM APPRECARE
ET VALE.

(1) V. la biographie de cet évêque dans HELLIN, *Histoire du chapitre de l'église cathédrale de Gand.*

Les armoiries de l'évêque Triest, tenues par deux génies (1), couronnent le monument; au-dessous on lit : NON INTRES IN JUDICIUM CUM SERVO TUO, DOMINE.

L'entablement porte cette inscription : IN FORAMINIBUS PETRÆ MEA CONFIDENTIA.

Telle est cette œuvre admirable due au ciseau de l'immortel *Jérôme Duquesnoy*, frère de François Duquesnoy, dont le nom brille avec éclat à coté de celui de Michel-Ange, ce prince de la statuaire italienne.

La statue de l'évêque, indépendamment de la ressemblance qui est parfaite, réunit à un haut degré toutes les qualités qui en font un de ces rares chefs-d'œuvre connus de l'Europe entière.

Quel sentiment de confiance et de résignation ne lit-on pas sur les traits de ce vénérable prélat ! Nouveau Prométhée, l'habile artiste semble avoir dérobé un souffle de l'âme de l'évêque pour la faire passer dans sa statue. Que dire du modelé de ce morceau de sculpture? de ces mains si naturelles, si parfaites que le marbre semble transformé en une chair délicate? de ces draperies que l'on n'ose toucher, de crainte d'en déranger les plis gracieux?

Les deux petits génies assis à côté du tombeau, indiquant la durée et le but de la vie de l'homme, sont certainement deux morceaux de la plus haute valeur artistique, et nous ne craignons pas de dire qu'aucun artiste n'a jamais produit en ce genre une œuvre d'un dessin plus correct, d'une grâce plus parfaite et d'une vérité plus saisissante. Sur la demande de l'administration de l'Académie royale de dessin, le chapitre permit,

---

(1) TRIEST porte : de sable à deux cors de chasse en chef d'argent embouchés, virolés et enguichés d'or; et en pointe un lévrier courant, accollé de gueules. L'écu supporté par deux lévriers d'argent accollés de gueules.

en 1783, de couler ces petits génies en plâtre, sous la direction du sculpteur Charles Van Poucke (1). Ces charmantes statuettes ont excité souvent la convoitise des amateurs.

Plus heureux que le chef-d'œuvre des Van Eyck, celui de Duquesnoy a été préservé jusqu'à ce jour d'une mutilation qui serait un véritable acte de vandalisme.

La figure du Sauveur, si difficile à traiter, respire cette majesté divine mêlée au sentiment de bonté inépuisable qui caractérise celui qui est mort sur la croix pour sauver l'humanité. Nous en dirons autant de la figure de la Mère de Dieu. L'amour maternel le plus pur brille sur son beau visage. Elle supplie son divin Fils d'avoir pitié du vertueux évêque qu'il vient d'appeler à lui.

Un fait que sans doute peu de personnes connaissent, c'est que la main droite de la statue de la Vierge ayant été brisée, le chapitre chargea Van Poucke d'y ajuster une autre main (2).

En 1741, l'administration de la cathédrale, voulant garantir autant que possible ces deux statues contre les dégradations et empêcher les voleurs de pénétrer dans le chœur, chargea le serrurier *Jean Arens* de faire deux niches de fer, travaillées à jour avec beaucoup de goût (3).

(1) 14 novembris 1783. — Op versoek van de Heeren Directeurs der Koninklycke Academie der teeken, schilder en bouwkunde deser stad, hebben de seer Eerw. heeren gepermitteert van in plaester aftegieten de twee marbele kindekens, staende onder den mausolé van Syne Hoogw^dt Triest, midts dat aldaer sal present syn den beelthouder Van Poucke, en dat alle schaede gecoveert worde.

(*Registrum actorum Exempti capituli cathedralis ecclesiæ sancti Bavonis Gandavensis ab 8 augusti* 1783).

(2) Aen sieur *Van Poucke*, de somme van seven en twintigh ponden en vier grooten, soo voor de hemel vanden throon vanden Bisschop in onse choor, als van eene nieuwe handt aen het beldt van O. L. V der tombe van Syn Hooghweerdigheyt den Bisschop Triest, als eenige andere kleynigheden, per specificatie, dus L. 37. 0. 4.

(*Comptes de la donation Triest, année* 1781).

(3) Item, betaelt aen *Joannes Arens*, meester slotmaecker, de somme van achthien

La clôture de marbre derrière la tombe a été donnée à la cathédrale en 1624 par le magistrat de la ville. Ce travail fut entrepris par *Robert De Nole,* pour la somme de 1200 florins. La clôture achevée, le chapitre invita le premier échevin de la Keure, Guillaume de Blasere, seigneur de Hellebus, Jean Van Lake, trésorier de la ville, l'abbé d'Audenbourg et d'autres personnages à un banquet, qui coûta quatre livres de gros dix escalins et dix gros, sans le vin *rouge* (1).

Ne quittons pas ce monument, auquel on revient une dernière fois après avoir admiré toutes les richesses du chœur, sans dire un mot de l'homme de génie qui l'exécuta.

JÉRÔME DUQUESNOY, né à Bruxelles, avait cinquante-deux ans lorsqu'il termina le tombeau de l'évêque Triest que ce prélat avait fait élever de son vivant dans la cathédrale. Ce magnifique travail ne coûta que 8000 florins, somme que l'artiste n'avait pas encore reçue en entier lorsqu'il se rendit coupable du crime affreux de sodomie dans l'église même où il mettait la dernière main au mausolée de l'évêque. Il fut arrêté au mois d'août 1654, et poursuivi d'office par le magistrat de Gand. Après avoir subi plusieurs interrogatoires, il fut jugé et condamné à être étranglé et brûlé ensuite, au Marché aux Grains. Cette terrible sentence, datée du 29 septembre 1654, fut exécutée immédiatement (2).

---

ponden grooten, over het maecken van twee nichen van yzer met lootwerck elk, achter de twee figueren van de tombe van Syn Hoogweirdigheyt Donateur dezer Donatie, tot het versekeren van den choir jeghens de dieven, per accord, ordonnantie en quitantie. XVIII lib. gr.

(*Comptes de la donation Triest, année* 1741).

(1) V. les PIÈCES JUSTIFICATIVES, nº XII. D'après les comptes de l'année 1561, un lot (*een stoop*) de vin du Rhin valait à cette époque 13 deniers.

(2) M. VAN LOKEREN a publié dans le *Messager des Sciences et des Arts de Belgique,* année 1833, page 462, un intéressant article sur la mort tragique et ignominieuse de Jérôme Duquesnoy.

Pourquoi faut-il qu'un si beau génie ait terni sa gloire par un aussi détestable crime? Mais oublions l'homme que la justice humaine a frappé, pour ne nous souvenir que de l'artiste illustre qui dota sa patrie d'un chef-d'œuvre.

Disons maintenant un mot du digne évêque dont le ciseau de Duquesnoy a immortalisé les traits.

Antoine Triest naquit en 1576 au château d'Auweghem, dans la châtellenie d'Audenarde. Il était fils de Philippe Triest, chevalier, seigneur d'Auweghem, premier échevin du magistrat de Gand, et de Marie-Philippine Van Royen. Après avoir fait de brillantes études à l'Université de Louvain, il obtint la faveur des archiducs Albert et Isabelle et de Pierre Damant, IIIe évêque de Gand. Voulant visiter la capitale du monde chrétien, il alla à Rome, où il fut reçu avec toute la distinction due à son mérite personnel et au nom qu'il portait.

Revenu dans sa patrie, il fut nommé doyen du chapitre de Saint-Donat à Bruges, et peu de temps après, en 1616, l'évêché de ce diocèse étant devenu vacant par la mort de Charles Philippe de Rodoan, le pape Paul V éleva Antoine Triest à la dignité épiscopale. En 1622 il passa à l'évêché de Gand. Pendant sa carrière si utilement employée, il remplit plusieurs missions diplomatiques qui témoignent de la confiance que ses mérites inspiraient aux archiducs, qui le nommèrent, conjointement avec l'archevêque de Malines, Boonen, leur exécuteur testamentaire.

Possesseur d'une grande fortune, il la consacra à doter son diocèse et principalement la ville de Gand, d'institutions utiles, entre autres du *Mont-de-Piété* (1).

Il fut le Mécène des artistes, en léguant des sommes considé-

_____

(1) M. De Decker dans son excellent travail, intitulé : *Études historiques et critiques sur les monts-de-piété en Belgique*, donne l'histoire de cette pieuse institution due à la bienfaisante munificence de l'évêque Antoine Triest.

rables destinées à l'embellissement de la cathédrale, qui est devenue, grâce à sa libéralité éclairée, le plus splendide musée de la Belgique.

Monseigneur Antoine Triest mourut à Gand, le 28 mai 1657, et sa dépouille mortelle fut déposée dans un caveau situé dans la crypte, au-dessous du monument sculpté par Duquesnoy.

Ce généreux prélat, digne de figurer parmi nos illustrations nationales, mériterait une biographie complète, et nous regrettons que le cadre que nous nous sommes tracé, ne nous permette pas de peindre dans tous ses détails, une vie aussi utile, si bien remplie et si capable d'inspirer une salutaire émulation (1).

MAUSOLÉE DE CHARLES VANDEN BOSCH,
VIIIᵉ ÉVÊQUE DE GAND.

La première tombe qui s'élève du côté de l'épître, est celle de Monseigneur Charles Vanden Bosch, sculptée par le statuaire *Gery Helderberg*.

Un sarcophage de marbre noir supporte la statue du prélat, que l'artiste a représenté en habits sacerdotaux et agenouillé devant le Sauveur. Derrière lui on remarque saint Charles-Borromée, son patron.

Ce monument est décoré des armoiries du prélat et de ses seize quartiers (2). Des génies de marbre soutiennent les ar-

---

(1) SANDERUS, DIERICX, HELLIN, A. VOISIN, DE DECKER et d'autres auteurs, ont écrit sur ce célèbre évêque.

(2) Les armoiries de VANDEN BOSCH sont : d'or à la croix de sable cantonnée en chef de deux fleurs de lys d'azur et en pointe de deux roses de même. Devise : CRUCIER NE CRUCIER.

QUARTIERS : Vanden Bosch. Ortys. Vergas. Segura.
        Maes. Tassis. Wachtendonck. Merlo.

moiries de la seigneurie de Saint-Bavon et du comte d'Everghem.

Les draperies de la figure principale sont jetées avec beaucoup de goût. La statue du Sauveur, quoique bien dessinée, manque de majesté et perd ainsi tout l'effet qu'elle devrait produire. Quant à celle de saint Charles-Borromée, nous la considérons comme une des meilleures œuvres de sculpture de la cathédrale; elle est pleine d'expression et de naturel.

MAUSOLÉE DE CHARLES MAES,
IVᵉ ÉVÊQUE DE GAND.

Ce dernier morceau de sculpture, dû au ciseau de *Rombaut Pauwels,* de Malines, est placé en face du tombeau de l'évêque Triest.

Couché sur son sarcophage, le prélat revêtu de ses habits pontificaux, la mitre en tête, et s'appuyant sur la main gauche, goûte les douceurs d'un paisible sommeil, symbole de la sérénité d'âme qu'une conscience pure apporte au juste à son heure dernière. C'est bien là le sentiment que l'artiste a voulu exprimer, et il y a réussi avec un rare bonheur. Tout dans cette belle œuvre est d'une vérité frappante. La pose du vénérable prélat est naturelle, les traits de son noble visage respirent bien le repos, cette tranquilité d'âme dont nous venons de parler. Les draperies sont largement traitées; en un mot, l'ensemble présente un caractère imposant qui convient parfaitement au sujet.

Placé en face du chef-d'œuvre de Jérôme Duquesnoy, ce monument ne perd rien de son effet. C'est le plus bel éloge qu'on puisse lui adresser.

Le monument est orné des armoiries du prélat (1), et l'inscrip-

---

(1) MAES porte de sable à deux quintefeuilles d'argent boutonnées d'or, une en chef à senestre et une en pointe; au franc-canton d'or chargé d'un roc d'échiquier de gueules.

tion suivante est gravée sur la partie postérieure, en face de la dixième chapelle :

D. O. M.

CAROLUS MASIUS
S. S. E.
AD SUMMA NATUS, PER GRADUS ASCENDIT
SED ILLUSTRES.
DECANUS ECCLESIÆ CATHED. ANTV. FUIT,
IN QUOD MUNUS NE ALIENUS VENIRET,
AVUNCULO RUTGERO DE TASSIS SUCCESSIT.
FUIT ET PRINCIPIBUS BELGII AB ELEEMOSYNIS,
INDE IPRENSIUM, POST GANDENSIUM,
EPISCOPUS
QUA DIGNITATE, EA VIRTUTE
ECCLESIÆ ET REIP. UTILIS.
VOS LUGETE BELGÆ
ECCLESIA ANTISTITEM AMISIT, RESP. VIRUM
XII KAL. JUN. CIO. IOCXII.
CUM VIXISSET ANNOS LIII.

Ce prélat fit son entrée à Gand le 21 novembre 1610.

Avant de quitter le sanctuaire, jetons un regard sur les trois magnifiques *portes de cuivre doré* qui ferment le côté oriental du chœur.

Le dessin des battants est formé de rinceaux travaillés à jour et ciselés de la manière la plus gracieuse.

Le nom de l'artiste qui exécuta ce beau travail est gravé sur le pilastre de la porte du milieu : on y lit : GUIL. DE VOS FECIT ANTV. 1708.

Les comptes de la cathédrale nous apprennent que ces portes coûtèrent 12,355 florins, argent de change (1).

Les quatre candelabres placés près de l'autel ont été offerts à la cathédrale par les chanoines Robert d'Aubermont (2) et Maximilien Hippolyte della Faille, dont ils portent les armoiries.

(1) V. les PIÈCES JUSTIFICATIVES, n° XIII.
(2) D'AUBERMONT porte : de sable à la fleur de lis d'argent épanouie d'or.

Les quatre autres candelabres de cuivre rouge sont comptés parmi les objet les plus curieux de l'église.

Il serait assez difficile de fixer positivement l'origine de ces belles pièces, à la fois élégantes de forme et ornées d'un dessin correct et plein de goût.

Elles portent les armes d'Angleterre et furent acquises par l'évêque Triest, lorsque la tête de Charles I eut roulé sur l'écha-faud élevé par Cromwell et que le nouveau culte eut chassé la foi catholique des temples. Ces candelabres furent placés de front devant le maître-autel, en 1669, par le sculpteur *Pauly*.

L'architecture du chœur, quelque riche qu'elle soit, n'est nulle-ment en rapport avec le style de l'église; mais cette opposition, si contraire au bon goût et si choquante ailleurs, disparaît à Saint-Bavon.

Les colonnettes et les moulures gothiques ont fait place à des pilastres corinthiens de marbre blanc. La transformation a été complète. Le vieux style gothique a disparu sous les lambris et les sculptures de marbre du XVIIe siècle.

La porte latérale en face de la sacristie est marquée du millé-sime 1630. Celle qui lui fait face est d'une date postérieure et a été exécutée sur les dessins de l'orfèvre *P. J. Tiberghien* (1).

Le chœur est entouré de stalles de bois de mahoni d'un style sévère. Celle de l'évêque plus spacieuse et plus ornementée que les autres, est placée sous un dais de velours cramoisi, garni de franges d'or. Ce dais est l'œuvre du sculpteur *Charles Van Poucke*, qui l'exécuta en 1781, comme le prouve un extrait des comptes

(1) Aen *P. J. Tiberghien*, silversmit, de somme van dry en halve louisen ofte seven ponden twalf schellingen ende vyf grooten, over het maecken van een teekeninge voor de deure van onsen choor. L. 7. 12. 5.

(Comptes de la donation Triest de 1780).

cité plus haut (1). L'ébéniste *Philippe Begyn* fut le constructeur de ces stalles, qui coûtèrent plus de 40,000 florins. Les sculptures sont de la main de *Dominique Cruyt.*

Au-dessus des stalles figurent onze grisailles imitant des bas-reliefs de marbre blanc, dus au pinceau de *Pierre-Norbert Van Reysschoot,* de Gand (2). La première série représente des épisodes de l'ancien Testament.

1° *Melchisedech, roi de Salem, offrant le pain et le vin à Abraham après sa victoire.*

C'est dans la Genèse, chapitre XIV, que l'artiste a pris son sujet.

« Mais Melchisedech, roi de Salem, offrant du pain et du vin, parce qu'il était prêtre du Dieu très-haut, bénit Abraham en disant : qu'Abraham soit béni du Dieu très-haut, qui a créé le ciel et la terre : et que le Dieu très-haut soit béni, lui qui par sa protection vous a mis vos ennemis entre les mains. Alors Abraham lui donna la dîme de tout ce qu'il avait pris. »

Ce tableau porte les armoiries de l'évêque van Eersel, qui en fut le donateur.

2° *La Manducation de l'agneau pascal.*

D'après le 11° verset du XII° chapitre de l'Exode :

« Voici comment vous mangerez l'agneau sans tache ; vous vous ceindrez les reins, vous aurez des souliers aux pieds, et un bâton à la main, et vous mangerez à la hâte : car c'est la pâque (c'est-à-dire le passage) du Seigneur. »

(1) V. la note page 110.

(2) Les comptes de la *donation Triest* de l'année 1774, mentionnent deux tableaux dus également à cet artiste. Ils étaient placés à l'entrée du chœur. Voici l'article qui les signale :

« Betaelt aen sieur *Reysschot* de somme van sesendertigh ponden achtien schellingen en acht grooten, over het schilderen van twee schilderyen staende voor den coor, dus per quitantie. Lib. 36. 18. 8. » — Que sont devenus ces tableaux ?

Ce tableau a été donné par le chanoine Pierre-Bernard Cardon, dont il porte les armoiries.

3° *Les Israélites recueillant la manne céleste dans le désert.* Le sujet est tiré du XVIe chapitre de l'Exode :

« Vous mangerez ce soir de la chair, et ce matin vous serez rassasiés de pain, et vous saurez que je suis le Seigneur votre Dieu.

» Il vint donc le soir un grand nombre de cailles qui couvrirent tout le camp, et le matin il se trouva aussi en bas une rosée autour du camp.

» Et la surface de la terre en étant couverte, on vit paraître dans le désert quelque chose de menu et comme pilé au mortier, qui ressemblait à ces petits grains de gelée blanche, qui pendant l'hiver tombent sur terre.

» Ce que les enfants d'Israël ayant vu, ils se dirent l'un à l'autre : Man-hu? c'est-à-dire : qu'est-ce que cela? car ils ne savaient ce que c'était. Moïse leur dit : c'est là le pain que le Seigneur vous donne à manger.

» Et la maison d'Israël donna à cette nourriture le nom de Manne. Elle ressemblait à la graine de coriandre; elle était blanche, et elle avait le goût qu'aurait la plus pure farine mêlée avec du miel.

» Moïse dit encore : Voici ce qu'a ordonné le Seigneur : emplissez de manne un gomar, et qu'on la garde pour les races à venir; afin qu'ils sachent quel a été le pain dont je vous ai nourris dans le désert après que vous avez été tirés de l'Égypte.

» Or la gomar est la dixième partie de l'éphi. »

C'est à la munificence du vicaire-général Maximilien de Meulenaere que la cathédrale doit ce tableau, qui porte les armoiries de son donateur.

4° *Le grand prêtre Achimelech donnant à David les pains de proposition et le glaive de Goliath.*

Voici le texte du *Livre des Rois,* Liv. I, chapitre XX, qui a servi de sujet à ce tableau offert par le chanoine J.-J. Van Royen, dont il porte les armoiries :

« David répondit au grand-prêtre Achimelech : si donc vous avez quelque chose à manger, quand ce ne serait que cinq pains, ou quoi que ce soit, donnez-le moi.

» Le grand-prêtre lui donna donc du pain sanctifié; car il n'y en avait point là d'autre que les pains exposés devant le Seigneur, qui avaient été ôtés de devant sa présence, pour y en mettre de chauds en la place.

. . . .

» David dit encore à Achimelech : N'avez-vous point ici une lance ou une épée? car je n'ai point apporté avec moi mon épée ni mes armes, parce que l'ordre du roi pressait fort. Le grand-prêtre lui répondit : Voilà l'épée de Goliath le Philistin, que vous avez tué dans la vallée du Térébinthe. Elle est enveloppée dans un drap derrière l'éphob. Si vous la voulez, prenez-la; parce qu'il n'y en a point d'autre ici. David lui dit : Il n'y en a point qui vaille celle-là, donnez-la moi. »

Ces quatre œuvres font complétement illusion : vues du centre du chœur, on les prendrait pour de magnifiques bas-reliefs de marbre.

5° *Elie dans le désert éveillé par un ange.*

Ce tableau est un don du comte Joseph de Castel San Pietro, prévôt du chapitre. Le sujet est tiré du *Livre des Rois*, Liv. III, XIXᵉ chapitre :

« Elie fit dans le désert une journée de chemin : et étant venu sous un genièvre, il s'y assit, et souhaitant la mort, il dit à Dieu : Seigneur, c'est assez; retirez mon âme de mon corps; car je ne suis pas meilleur que mes pères. Et il se jeta par terre, et s'endormit à l'ombre du genièvre. En même temps un ange du Seigneur le toucha, et lui dit : Levez-vous et mangez.

» Elie regarda, et vit auprès de sa tête un pain cuit sous la cendre et un vase d'eau. Il mangea donc et but, et s'endormit encore.

» L'ange du Seigneur revenant la seconde fois, le toucha de nouveau, et lui dit : Levez-vous et mangez, car il vous reste un grand chemin à faire

» S'étant levé il mangea et but, et s'étant fortifié par cette nourriture, il marcha quarante jours et quarante nuits jusqu'à Horeb, la montagne de Dieu. »

La seconde série représente des épisodes du nouveau Testament.

1° La *Conversion de Zachée.*

Voici le texte extrait de l'Évangile de saint Luc, XIX° chapitre, qui a fourni le sujet de ce tableau offert à la cathédrale par le chanoine L.-J. Van Kessel, dont il porte les armoiries :

« Jésus étant entré dans Jéricho, passait par la ville : et il y avait un homme nommé Zachée, chef des Publicains et fort riche, qui ayant envie de voir Jésus pour le connaître, ne le pouvait à cause de la foule, parce qu'il était fort petit. C'est pourquoi il courut devant, et monta sur un sycomore pour le voir; parce qu'il devait passer par là.

» Jésus étant venu en cet endroit, leva les yeux en haut; et l'ayant vu, il lui dit : Zachée, hâtez-vous de descendre, parce qu'il faut que je loge aujourd'hui dans votre maison.

» Zachée descendit aussitôt, et le reçut avec joie.

» Tous voyant cela en murmuraient, disant : il est allé loger chez un homme de mauvaise vie. »

2° *Le Centenier implorant Jésus-Christ pour la guérison de son serviteur.*

L'Évangile selon saint Matthieu, chapitre VIII, a fourni le texte de ce tableau, payé sur les fonds de la donation Triest, comme l'attestent les armoiries de l'évêque de ce nom reproduites sur le bouclier d'un soldat, et un extrait des comptes (1). Voici l'épisode que l'apôtre rapporte :

(1) Aen sieur *P. Van Reysschoot* de somme van dry en sestig ponden, eerst voor twee barelieven geschildert in de choor, verbeldende *de Voetwasschinge,* en *den Hooftman over hondert,* twee andere vernieuwt voor de choor, de *Samaritinne en*

« Jésus étant entré dans le Capharnaüm, un centenier vint le trouver, et lui fit cette prière : Seigneur, mon serviteur est couché et malade de paralysie dans ma maison, et il souffre extrêmement.

» Jésus lui dit : j'irai et je le guérirai. Mais le centenier répondit : Seigneur, je ne suis pas digne que vous entriez dans ma maison : mais dites seulement une parole, et mon serviteur sera guéri. »

3° *La Multiplication des pains.*

Ce tableau a été donné par le chanoine Emmanuël-Auguste Hellin, l'auteur de l'*Histoire chronologique des évêques et du chapitre exempt de Saint-Bavon.*

« Or Jésus ayant appelé ses disciples, leur dit : J'ai compassion de ce peuple, parce qu'il y a déjà trois jours qu'ils demeurent continuellement avec moi, et ils n'ont rien à manger; et je ne veux pas les renvoyer qu'ils n'aient mangé, de peur qu'ils ne tombent en défaillance sur le chemin. Ses disciples lui répondirent : Comment pourrons-nous trouver dans ce lieu désert assez de pains pour rassasier une si grande multitude de personnes?

» Et Jésus leur repartit : Combien avez-vous de pains? Sept, lui dirent-ils, et quelques poissons.

» Il commanda donc au peuple de s'asseoir sur la terre; et prenant les sept pains et les poissons, après avoir rendu grâces, il les rompit, et les donna à ses disciples, et ses disciples les donnèrent au peuple.

» Tous en mangèrent, et furent rassasiés : et on emporta sept corbeilles pleines de morceaux qui étaient restés.

» Or ceux qui en mangèrent étaient au nombre de quatre mille hommes, sans compter les petits enfants et les femmes. »

St MATHIEU, chap. XV.

Christus als hovenier, het vyfde stuk in de capelle van den Bisschop onder het plafond, par 5 quitt. 63 lib.

(*Comptes de la donation Triest de l'année 1791*).

D'après cet extrait, deux grisailles : *Jésus-Christ apparaissant à Marie-Madeleine*, et *la Samaritaine*, ont disparu.

16

4° *Jésus lavant les pieds de ses apôtres.*

Ce tableau, payé sur le fonds de la donation Triest, porte les armoiries de ce prélat.

Le texte de l'Évangile dit :

« Jésus se levant de table, quitta ses vêtements, et, ayant pris un linge, il le mit autour de lui. Puis ayant versé de l'eau dans un bassin, il commença à laver les pieds de ses disciples et à les essuyer avec le linge qu'il avait autour de lui. »

St JEAN, chap. XIII.

5° *La dernière Cène.*

Cette toile, offerte à la cathédrale par le chanoine Kervyn, porte les armoiries du donateur.

Ce sujet est trop connu pour citer le texte des livres saints. Nous dirons cependant que cette œuvre est une des meilleures de la collection.

6° *Jésus-Christ expliquant les saintes Écritures à deux de ses disciples sur le chemin d'Emmaüs.*

Ce tableau est encore dû à la générosité du chanoine Hellin, dont nous avons parlé plus haut.

Quatre lutrins de cuivre s'élèvent au milieu du chœur. Celui posé sur la marche du sanctuaire, représente trois enfants les bras entrelacés et la partie inférieure du corps enveloppée dans les replis d'un serpent.

Deux de ces lutrins portent les armoiries des chanoines-chantres Pierre Van Esch et Nicolas Breydel, qui en furent les donateurs (1).

Le lutrin des chantres, œuvre du commencement du XVIIe

---

(1) VAN ESCH porte : écartelé au 1er et 4e d'argent, à un arbre de sinople terrassé de même ; au 2e et 3e de sable au lion d'argent, sur le tout un écu de sable à deux pals d'argent.

BREYDEL porte : de gueules à trois têtes et cols de cheval d'argent bridées d'azur.

siècle, représente le Phœnix des armoiries du chapitre. Ces quatre pièces ne sont pas dépourvues de mérite.

Les lourds volumes reliés en cuivre qui reposent sur ces lutrins, sont des manuscrits sur vélin contenant des messes, des hymnes et d'autres chants religieux, écrits par le chanoine *Gugart* en 1653, qui mit six ans à l'achèvement de cette œuvre de calligraphie.

Autour du chœur, à la naissance de la galerie gothique, sont placés les blasons des chevaliers de l'ordre de la Toison d'or. Nous nous occuperons plus loin des deux chapitres de cet ordre illustre qui furent tenus à Gand par Philippe-le-Bon et Philippe II.

II.

Description de l'ancien Chœur.

Nous avons dit au commencement de cet ouvrage, qu'antérieurement au XVII⁰ siècle, le chœur avait un plafond à gîtage de chêne. Les archives de la cathédrale nous ont fourni encore d'autres renseignements, qui permettent de reconstruire en quelque sorte en idée tout l'ancien chœur.

Les premières constructions datent de l'année 1555.

Les trois escaliers conduisant au chœur et celui donnant accès dans la crypte, ainsi que les marches des autels étaient de pierre de Baeleghem, dont la qualité était fort estimée (1).

(1) Item inden eersten betaelt Gheert de Moor, ter causen vande leveringhe van ses hondert sesendertich voeten goede *witte vlaemsche trappen*, te IX grooten VI myten munte den voet, verarbuert *aen alle de cappellen vande bucke ende an de drie sleegghers upgaende ten hooghen choor ende aen beede de zyden ende aen den sleeghere vanden crocht*, mits noch drie zullen ghelegt *aen den aultaer vanden heleggen cruce*, eehr ende een *aen S¹ Jan Baptiste aultaer* cenc, ende dander aen den *aultaer vande*

A cette époque le maître-autel était orné de quatre magnifiques colonnes de cuivre.

Les Iconoclastes s'étant rués deux fois sur la cathédrale, y avaient laissé de désolantes traces de leur passage. Les statues, les ornements, les tableaux étaient tombés sous leurs coups, et le maître-autel surtout avait été l'objet de leur rage dévastatrice. Après cette période orageuse, l'autel fut restauré. Les colonnes de cuivre furent conservées, et le sculpteur *Jean Schoorman*, chargé de la restauration, offrit à la cathédrale un beau crucifix d'albâtre dont il orna le maître-autel (1).

Les comptes nous apprennent que le peintre *Arent Van Wynendaele* peignit le pied de cette croix, et qu'il nettoya les tableaux de la Toison d'or représentant *les Actes de saint André*, peints par *Pourbus*, qui ornent actuellement la salle du chapitre et qui étaient placés à cette époque au-dessus des stalles (2).

Le jubé, œuvre du sculpteur *Jean De Heere* (3), était de marbre

---

vonten cappelle, bedraghende de zullen tsamen II sch. VII dᵉ gr. Compt naer verclaers zynder quitan. by hem gheteeckent den IXᵉⁿ aprilis, XVᶜ LV. — X lib. XIIII sch. III dᵉ gr.

(Comptes de 1555).

(1) V. les PIÈCES JUSTIFICATIVES, nᵒ IV, *partie flamande*, lit. Q.

(2) Item, betaelt meester *Arent Van Wynendaele*, schilder, voor het *cruuce van alabastere dwelc upden hooghen autaer staet* te vernisschen ende het haut vanden cruuce een ander coleur te gheven, ende voor tschilderen vande candelaer doer de paeskeersse up staet anden boom, mits ooc voor tschilderen van tachterste bert van troonken dat men set in monumentum up den wittendonderdach, tsaemen III sch. X gr.

Item, betaelt meester *Arent Van Wynendaele*, voor dat hy gheschildert ende gheprumiert heeft zeker paneelen vanden hauden toesoene inden choor, ende dat by ordonnan. van mynen Heeren vande capitle met quitan. XXVI sch. gr.

(3) Item, betaelt meester *Jan Myn Heere*, beeldesnydere, in minderinghen van tweerck vander Docxsale vander selver kercken volghende der ordonn. vanden selven ghesubrogierde heeren, ende quitan. inhouden XVI lib. XIII sch. IIII gr.

(Comptes de l'année 1555).

et orné de bas-reliefs et de figures; il clôturait cette partie réservée aux dignitaires, aux chanoines et au clergé de l'église.

Le grand candelabre ou arbre armorié du chapitre de la Toison d'or tenu en 1559, figurait à côté du maître-autel.

Entre ce vaste candelabre et l'autel, on voyait un lustre orné des armoiries de Viglius et destiné à recevoir dix-huit cierges de cire, que l'on devait allumer aux douze fêtes de l'année.

C'était là une fondation pieuse due au célèbre prévôt de Saint-Bavon. A l'époque des troubles, ce lustre fut brisé par les sectaires, qui ne touchèrent cependant pas au candelabre de la Toison d'or. Le manuscrit de Corneille Breydel, l'un des exécuteurs testamentaires de Viglius, donne au sujet du refus du prévôt Vareus, de faire restaurer ce lustre, de curieux détails, qui prouvent que la plus touchante union ne régnait pas toujours au sein du chapitre. A la réquisition de Breydel, les chanoines interpellèrent le prévôt et le sommèrent de se conformer aux vœux du testateur, en faisant allumer les dix-huit cierges. Le prévôt, sans attacher grande importance à cette juste réclamation, se contenta de répondre « que la cire était trop chère » (1).

Un demi-siècle plus tard, le chœur de la cathédrale subit encore de grands changements.

Un grand Christ en croix ou *Confession* vint couronner le jubé en 1617.

En 1525, le maître-autel fut reconstruit par le sculpteur *Robert De Nole*, d'Anvers, et nous savons que cet artiste plaça la statue du saint patron de la cathédrale au-dessus du fronton de son œuvre (2).

---

(1) Voir les PIÈCES JUSTIFICATIVES, n° IV, *partie flamande*, lit. S, *partie française*, SS 26 à 36.

(2) Nous tenons de M. GOETGHEBUER que cet autel a été vendu à l'église de Saint-Gomaire, à Lierre, où on le voit encore aujourd'hui.

L'évêque Antoine Triest, dont le nom ne sera jamais prononcé qu'avec respect et reconnaissance par les amateurs des arts, venait de s'asseoir sur le siége épiscopal. Le désir d'embellir sa cathédrale ne céda devant aucun sacrifice. C'est ainsi qu'il commanda à Pierre-Paul Rubens la splendide toile que nous avons déjà admirée et qui ornait alors le maître-autel, où elle devait produire le plus bel effet.

En 1627, l'évêque et le chapitre jugèrent convenable de faire construire des deux côtés du chœur, parallèlement au jubé, deux élégants portails sculptés. Celui de droite était surmonté de la statue de la *Vierge Marie*, offerte à l'église par Guillaume de Blasere, seigneur d'Hellebus, en mémoire de Gérard de Blasere, chanoine du chapitre.

Sur le portail de gauche était placée la statue de *saint Jean-Baptiste*, en mémoire du chanoine Jean-Baptiste Baert (1).

Plus tard, en 1647, on entreprit de nouveaux travaux. Les deux piédestaux qui masquaient les entrées du chœur construites en 1627, furent enlevés (2).

(1) Item soo synder ghemaect twee say-portaelen inden hooghen choor, waer van elck cost twee hondert ponden grooten. ende deen es betaelt by myn Eerw. Heere den Bisschop Antonius Triest, ende dander by myn Eerw. Heeren van tcapittel, dus hier voor memorie.

Item onse Lieve Vrauwe staende boven tportael neffens thelich cruys autaer, heeft doen maeken mher de Blasere, heere van Hellebus, voor een memorie van men Heere Gerardus de Blasere, in zyn levene Canoninck van deze kercke, dus hier voor memorie.

Op dander zyde vande kercke boven tportael nevens St Jans autaer, hebben doen maken ende stellen St Jan Baptiste de testementeurs..... in memorie van men heere den Canoninck ende Officiael Jan Baptiste Baert, dus hier voor memorie.

(*Comptes de la fabrique de l'église de l'année* 1627).

(2) Item betaelt aen Baudwyn Van Dickele, de somme van dry schellynghen groo. eens over het vutcappen vande peedestaelen, staende voor de choordeuren op den oppersten trap onder den t'oxael ende therhangen vande dunne deure omt tweeren vanden wint, per quit. III schel. gr.

(*Comptes de la fabrique de l'année* 1647).

En 1656, on éleva sous le jubé, de chaque côté du porche, deux autels protégés par une clôture (1).

A côté de ces autels, on voyait les antiques groupes dus au ciseau de *Guillaume Hughe*, qui ornent aujourd'hui les oratoires extérieurs de la cathédrale (2).

Au commencement du XVIIᵉ siècle, la cathédrale possédait de magnifiques vitraux. Le chœur en était richement pourvu. La fenêtre principale au-dessus de l'autel était ornée d'un vitrail que Philippe III, surnommé *le Pieux* — ce n'est que de lui qu'il peut être question ici — avait offert à l'église : c'était l'œuvre de *Jacques De Liemaekere*, peut-être le père du célèbre peintre *Nicolas De Liemaekere*, surnommé *Roose* (3).

Les autres vitraux du fond du chœur, représentant des sujets

(1) Les comptes de la fabrique de l'année 1656 constatent : qu'Alexandre Ruelle, peintre doreur, reçoit 26 lib. 13 es. 4 gr., pour peindre, vernir et dorer le jubé;

Que Baudouin Van Dickele, menuisier, construit sous le jubé deux autels et une clôture pour la somme de 8 lib. 10 es.;

Qu'Alexandre Ruelle peint les susdits autels pour la somme de 4 lib.;

Que le même Alexandre Ruelle dore les susdits autels et les cartouches qui se trouvent sous le jubé pour la somme de 14 lib. de gros.

(2) Le sculpteur *Guillaume Hughe* figure parmi les jurés de la corporation des peintres de Gand en 1471.

(3) Noch betaelt *Jacques Liemaeker*, van het maecken de venster inden hooghen Choor vande Conincklicke Maᵗ van Spaingnen, staende boven den hooghen autaere, tot welcke ick by ordonnancie van men Heeren vande Financie ontfaen hebbe vyf hondert guldens eens, als blyckt hier voren inden ontfanck, fol. XIX vᵒ, art. 11ᵒ, de somme van vier hondert guldens, dus hier de selve LXVI lib. XIII sch. IIII gr.

En effet à la page 19 vᵒ du même compte, on lit :

Noch ontfaen by ordre van men Heeren vande Financen, tot het oprechten ende maecken vande ghelaese venster vande Con. Maᵗ van Spaingnen boven den hooghen autaer inden Choor, de somme van vyf hondert guldens de tselve hier. Lib. LXXXIII, VI sch. VIII gr.

(*Comptes de la fabrique de l'église de l'année* 1629).

religieux, étaient de la main de *Corneille Horenbaut*, peintre sur verre (*ghelaesen schilder*) (1).

A la fin du XVIIIe siècle, on voyait encore dans la partie antérieure du chœur, de beaux vitraux donnés par Viglius. C'est de ces vitraux qu'il est question dans le mémoire de Corneille Breydel (2).

Presque tous les souverains qui gouvernèrent la Flandre au XVIe siècle, se firent un pieux devoir d'orner la cathédrale de Gand d'une *verrière*. Les comptes de l'année 1556 nous apprennent que la reine Marie de Hongrie, avant de quitter les Pays-Bas, fit placer par un certain *Liévin Luevis*, une *verrière* dans l'église où Charles-Quint avait reçu le baptême (3).

Disons maintenant un mot d'une autre ornementation non moins précieuse.

Les églises possédaient autrefois de riches tapisseries représentant des sujets tirés de l'Ancien et du Nouveau Testament ou des épisodes de la vie des saints, qu'on exhibait aux grandes fêtes de l'année. La plupart de ces magnifiques produits de l'industrie d'Audenarde ont disparu; l'église de Sainte-Gudule, à Bruxelles,

---

(1) Item, betaelt aen *Cornelis Horenbaut*, ghelaesen schilder, acht guldens by acte capituler, over het maeken vande Modellen vande vensters boven den hoeghen Authaer in date van XXVII^{en} Aprilis 1640, welcke vensters voor vuve jaeren gheschildert syn gheweest ende een voors. Cornelis daer van niet betaelt en is gheweest, dus al hier lib. I, VI sch. VIII gr.

(*Comptes de la fabrique de l'église de l'année 1640*).

(2) Voir les Pièces justificatives, n° IV, *partie flamande*, lit. E.

(3) Item betaelt Pieter vander Haghen, vuer zynen dienst vandat hy *Lievin Luevis* gheholpen heeft int stellen vande veynstere van vrauwe Marie Conighine van Honghrye, VI sch. gr.

Item betaelt by den ghesellen van Lievin Luevis, int stellen vande veystere van Vrauwe Marye voor eenen pot wyns by laste van myne Heeren van cappitele, III sch. VI d.

(*Comptes de l'année 1556*).

est peut-être la seule qui en possède encore; mais vers le milieu
du XVIIe siècle, Saint-Bavon n'avait rien à envier sous ce rapport aux autres temples religieux du pays.

On le voit, en consultant les comptes de la cathédrale, sources
fécondes d'où la lumière ne cesse de jaillir sur le passé, on par-
vient à reconstruire le chœur tel que nos pères l'ont vu.

ORGUES.

Il ne nous reste, pour terminer notre esquisse, qu'à jeter un
regard sur les orgues, dont le beau buffet de bois de chêne richement sculpté et couronné de statues, porte les armoiries de
l'évêque Triest.

Nous ignorons par qui ce puissant instrument, qui compte à
juste titre parmi les meilleurs du pays, fut construit. C'est en
vain que nous avons fouillé dans les archives pour découvrir
quelque chose de positif à cet égard. Nos recherches sont restées
infructueuses. Cependant les comptes de la confrérie de Notre-
Dame aux Rayons révèlent qu'en 1566, un certain *Thomas Key-
gherman*, facteur d'orgues, travailla pour la cathédrale; et qu'en
1595, le chapitre contribua pour 200 florins dans les dépenses
de nouvelles orgues. Ceux de l'année 1617 font mention d'un *Jules
Anthony*, également facteur d'orgues (*orghelmaecker*), qui reçoit
du chapitre une somme de 30 livres 6 escalins et 8 gros, pour
avoir restauré et accordé les orgues (*omme d'orghelen dezer
kercke te vermaecken ende stellen*) (1).

En 1646, le chapitre passe un contrat avec *Pierre Vander*

(1) V. les Pièces justificatives, no XIV.

Haegen, autre facteur d'orgues; mais comme nous n'avons pas trouvé ce contrat, dont l'existence nous est signalée par un article des comptes, nous ignorons si en effet Pierre Vander Haegen est l'auteur des orgues actuelles de la cathédrale (1).

En parlant des orgues, nous nous rappelons que les archives de la cathédrale nous ont fourni quelques notes sur la musique au XVIe siècle, qui ne sont pas dénuées d'intérêt.

En 1637, une contrebasse (*basse viole*) coûtait 20 livres de gros et 12 escalins, argent courant de Brabant.

En 1566, un certain *Jacob*, maître de chapelle (*zangmeestere*) de Saint-Bavon, reçoit 5 escalins de la Confrérie de Notre-Dame aux Rayons, pour avoir annoté quelques chants et avoir composé quelques cantiques (*Voort tanenteren van lofsanghen ende te dien fyne ghecomponeert hebbende eenighe canticque, dragende xxx bladeren*).

Ces cantiques existent-ils encore?

Le *Memorieboek der stad Ghent* rapporte, que le premier salut en musique qui eut lieu à Gand, fut célébré par une confrérie de N.-D. le 1er avril 1502, à l'église de Saint-Jean. Voici le texte de cet article :

« Den 1e in April wart t' sente Jans te Ghendt 't lof inneghestelt van Onzer Vrauwe, dat men nu alle dagen singt, ende het was 't Ie dat in musycke ende ooc in discante ghestelt was. »

---

(1) Item betaelt aen *Petrus Vander Haegen*, orgelmaeker, vyffentwintich pont gr. ende dat over den heere archidiaken Tayaert, tot die volle betaelinghe van het contracte met hem ghemaeckt by quitan. in date van 28 feb. 1647.

Item noch betaelt aenden selven vyff schellinghen acht grooten, oover eenich overwerck by hem ghemaeckt in het contract niet begrepen, VI sch. VIII gr.

(*Comptes de la fabrique de l'année* 1646).

ORDRE DE LA TOISON D'OR.

Tout le monde sait que le duc Philippe-le-Bon institua le 10 janvier de l'an de grâce 1429, dans sa bonne ville de Bruges, le très-noble Ordre de la Toison d'or.

Dans quel but créa-t-il cette association illustre? on l'ignore. Les uns prétendent que la galanterie seule lui en inspira l'idée, les autres au contraire assurent que la politique et la religion lui servirent de mobiles. Cette dernière hypothèse nous paraît la plus vraisemblable, n'aurions-nous d'autre preuve que ces deux vers de l'épitaphe du prince :

> Pour maintenir l'Église, quy est de Dieu maison,
> J'ay mis sus la noble Ordre qu'on nomme Thoyson.

« A l'occasion de ses noces avec Isabelle de Portugal — dit le baron de Reiffenberg — Philippe-le-Bon prit la devise : AULTRE N'ARAY, l'appliquant sans doute au mariage seulement, observe M. de Barante; car pour les amours, il ne s'en fit faute, pas plus après qu'auparavant. Les mots AULTRE N'ARAY étaient brodés sur les manteaux des chevaliers; mais le duc Charles, surnommé *le Téméraire,* en changeant l'étoffe et la couleur de ces manteaux, les orna de sa propre devise : JE L'AY EMPRINS, expression de l'énergie et de l'opiniâtreté de son caractère » (1).

Notre intention n'est pas de raconter l'histoire de cet Ordre

(1) Le baron DE REIFFENBERG, *Histoire de l'ordre de la Toison d'or.*

placé sous la protection de la mère du Sauveur et de l'apôtre
saint André, patrons de Bourgogne. Nous nous bornerons à rappeler les cérémonies des deux chapitres, qui furent tenus à Gand,
le premier en 1445, par Philippe-le-Bon lui-même, et le second
en 1559, par Philippe II.

Fêtes de la Toison d'or en 1445.

Les archives de la cathédrale ne renferment aucun document
au sujet des cérémonies qui eurent lieu à l'occasion de ce chapitre tenu par le fondateur de l'Ordre, dans la vieille église de
Saint-Jean.

Gand célébra cette solennité d'une manière splendide, en
donnant au peuple des réjouissances publiques. Philippe-le-Bon
appela la noblesse de tous les pays à de brillants tournois, où
elle acquit par ses prouesses *los et honneur*. Jacques de Lalaing
y fut armé chevalier par le duc de Bourgogne et se distingua
dans la lice, en combattant à pied et à cheval contre un noble
sicilien, nommé Jean de Bonifazio. M. de Barante donne sur
cette fête chevaleresque, qui eut lieu au Marché du Vendredi,
des détails curieux et pleins d'intérêt.

A défaut de pièces inédites, nous aurons recours aux sources
connues, en reproduisant ce que rapporte le savant et dernier historien de l'Ordre de la Toison d'or (1).

« Le souverain avait résolu de tenir, le jour de saint André
1445, un chapitre de l'Ordre en la ville de Gand (2), auquel il
avait déjà invité tous les chevaliers; mais, ses occupations ne

_____

(1) Le baron DE REIFFENBERG, *ibidem*.
(2) C'était le septième chapitre et la quinzième fête depuis la fondation de l'Ordre.

lui ayant pas permis de se rendre pour ce temps-là en la dite ville, cette fête ne put commencer que le 11 décembre. Elle se célébra dans l'église de Saint-Jean. Le souverain et seize autres chevaliers y assistèrent.

Le 11 du mois après midi, les chevaliers, étant assemblés dans une salle du château de Gand, convinrent de procéder le lendemain à l'élection de sept (1) nouveaux confrères, pour remplir autant de places vacantes; ils y nommèrent, en effet, le lendemain :

Le roi d'Arragon (2);

Le duc de Bretagne;

Le comte de Saint-Pol;

Franck de Borssele, comte d'Ostrevant (3);

Monsieur de Brederode (4);

Monsieur de la Vère (5);

Monsieur d'Auxy (6);

Monsieur de Humières (7), qui fut élu à la place du duc de Bretagne.

Le 13, après midi, les chevaliers étant capitulairement assemblés à l'hôtel du souverain, on fit la cérémonie de revêtir du collier Messieurs de la Vère et d'Auxy; et comme les grandes occupations de Monseigneur le Duc ne permettaient pas qu'il fût procédé

---

(1) Les listes imprimées annoncent sept chevaliers élus dans ce chapitre, et n'en donnent que six. On en nomma en effet sept; mais deux refusèrent, et M. de Humières fut alors le sixième : ce qui n'est pas remarqué dans les mêmes listes.

(2) Alphonse V, mort le 28 juillet 1458. Dans les MSS., les nouvelles nominations sont fautivement indiquées; on les a corrigées au moyen des pièces imprimées.

(3) Le mari de Jacqueline de Bavière; il mourut en 1473.

(4) Renaud, seigneur de Brederode et de Viane, mort le 16 octobre 1473.

(5) Henri de Borssele, seigneur de la Vère ou de Veere, mort le 17 février 1470.

(6) Jean, seigneur et Ber d'Auxi.

(7) Drieu ou André de Humières, mort vers 1460.

dans ce chapitre à l'examen de la conduite des chevaliers, le
chancelier de Bourgogne, remplissant les fonctions de chancelier
de l'Ordre, prononça un discours, par lequel il exhortait ceux
qui se trouvaient chargés de quelque faute de s'en amender, pour
qu'au chapitre prochain l'on ne fût point obligé de leur infliger
de correction.

Ayant été trouvé convenir de faire quelques changements aux
ordonnances de l'Ordre, l'assemblée nomma Messieurs de Croy,
de Chimay, de Ternant (1), de Santes et de Willerval, chevaliers
de l'Ordre, à l'effet d'en examiner les statuts et ordonnances, et
d'y faire les additions, retranchements et interprétations convenables, lesquels changements devaient avoir force, comme s'ils
étaient compris dans les constitutions primitives.

Le comte de Meurs s'étant plaint de ce que le duc de Gueldre
ne voulait pas agréer la proposition qui lui avait été faite de
soumettre au jugement du Souverain ou de ses commis le diffé-
rend qu'il y avait entre eux, au sujet de quelques voies de fait
exercées par ledit duc, tant contre le remontrant qu'envers ses
sujets, l'assemblée résolut de requérir itérativement le duc de
Gueldre de se prêter à cette demande; et en cas de refus de sa
part, les chevaliers convinrent de donner au comte de Meurs tout
l'appui et l'assistance qu'il dépendrait d'eux, conformément aux
statuts de l'Ordre. Monsieur de Ternant demanda la protection de
l'assemblée en faveur d'un nommé Jean Sommain, condamné par
coutumace à être banni du royaume de France. Il fit connaître, à
cet effet, que ledit Sommain avait obtenu du Roi surséance à l'exécution de la sentence jusqu'au lendemain de la Saint-Jean; que

(1) Philippe, seigneur de Ternant et de la Motte de Thoisy, fut chevalier de la
Toison d'or, conseiller et chambellan du duc. Son fils Ferdinand fut armé par le Duc,
en 1452, à l'escarmouche d'Overmeire.

le condamné était né sujet du Duc souverain, et que le fait dont il était accusé avait été commis hors du royaume; qu'en outre, il offrait d'ester à droit par devant le Souverain, juge compétent de l'une et de l'autre partie. Il fut répondu à M. de Ternant que monseigneur le Duc parlerait de cette affaire à l'ambassadeur français, qui devait incessamment se rendre vers lui; qu'au surplus il avait permis au duc d'Orléans, présent à cette séance, d'en écrire au Roi.

Le trésorier ayant ensuite représenté que quelques chevaliers de l'Ordre lui étaient redevables, en leur qualité, de plusieurs sommes d'argent qu'il devait renseigner à la chapelle de Dijon, il leur fut enjoint de satisfaire le remontrant la Saint-Jean prochaine.

Il fut aussi ordonné au greffier de rédiger incessamment par écrit les actes capitulaires de l'Ordre, et à Toison d'Or (1), roi d'armes, de faire son rapport par écrit des gestes et fautes des chevaliers. »

La relation que l'on vient de lire ne mentionne pas les détails de la cérémonie qui eut lieu à l'église de Saint-Jean, mais elle nous initie aux actes capitulaires de l'Ordre.

Fêtes de la Toison d'or en 1559.

Ce chapitre général, le vingt-troisième et dernier, compte parmi les plus remarquables de l'Ordre. Philippe II y déploya la

---

(1) Le premier roi d'armes de la Toison d'or fut Jean Lefebvre, seigneur de Saint-Remy, de le Vacquerie, d'Avesnes et de Mariennes, né à Abbeville en Picardie. Il était précédemment conseiller et héraut du duc de Bourgogne, avec le titre de *Charolois*. Le 7 mai 1468, il demanda à se faire remplacer par Gilles Gobert, héraut du même Ordre, avec le titre de *Fusil*, qu'il avait instruit dès son enfance dans l'art héraldique, et qu'il avait amené avec lui dans plusieurs voyages. Gilles Gobert fut, en effet, nommé son substitut. Jean Lefebvre mourut le jour du saint Sacrement en 1468.

plus grande magnificence, comme l'attestent de nombreuses pièces déposées aux archives de la cathédrale et d'autres sources authentiques. Le 4 mai, le roi, chef et souverain de l'Ordre, réunit les chevaliers à Bruxelles et prit leur avis sur l'intention qu'il avait de tenir un chapitre à Gand. Cette résolution ayant été approuvée, on en informa immédiatement le magistrat de Gand par la lettre suivante dont nous avons trouvé la copie dans les archives de la cathédrale :

De par le Roy, duc de Bourgoigne, chief et souverain de l'ordre de la Toison d'or.

« Très-chiers et bien amez, comme en nostre conseil de l'Ordre, ayons résolu célébrer feste et chapitre général dicelluy Ordre, le premier jour et aultres ensuyvans du mois de juillet prochainement venant. A quoy avons bien voulu choisir nostre bonne ville de Gand comme celle que trouvons ad ce fort convenable, oultre ce que lavons en singulière recommandation. A ceste cause nous a semblé vous en préadvertir de bonne heure ad ce mesmement que pour ledict temps regardez daddresser deuement toutes bonnes commoditez tant de logiz que daultres choses que pour telle solempnité (que ne sera sans très-grande assemblée) entendez estre requises. Aussy que insinuez ceste nostre résolution aux révérendz et vénérables noz très-chiers et bien amez les prévost et chapitre de léglise Sainct Jehan, où entendons tenir les solempnitéz de ladicte feste, affin que pour lors ilz tiennent désempeschie le cœur dicelle église, et pareillement le lieu de leur chapittre pour nous en povoir accomoder comme il conviendra, vous mandant et ordonnant ainsy le faire. Très-chiers et bien amez, nostre Seigneur Dieu vous ayt en sa garde. De Bruxelles, le Vᵉ jour de may 1559.

» Phle.

» A nos très-chiers et bien amez les Bailly, Eschevins et Gens de loy de nostre bonne ville de Gand. »

D'après cette lettre, datée du 5 mai, les solennités qui se préparaient allaient attirer une grande affluence de monde dans la vieille cité de Charles-Quint.

Le 16 on écrivit au prévôt et au chapitre de l'église collégiale de Saint-Bavon, où la cérémonie devait être célébrée, pour leur enjoindre de se conformer aux instructions que le premier roi d'armes, Toison d'Or, leur donnerait. Voici cette pièce :

> De par le Roy.

« Révérend père, chiers et bien amez. Pour ce que avons déterminé célébrer la feste de nostre ordre de la Thoison dor en vostre église, le premier jour et aultres subséquens de julet prochain, nous vous requerons que pour ledict temps vous tenez le cœur dicelle église, aussy le lieu de vostre chapitre désempeschiez et mesmes que donnerez ordre que le tout soit approprié à nous en povoir accomoder selon que nostre Roy darmes Thoison d'Or, présent porteur, vous déclairera plus amplement de nostre part et ce nous sera plaisir agréable. Atant révérend père, chiers et bien amez, nostre Seigneur Dieu soit garde de vous. De Bruxelles, le XVI° de may 1559.

> » PHLE.

> » A révérend père, nos chiers et bien amez les Prévost, Doyen et Chapitre de l'église collégiale de Saint-Bavon en nostre ville de Gand. »

Tâchons, s'il est possible, de donner d'après les documents conservés dans les archives de la cathédrale (1), la description du chœur, tel qu'il était disposé le jour de l'ouverture du chapitre, qui fut définitivement fixée au 29 juillet, après avoir été remise une première fois, parce que les préparatifs n'étaient pas terminés, et une seconde fois, à cause de la mort du roi de France, Henri II, tué par Montgomory, dans un tournoi.

(1) V. les PIÈCES JUSTIFICATIVES, n° XV.

18*

Le chœur était entouré de cinquante-et-un siéges ou stalles de bois de chêne, ayant chacun un dais orné de dorures et de peintures. Au-dessus de chaque siége brillait le blason, peint sur parquet, du chevalier qui devait l'occuper.

Deux siéges plus hauts et plus richement ornés que les autres étaient disposés près de l'entrée du côté de l'Évangile, et en face de ceux-ci, également à côté de l'autel, on en voyait un semblable. Ces trois siéges étaient réservés à Jean III, roi de Portugal, à Christiern II, roi de Danemarck, et à Alphonse V, roi d'Arragon.

Au fond du chœur, contre le jubé et à droite de l'entrée principale, s'élevaient les siéges ou pour mieux dire les trônes du Roi, chef et souverain de l'Ordre, et du défunt Empereur, son père. Leurs blasons n'étaient séparés que par une légère colonne travaillée à joûr. Le siége de l'empereur Ferdinand, de même hauteur et de même forme, occupait le côté gauche. Les dalles froides et humides du pavement étaient masquées sous un solide plancher.

De riches tapisseries flamandes, représentant des sujets bibliques, tels que l'histoire de *Gédéon*, des *Machabées* ou de *Salomon*, remplissaient l'intervalle entre les blasons des chevaliers et les galeries gothiques qui règnent autour du sanctuaire.

Les nefs latérales étaient également tapissées. Partout les antiques piliers avaient disparu sous les étoffes les plus riches, dont les couleurs s'harmoniaient admirablement entre elles.

Devant l'autel que l'on avait été forcé de déplacer à grands frais, se dressait le vaste et somptueux candelabre de l'Ordre. Il représentait un arbre dont les branches sans feuilles, mais entrelacées, allaient rejoindre les côtés latéraux du chœur. Cinquante-et-un cierges, armoiriés aux armes des chevaliers, couronnaient cet ornement et projetaient au loin une lumière jaunâtre, qui donnait aux brillants costumes des chevaliers, du clergé et des hérauts, et à l'ornementation générale, un aspect à la fois mystérieux et imposant, qui laissait dans l'âme un sentiment profond de respect et d'admiration.

Les orgues étaient placées au côté droit de l'autel, et près d'elles les chantres et les enfants de chœur formaient des groupes dignes du pinceau des Van Eyck ou des Memling. Les galeries gothiques étaient occupées par les trompettes, dont les éclatants accords retentirent lorsque les chevaliers firent leur entrée au chapitre. Le chancelier Viglius d'Aytta de Zuichem occupait le centre du chœur. A lui appartenait la mission de recevoir des chevaliers le serment de tenir les délibérations secrètes.

Cette description, quelque succincte qu'elle soit, suffit pour nous donner une idée de la grandeur et de l'éclat que l'on donnait aux cérémonies de cet Ordre illustre, brigué par toutes les têtes couronnées de l'Europe.

Les travaux que l'on exécuta à Saint-Bavon furent prodigieux et il va de soi qu'ils coûtèrent des sommes considérables. Une discussion assez vive s'éleva au sujet du paiement des frais entre le prévôt du chapitre et le magistrat de la ville. Enfin on s'accorda, en divisant la somme en deux parts égales, à supporter par le magistrat et par le prévôt (1).

Dès le 5 juillet, le Roi était arrivé à Gand. Le *Memorieboek*, toujours précieux à consulter, révèle que le 29 le monarque, accompagné des chevaliers de l'Ordre, tous vêtus de deuil, assista aux vigiles et autres offices qui furent célébrés à Saint-Bavon pour le repos de l'âme des chevaliers décédés.

Le lendemain, le Roi se rendit en grande pompe à l'église pour y entendre la messe. Cette fois, ce chef et souverain de l'Ordre de la Toison d'or et les illustres chevaliers qui le précédaient,

(1) V. les PIÈCES JUSTIFICATIVES, nos XVI, XVII, XVIII, XIX et XX.

parurent en grand costume de cérémonie, de drap rouge bordé
d'or, et le chaperon de même couleur sur la tête.

Devant cette noblesse marchaient cinq évêques et cinq abbés
mitrés et revêtus de leurs habits pontificaux. Ceux-ci étaient
précédés de deux gentilshommes à cheval, portant chacun sur
l'épaule une colonne d'or, surmontée de la couronne impériale.
Quatre hérauts et douze trompettes, dont les cottes étaient armo-
riées aux armes d'Espagne, ouvraient la marche de ce brillant
cortége, qui s'achemina lentement par les principales rues de la
ville et au milieu d'une population compacte, vers la vieille église
dont les cloches sonnaient à grandes volées. .

La ville devint le théâtre de réjouissances magnifiques. La
foule accourut des cités voisines pour y prendre part et voir ces
hauts et puissants seigneurs que les fêtes de la Toison d'or
avaient réunis.

Les blasons rangés dans la partie supérieure du chœur, sont
ceux des chevaliers de l'ordre des chapitres tenus en 1445, par
Philippe-le-Bon, et en 1559, par Philippe II.

Nous allons les indiquer, en reproduisant textuellement leurs
inscriptions.

Autour du sanctuaire sont placés les blasons des chevaliers
de l'Ordre en 1445.

Du côté de l'Évangile :

1. Les emblèmes de la Toison d'or, avec la devise : *Ante ferit quam
   flamma micat.*
2. Très-haut, très-excellent, très-magnanime et très-puissant prince
   Philippe, par la grâce de Dieu, duc de Bourgogne, de Lothier,
   de Brabant et de Limbourch, comte de Flandre, d'Artois, de
   Bourgogne, de Namur, palatin et marquis du Saint-Empire, seigneur de Salins et de Malines.
3. Messire Charles, duc d'Orléans et de Valois.

4. Messire Roland de Uutkercke, seigneur de Hemsrode et de Herstrunt, trépassé.
5. Messire David de Brimeu, seigneur de Ligny.
6. Messire Jean de la Clyte, seigneur de Commines, trépassé.
7. Messire Guillebert de Lannoy, seigneur de Willerval et de Tronchiennes.
8. Messire Antoine seigneur de Croy, comte de Porcien, seigneur de Renty.
9. Messire Jacques de Brimeu, seigneur de Crigny.
10. Messire Philippe, seigneur de Ternant et de la Motte.
11. Messire Jean, seigneur de Créquy et de Canaples.
12. Messire Frédéric, dit de Valeran, comte de Meurs.
13. Messire Jean de Melun, seigneur d'Antoing et d'Espinoy.
14. Messire Baudouin de Noyelles, seigneur de Casteau.
15. Messire Jean, B. de Luxembourg, seigneur de Haubourdin.
16. Messire Jean, seigneur de Neuchâtel et de Chatel sur Meuselle.
17. Messire Jean, duc d'Alençon, comte de Perche.
18. Messire François de Borsele, comte d'Ostrevant.
19. Messire Henri de Borsele, seigneur de Vere, comte de Grandpré.
20. Messire Drieu, seigneur de Humières.

Du côté de l'Épître :

1. Le collier de l'ordre avec la devise : *Pretium non vile laborum*.
2. Très-haut et très-excellent et très-puissant prince don Alphonse, roy d'Aragon, Ve du nom.
3. Messire Jean, seigneur de Roubaix et de Herselles.
4. Messire Antoine de Vergy, comte de Dammartin, trépassé.
5. Messire Hugues de Lannoy, seigneur de Santes.
6. Messire Jean de la Trimouille, seigneur de Jonuelle.
7. Messire Jean de Luxembourg, comte de Ligney, seigneur de Beaurevoir et de Bouhaing, trépassé.
8. Messire Florimond de Brimeu, seigneur de Masincourt, trépassé.
9. Messire Baudouin de Lannoy, dit le Begue, seigneur de Malembais.
10. Messire de Beaufremont, seigneur de Charny et de Monfort.

11. Messire Jean de Croy, seigneur de Tour sur Marne.
12. Messire Simon de Lalaing, seigneur de Hantes.
13. Messire Jean de Vergy, seigneur de Fouvens et de Venarry.
14. Messire Charles de Bourgogne, comte de Charolois.
15. Messire Robrecht, comte de Vernenburg, trépassé.
16. Messire Jean, duc de Bretagne, comte de Montfort, trépassé.
17. Messire Matthieu de Foix, comte de Comminges.
18. Messire Régnauld, seigneur de Bréderode et de Mane.
19. Messire Jean, seigneur et Ber d'Auxi.
20. (Un écusson blanc).

Les blasons des chevaliers appartenant au chapitre tenu par Philippe II en 1559, sont placés au-dessus des stalles des chanoines et séparés des blasons des chevaliers appartenant au chapitre tenu par le fondateur de l'Ordre, par deux inscriptions placées au-dessus des portes latérales du chœur; l'une, celle du côté de l'Évangile, est ainsi conçue :

AUREI VELLERIS
IN COMITIIS GANDAVI CELEBRATIS
MONUMENTA, ET TORQUATORUM
DE GENTIBUS HEROUM PIGNATA,
TEMPORUM INJURIIS LACESSITA,
ILLUSTRE QUONDAM PRÆDECESSORUM
EXEMPLAR.

———

PRO DIGNITATE AD POSTEROS
TRANSMITTENDO ET PERENNITATI
VOVENDO EXEMPLUM, HUJUS
CATHEDRALIS ECCLESIÆ CAPITULUM
IN MELIOREM FORMAM RESTITUIT
ET RENOVAVIT.
ANNO SAL. MDCCLXXI.

L'autre inscription, celle du côté de l'Épître, est celle-ci :

PHILIPPE-LE-BON
DUC DE BOURGOGNE, FONDATEUR
ET CHEF DE LA TOISON D'OR,
AYANT CONVOQUÉ A GAND LE CHAPITRE
DE L'ORDRE, VII° DEPUIS SON
INSTITUTION, Y PRÉSIDA ET EN CÉLÉBRA
LA FÊTE EN CETTE ÉGLISE
LE 6, 7 ET 8 NOVEMBRE, 1445.

PHILIPPE II, ROI D'ESPAGNE,
CHEF DE L'ORDRE, AVANT SON DÉPART
POUR L'ESPAGNE,
TINT SOLENNELLEMENT EN CETTE
ÉGLISE LE CHAPITRE DE LA TOISON D'OR,
LE XXIIIe ET LE DERNIER DE
L'ORDRE, LE 23, 24 et 25 DE JUILLET 1559.

Du côté droit, en entrant dans le chœur par le grand escalier, on remarque les blasons de :

1. Très-hault, très-excellent, très-magnanime et très-puissant prince Charles, par la divine clémence Empereur des Romains, toujours auguste, cincquiesme de nom, trespassé.

2. Très-hault, très-excellent, très-magnanime, très-puissant Philippe, par la grâce de Dieu Roy de Castille, de Léon, d'Arragon, des Siciles, archiduc d'Austrice, duc de Bourgogne, de Brabant, de Limbourg, de Luxembourg, de Gueldre, etc., comte de Flandre, etc., chef et souverain de très-noble ordre de la Toison d'or.

3. Très-hault, très-excellent et très-puissant prince Christiern, par la grâce de Dieu roy de Denemarque, de Zuveden et Norweghen, trespassé.

4. Très-hault, très-excellent et très-puissant prince Maximilien, roy de Bohème, archiduc d'Austrice.

5. Messire Pedro Antonio de Saint-Séverin, de Saint-Marcq, prince de Visignano.

6. Don Beltran de la Cicua, duc Dalbuequerqz.

7. Messire Régnault, seigneur de Bréderode et de Viane, trespassé.

8. Messire Charles, conte de Lalaing, trespassé.

9. Don Imigo Lopez de Mendoça, duc del Fusantado.

10. Messire Cosme de Médicis, duc de Florence.

11. Hault et puissant prince, messire Emanuel-Philibert, duc de Savoye, prince de Piémont.

12. Don Hanrique de Lara, duc de Najara, trespassé.

13. Messire Joachin, seigneur de Rye, trespassé.

14. Messire Lamoral, conte Degmont, prince de Gavre, seigneur de Fiennes.

15. Messire Maximilian de Bourgogne, marquis de la Vere, seigneur de Bevres, trespassé.
16. Messire Jehan de Lignes, conte Daremberghe, baron de Barbason.
17. Messire Jehan de Lannoy, seigneur de Molembaiy.
18. Hault et puissant prince Fernande, par la grâce de Dieu archiduc Daustriche, conte de Tyrol.
19. Don Goncalo Ferdinando de Cordaua, duc de Sesa et de Terreneuve, conte de Labra.
20. Pour le duc de Medina de Ryo Scio, reste délaisie de mettre les armes jusques après qu'il aura receu le colier.
21. Messire Charles, baron de Berlaymont, seigneur de.....
22. Messire Charles de Brimeu, conte de Meeshen, seigneur de.....
23. Messire Jehan, marquis de Berghes, conte de Wolhain.
24. Messire Jehan de Montmerency, seigneur de Courieres.
25. Messire Vradislaus, baron de Bernstein.
26. Messire Antonio Dorio, marquis de Saint-Étienne, seigneur de Gynosa.

Du côté gauche, en commençant également du côté de l'entrée, sont les blasons de :

1. Très-hault, très-excellent, très-magnanime et très-puissant prince Ferdinande, par la divine clémence Empereur des Romains, tonjours auguste, Roy de Hongrye, etc., archiduc Daustrice.
2. Très-hault, très-excellent et très-puissant prince Jehan, par la grâce de Dieu roy de Portugal, trépassé.
3. Hault et puissant prince, Messire Frédéric, conte palatin, électeur, duc en la haulte et basse Bavière, trépassé.
4. Don Pedro Fernandez de Velasco, duc de Frias, conestable de Castille.
5. Don Fernando Gonzaga, prince de Malsette, duc Dariano, trespassé.
6. Messire Jehan de Hennin, conte de Boussu.
7. Messire Andrea Daria, prince de Melphe.
8. Don Fernando Alvarez de Toledo, duc Dalva.
9. Hault et puissant prince Messire Albert, duc de Bavière, prince de Lempire.

10. Messire Octavio Farneze de Parma et Placencia.
11. Messire Frédéricq, conte de Furstenberghe, trespassé.
12. Messire Ponthus de Lalaing, seigneur de Bugnicourt, trespassé.
13. Messire Claude de Vergy, baron de Champlite.
14. Messire Pierre Crust, conte de Mansele.
15. Messire Pierre, seigneur de Werchin, sénéchal de Haynault, trespassé.
16. Hault et puissant prince Henry le Seusne, duc de Brunsweych.
17. Messire Philippus de Croy, duc Darschot, prince de Chimay, conte de Partien et de Smeghen.
18. Pour don Charles par la grâce de Dieu prince des Espaignes. At esté délaysié de mectre les armes jusques après qu'il aura receu le colier.
19. Pour le duc de Cordoue et Segorbe. At esté délaysié de mectre les armes jusques après qu'il aura receu le colier.
20. Messire Philippus de Stavele, baron de Chaumont, seigneur de Glaion.
21. Messire Philippus, baron de Montmorency, conte de Horn.
22. Messire Guillaume de Nassau, princes Dorenges, seigneur de Breda.
23. Messire Jehan, conte Doystfrise.
24. Messire Franchois Fernande Davalos de Aquinno, marquis de Bescara et de del Vasto.
25. Messire Sforsa Sforsa, conte de Santa Fiore, marquis de Varsy, seigneur de Castello Arquato.

CÉRÉMONIES ET FUNÉRAILLES CÉLÈBRES.

Il n'est pas hors de propos de jeter un regard rétrospectif sur les principales cérémonies funèbres qui eurent lieu dans cette église, à l'occasion de la mort des princes appartenant aux maisons souveraines de l'Europe.

Le premier nom qui se présente sous notre plume, est celui d'une femme que le chagrin conduisit au tombeau à la fleur de l'âge, de l'infortunée MICHELLE DE FRANCE, l'épouse Philippe-le-Bon. Elle rendit le dernier soupir à Gand au palais de la Poterne (*Bestorm-poorte*), dont quelques vestiges subsistent encore aujourd'hui. M. de Barante raconte ainsi cet événement, qui jeta la consternation et le désespoir dans toute la Flandre.

« Le duc — écrit-il — reçut la nouvelle triste et inattendue de la mort de madame Michelle de France, sa femme; elle venait d'être enlevée tout à coup, à l'âge de vingt-huit ans, par une maladie vive et rapide. Les peuples de Flandre et surtout les Gantois, témoins, depuis plusieurs années, de sa douceur, de sa bonté, de ses aumônes, furent frappés de douleur par cette funeste mort; ils ne voulurent pas croire qu'elle fût naturelle, et y cherchèrent quelque cause de sortilége ou de poison. Leurs soupçons se portèrent bientôt sur la dame Ursule, femme du seigneur de la Fiefville, et dame de la princesse. Après avoir joui de toute sa faveur, elle venait d'être renvoyée de sa maison; sur cette idée, les Gantois envoyèrent cent vingt hommes pour se saisir de la dame de la Viefville, qui était à Aire; quelques gentils-hommes de sa parenté s'opposèrent à cette exécution. Les gens de Gand étaient si animés, qu'ils mirent en prison leurs commis-saires, pour s'être mal acquittés de la charge qu'on leur avait confiée. L'affaire fit tant de bruit, que les officiers de justice du Duc firent des informations à Lille, à Arras, à Dijon; le Parle-ment de Paris en ordonna aussi; le sire de Roubais se trouva compris dans ces accusations. La procédure dura longtemps; le sire de Roubais fut d'abord condamné au bannissement par con-tumace; enfin, après une année, la complète innocence de la dame Ursule fut reconnue, et le duc lui fit même une réparation. »

La dépouille mortelle de cette princesse fut portée en grande pompe le 8 juillet de l'an 1422, à l'abbaye de Saint-Bavon, et un chroniqueur remarque que le cortége passa par le pont de la *Tour rouge*, nouvellement construit. Le corps fut inhumé au centre du chœur de l'église de l'abbaye, et ses entrailles dans le cimetière des religieux (1).

En 1540, après la translation du chapitre de Saint-Bavon à l'église de Saint-Jean, le corps et le mausolée furent transférés à Saint-Bavon (2), dans la chapelle dédiée à Saint-Nicolas, située à cette époque, selon un curieux recueil d'épitaphes du commen-cement du XVIIe siècle, à côté de la sacristie. Cette pierre que nous avons vainement cherchée, portait l'épitaphe suivante :

« Prions Dieu pour la defuncte tresnoble dame et princesse, dame Michiele, fille de feu le roy Charles de France, princesse, femme et espouse de tresexcellent et trespuissant prince, mons^r Philippe, duc de Bourgogne, de Thirol, Brabant, Limbourg, et comte de Flandres, Ar-

(1) V. les Pièces justificatives, n° XXI.
(2) *Memorieboek*, t. 1, bl. 176.

thois, Bourgogne, Henault, Hollande, Zelande, Namur, marquis du
S¹ Empire, seigneur de Frise, Salins et Malines, dont le corps est icy
reposant et expira de ce siècle le VIII° jour de juillet l'an M. CCCC.
XXII (1). »

En 1575, ce mausolée fut descendu dans la crypte, où des
fouilles révéleraient indubitablement son existence (2).

Le mémoire de Breydel, si précieux à consulter, nous apprend
que Philippe-le-Bon donna, le 8 mai 1458, à l'abbaye de Saint-
Bavon une somme de huit cents couronnes d'or, à la condition
de célébrer perpétuellement un anniversaire pour le repos de l'âme
de sa vertueuse épouse. Un drap mortuaire, brodé aux armes de
France et de Bourgogne, couvrait le catafalque pendant la célébration de la messe (3).

En nommant Philippe-le-Bon, nous devons citer un de ses fils
naturels, RAPHAEL MERCATEL, évêque de Rosence *in partibus*, qui
devint en 1478 abbé de l'abbaye de Saint-Bavon. Après trente
années d'une fructueuse administration, ce prélat, ami des lettres
et des arts, se retira à Bruges dans le refuge de son monastère,
où il expira le 4 août 1508. Sa dépouille mortelle fut transportée
à Gand et inhumée dans l'église de l'abbaye (4). Tous les ans on
célébrait son anniversaire, jusqu'à l'époque de la grande révolution du XVI° siècle. Le drap mortuaire, orné de ses armoiries,
servit dans la suite aux anniversaires des évêques de Gand (5).

---

(1) MS. appartenant à M. le baron DE SAINT-GENOIS.

(2) Item, betaelt meester *Jan* den beeldesnyder (sans doute *Jean De Heere*), voor
den saerc van vrauwe Michile van in het ougren huus inden crocht te doene met zyne
knechten, tsamen IIII sch. gr.

(Comptes de l'église de l'année 1575).

(3) V. les PIÈCES JUSTIFICATIVES, n° IV, lit. B.

(4) VAN LOKEREN, *Histoire de l'abbaye de Saint-Bavon et de la crypte de Saint-Jean*,
première partie, p. 156.

(5) V. les PIÈCES JUSTIFICATIVES, n° IV, lit. B.

En 1504, on célébra à l'église de Saint-Jean les funérailles d'ISABELLE, reine de Castille et mère de la comtesse Jeanne, épouse de Philippe-le-Beau, XXXI⁰ comte de Flandre, qui mourut à Burgos le 24 septembre 1506, et dont on célébra également les obsèques à l'église de Saint-Jean.

En 1515, la même cérémonie funèbre se renouvela pour le roi FERDINAND V, dit *le Catholique*, et père de la comtesse Jeanne.

Quatre ans plus tard, en 1519, l'église de Saint-Jean revêtit de nouveau ses habits de deuil pour l'empereur MAXIMILIEN I, et en 1530 pour la fille de ce prince, MARGUERITE D'AUTRICHE,

.... la gente demoyselle
Qu'eust deux maris et sy mourut pucelle,

comme elle le dit elle-même dans ses charmantes et naïves poésies.

En 1539, l'impératrice ISABELLE étant morte, Charles-Quint ordonna de célébrer un service funèbre dans toutes les villes de son empire. Cette pieuse solennité s'accomplit à Gand, à l'église paroissiale de Saint-Jean, le 1ᵉʳ mai de la même année.

De pompeuses funérailles eurent encore lieu à Saint-Bavon, le 14 septembre de l'an 1564, pour l'empereur FERDINAND I. On y célébra aussi, en 1568, avec la même magnificence, celles d'ÉLISABETH DE FRANCE, la troisième femme de PHILIPPE II. Ce prince ayant payé lui-même son tribut à la nature en 1598, ses funérailles furent célébrées à Saint-Bavon avec une splendeur inusitée.

Le 19 mai 1621, le magistrat de Gand fit solennellement célébrer dans la cathédrale un service funèbre pour PHILIPPE III, roi d'Espagne (1); et le dernier jour de janvier 1634, une solennité

----

(1) Item betaelt Thomas de Clippel, ten tyde als myn heere van Erpelghem als voorscepenen, midtsgaders myn heere van Vinderhaute ende Stalens scepenen der stede

eut lieu pour la vertueuse archiduchesse ISABELLE-CLAIRE-EUGÉNIE, morte à Bruxelles, le 29 novembre 1633 (1).

Cette revue nécrologique de tant de têtes couronnées dont l'histoire a apprécié les actes avec une juste sévérité, est loin d'être complète. Beaucoup de noms illustres ont été omis, parce que les documents contemporains que nous avons sous les yeux ne les signalent pas à notre souvenir. Cependant, il nous eût été facile d'étendre cette lugubre nomenclature jusqu'à nos jours, pour rappeler au lecteur qu'il y a peu d'années les voûtes sacrées de la vieille cathédrale retentirent des accents funèbres et solennels du *Miserere*, entonné par un nombreux clergé, en présence d'un peuple éploré, pour le repos de l'âme de la meilleure des reines, de LOUISE-MARIE D'ORLÉANS, morte à Ostende le 11 octobre 1850.

---

van Ghendt, als ghecomitteerde van hemlieden collegie ghecomen zyn om te spreken mette kerckmeesters, toucherende het bereetsel ende ceremonie die men doen zoude int vuytvaert vande Co. M^t van Spaignen, Philippus den derden (zal. m^{rie}), inde cathedrale kercke van Ste Baefs, ende alsdoen de kerckmeesters met de voorn. heeren verteert in onzen capittel kelder de somme van XXI sch. II gr.

(*Comptes de l'église de l'année 1621*).

(1) Noch ontfaen voer het behanghen vanden gheelen choor met vier breedden midtsgaeders den geheelen ouexael van buyten ende binnen, ende byde d'autaeren onder d'oxael int vuytvaert vande Ser^{me} Infante (saligher), op den lesten january 1634, t'saemen de somme van V lib. X sch. gr.

Noch ontfaen van myn Edelen Heeren Schepenen vander Keure deser stede, voer de redemptie van alle het fluweel dat rontlomme den geheelen choor ende de capelle ardante gehanghen heeft int vuytvaert vande bovenschreven Ser^{me} Infante (saligher memorie) de somme van lib. IIII gr.

(*Comptes de l'église de l'année 1633*).

GRANDE SACRISTIE.

Un élégant portique de marbre, en harmonie avec les clôtures des chapelles, conduit à la sacristie supérieure réservée aux dignitaires et au chapitre de la cathédrale. Après avoir franchi le vestiaire des chapelains, qui n'a rien de remarquable, on arrive dans celui des chanoines. C'est une salle spacieuse et carrée, dont les arètes des voussures reposent au centre sur un pilier massif. Dans les clefs des voûtes sont sculptés les symboles des quatre Évangélistes.

L'architecture de cette pièce, comme celle de toute cette partie de l'édifice, date du commencement du XIVᵉ siècle.

Indépendamment du vestiaire, deux autres salles composent le premier étage. La plus grande, meublée de belles armoires de chêne, dans lesquelles on conserve les ornements sacerdotaux, est ornée d'un *lustre de fer* attaché au gitage à nu du plafond. Cette œuvre, dont nous donnons ici le dessin, est peu connue, et cependant elle mérite de fixer l'attention des archéologues. Évidemment elle appartient à cette époque où le style ogival fleuri n'avait encore rien perdu de sa pureté primitive.

Ce lustre est probablement l'œuvre d'un artiste gantois, car il est surmonté de l'image du dragon byzantin qui couronne la flèche du Beffroi de Gand. Dans quelques parties il a conservé des traces de dorure et de peinture.

L'autre salle n'offre de remarquable qu'un petit tableau peint sur bois, divisé en huit compartiments, dans lesquels un artiste dont le nom n'est pas parvenu jusqu'a nous, a retracé divers sujets, rappelant la mort et les funérailles de Saint-Bavon.

« Sur trois de ces compartiments — dit le chanoine De Smet (1) — on voit le tombeau du saint religieux et un autel auquel trois

évêques, portant autour de la tête le nimbe de la sainteté, célèbrent le saint sacrifice. Si l'on en croit le chanoine De Bast, les
figures, dont on a chargé ce tableau, sont tout-à-fait barbares,
sans goût, sans dessin, sans proportion, mais toutefois ils nous
apprennent le costume et l'habillement de ce temps. Le tableau et
l'inscription, dit-il, portent l'empreinte du commencement du
XIII° siècle. Cette critique nous semble fort exagérée. Les figures
du tableau et les caractères de l'inscription accusent une date
postérieure de beaucoup à celle qu'indique M. De Bast. »

Cette inscription, composée de trois strophes de quatre vers
flamands chacune, est ainsi conçue :

> Te desen grave by daghe by nachte dede
> Sente Lieven zyn penetentie ghertich
> Hy voer ten hemel latende deerdsche stede
> Als men schreef zes hondert ende een en dertich.

> Als men sente Baven begronf weet dat voorwaer
> Celebreerde hier zyn uutvaert sente Amant
> Voor sente Bavens ziele dede hier ooc daernaer
> Dertich messen sente Lieven die helich sant.

> Sente Eloy hier ooc messe las
> Als hy sente Bavens lichame verhief
> Sente Macharis munichde hier tvolc
> Als ghenas der pestilentie want hy de dood besief.

Voici comment le chanoine De Smet traduit ces trois strophes :

« Près de ce tombeau, de jour et de nuit, saint Bavon (1) accomplit

---

(1) Le tableau porte S¹ᵉ Lieven, mais le sens exige S¹ᵉ Baven. C'est sans doute en
renouvelant l'inscription qu'on a commis cette erreur.

Dans les comptes de l'année 1669, nous trouvons l'extrait suivant :

Item an Mr Pieter Le Plat, XXXVI sch. groot., over het schoonmaecken, ende ver—

sa pénitence cordiale; il monta au ciel, quittant la cité terrestre, quand on écrivait DCXXXI.

Lorsqu'on enterra saint Bavon, saint Amand célébra ici ses funérailles, et saint Liévin, ce saint missionnaire, célébra ici à son tour trente messes pour l'âme de saint Bavon.

Saint Éloi célébra aussi la messe en ce lieu, quand il exalta le corps de saint Bavon, et saint Macaire y prêcha les fidèles, quand ils furent guéris de la peste, parce que lui en mourut. »

TRÉSORERIE.

Faut-il énumérer les vases sacrés, les précieux reliquaires, les ornements sacerdotaux de toute espèce et d'une richesse inouïe que l'antique abbaye de Saint-Bavon a possédés depuis l'époque de sa fondation, et que le temps, les tourmentes politiques, et surtout la cupidité et l'avarice des hommes, ont fait disparaître du trésor de la cathédrale? Ce serait là une tâche impossible à remplir. Les inventaires faits à divers époques, mais qui ne sont pas antérieurs au XIIe siècle, attestent que depuis fort longtemps les plus beaux joyaux n'existent plus (1). Nous nous bornerons à décrire les objets principaux que le trésor renferme encore. Toutefois, avant de commencer cette revue, n'oublions pas de mentionner la

---

nieut een schilderyken vande meraeckelen, soo van Sint Baven, Sint Lieven, als Sint Machari, mitsgaeders in de Capittelcamer gheschreven onder en boven de protretten vande Bisschoppen, per billet, ordon. ende quit. XXXVI sch. gr.

(1) M. VAN LOKEREN donne l'analyse d'un de ces inventaires dans l'*Histoire de l'abbaye de Saint-Bavon*, 1re partie, p. 257.

fameuse *Croix d'or* que les chanoines vendirent vers la fin du XVI⁰ siècle. Elle était d'or massif et provenait de l'abbaye. En 1579, quelques chanoines réfugiés à Anvers aliénèrent cette précieuse pièce d'orfévrerie, véritable lingot d'or ciselé et enrichi de perles et de pierres précieuses. Corneille Breydel nous apprend qu'à ce bijou d'une grande valeur, les chanoines ajoutèrent encore 1089 marcs et 11 esterlins d'argenterie, provenant de reliquaires, de crosses et d'autres joyaux, qui passèrent également dans le creuset des spéculateurs de cette époque (1). Peut-être est-ce à cet acte sacrilége, que l'histoire ne saurait trop flétrir, que nous devons la perte d'un bijou que saint Éloi façonna de sa main pour servir de châsse à des fragments de la croix et de la couronne d'épines du Sauveur. Peut-être est-ce à cette spoliation inqualifiable, exécutée par ceux-là mêmes qui devaient en être les fidèles gardiens, que nous devons la perte de la crosse de saint Amand, du sceptre de saint Bavon et de nombreux reliquaires d'une haute antiquité et d'une valeur artistique reconnue.

Sous le nᵒ XXI des Pièces justificatives, nous donnons un document extrêmement curieux, intitulé : *La chronique du sacristain Henri d'Hooghe.* L'auteur y trace en peu de mots l'historique des reliquaires qui ont successivement servi à recéler les précieux restes de saint Bavon, de saint Liévin, de saint Landoald, de saint Macaire et d'autres saints et saintes.

Reliques de saint Bavon.

Selon ce document, saint Bavon arriva au monastère qui porta plus tard son nom, en l'an 613. Dix-huit ans plus tard, c'est-à-dire le 1ᵉʳ octobre 631, ce saint personnage mourut en odeur de

(1) V. les Pièces justificatives, nᵒ IV, partie flamande, lit. F, G et H.

sainteté (1). L'exhumation du corps de saint Bavon eut lieu le
1er août 680, en présence de saint Éloi, évêque de Noyon, de
l'abbé Wilfrid et d'autres encore. On déposa les restes du saint
dans une châsse où ils séjournèrent pendant plus de trois siècles.
En l'an 1010, l'abbé Erembold ouvrit l'ancienne châsse, en présence du peuple, et posa les reliques de saint Bavon dans une
autre plus somptueuse. Un certain Bruno ayant donné à l'abbaye
9 1/2 marcs d'or, deux calices, deux chapes, deux chasubles et
d'autres objets précieux, ainsi qu'une somme d'argent considérable, on confectionna une châsse d'or, dans laquelle les reliques de
saint Bavon furent posées le 10 mai 1058, par Baudouin, évêque
de Noyon, en présence de l'abbé Florbert et du peuple assemblé.
Le chroniqueur ajoute qu'au moment où il écrit, c'est-à-dire au
commencement du XVIe siècle, à en juger d'après l'écriture, les
reliques de saint Bavon se trouvent encore dans cette châsse.

Reliques de saint Liévin.

Saint Liévin arriva dans notre monastère — dit le chroniqueur —
le 17 août de l'an 633, et célébra trente-trois messes sur le tombeau de saint Bavon. Le même auteur ajoute que la tombe de
saint Liévin fut construite par les anges dans un lieu appelé
Houthem, et que le 27 juin de l'an 824, le corps de l'apôtre de
la Flandre, confié à la terre depuis deux cent neuf ans, fut ex-
humé par Thierry, évêque de Cambrai, et Éginhard, abbé de
Saint-Bavon.

Le 2 octobre 1083, ces précieuses reliques furent déposées
dans une autre châsse, par les soins de l'évêque de Noyon, Radbode, et de l'abbé de Saint-Bavon, Widinans ou Wichman.

On remarqua que le crâne était percé de plusieurs trous,

(1) NICOLAS DESPARS assigne la même date à la mort de saint Bavon. C'est donc à
tort que plusieurs auteurs fixent la mort de ce saint à l'année 654.

*ende den volcke werdt ghetoocht zyn helich ghebeente ende zyn
ghebenedyde hooft, daer vele gate in stonden, de welcke hem
waren ghesteken eer hy onthooft was.*

Une nouvelle châsse, plus somptueuse que la première, ayant
été confectionnée par ordre de Betto, abbé de Saint-Bavon, Gau-
tier, évêque de Cambrai, procéda le 27 juin 1171, à la translation solennelle des reliques de saint Liévin. L'abbé Betto obtint
à la même époque cinq crânes des onze mille vierges de Cologne,
les compagnes de sainte Ursule; deux de ces crânes étaient encore
garnis à l'époque où le chroniqueur rapporte ces faits, de longs
cheveux blonds tressés (*waer van de twee hoofden noch hebben
ghevlochte ghelu haer*).

Les comptes de la donation Triest de l'année 1777, nous révèlent que la cathédrale fit l'acquisition dans la vente du mobilier
ayant appartenu aux Jésuites, de la châsse d'argent contenant les
reliques de saint Liévin, pour la somme de 155 livres de gros
7 escalins et 4 gros (1).

Reliques de saint Landoald.

Le chroniqueur donne de curieux détails sur la mort et la béa-
tification de saint Landoald, dont les reliques furent transportées
du village de Wintershoven à l'abbaye de Saint-Bavon en 980,
pour être déposées deux ans plus tard dans une châsse par l'évêque de Noyon, Landolf, en présence de l'abbé Womare.

---

(1) De seer Eerweerde heeren hebben geresolveert te coopen in de venditie van
der Jesuiten deser stadt, de silvere ende vergulde reliquie casse van den H. Livinus,
ende de betaelinge te doen uit de donatie. Waer vooren betaelt hebbe par quitantie
aen mr de Lannoy als preposaert tot den ontfanck der selve goederen, de somme van
seven hondert negenennegentich guldens sesthien stuyvers wissegelt, doende in ponden grooten ter somme van een hondert vyf en vyftigh ponden, seven schellingen en
vier grooten; dus : L. 155. 7. 4.

(*Comptes de la donation Triest, 1777*).

Les reliques de ce saint sont enfermées dans une châsse qui n'a rien de remarquable et qui contient encore d'autres restes vénérés, ayant appartenu à d'autres saints.

Châsse de saint Macaire.

La pièce la plus précieuse que le trésor de Saint-Bavon possède encore, est, sans contredit, la belle CHASSE D'ARGENT, contenant les ossements de saint Macaire. Elle représente un temple dans le style de la renaissance, flanqué de colonnes corinthiennes cannelées. Au centre de la toiture à rinceaux s'élève un pinacle à dôme, surmontant des pignons décorés de médaillons aux armes émaillées de Mons et des chapitres de Saint-Germain et de Sainte-Waudru, avec le millésime de 1616. L'une des faces, coupée au milieu par une niche, renfermant la statuette de *sainte Waudru*, représente *saint Macaire guérissant les pestiférés*, ciselé au repoussé. Le premier compartiment porte : AB EJUS CIBUM ACCIPIENTES REVALESCUNT, et plus bas : LEPROSUS CURATUR EIUS SUDARIO, puis le nom de l'artiste montois, *Hugo de la Vigne*, qui exécuta ce beau travail : HUGO DE LA VIGNE MONTENSIS INVENIT ET FECIT.

Dans le second compartiment, *saint Macaire préserve la ville de Malines, par le signe de la croix, d'un épouvantable incendie*, comme l'explique l'inscription suivante : IGNEM MECHLINIÆ SIGNO CRUCIS COMPESCIT.

Sur un rocher figuré au bas du sujet, on lit :

ΦΑΙΚΤ.
Α. ΜΟΝΣ
ΠΑΡ. ΥΓΩ.
ΑΑ. ΒΙΓΝΕ (1)

VIM EI INFERENTES
PARENTUM NUNCII CX COECANTUR.

(1) *Fait à Mons par Ugo la Vigne.*

L'autre face est également coupée par une niche renfermant la statuette de *saint Germain*, qui tient dans la main gauche un livre ouvert portant les mêmes mots que nous venons de tracer; elle reproduit un autre épisode de la vie de saint Macaire, où *il disperse ses ennemis par le même signe de la Rédemption.* Ce compartiment porte ces mots : CRUCEM OPPONENS TELIS HOSTIUM REUM LIBERAT. Le second compartiment représente *la mort de saint Macaire,* avec cette inscription : CAMERACI FORES ECCLESIÆ ORANTI DIVINITUS APERIUNTUR. Sur le soubassement du temple représenté à gauche, est écrit : S^{tus} MACARIUS PESTE MORITUR, et plus bas : CERTATIM SINGULI SE INGERUNT UT VEL EXTREMUM FERETRI TENEANT.

Ces quatre bas-reliefs sont exécutés avec beaucoup de goût et méritent d'être cités parmi les belles œuvres de ciselure du dix-septième siècle.

Le soubassement de la châsse même est orné de rinceaux, et la plinthe porte l'inscription suivante : PESTEM MONTIBUS HANNONIÆ CRUDELITER SÆVIENTEM ANNO 1615, BEATUS MACARIUS, GANDAVO MISSUS, SEDAT, VINCIT. VICTOREM CLERUS, SENATUS POPULUSQUE IN HANC THECAM CUM GAUDIO ARGENTEAM REPOSITUM REMITTUNT A° 1616.

Cette légende indique suffisamment l'origine de ce précieux reliquaire; cependant nous aurons l'occasion d'entrer à ce sujet dans quelques détails que les archives de la cathédrale nous ont fournis. Mais achevons d'abord la description de la châsse.

Les faces latérales occupées par des niches, sont ornées des statuettes de *saint Macaire* et de *saint Bavon.* Les armoiries émaillées de François Vander Burcht, cinquième évêque de Gand (1), et celles du chapitre de Saint-Bavon, sont placées aux pieds des saints.

Cette belle pièce est supportée aux quatre coins par des lions

---

(1) VANDER BURCHT porte : d'hermines à trois étrilles de gueules.

à deux têtes, de bronze doré, et le faîte est surmonté d'un couronnement riche, mais peu en harmonie avec l'architecture générale,
et que nous n'hésitons pas à attribuer à une époque plus récente.

Le lecteur a déjà appris par les nombreuses inscriptions dont
la châsse de saint Macaire est couverte, qu'en 1615, la peste
sévit à Mons et que les reliques du saint furent transportées dans
cette ville. En effet, le registre des résolutions du chapitre de
Saint-Bavon nous apprend que le 15 septembre 1615, le chapitre décida qu'à l'instante prière du magistrat de la ville de
Mons, le corps de saint Macaire y serait transféré pour rester
exposé à la vénération du peuple pendant tout le temps que
durerait l'épidémie.

Les reliques furent envoyées à Mons et confiées à la garde des
dames chanoinesses du chapitre noble de Sainte-Waudru. La
peste ayant cessé et le précieux trésor devant retourner à Gand,
les dames chanoinesses écrivirent à l'évêque de Gand, François
Vander Burcht, afin qu'elles « puissent estre beneficiez de quelqne
portion dudict Sᵗ Macaire » (1). Cette demande ayant été accordée,
le chapitre de Mons témoigna sa reconnaissance en offrant à la
cathédrale de Gand le magnifique reliquaire dont nous avons
essayé de donner la description (2).

La chronique du sacristain Henri d'Hooghe (3), nous apprend
que des reliques de saint Macaire furent exposées le 9 mai 1047
par Baudouin, évêque de Noyon, et Lethbert, évêque de Cambrai,
en présence de Philippe, roi de France, de Baudouin de Lille,
comte de Flandre, et de son fils Baudouin, comte de Hainaut.

---

(1) V. les Pièces justificatives, nᵒ XXII.

(2) On trouve de curieux détails sur cette peste et sur le transfert des reliques de
saint Macaire à Mons, dans : *Jul. Waudræi Montensis Læmotheatrum*, etc. Mons, 1618
et 1638 [Bibl. de Gand, Belles-Lettres, nᵒˢ 1842 à 1844].

(3) V. les Pièces justificatives, nᵒ XXI.

Le 24 juin 1619, l'évêque de Gand, entouré du chapitre de la cathédrale, procéda à la vérification solennelle des reliques de saint Macaire. Celles-ci ayant été trouvées intactes, on en retira plusieurs morceaux destinés au service de l'église, et quatre de ces précieux débris furent offerts à l'évêque de Bruges.

L'ancienne châsse de saint Macaire, œuvre de broderie des premières années du XVII\e siècle, puisqu'elle porte les armoiries de l'évêque Jacques Boonen (1), est reléguée actuellement parmi le mobilier hors d'usage. Cependant, elle méritait un meilleur sort. Les six médaillons représentant des portraits de divers saints illustres, brodés en soie sur satin, sont évidemment de la main d'un bon artiste.

Cette châsse n'est pas la seule qui ait été mise au rebut. Nous en trouvons encore une autre de même forme, garnie de velours rouge; sur l'une des faces on lit : RELIQUIE SANCTORUM, et sur l'autre : MARTYRUM GORCOMIENSIUM.

Châsse de saint Bavon.

Ce reliquaire contient, indépendamment des ossements du patron de la cathédrale, des reliques appartenant à d'autres saints. Comme œuvre d'art, cette châsse d'argent ciselé n'a rien de bien remarquable.

Châsse de saint Jean-Baptiste.

Nous ne dirons pas que ce reliquaire est le plus gracieux et le plus élégant du trésor de la cathédrale; sa forme est assez originale. Il représente la tête du Précurseur du Christ, de grandeur naturelle, posée sur un plat porté sur les ailes de quatre anges

---

(1) BOONEN porte : d'or, au sautoir d'argent, à la bordure de gueules, accompagné en chef d'un aigle éployé de sable.

agenouillés; le tout d'argent et d'un poids considérable. Les reliques sont incrustées dans le haut du crâne, et sous le col sont
gravées les armoiries du donateur, le chanoine trésorier Melchior
de Locquenghien de Pamele, mort en 1636.

Aucune inscription ne nous apprend le nom de l'artiste qui
exécuta ce travail, dépourvu de goût, mais d'une valeur artistique
réelle si on ne considère que l'exécution.

Châsse de sainte Colette.

Cette pièce de bois doré est d'un style assez gracieux. Les
anges qui soulèvent une couronne au-dessus du reliquaire où
l'on voit l'omoplate de la réformatrice de l'ordre de saint François, attestent qu'ils ont été exécutés par la main d'un artiste
expérimenté.

A l'exception des reliquaires que nous venons de décrire, la
cathédrale ne possède plus aucune pièce d'orfévrerie qui soit digne
d'être citée. Les commotions politiques lui ont successivement
enlevé, de gré ou de force, les richesses que les siècles avaient
accumulées dans son trésor (1).

Ornements sacerdotaux.

Le trésor de la cathédrale possède encore aujourd'hui les chefs-
d'œuvre de broderie du XVIe siècle (2). Ces riches ornements,
échappés par miracle aux dévastations des Iconoclastes, excitent

(1) Les archives de la cathédrale mentionnent un document intéressant que nous
reproduisons parmi les Pièces justificatives sous le nᵒ XXIV; il concerne l'envoi fait,
en 1794, d'une partie de l'argenterie à la monnaie impériale, pour faire face aux
frais de la guerre contre la France.

(2) Les comptes de la cathédrale attestent qu'en 1561 un certain *Gilles D'Hooghe*,
brodeur, travailla pour cette église.

Ch Onghena Sc

l'admiration. Aucune pièce ne manque; la chape seule a perdu son agrafe, que nous retrouvons dans la belle collection d'antiquités de M. Charles Onghena, dont le burin a fidèlement reproduit les pièces principales de ces splendides vêtements sacerdotaux, dans les deux gravures au trait qui accompagnent notre texte.

L'ensemble se compose de quatre pièces; savoir : une chasuble, une chape et deux tuniques.

Disons quelques mots des sujets que le grand artiste a traités dans les diverses parties de ces somptueux ornements.

LA CHASUBLE, d'un drap d'or antique, est ornée de gracieux rinceaux et chargée d'une large croix, dans laquelle divers sujets de la vie de Notre Seigneur Jésus-Christ sont représentés en broderie.

LA CHAPE que nous donnons également en gravure, est à notre avis la pièce principale. Sur le collet, l'art du brodeur a su donner à l'admirable composition de *Gérard Horenbout*, l'habile peintre du roi Henri VIII d'Angleterre, toute la grâce, tout le fini et toute la correction de dessin des plus belles productions de l'école des Van Eyck (1). L'abbé LIÉVIN HUGENOIS, le donateur de ces riches vêtements et le bienfaiteur éclairé de l'abbaye de Saint-Bavon, y est représenté agenouillé, revêtu des insignes de la dignité abbatiale. Son ange gardien est debout derrière lui et semble le présenter à saint Liévin. Ce saint apôtre est assis sur un trône d'or, orné d'un dais magnifique, soutenu par de gracieuses colonnettes, brodées en relief dans le style de la renaissance. Au bas de ce tableau, on voit les armoiries du prélat que nous blasonnerons ainsi : *Parti de gueules au chevron d'or, au chef d'or chargé d'une chèvre de sable; parti d'azur à la tour crenelée d'or, accompagnée de trois étoiles.*

(1) GÉRARD HORENBOUT naquit à Gand en 1498, il mourut en Angleterre en 1558.

Le devant de la chape est orné de six sujets tirés de la vie de saint Liévin.

Les figures, les ornements et les accessoires de ces diverses compositions, miniatures ravissantes, pleines de goût et de naïveté, sont de petits chefs-d'œuvre qui joignent au mérite artistique qui les distingue, une valeur archéologique incontestable.

Les deux tuniques sont dignes de figurer à côté des deux pièces que nous venons de décrire; chacune d'elles est ornée de six sujets divers, tirés de l'ancien et du nouveau Testament.

L'abbé Hugenois consacra des sommes considérables à l'encouragement des arts. Les peintres les plus en renom recevaient de ce prélat des commandes, non seulement pour embellir de leurs œuvres le monastère de Saint-Bavon, mais encore toutes les églises placées sous le patronage de cette puissante abbaye. C'est ainsi que les églises d'Akkerghem et de Saint-Sauveur à Gand, celles de Mendouck et de Wondelghem, ont été dotées de vitraux peints par *Daniel Luevis*, célèbre peintre sur verre à l'époque où cet art brillait de son plus vif éclat (1).

Ce fut sans doute vers le même temps que l'abbé Hugenois chargea *Gérard Horenbout* de l'exécution de deux tableaux, *la Flagellation* et *la Descente de croix*, destinés à l'église paroissiale de Saint-Jean. Voici ce que Karel Van Mander nous apprend au sujet de ces tableaux que la cathédrale a perdus. « On voyait autrefois à l'église de Saint-Jean à Gand, à la gauche du chœur, deux volets appartenant au retable d'un autel, dont la partie intérieure était sculptée. Ces œuvres étaient dues à la munificence de Liévin Hugenois, abbé de Saint-Bavon. L'un des deux volets représentait *la Flagellation de Notre Seigneur Jésus-Christ*. L'ar-

---

(1) DANIEL LUEVIS ou LOUIS, était père de Liévin, dont nous avons parlé p. 128. — V. aussi *Messager des Sciences et des Arts*, année 1833.

Ch Onghena Sc

Ch Onghena Sc

tiste avait admirablement rendu le sentiment de cruauté empreint
sur les traits du bourreau, la patience divine exprimée sur le
visage du Sauveur et le sérieux imperturbable de l'un des bourreaux apprêtant les verges.

» L'autre volet représentait *la Descente de croix*, ainsi que *Marie
et saint Jean* dans l'attitude de la plus profonde douleur. Dans
le lointain on apercevait les trois *Marie*, portant des lanternes
et des flambeaux dont la lumière reflétait sur les figures des
personnages placés près du noir tombeau taillé dans le roc. A
l'époque des troubles, ces volets furent sauvés par un amateur
des beaux-arts, nommé Martin Borman, de Bruxelles, qui les
vendit plus tard à l'église, moyennant restitution du minime prix
d'achat » (1).

Ces volets dont nous venons de donner la description d'après
un écrivain qui les a vus, n'ornent plus la cathédrale; ils ont
disparu comme tant d'œuvres précieuses sans que l'on puisse dire
ce qu'ils sont devenus.

La perte de ces tableaux nous rappelle la spoliation que le
Comité de salut public commit au nom de la république française,
en 1794, lorsqu'il fit enlever de force les meilleurs tableaux de
la cathédrale (2).

(1) KAREL VAN MANDER, *Het leven der doorluchtige nederlandsche en eenige hoog-
duitsche schilders.* Amsterdam, 1764, 1ste deel, bl. 40.

(2) V. les PIÈCES JUSTIFICATIVES, no XXIII.

SALLE DES SÉANCES DU CHAPITRE.

—

On arrive au premier étage par un escalier de pierre, en face duquel est l'entrée de la salle où les dignitaires et les chanoines se réunissent pour délibérer sur les affaires du chapitre. Une large cheminée, dont le manteau est orné d'une curieuse peinture, exécutée en 1564, par *Luc d'Heere*, occupe le côté faisant face aux trois fenêtres qui donnent le jour dans la salle.

. Ce tableau, l'un des plus intéressants de la cathédrale, représente l'*ancienne abbaye de Saint-Bavon, vue à vol d'oiseau*. Cette toile est la reproduction partielle, sur une échelle plus grande, d'un ancien plan de la ville, peint sur toile en 1534 par un artiste inconnu (1).

Luc d'Heere reçut de Corneille Breydel, secrétaire du Prévôt Viglius, la somme de soixante florins, dont la quittance repose aux Archives de la Flandre orientale et que nous reproduisons ici.

« Ontfaen by my Lucas d'Heere, uut der hand van Cornelis Breydel, secretaris van myn heere den proost van Sᵗᵉ Baefs, de somme van sestich guldens, en dat in vulle betalynghe van een groot tafereel waer op Sᵗᵉ Baefs med de stede van Ghend neffens gheschildert hebbe by laste

---

(1) Cet ancien plan fait aujourd'hui partie de la collection de Mr P.-J. Goetghebuer, et a été gravé en 1827 par Mr Ch. Onghena.

van mynen voornoemde heere. T'orconden myns handteeckens hier onder ghesteld dezen xj⁰ january xv⁰ lxiiij.

Lucas d'Heere.

1564. »

L'église de Saint-Jean possédait autrefois encore d'autres
œuvres de Luc d'Heere, parmi lesquelles Van Mander cite un
grand tableau représentant *la Résurrection de Notre Seigneur;*
sur les volets : *les Disciples d'Emmaüs* et *Jésus-Christ apparaissant à Marie-Magdeleine* (1).

Les murs lambrissés de bois, sont garnis des portraits en buste
de tous les évêques de Gand, depuis Cornelius Jansenius, qui
occupa le premier le siége épiscopal, jusqu'à monseigneur Delebecque, évêque actuel. Chaque tableau porte une inscription que
nous allons reproduire en suivant l'ordre chronologique :

1. Corn. Jansenius, Hulst, consec. 1568, obiit 11 april. 1576, æt. 66.
2. Guill. Lindanus Dordrac. ex Ruremundi, II Gand. 22 julii 1588, obiit 2 nov. seq. æt. 63.
3. Petrus Damant, Mechl. consec. 1590, III Gand. ob. 14 seq. 1609, æt. 53.
4. Carol. Maes, Brux. ex Iprens. IV. Gand. 1610, ob. 21 maii 1613, æt 53.
5. Franc. Vander Burch, V Gand. consec. 1613, et 1615 factus archiep. Camer.
6. Jacobus Boonen, Antv. consec. 1617, VI Gand. et 1620 archiep. Mech.
7. Ant. Triest, Wasian., ex epo. Brug. 1620, VII Gand., ob. 28 maii 1657, æt. 81.
8. Carol. Vanden Bosch, Brux., ex epo. Brug. 1660. VIII Gand., ob. 6 april. 1665.
9. Eug. Alb. d'Allamont, Brux., ex epo. Rurem. 1666. IX Gand, ob. 28 aug. 1673, æt. 64.
10. Franc. Van Horenbeke, Brux., cons. 1677, X Gand., ob. 4 jan. 1697, æt. 49.
11. Ignat. Aug. Schets de Grobbendong Sysveduc., ex Namur. 1679, XI Gand., ob. 31 maii 1680, æt. 55.
12. Albert. de Hornes, Castro Merbius, conse. 1681, XII Gand., ob. 4 junii 1694, æt. 54.
13. Phil. Erard. Van der Noot, Brux., conse. 1694. XIII Gand., ob. 13 feb. 1730, æt. 92.
14. Joes. Bapt. de Smet, Lorer. ex Ipren. 1730, XIV Gand., ob. 27 sept. 1741, æt. 68.

(1) M. Philippe Blommaert a publié la biographie de *Luc d'Heere.* Cet opuscule est
intitulé : *Levensschets van Lucas d'Heere, kunstschilder te Gent* (XVIᵉ eeuw).

15. MAXIM. ANT. VAN DER NOOT, BRUX., CONSE. 1742, XV GAND., OB. 27 SEPT. 1770, ÆT. 80.

16. GOVARD GERARD. VAN EERSEL, ANTV., CONSE. 1772, XVI GAND., OB. 24 MAII 1774, ÆT. 65.

17. FERDINANDUS MARIA SRE PRINCEPS DE LOBKOWITZ, ANNO 1771 NAMURCENSIS, 1779 XVII EPIS. GAND., OBIIT MONASTERII WESTPHALORUM, 29 JAN. 1795, ÆTATIS ANN. 69, IBIDEM IN CATHEDRALI SEPULTUS.

18. STEPH. DE BEAUMONT, EPIS. GANDAVENSIS POST ERECTIONEM SEDIS XVIII POST CONCORDATUM AN. 1801, Ⅰᵘˢ ELECTUS EPIS. PLACENTINUS AN. 1807.

19. MAURITIUS JOANNES MACDALENA P. DE BROGLIE, NATUS IN CASTRO DE BROGLIE, 5ᵃ SEPTEMBRIS 1766, CONSECRATUS 7° NOVEMBRIS 1805, EX ACQUENSI EPISCOPUS GANDAVENSIS 10ᵃ AUGUSTI 1807, POST ERECTIONEM SEDIS XIX, POST CONCORDATUM ANNI 1808, IⁱUˢ.

20. JOANNES FRANCISCUS VAN DE VELDE (L'inscription manque).

21. LUDOVICUS JOSEPHUS DELEBECQUE (L'inscription manque).

Au-dessous de la série des portraits des évêques, on remarque la série des membres du chapitre de la cathédrale promus aux hautes dignités de l'Église. Comme les premiers, ces tableaux portent des inscriptions que nous allons également reproduire dans le même ordre.

Plusieurs de ces portraits sont dus à de bons artistes, mais aucun ne porte la signature de son auteur. Toutefois, les comptes de l'église nous apprennent que *Pierre Le Plat* travailla en 1641 pour la galerie des portraits du chapitre (1).

(1) Item betaelt aenden heere canonick Dions, neghen pont dry schellinghen vier grooten, by ordonnantie ende acte capitulere in date van negenthiende July 1641, over vracht, loon, van drie diversche controfaitsels van Bisschoppen ontboeden van Doornick, B.... (*) ende Yper.

Item over maecken ende schilderen van seven controfaitsels van Bisschoppen daer toe ghelevert die leysten.

Item vuer maecken ende schilderen drie moluren.

Item vuer het swarten van sesse leisten waer in gheschildeert staen die Bisschoppen van Ghendt.

Item over eenen [clatschilder] van het schryven vande leters boven de Bisschoppen van Ghendt ende onder die byten Bisschoppen, dit achtervolghende syne specificatie ende quitantie per date van 19 july 1641. Dus al hier tsamen IX lib. III sch. IIII gr.

(*Comptes de l'année* 1641).

(*) L'écriture est devenue illisible.

1. ANT. PERRENOT DE GRANVELLE, BURGUND., EX CAN. A° 1559. EP. ATREBAT. (1).
2. MAX. MORILLON, EX CAN. 1582. EPISC. TORNAC.
3. CLEMENS CRABBEELS, LOVAN., EX DEC. 1584. EPUS SILVÆDUC.
4. PETRUS SIMON, THIELT., EX CAN. 1589. EPUS. IPREN.
5. CAROLUS PHIL. DE RODOAN, EX CAN. 1594. II EPUS. MIDDEBURG.
6. ANTONIUS TRIEST, WASIAN., EX ARCHID. 1610, DEC. BRUG., IBIDEMQ. 1616. EPUS.
7. GEORGIUS DE CHAMBERLAIN, GAND., EX DEC. 1627. EPUS. IPREN.
8. NICOLAUS DE HODION, EX PRÆP. 1641. BRUG. EPUS.
9. CAROLUS VANDEN BOSCH, BRUX., EX CAN. BRUG. DECAN , DEIN 1651 IBID. EPUS.
10. CAROLUS ADRIANSSENS, GAND., EX CAN. 1639, NOM. EPUS. RUREMOND.
11. THOMAS PHIL. HENNIN D'ALSACE, BRUX., EX PRÆP. 1716, MECHL. ARCHIEPUS. (2).
12. ALEX. DE CROMBRUGGHE, EX PRÆP. 1754, NOM. BRUG. EPUS.
13. ALBERTUS LUDOVICUS COMES DE LICHTERVELDE, EX PRÆPOSITO ECCLESIÆ S. BAVONIS FACTUS EST XV EPISCOPUS NAMURCENSIS 1780.
14. FRAN. REN. BOUSSEN, EX CAN. 1833. EPUS. BRUG.

A la suite de cette série de portraits, on remarque quatorze tableaux, peints sur panneau, par *François Pourbus;* l'un d'eux est marqué : F. POURBUS IV ET PICT. 1572. Ils représentent *les actions mémorables, les miracles et le martyre de l'apôtre saint André,* patron de l'Ordre de la Toison d'or. Comme nous l'avons dit en faisant la description de l'ancien chœur, jadis ces tableaux étaient placés au-dessus des stalles réservées aux chanoines.

Ce sont de petits chefs-d'œuvre, qui renferment toutes les grandes qualités que l'on trouve dans les productions de ce maître.

Parmi les tableaux qui ornent la salle du chapitre, citons un *Ecce homo,* dû au pinceau d'*Otho Venius.* Cette œuvre, digne de l'illustre maître de Rubens, est placée au-dessus de la porte, dans un coin de la salle où le jour n'arrive qu'imparfaitement. Il est

(1) ANTOINE PERRENOT DE GRANVELLE devint archevêque de Malines en 1560, et l'année suivante, Pie IV l'éleva au cardinalat. C'est le même dont l'histoire des troubles des Pays-Bas a conservé le souvenir.

(2) THOMAS-PHILIPPE DE HENNIN-LIÉTARD D'ALSACE fut élevé au cardinalat en 1719.

22

évident que les mérites de ce tableau seraient mieux appréciés s'il était mieux éclairé.

On a déposé dans la salle du chapitre un tableau peint sur panneau, appartenant à l'ancienne école flamande : *Saint Luc faisant le portrait de la Mère de Dieu qui donne le sein à son divin fils.* Cette œuvre a du mérite et accuse le faire d'un artiste en renom.

ARCHIVES.

Il est impossible de donner ici l'analyse détaillée de tous les documents précieux que cet important dépôt renferme. Cette tâche difficile a été dignement remplie par l'auteur de l'*Histoire de l'abbaye de Saint-Bavon.* Il ne nous reste donc qu'à jeter un coup-d'œil rapide sur ces sources fécondes où les sciences et les arts puiseront longtemps encore d'utiles renseignements.

Indépendamment du magnifique chartrier de l'ancienne abbaye de Saint-Bavon, les archives possèdent d'autres documents non moins intéressants, et parmi ceux-ci nous citerons :

1° L'ÉVANGELIAIRE DE SAINT LIÉVIN. Après avoir comparé l'écriture de ce manuscrit avec celle d'autres chartes et documents appartenant aux IX⁰, X⁰, XI⁰ et XII⁰ siècles, nous avons acquis la conviction que ce manuscrit n'est pas de la main du saint apôtre martyrisé à Houthem en 633; tandis que l'écriture d'une

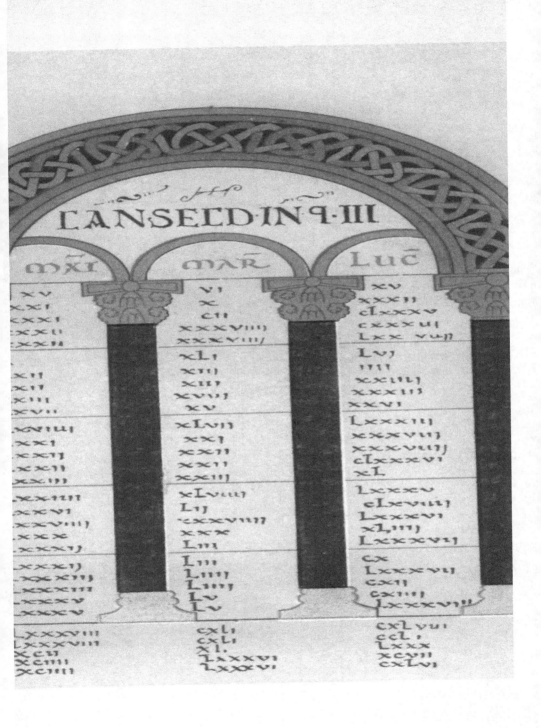

CANSECDINQ·III

MXI	MAR	Luc
xv	vi	xv
xxi	x	xxxii
xxxi	cii	clxxxv
xxii	xxxviiii	cxxxuij
xxii	xxxviiii	lxx vuii
	xli	lvi
xii	xiii	iiii
xii	xiii	xxiiii
xiii	xvuij	xxxiii
xvii	xv	xxvi
xviiii	xlvii	lxxxii
xxi	xxi	xxxvui
xxii	xxii	xxxvuii
xxii	xxii	clxxxvi
xxiii	xxii	xl
xxiiii	xlvuii	lxxxv
xxvi	lii	clxvuii
xxvuii	xxxvuii	lxxxvi
xxx	xxx	xluii
xxxii	luii	lxxxvii
xxxii	luii	cx
xxxiii	luii	lxxxvii
lxxxiii	luii	cxii
lxxxv	lv	cxiiii
xxxv	lv	lxxxvuii
lxxxvii	cxli	cxlvui
lxxxvuii	cxli	ccl,
xcii	xl,	lxxx
xciiii	lxxxvi	xcvii
xciiii	lxxvi	cxlvi

charte de Burchard, évêque de Cambrai, datée de l'an 1125, offre une analogie parfaite avec celle du précieux Évangeliaire.

Ce manuscrit, dont le titre manque, est écrit sur parchemin; il contient les quatre Évangiles. Deux feuillets sont consacrés à l'épître de l'abbé Othelbold à la comtesse Otgive, épouse de Baudouin IV (1).

Les tables des chapitres des quatre Évangiles sont inscrites dans dix-huit portiques à plein cintre, dont les méneaux figurent des colonnes de style roman, surmontées de petites arcatures comprises dans le plein cintre, orné de grecques et de rinceaux. Le dessin que nous en donnons ici, est réduit aux deux tiers de sa grandeur.

Le titre des Évangiles de saint Matthieu et de saint Jean est inscrit dans un cartouche circulaire.

(1) « Cet abbé (Othelbold) n'est connu que par la lettre qu'il adressa à la comtesse Otgive, épouse de Baudouin IV, pour lui faire connaître les reliques des saints déposées dans son monastère et lui donner le détail de ses possessions et de celles qui lui furent enlevées par ses familiers ou par des étrangers, lors des invasions des Normands. Il y expose que, malgré les nombreuses restitutions des biens-fonds, qui furent faites à l'abbaye par Arnould-le-Vieux, l'évêque de Liége détenait encore sans titre les fiefs de *Calmund* et de *Melrade;* le comte de Soissons Reinhold, celui de *Wasleia;* la comtesse Ude, celui de *Warminia;* le comte Reinier, ceux de *Letha* et de *Sconards;* enfin Robert, le fief de *Grendberghe.* Il énumère ensuite les biens que l'abbaye possédait encore: outre ceux dont il est question dans les chartes que nous avons déjà citées, elle avait encore des terres à *Baltreshande, Lappescure, Velthem* et *Guddenghem.* Othelbold nous apprend que le comte Baudouin IV lui avait donné deux cents mesures de terre, pour le paccage des moutons, situés à *Ruga* dans la Flandre, sept manses à *Stolen,* le fief de *Sedleca* et son église et dix manses, ainsi que sept autres à *Waterlos.*

« Othelbold finit son épître en invoquant la commisération de la comtesse, pour l'apitoyer sur le sort de son monastère, qui avait à peine deux cents manses pour les besoins de ses religieux. Or, Charles-le-Chauve avait arrêté que chaque manse devait contenir au moins douze bonniers : qu'on juge d'après cela des besoins de l'abbaye. »

VAN LOKEREN, *Histoire de l'abbaye de Saint-Bavon*, 1re partie, p. 49.

Deux miniatures, dont l'une accompagne notre texte, ornent les œuvres de saint Jean et de saint Matthieu; elles représentent ces saints Évangelistes offrant au Christ qui les bénit, les pages divines que leur main a tracées.

Ce manuscrit est composé de 224 feuillets, dorés sur tranche; plusieurs feuillets, et notamment les titres des Évangiles de saint Luc et de saint Marc, manquent. D'autres sont endommagés.

D'après un inventaire des joyaux et autres objets précieux appartenant au trésor de l'abbaye de Saint-Bavon, dressé le 6 mai 1482, l'ancienne reliure du *livre écrit par saint Liévin* était garnie de pierres précieuses et de bas-reliefs d'argent doré. Cette reliure a été remplacée par une autre en velours violet, à coins et fermoirs d'argent ciselé, et ornée sur plat de l'effigie de saint Liévin, gravée dans un médaillon ovale.

2° Un gros volume, contenant des documents précieux pour l'histoire de l'abbaye de Saint-Bavon et de la collégiale qui lui succéda; des pièces non moins intéressantes concernant la constitution des États de Flandre, les cotisations du clergé dans les subsides à fournir pour les seize députés au concile de Trente. On y trouve aussi l'histoire du chapitre de Sainte-Pharaïlde, ainsi que les actes capitulaires de ce chapitre depuis 1584 jusqu'en 1707; les inventaires des chartes de ce chapitre, dont la plus ancienne y mentionnée date de l'an 1138. Ce manuscrit est terminé par les comptes d'un repas des chanoines du chapitre qui eut lieu le jour de saint Gilles, le 1er décembre 1598. On y but de la bierre, du vin du Rhin, et par extraordinaire du vin de France. Ces comptes prouvent que l'appétit des bons chanoines ne laissait rien à désirer.

3° Un manuscrit contenant les offices épiscopaux du temps d'Égide Boele, abbé de Saint-Bavon et évêque *in partibus* de Rosence.

La reliure de ce volume porte le millésime de 1624.

4° Le REGISTRUM CONTRACTUUM.

Dans ce volume nous avons trouvé divers contrats passés avec des artistes et des fondeurs de cloches que nous reproduisons dans nos PIÈCES JUSTIFICATIVES.

5° LES COMPTES de la fabrique de l'église de Saint-Jean, depuis l'année 1555.

6° LE COMPTE de l'emploi du subside accordé par Charles-Quint pour la construction de la nouvelle cathédrale. Cette pièce est d'autant plus curieuse qu'elle fait suite au devis des travaux, appartenant actuellement aux Archives provinciales de la Flandre orientale et que nous donnons *in extenso* dans les PIÈCES JUSTIFI-CATIVES.

7° LES COMPTES de la donation de l'évêque Triest, de 1658 à 1795; cette collection est surtout utile à consulter pour les œuvres d'art que la cathédrale possède.

8° LES COMPTES de la chapelle de Notre-Dame aux Rayons; ils datent de l'année 1402.

9° LES ACTES CAPITULAIRES du chapitre, depuis l'an 1557 jusqu'à nos jours.

10° UN MANUSCRIT petit in-folio, donné par le chanoine Eugène-Ignace de Castro, chantre de la cathédrale. Ce volume contient plusieurs documents appartenant à diverses époques, mais aucun n'est antérieur à la fin du XVI° siècle; ce sont :

a. Un abrégé chronologique de l'histoire de l'abbaye de Saint-Bavon, intitulé : STATUTA CAPITULI SANCTI BAVONIS. Sur le dernier feuillet on remarque ces deux vers français, inspirés sans doute par les événements politiques qui bouleversaient les Pays-Bas à cette époque :

La seule liberté, la liberté ruine :
Heureulx celuy qui vit en liberté divine.
1580 1er d'apvril.

b. Une chronologie des abbés de Saint-Bavon, des prévôts du chapitre, des évêques de Gand et des dignitaires de la cathédrale, avec un grand nombre de blasons coloriés.

c. La description et les dessins coloriés des vitraux qui ornaient autrefois la cathédrale. Voici l'en-tête de cet intéressant manuscrit :

Hier naer volghen alle de ghelase veinsteren vande cathedrale kercke van Ste Baefs, in Ghendt, beghinnende boven de hendelduere St Anne capelle, ende zoo de noortzyde voort met heure figuren, ten naesten dat es doendelich gheweest.

Au moyen de cette pièce précieuse, qui compte 22 feuillets, on pourrait rétablir les vitraux de la cathédrale exactement comme nos ancêtres les ont vus.

d. Une nomenclature chronologique des abbés de l'abbaye de Saint-Bavon, des évêques et des dignitaires de la cathédrale, avec leurs armoiries coloriées.

Tous ces documents que nous nous contentons de signaler, parce qu'ils sont reproduits en partie dans les PIÈCES JUSTIFICATIVES de notre travail, sont précieux pour l'histoire de la cathédrale.

Les livres terriers, les cartes et les plans des immenses biens de l'abbaye de Saint-Bavon, situés dans toutes les parties de la Flandre, forment également une vaste et curieuse collection.

Les archives de la cathédrale ont cependant perdu une grande partie des richesses qu'elles possédaient autrefois. Les archives provinciales se sont enrichies de ses dépouilles, et les plus beaux manuscrits appartiennent actuellement à la bibliothèque de l'Université de Gand. Au reste, ne nous plaignons pas de ce morcellement. Ces trésors sont placés sous l'égide du Gouvernement et confiés à la garde de deux savants qui les communiquent avec une courtoisie

et une obligeance extrêmes à tous ceux que l'amour de la science conduit à la Bibliothèque ou aux Archives de la Flandre orientale.

Pendant les troubles du XVIe siècle, les archives de la cathédrale furent pillées. Les Iconoclastes avaient déchiré les livres saints, après avoir brisé les vases sacrés. Cependant quelques-uns des sectaires, plus avides que les autres, s'étaient appropriés certains manuscrits, sans doute les plus rares et les plus précieux, pour les vendre aux amateurs qu'ils pourraient rencontrer. Leur espoir ne fut point deçu, car nous avons trouvé la quittance suivante, par laquelle Corneille Breydel, le même dont les mémoires nous ont fourni tant de détails inconnus, remboursa à un nommé Steelant une somme de cent vingt-six livres de gros pour le rachat de vingt manuscrits provenant du pillage des archives de la cathédrale. Voici cette pièce :

« Je soubsigné confesse avoir receu du sieur Corneille Breydel, prestre et receveur des biens de St Bavon, la somme de cent vingt-six livres, de XL gros chacune livre, qu'il m'a payé comptant par charge et ordonnance de messeigneurs du chapitre dudict St Bavon, pour le rachapt de vingt-six livres escriptes en parchemin que durant les troubles passés j'avois achepté au mesme prix, pour la conservation d'iceulx. Tesmoing ceste signée ce VIIIe de febvrier 1585. — Soubsigné STEELANT. »

Quels étaient ces manuscrits précieux? On l'ignore; mais il est probable que la bibliothèque de l'Université de Gand en possède et que les deux magnifiques volumes manuscrits des œuvres d'Ovide, qui appartiennent à l'Évêché, étaient au nombre des volumes rachetés par Corneille Breydel.

Les comptes de l'église nous apprennent qu'au XVIe siècle, les fermoirs à clef des livres d'église, missels et autres, provenaient de serruriers de Nuremberg (1).

_____

(1) Item voor Nurenburchsche sloetkens metten slortelkens om het matrologie bouck mede te sluyten, XIIII d. gr. *(Comptes de 1561).*

Un autre article non moins curieux à rappeler, et que nous trouvons dans les comptes de l'année 1656, prouve qu'à cette époque l'église possédait une imprimerie privée (1).

SACRISTIE PAROISSIALE.

Ici nous ne trouvons qu'un tableau peint sur panneau, représentant *le Christ mort sur le giron de sa Mère*. Cette œuvre, dont le faire accuse une main habile, est signée L^F 1610; ce qui a fait supposer qu'elle est de *Luc Franchoys*, le Vieux, dit de Malines, qui travailla pour les cours de France et d'Espagne (2). Il serait difficile de dire si cette supposition peut être considérée comme une certitude, attendu que les travaux de ce peintre sont peu connus. Dans le tableau qui nous occupe, le donateur est représenté agenouillé devant un prie-dieu. Autrefois la partie inférieure du cadre portait cette inscription :

SUB UMBRA ALARUM TUARUM PROTEGE ME.
ÆTATIS SUÆ 75. NATUS ALDENARDÆ, ANNO 1535, DIE 5 JULII
ACTUM 30 OCTOB. 1610.

---

(1) Item betaelt aen Jan Banchost, timmerman van style, over leveringhe van een tafel op de druckerye in de selve kercke, met noch eenighe gheschurpte delen, per billet, ordon. ende quit., XXIIII sch X gr.

(Comptes de la fabrique de l'église de 1656).

(2) V. SIRET, *Dictionnaire historique des peintres*.

CRYPTE.

La crypte!... A ce nom la pensée se reporte vers ces temps où le Christianisme s'élevait comme un astre radieux répandant la vivifiante lumière de l'Évangile sur le monde. Temps héroïques, d'abnégation sublime et de foi ardente, où les premiers chrétiens n'avaient d'autres temples que les carrières de Rome, d'autres autels que les tombeaux des martyrs qui avaient versé leur sang dans les arènes du Colisée.

Moins sombre que ces lieux sacrés, la crypte de Saint-Bavon a cependant un caractère imposant, qui commande le respect et fait naître dans l'âme ce sentiment religieux que les vieux édifices du culte catholique inspirent toujours.

Sous ces voûtes immenses, éloigné du bruit de la foule et des passions qui l'agitent, l'homme livré à lui-même, se recueille et éprouve le besoin de méditer sur sa destinée.

Ces dalles froides et humides couvrent la poussière de vingt générations éteintes et lancées par la main de Dieu dans l'océan de l'Éternité! D'innombrables et fastueuses inscriptions tumulaires rappellent aux vivants que ceux qui les ont précédés dans la tombe avaient leurs faiblesses.

Dans ces sombres galeries dont l'ensemble forme une vaste nécropole, la Mort vous poursuit. Impitoyable guide, elle s'attache à vos pas, montre du doigt ceux qui ne sont plus, détaille leurs grandeurs éclipsées, et le sarcasme sur la bouche, elle montre au visiteur anéanti, humilié, la fragilité de son être, en prononçant ces solennelles paroles de l'Écriture : VANITÉ DES VANITÉS, TOUT N'EST QUE VANITÉ !

La flamme du cierge de cire jaune, dernier débris des funérailles d'un riche, que vous tenez à la main, semble s'agiter sous le souffle mystérieux de la Mort, dont l'image est gravée sur les sépulcres qui vous environnent. L'aspect général de ces lieux devient plus lugubre encore lorsque les rares vitraux qui y laissent pénétrer la clarté du jour, sont battus par la tempête. C'est alors qu'on peut s'écrier avec le poëte latin : « Ici tout fait frissonner, et le silence même y est plein d'épouvante. »

Mais qui pourrait dire ce qui se passe dans l'âme déjà si profondément remuée, lorsque tout-à-coup le DIES IRÆ, ce chant solennel qui peint si bien la colère divine, vient frapper l'oreille? Lorsque les accents graves et sublimes du MISERERE, entonné par de nombreuses voix au-dessus de la voûte épaisse qui supporte le chœur de la cathédrale, viennent vous avertir que vous gisez vivant dans un vaste tombeau, et qu'un jour ces mêmes chants religieux retentiront aussi au-dessus de votre tête, mais qu'alors il ne vous sera plus donné de les entendre !

Auguste Voisin dit quelque part que le célèbre improvisateur français De Pradel, passant à Gand en 1830, s'est écrié en visitant ce temple souterrain :

> Vers la crypte profonde un sentiment pieux
> M'appelle et fait courber mon front silencieux.
> Sombre asile des morts endormis sous la pierre,
> Tu remplis tous les cœurs d'un besoin de prière ;
> Ainsi près de la tombe où tout est vérité,
> Le mortel se rattache à la divinité.

Telle est l'impression que l'aspect de la crypte de Saint-Bavon produit sur le visiteur.

Consultons maintenant l'auteur de l'*Histoire de l'abbaye de Saint-Bavon*, et voyons ce qu'il dit de l'origine de ce monument, que nous venons de contempler dans son ensemble.

« La première mention de cette chapelle se trouve dans une charte de Transmare, évêque de Noyon : « *capellam,* » y dit-il, « *quam in eodem portu (Gandavi) nuper dedicavi 14 kal. maii 941.* » C'est une charte apocryphe, dit-on; c'est une question assez indifférente pour l'objet qui nous occupe. Thielrode dans sa chronique dit aussi : « *Anno 941, 17 kal. maii facta est prima dedicatio cappellulae in Oppido Gandensi in honore S. Johannis Baptistae, S. Bavonis, sanctique Vedasti à Transmaro Noviomagensi episcopo, et ille locus capellule inter Scaldam et Legiam fluvios, nuncupatur Herehem.* » Il s'exprime ainsi dans un autre passage : « *Capellam insuper, quae in eodem portu constructa nuper populo fuerat, prefati coenobii* (S. Petri in Blandinio) *abbate Gerardo rogante, dedicavi.... remota ab altario eiusdem capellae omni redemptione et respectu tam nostro quam successorum nostrorum ut perpetua libertate ad Blandinium respiceret sine ullá successorum nostrorum usurpatione.* » Le roi Lothaire parle également de cette chapelle dans son diplôme du 4 mai 961, en ces termes : « *In ipso quoque portu* (Gandensi) *omnes mancioniles cum ecclesia in eo sita.* » Quoique cette église n'y soit pas nommée, il ne peut être question ici que de la chapelle de Saint-Jean, puisqu'on n'a jamais soutenu qu'à cette époque il existât à *Herehem* une autre église. Le pape Benoît VII fait aussi mention de l'église de Saint-Jean dans sa bulle du 25 mai 979, par laquelle il envoya à Pierre Goethals, *Petro Bonicolla dicto,* seigneur de Mude, des reliques des saints Marcellin, Maximien et Quirin, *de quibus reliquiis, ex desiderio nobis expresso disponere licebit pro ecclesiis nempe S. Bavonis, S. Joannis, nec non aulae Ste Pharahildis in ipsa civitate Gandensi.*

» Avant de citer les autres documents qui mentionnent cette chapelle, nous ferons observer qu'elle ne fut pas atteinte par les deux terribles incendies qui réduisirent en cendres une grande partie de la ville de Gand, en 1120 et 1128.

» En 1145 le pape Eugène III confirma en faveur de l'abbaye de Saint-Pierre, la possession canonique de la *capella S. Joannis Baptiste in Burgo;* Gérard, évêque de Tournai, prit la même résolution en 1150, « *capella videlicet S. Johannis in Burgo gandensi.* » Wautier, évêque du même diocèse, lui assura en 1170 la jouissance des oblations faites à la même église, *jus oblationum ecclesiae S. Johannis.* La même église de Saint-Jean est mentionnée dans une bulle du pape Alexandre III, au sujet de ces oblations, et dans une autre bulle de l'année 1181; enfin en 1187, le pape Urbain III, en confirmant à la même abbaye la possession de tous ses biens, n'oublie pas celle de la *capella S. Joannis Baptistae in Burgo.*

» Ces documents établissent incontestablement qu'il existait à Herehem, nommé Gand dans la suite, une chapelle dédiée à saint Jean-Baptiste et construite avant l'année 1145. En 1228, le collége échevinal des Trente-Neuf fit bâtir *le chœur de l'église de Saint-Jean* : c'est un fait qui est confirmé par le caractère architectonique du monument même.... (1).

» Nous lisons dans les *Acta Sanctorum,* qu'un noble homme nommé *Poppon,* qui suivait la carrière des armes, se rendit en pélerinage à Jérusalem avec deux de ses amis, nommés *Lausus* et *Robert.* A leur retour de la Terre Sainte, ils déposèrent quelques reliques dans l'église de Deynze; Robert embrassa la vie monastique, et Lausus se retira dans l'abbaye de Saint-Pierre, au mont Blandin, à Gand, sans toutefois prendre la tonsure. Celui-ci

(1) V. page 4.

désigna le lieu de sa sépulture dans l'église de Saint-Jean, à Gand, qu'il avait fait bâtir, « atque Gandavi in ecclesia S. Joannis, *quam ipse construxerat*, locum sibi funereae quieti, diligerat. » Ce sont les paroles du légendaire.

» A moins de vouloir contester la véracité de cet écrivain, il doit demeurer établi que la chapelle de Saint-Jean doit son origine à *Lausus*, compagnon d'armes de saint Poppon, qui mourut le 8 février 1048, à l'âge de soixante-dix ans; quoique l'époque de la mort de Lausus ne soit pas positivement connue, on peut la fixer avec vraisemblance à peu près vers le même temps. Le Bollandiste qui édita la légende de saint Poppon, ne forme aucun doute que ce ne soit *Lausus* qui fonda la chapelle de Saint-Jean, opinion qui est partagée par De Bast, dans ses recherches sur l'ancienneté de la ville de Gand, et par M. le chanoine De Smet, dans un opuscule qu'il vient de publier sur la cathédrale de Saint-Bavon; mais Ghesquière croit que l'on doit en reculer la fondation jusqu'aux temps de l'évêque Transmare, à moins, dit-il, « *quod mihi quidem non absimile verò apparet, dedicata quondam a Transmaro capella seu capellula in eam amplitudinem Lausi operá excrevit, ut jam non capella seu capellula, sed ecclesia vocari meruerit;* » opinion que l'on pourrait adapter avec plus de vraisemblance aux travaux de Lausus, qui ont été considérablement augmentés par les travaux exécutés postérieurement par le collége des Trente-Neuf. En outre, il est à remarquer que cet édicule dans les premiers temps de son existence ne porta pas le nom de *crypte*, mais celui de chapelle, le seul qui lui fut applicable alors, puisqu'aucun bâtiment ne le surmontait et qu'on pouvait y entrer de plein pied. Ce ne fut qu'après qu'on eut élevé le chœur qu'on put lui donner la dénomination de *crypte.* »

L'auteur entre ensuite dans de curieux détails architectoniques, il décrit en termes techniques les moindres parties du vieil édifice avec une justesse remarquable; puis il termine en disant :

« En résumé, il résulte de ce que nous venons de dire et de l'examen sérieux que nous venons de faire des lieux, que la chapelle de Saint-Jean a été fondée vers le milieu du XIe siècle par Lausus, ancien compagnon d'armes de saint Poppon; que son œuvre fut remaniée au XIIIe siècle, quand le chœur de l'église haute fut construit; qu'à cette époque la chapelle de Saint-Jean avait exigé des réparations à cause de la déviation de quelques-uns des supports de la voûte; que les nefs latérales actuelles ont été élevées sur l'emplacement d'autres plus anciennes; que la chapelle primitive avait autrefois des proportions plus vastes qu'elle en a maintenant; que la partie antérieure de l'ancienne chapelle fut démolie, parce que la courbe de l'abside du chœur supérieur n'en a pas permis la conservation; que l'entrée primitive se trouvait du côté de la place, en face du palais épiscopal, dont le niveau se trouve à la même hauteur que le sol de la chapelle; qu'à l'extérieur il n'existe plus de traces de la façade de cette chapelle; que les fenêtres trilobées, qui y répandent la lumière, entourées à l'extérieur d'une large moulure, qui les encadre carrément, datent du temps de la construction du chœur, et enfin que la chapelle de Saint-Jean ne put prendre la dénomination de crypte qu'après la construction du chœur, au commencement du XIIIe siècle. »

Parcourons maintenant ce temple mystérieux et jetons un regard sur les œuvres artistiques et les innombrables tombes qu'il renferme.

Sur le palier de l'escalier, on remarque un joli monument de marbre, adossé au mur. Il est élevé à la mémoire de *Pierre De Vos*, seigneur de Herlebaut, dont voici l'épitaphe :

CY GIST NOBLE HOMME PIERRE DE VOS,
ESCUIER, SEIGNEUR DE HERLEBAUT,
FILS DE MESSIRE JEHAN, CHEVALIER,
LEQUEL TRÉPASSA LE DERNIER DE JUILLET
LAN MIL CINCQ CENTS OCTANTE SEPT.
LEDICT PIERRE DE VOS A LEGATÉ
PARDESSUS AULTRES DONS PIEUS
AUX POUVRES DE CESTE ÉGLISE
CINCQUANTE—TROIS LIVRES DE GROS
PAR AN, POUR ESTRE DISTRIBUEZ
SELON LE CONTENU DE SA DERNIÈRE
VOLONTÉ.
QUAND IL PLAIST A DIEU.

Quartiers :

De Vos. Moere. Schoorisse. Steelandt.
De Blasere. Joncheere. Vos. Halewin.

Au bas de l'escalier, et également adossé à la muraille, on voit le monument funèbre élevé à la mémoire d'Antoine de Vulder et de sa femme Jeanne Van Wyckuuse. Comme l'inscription l'indique, après la destruction de l'église des Pauvres Claires, ce marbre fut transporté dans la crypte de la cathédrale :

CY DEVANT GIST NOBLE DAME, DAME
JEHENNE VAN WYCHUUS, EN SON VIVANT COMPAIGNE
DE MESSIRE ANTOINE DE VULDER,
CHEVALIER DU CONSEIL D'ESTAT AUX AFFAIRES DES
PAYS-BAS ET DE BOURGOGNE LEZ LA PERSONNE
DE SA MAJESTÉ, TRESPASSÉE A DUNCKERCQUE LE 23
D'OCTOBRE 1639. AYANT SES HÉRITIERS FAICT ÉRIGER
CEST ÉPITAPHE A L'HONNEUR DE SA MÉMOIRE,
APRÈS Y AVOIR TRANSPORTÉ SON CORPS EN CESTE
LEUR FRANCHE SÉPULTURE.
PRIEZ DIEU POUR SON AME.
CE MONUMENT TRANSPORTÉ DE L'ÉGLISE RUINÉE
DES PAUVRES CLAIRES, EN CESTE CATHÉDRALE
L'AN 1788.

Quartiers :

Wychuus. de Zoete. de Brune. de Hont.
De Brune. de Pape . . . . . (1) van den Heede.

(1) Ce quartier est enlevé.

Dans le pavement, à l'entrée de la crypte, on remarque la pierre sépulcrale du chanoine Roose, dont voici l'épitaphe :

IN HAC
SEPULTURA LIBERA
RECONDITI SUNT CINERES
REVERENDI ADMODUM ET AMPLISSIMI DOMINI
D. JACOBI ROOSE,
J. U. L. PRESBYTERI.
HUJUS EXEMPTÆ ECCL. CATH.
CANONICI AC PRÆPOSITI
PER ANNOS XXX.
OBIIT DECIMA FEBRUARII
MDCLXXII,
ÆTATIS
REQUIESCAT IN PACE.

Première Chapelle.

Dans le pavement, on remarque une grande pierre ornée des armoiries de la famille Vrancx et de cette épitaphe :

D. O. M.
HIER LEET BEGRAVEN
HEER GUILHELMUS VRANCX, CANONICK
DESER KERCKE, OUDT WESENDE   JAREN,
DIE STERFF DEN   DACH VAN   ANNO 16 .
ENDE JOUFFR. CATHARINA VRANCX, MAGET,
SYNE SUSTER, BEYDE VAN MECHELEN,
OUDT SYNDE 47 JAREN, DIE STERFF 9 AUGUSTI
ANNO 1614.
BIDT VOOR DE ZIELEN.
O JESU MISERERE MARIA MATER
GRATIÆ IN HORA MORTIS SUSCIPE.

Puis une autre, indiquant la sépulture du doyen Maximilien Vande Woestyne :

HIC JACET
REVERENDUS ADMODUM ET NOBILIS DOMINUS
MAXIMILIANUS VANDE WOESTYNE,
HUJUS EXEMPTÆ CATHEDRALIS ECCLESIÆ SANCTI BAVONIS
DECANUS.
OBIIT 1ª JANUARY 1669.
R. I. P.

Deuxième Chapelle.

Cette chapelle est sombre et encombrée de mobilier. Fragments de bancs, chaises, catafalques et civières y sont entassés pêle-mêle.

Dans le pavement, nous trouvons deux pierres tumulaires qui portent les épitaphes suivantes :

1° Celle de Marie de Bourgogne, femme de Godefroid Deste, seigneur de Rehon.

EXPECTA
PAULISPER VIATOR ET
HÆC SPECTA, NON HABES HIC HUMILEM IGNOBILIS URNÆ
CINEREM; SED GLORIOSUM NOBILIS UMBRÆ TUMULUM :
HIC JACET ET SUA VIRTUTE ET MAJORUM STEMATE
INSIGNIS DOMINA MARIA A BURGUNDIA, FILIA NOBILIS VIRI
ANTONII D. DE WACKEN, CATTHEM, CAPELLE, OLIM
ZELANDIÆ GUBERNATORIS, ARCHITALASSI PRIMATIS. UXOR
FORTISSIMI JUXTA AC NOBILISSIMI VIRI GODEFREDI DESTE,
D. DE REHON, HUMONT, LUSSI, VOORDE, NUPER WERTHÆ,
NUNC DAMP VILLERY GUBERNATORIS, QUÆ HUC MORTIS
QUASI PRÆSAGA VENIT, UT QUAM A PATRIA VITAM
ACCEPERAT PATRIÆ REDDERET, REDDIDIT ET DUM PATRIAM,
QUAM QUÆSIERAT, PERDIDIT, MELIOREM INVENIT; SIC SPERARE,
SIC CREDERE NOS JUBET CONSTANS ILLIUS IN DEUM PIETAS,
IN PROXIMUM AMOR. IDEM, ILLIUS MANIBUS VOVE
VIATOR ET VALE.
VIXIT ANNOS LXIIII, MENSES XI. DIES II.
DEVIXIT PRIDIE KAL. MAII A° MDCXXVII.
POSUIT UXORI BENE MERITÆ MOESTISS. CONJUX
QUOD EAM SIBI POSUISSE NOLUERAT.

2° La sépulture d'Égide Estrix, chanoine de la cathédrale.

HIC JACET
REVERENDUS DOMINUS ÆGIDIUS ESTRICX,
PRESB. S. T. L.
HUJUS EXEMPTÆ CATHEDRALIS
ECCLESIÆ SANCTI BAVONIS
CANONICUS
GRAD. PENITENTIARIUS,
AC DEIN SCHOLASTICUS.
OBIIT 19 MAII 1658.
R. I. P.
AMEN.

24

Troisième Chapelle.

Un escalier, construit vers la fin du siècle dernier, occupe cette chapelle et conduit à la rue.

Quatrième Chapelle.

Contre la muraille on remarque un monument de marbre blanc, encadré dans le granit, élevé à la mémoire d'Étienne Solu, seigneur de Moulineau; on y lit cette épitaphe :

D. O. M.

HIC SITUS JACET
STEPHANUS SOLU,
EQUES, DOMINUS DE MOULINEAU,
TUM COMITATE MORUM, TUM FORTITUDINE ANIMI,
TUM PRÆCOCE PRUDENTIA,
ET PRÆTER ÆTATEM VIRTUTIBUS BELLICIS
APUD OMNES COMMENDATISSIMUS,
QUI,
DUM IN GALLICA PRÆTORIANORUM LEGIONE
SUBCENTURIONIS FUNGENS MUNERE
URBEM HANC
LUDOVICO XIIII GALLORUM REGE INVICTISSIMO
OPPUGNANTE,
AD OBSIDIONALE VALLUM PROPERANS,
ET STRENUÈ VICES SUAS AGENS,
EXPLOSO E TORMENTO MURALI GLOBO
IN CRUS IMPACTO,
DOLENTIBUS ACERBÈ PARENTIBUS OPTIMIS,
COMPLORANTE TOTO EXERCITU,
VIX TERTIUM ET VIGESIMUM ÆTATIS SUÆ EGRESSUS ANNUM
OCCUBUIT
POSTRIDIE IDUS MARTII CIꓛ IꓛC LXXVIII.

R. I. P.

Dans le pavement, on voit plusieurs pierres tumulaires dont les inscriptions sont devenues illisibles; l'une d'elles indique cependant encore le lieu de sépulture de Jacques de l'Espinoy, sous-diacre de la cathédrale, mort le 30 septembre 1626. Il était fils de

Philippe, vicomte de Térouanne, l'auteur des *Recherches des anti-quités et noblesse de Flandres*, et de Corneille de Norman.

Cinquième Chapelle.

L'autel est orné d'un tableau représentant la *Descente de croix*. Cette œuvre, qui n'est pas dénuée de mérite, est attribuée à *Franc*, dit *le Vieux*.

A la droite de l'autel, les yeux s'arrêtent sur un petit monu-ment presqu'entièrement mutilé, élevé à la mémoire de François Borluut et de sa femme Agnès Tackoen. Il porte cette inscription flamande :

> HIER VOOREN LIGGHEN BEGRAVEN
> EDELEN ENDE WEERDEN JONCHEER
> FRANCHOIS BORLUUT, V⁸ J⁷. ADRIAENS,
> DIE OVERLEET DEN XXII⁶ⁿ AUGUSTI
> ANNO 1609. ENDE JONCVRAUWE
> AGNES VAN ZELEBEKE, GHESEYT
> TACKOEN, ZYNE GHESELLENEDE,
> OVERLEDEN DEN XVI⁶ⁿ
> FEBRUARIUS 1649.
> BIDT GODT VOOR DE ZIELEN.

Quartiers :

Borluut. de Jaghere. Sersanders. Wterzwane.
Zelebeke. Beaufremez. Snibbele. Vanden Eede.

En face de l'autel, on a placé contre la muraille le monument élevé en 1606 à la mémoire de François de Lummeue, le gendre du fameux démagogue Hembyze (1). Le défunt y est représenté à genoux devant le Christ en croix.

Le monument porte cette inscription :

> ASPICE MORTALIS PRO TE DATUR HOSTIA TALIS,
> CUR NON MIRARIS, MORIOR UT NON MORIARIS :
> TESTES SUNT CLAVI, PER QUOS TUA CRIMINA LAVI,
> MORTEM MORTE, DOMO, NE MORIATUR HOMO.

(1) V. page 22.

puis cette épitaphe :

HIER LIGHT BEGRAVEN JONCHEER FRANCUOIS
VAN LUMMENE, GHEZEYT VAN MARCKE, F⁸ JOORIS,
SCHILTCNAPE, IN ZINEN LEVEN HEERE VAN
HENSRODE, GHYSEGHEM, BAVEGHEM, TRIST, ETC.,
DIE OVERLEET DESER WEERELT DEN XIᵉᴺ DECEMBRIS 1580,
ENDE JONCVRAUWE JOANNE VAN WAERGHEM, F⁸ YDROPS,
GHEZELNEDE VAN JONCHEERE JAN VAN HEMBYZE, ZYNE
SCHOONMOEDER, DIE OVERLEET DEN XVIIIᵉᴺ JULY 1579.
BIDT GODT ALMACHTICH VOOR HAERLIDER ENDE ALLE GHELOOVEGHE
ZIELEN.

Quartiers :

Lumene. Boccaert. Meere. Bosch.
Illoirs. Brugghe. Mote. Bracle.

Dans le pavement nous trouvons diverses épitaphes, que nous allons reproduire.

1° Une petite pierre aux armes de Vaernewyck, avec cette devise : Laet vaeren nyt.

GLAU : BONAVENᵀᵉ VAN VAERNEWYCK,
Hᴿ VAN LEMBEKE, DEPENDRO.,
ETC., OVERL. 20 APRIL 1758.

2° Une petite pierre indiquant la place où la famille Borluut avait sa sépulture, porte ce seul mot : Berluyt.

3° Près de l'autel, du côté de l'Épitre, on voit une belle pierre bleue, ornée de l'effigie de deux personnages couchés. Une ornementation en style gothique leur sert d'encadrement. Ce monument, qui porte la date de 1388, couvre la sépulture de Guillaume de Vaernewyck; on y lit :

ANNO DOMINI M. CCC. XLIX. IIII. KLAS.
JULII. OBIIT. DOMINUS. GUILLS. FILIUS. THOMÆ DE
VAERNEWIIC. ITEM. ANNO. EIUSDEM. M. CCC.
LXXXVIII. XV. KL. JULII. OBIIT DOMINUS GUILLER.
SYMONIS DE VAERNEWIIC. . . . . . .
. . . . . LOCI, ORATE PRO EIS.

4° L'épitaphe de Corneille Pierin, ornée de ses armoiries.

HIC JACET
ADMODUM AMPLISSIMUS DOMINUS
CORNELIUS PIERIN, PRESBYTERI, J. U. L.
HUJUS EXEMPTÆ CATHED. ECCLESIÆ
BAVONIS CANONICUS GRADUATUS
AC CONCILII PROVIN.
FLANDRIÆ CONSILIARIUS
QUI OBIIT 7 MARTII
1668.

R. I. P.

5° Une pierre avec l'épitaphe de Josse Triest, seigneur de Ruddershove.

SEPULTURE
VAN EDELE ENDE WEERDE HEERE MHER
JOOS TRIEST, FILIUS MHER ANTHEUNIS,
IN ZYNEN LEVEN HEERE VAN RUDDERSHOVE, LOVEN-
DEGHEM, ETC., DIE STIERF INT JAER 16 .
ENDE VAN EDELE VROUWE, VRAU BARBARA
DAMANT, FILIA MHER NICOLAS, VRAUWE VAN
OVERACKER, ZYNE WETTELYCKE HUUSVR., DIE
DESE WEERELT OVERLEET DEN XXIIIen
DECEMBER 1645.
BIDT VOOR DE ZIELE.

6° Une pierre de marbre blanc, ornée des armes de l'évêque De Smet, avec cette devise : COELESTIA CUDE ARMA.

D. O. M.
ET
IMMORTALI MEMORIÆ
ILLUSTRISSIMI AC REVERENDISSIMI DOMINI
DOMINI JOANNIS BAPTISTÆ DE SMET,
LOKERENSIS WASIANI,
EX XV IPRENSIUM, XIV GANDAVENSIUM
EPISCOPI.
OBIIT 27 SEPTEMBRIS 1741, ÆTAT. 68,
EPISCOPATUS 21.
AMATOR UBIQUE PACIS
ÆTERNA REQUIESCAT IN PACE.

7° Une autre pierre porte ces mots : OSTIUM MONUMENTI FAMILIÆ DE DRAECK.

Ne quittons pas cette chapelle sans jeter un regard sur une grande dalle bleue, granit informe que le ciseau semble avoir oublié de façonner. Cependant cette pierre raboteuse, qui ne fixe l'attention de personne, peut devenir tout-à-coup un objet de vénération pour tous ceux dont le cœur bat au souvenir d'un nom glorieux.

Nous avons vu que *Hubert Van Eyck* mourut à Gand le 18 septembre 1426, sans avoir pu terminer la grande composition que Josse Vydts lui avait commandée; qu'il fut inhumé à l'église de Saint-Jean, dans la chapelle de ce seigneur, et que pendant plus d'un demi-siècle on exposa à la vénération du public le bras de cet illustre peintre (1).

De son côté, Marc de Vaernewyck nous apprend qu'il a vu dans l'église de Saint-Jean le tombeau d'Hubert Van Eyck, et qu'il a copié lui-même l'épitaphe flamande, gravée sur une plaque de cuivre, tenue par un squelette sculpté en pierre blanche. Voici cette épitaphe :

> Spieghelt u aen my, die op my treden,
> Ick was als ghy, nu ben beneden,
> Begraven, doot. Alst is aen schyne,
> My en halp raet, const, noch medecyne;
> Const, eer, wysheyt, macht, ryckheyt groot,
> Is onghespaert, als comt die doot.
> HUBRECHT VAN EYCK was ick ghenaemt,
> Nu spyse der wormen, voormaels befaemt,
> In schilderye seer hooghe geëert;
> Cort na was yet in niete verkeert.

(1) V. page 52.

In 't jaer des Heeren, des zyt ghewes,
Duysent, vier hondert, twintich en ses,
In de maent september achtien daghen viel
Dat ick met pynen Godt gaf myn siel.
Bidt God voor my, die const minnen,
Dat ick zyn aensicht moet ghewinnen,
En vliet sonde, keert u ten besten,
Want ghy my volgen moet ten lesten.

Marc de Vaernewyck affirme avoir vu, dans le cimetière de l'église de Saint-Jean, l'os du bras du prince des peintres flamands enchâssé dans un anneau de fer. Il ajoute que son tombeau fut détruit, comme tant d'autres, lors de la reconstruction de l'église.

Toutefois, rien ne prouve que l'humble pierre que nous voyons devant nous, ne soit pas celle qui portait l'inscription rapportée par l'historien Van Vaernewyck, et peut-être couvre-t-elle encore les restes de l'illustre inventeur de la peinture à l'huile et de sa sœur, *Marguerite Van Eyck*, la digne émule de ses deux frères dans l'art de peindre.

Sixième Chapelle.

Cette chapelle possède un autel orné d'un tableau peint sur panneau et représentant *la Résurrection de Notre Seigneur Jésus-Christ*.

Dans le fond de la chapelle on remarque une toile dont le sujet est tiré de l'ancien Testament : *Judas Machabée envoyant à Jérusalem une somme considérable pour y offrir des sacrifices pour ses soldats morts dans la guerre contre les gentils*. Ce tableau, très-médiocre, est de *Gérard Honthorst* et ne rappelle nullement le faire des œuvres de ce maître.

Cette peinture, commandée par l'évêque Antoine Triest, ornait primitivement la chapelle de la Sainte-Croix, où la confrérie des âmes du purgatoire célébrait ses offices. Au-dessous on lisait ce verset tiré des Machabées : SANCTA ET SALUBRIS EST COGITATIO PRO DEFUNCTIS EXORARE, UT A PECCATIS SOLVANTUR.

Contre la muraille, nous remarquons deux volets peints par *Pourbus-le-Vieux* et qui sont d'une belle exécution.

Le premier représente *Saint Hidolphe et Saint Querin*, au-dessous desquels on lit : 𝕾. 𝕳𝖊𝖞𝖉𝖗𝖔𝖕. 𝕾. 𝕮𝖔𝖗𝖞𝖓. Le côté opposé offre le portrait du donateur, le chanoine Corneille Vander Haeghen, agenouillé devant un prie-dieu armorié à ses armes. Derrière lui est son patron, le pape *Saint Corneille*.

Le second volet représente *Saint Maclou et Saint Blaise*, au-dessous desquels on lit : 𝕾. 𝕸𝖆𝖈𝖍𝖚𝖚𝖙. 𝕾. 𝕭𝖑𝖆𝖘𝖎𝖚𝖘. 𝕭𝖎𝖉𝖙 𝖛𝖔𝖔𝖗 𝖔𝖓𝖘. Le côté opposé offre le portrait d'un autre chanoine, également de la famille de Vander Haeghen, derrière lequel on remarque *Saint François d'Assise*.

Le monument funèbre qui renferme la cendre de Marguerite de Ghistelles, morte le 1er août 1431, est placé près de l'autel.

Ce sarcophage, que nous reproduisons ici en regard, est sculpté dans le style gothique. Chacune des deux faces principales est divisée en huit niches, dans lesquelles figurent des statuettes tenant des écussons, dont l'ensemble forme les seize quartiers de Marguerite de Ghistelles. Le fond de ces niches, très-gracieusement sculptées, porte encore les traces d'ancienne dorure et de peinture. Sur le bord de l'immense pierre de granit, sur laquelle était autrefois couchée la statue de la défunte, on lit l'inscription suivante :

𝕳𝖎𝖊𝖗 𝖑𝖊𝖌𝖍𝖙 𝖇𝖊𝖌𝖗𝖆𝖛𝖊𝖓 𝕸𝖆𝖗𝖌𝖗𝖎𝖊𝖙𝖊 𝖛𝖆𝖓 𝕲𝖍𝖎𝖘𝖙𝖊𝖑𝖊, 𝖛𝖗𝖆𝖚𝖜𝖊 𝖛𝖆𝖓 𝕶𝖆𝖑𝖐𝖊𝖓𝖊, 𝖛𝖔𝖈𝖍𝖉𝖊𝖘𝖘𝖊 𝖛𝖆𝖓 𝖂𝖎𝖈𝖍𝖑𝖎𝖓𝖊 𝖊𝖓𝖉𝖊 𝖛𝖆𝖓 𝕾𝖊𝖗𝖘𝖈𝖆𝖒𝖕, 𝖉𝖎𝖊 𝖘𝖙𝖆𝖊𝖗𝖋 𝖎𝖓𝖙 𝖏𝖆𝖊𝖗 𝖝𝖈 𝖎𝖎𝖎𝖎 𝖊𝖓 𝖝𝖝𝖝𝖎, 𝖉𝖊𝖓 𝖊𝖊𝖗𝖘𝖙𝖊 𝖉𝖆𝖈𝖍 𝖛𝖆𝖓 𝖔𝖚𝖘𝖙𝖊. 𝕭𝖎𝖉𝖙 𝖔𝖛𝖊𝖗 𝖉𝖊 𝖟𝖎𝖊𝖑𝖊.

Sur l'une des faces latérales, le Sauveur est représenté assis
sur un arc-en-ciel, appelant au jugement dernier les vivants et les

morts. Dans la main droite il tient une fleur pour les élus, et
dans la main gauche un glaive pour les réprouvés. Le chevalier
et la dame représentés à genoux devant le Seigneur, sont sans
doute le père et la mère de la défunte. L'autre face latérale est
ornée d'un sujet non moins remarquable : le Père Éternel annonçant à Marie qu'il l'a choisie pour opérer le grand œuvre de
l'incarnation.

Quoique mutilé pendant la tourmente révolutionnaire du
XVI° siècle, alors que les Calvinistes eurent transformé la crypte
en caserne et en étable, ce tombeau n'en reste pas moins un des
monuments les plus curieux de l'art au commencement du XV°
siècle.

Au centre du pavement, une grande pierre bleue sculptée en
relief, indique la sépulture du chevalier Arthur de Ghistelles
et de sa femme, Catherine Van Royen. Ce seigneur était grand-
bailli d'Ypres à l'époque des troubles. Sincèrement attaché à la
foi catholique, les Calvinistes le persécutèrent et le jetèrent en
prison, comme l'atteste l'épitaphe ci-après gravée sur sa tombe :

D. O. M.

ARTHURUS DE GHISTELLES, NOBILIS EQUES,
TOPARCHA DE RIMERSCH, COELENBERGHE, ETC.,
PRIMIS BELGICÆ TURBIS IPRENSIUM ARCHIPRÆTOR.
DEO ET REGE CONSTANTER FIDUS
CUM EPISCOPIS ET FLANDRIÆ PRIMARIIS VIRIS
CARCEREM PASSUS, ET HÆRETICORUM INSOLENTIAS
DIGNITATI PRÆTORIÆ POSTLIMINIO RESTITUTUS,
EAQ. ET MUNIIS ALIIS HONORIFICE PERFUNCTUS
VITAQ. GANDAVI. DEFUNCTUS,
ANNO MDC VIII. ÆTATIS LXXII. MAII XXV,
HIC SEPULTUS EST
CUM CONJUGE NOB. KATHARINA VAN ROIEN,
QUÆ OBIIT A° MDC.   ÆTAT.   .

Quartiers :

Ghistelles. Stavele. Schore. Werghien.
Van Roien. Cotereau. Ketelbouter. Lire.

Dans la clef de voûte, on voit encore les armoiries de la famille de Ghistelles.

Dans le pavement, on remarque la pierre tumulaire qui couvre le tombeau de Jean-François Van de Velde, XXᵉ évêque de Gand. Voici son épitaphe :

D. O. M.

HIC REQUIESCIT
A LABORIBUS SUIS
ILLUSTRISS. AC REVERENDISS. DOMINUS
DOMINUS JOANNES FRANC.
VAN DE VELDE,
XX. GANDAVENSIS EPISCOPUS,
NATUS IN BOOM 8ª SEPT. 1779.
OBIIT GANDAVI 7ª AUG. 1838.
POST ANNOS FERE NOVEM EPISCOPATUS,
IN MUNDO PRESSURAM HABEBITIS,
SED CONFIDITE;
EGO VICI MUNDUM.

R. I. P.

Non loin de là est la sépulture de Jean-Baptiste Ongevalle ; elle porte cette inscription :

HIC SEPULTUS JACET
REVERENDUS ADMODUM AC AMPLISSIMUS DOMINUS
JOANNES BAPTISTA VAN ONGEVALLE,
GERARDIMONTENSIS
S. T. AC J. U. L.,
CUI DEMANDATA FUIT CURA ANIMARUM IN VARIIS
LOCIS PER ARCHIDIOECESIM MECHL. FUIT SACRÆ
SCRIPTURÆ PROFESSOR IN SEMINARIO EPISCOPALI
GANDAVENSI, DEINDE IN HAC EXEMPTA CATHEDRALI
ECCLESIA CANONICUS GRADUATUS ET POSTEA
ARCHIDIACONUS,
IN REBUS AGENDIS AC BONIS ADMINISTRANDIS
EXPERTISSIMUS, VIR PACIFICUS, AC OMNIBUS CHARUS
RELICTA SOLEMNI COMMEMORATIONE
OBDORMIVIT IN DOMINO ANNO ÆTATIS SUÆ 58,
DIE 9 APRILIS 1768.

R. I. P.

Citons encore l'épitaphe du grand-vicaire Henri du Pierreux :

HIC JACET
R. D. HENRICUS
DU PIERREUX,
PRESBYTER, HUJUS EXEMPTÆ
CATHEDRALIS ECCLESIÆ, MAGNUS
VICARIUS, ET PER 37 ANNOS
PHONASCUS VIGILANTISSIMUS.
OBIIT 20 MARTII 1730.
REQUIESCAT IN PACE.

Les autres pierres tumulaires qui composent le pavement de la chapelle, ont été enlevées de l'église haute et transportées dans la crypte. Elles sont faciles à reconnaître, attendu qu'elles portent toutes un numéro d'ordre, correspondant à celui d'un registre où toutes les inscriptions ont été recueillies.

Septième Chapelle.

Cette chapelle, la mieux éclairée de la crypte, est ornée d'un autel sculpté dans le style de la renaissance. Le rétable renferme *une Sainte famille*, peinte sur panneau et attribuée à *François Franck*. Cette œuvre a de la grâce, le dessin en est correct et le coloris ne manque pas de vigueur.

Sur l'autel, nouvellement restauré, on remarque un crucifix de bois doré. Sur le pied l'artiste a sculpté en relief l'épisode du *Serpent d'airain élevé par Moïse*.

Aux deux côtés de l'autel sont placés les bustes de bois, aux proportions colossales, de la *Mère de Dieu* et de *saint Jean*. Le premier est d'une belle exécution. Ces deux bustes, ainsi que le beau *Christ* qui gît aujourd'hui mutilé dans la partie la plus sombre de la crypte, faisaient partie du Calvaire de l'ancien cimetière. Évidemment ces trois figures sont de la main d'un bon statuaire.

Cette chapelle possède plusieurs tableaux.

Une grande toile représentant l'*Annonciation*. C'est bien là une copie détestable de l'une des meilleures œuvres de *Nicolas Roose*.

En face de ce tableau figure *la Résurrection de Lazare*, autre peinture de la même valeur. Il n'en est pas ainsi des volets qui ornent les murs de la chapelle. Ces volets, débris d'œuvres mutilées, représentent :

1° *Saint Amand* en habits pontificaux.

2° Le donateur Corneille Vander Haeghen, chanoine gradué de la cathédrale, à genoux et en prière (1).

Lorsque ces deux volets sont fermés, leur ensemble représente *l'Annonciation*. Le messager de Dieu porte une banderole, sur laquelle on lit : AVE GRATIA PLENA.

L'intérieur de ces deux volets, c'est-à-dire *saint Amand et le donateur*, sont d'un faire tellement délicat que nous n'hésitons pas à l'attribuer à *François Franck*. Quant à la partie extérieure, il est évident qu'elle est d'une main moins habile.

Ces panneaux sont placés de chaque côté de l'autel (2).

3° *Saint Jean-Baptiste*, et sur les revers, *saint Liévin*, en grisaille.

4° Le portrait du donateur, le chanoine Jean de Hertoghe. Il est à genoux et derrière lui son saint patron se tient debout. Le revers représente *saint Bavon*, peint en grisaille.

Ces deux volets sont de la main de *Michel Coxie* et dignes de ce maître, l'une des gloires de l'ancienne école flamande.

5° *Marie Madeleine agenouillée pleurant la mort de Jésus-Christ*. Et sur le revers : *Jésus-Christ apparaissant à Marie Madeleine sous la forme d'un jardinier*.

6° *Le Christ au roseau*, et sur le revers, *Aaron*.

(1) Voir HELLIN, p. 381.
(2) Voir HELLIN, pp. 182 et 324.

Ces deux volets sont inférieurs à ceux que nous venons de décrire.

7° Un *Ecce Homo*, et de l'autre côté, *le Christ devant Pilate*.

8° *La Cène*, et de l'autre côté, *le Sauveur du monde*.

9° Un panneau avec le portrait du donateur d'un *ex-voto*, et

10° Celui de sa femme.

Ces deux tableaux n'ont pas de revers peints et ne portent pas d'armoiries.

Dans le pavement, on remarque les sépultures suivantes :

1° De Jean Utenhove, de Jean de Vos et d'André de Vos.

VRYE SEPULTURE VAN E. JAN
WTENHOVE, F³ SIMOENS, DIE OVERLEET
DEN . . . . ENDE JONCVRAUWE
BARBARA ROMELYNS, FILIA COOLAERTS,
ZYNE GHESELNEDE, DIE OVERLEET
. . . .

HIER LICHT BEGRAVEN JAN DE VOS,
F³ JANS, HEERE VAN WTENGAERDE,
IN SYN LEVENE RAEDT ENDE COMMIS
SCONINCX PHLS. VAN SPAINGNE, ETC.,
VAN SYNE DICAIGEN ENDE RYLWEREN
INDEN QUARTIER VANDEN HUELE,
DIE OVERLEET DEN XVIII⁽ᶜⁿ⁾ VAN NOVEM-
BRE A° 1573.

HIER LICHT OOC ANDRIES DE VOS,
HAERLIEDER SONE, LICENCIAET IN BEEDE
DE RECHTEN, DIE OVERLEET DEN XI⁽ᶜⁿ⁾ VAN
DECEMBRE, A° 1567.

Quartiers :

De Vos. de Munck. Uttenhove. de
Van Coye. Asschry Wuterwylghe. Luucx. Vander Stichel.

2° De Balthasar Van Dyckele et de sa femme, Catherine Vla-mynck.

HIER LIGHT BEGRAVEN DEN EERSAMEN
BALTESAERT VAN DYCKELE, F° ADRIAENS,
DIE OVERLEET DEN XIII FEBRUARII
A° 1621, ENDE JONCVR. CATELYNE
VLAMYNCK, FILIA FRANCHOIS, ZYN GHESELLENEDE,
DIE OVERLEET DEN XIIJ°ᴺ JUNIUS
A° M VI° XI.
BIDT VOOR DE ZIELEN.

3° Une petite pierre bleue, portant le blason des épiciers, et ces mots en lettres gothiques :

𝕳𝖎𝖊𝖗 𝖑𝖎𝖈𝖍𝖙 𝕵𝖆𝖓 𝕳𝖔𝖊𝖇𝖗𝖊𝖈𝖍𝖙, 𝖈𝖗𝖚𝖉𝖊𝖓𝖎𝖊𝖗.

4° Une grande pierre de marbre blanc, fermant l'entrée du caveau de la famille de Vaernewyck, avec cette inscription :

MONUMENTUM
PRÆNOBILIS ET ANTIQUÆ
FAMILIÆ
DE VAERNEWYCK,
1734.

Quartiers :

Vaernewyck. Vander Zype.. de Bacquere. Overbeke.
De Cerf. de Moye. de Brune. Roose.
Hellin. Oosterlinck. Roose. Wulpen.
La Jonchiere. de Hertoghe. van Driel. della Faille.
Hellin. Oosterlinck. Roose. Wulpen
La Jonchiere. de Hertoghe. van Driel. della Faille.
Lalaing. Enghien. Hinckaert. vander Aa.
Landas. le Ghillion. Seraerts. Lalaing.

5° De Jean de Haese.

OSTIUM
MONUMENTI REVERENDI DOMINI
LUCÆ JOANNIS
DE HAESE, PRESBYTERI.
1740.

6° Sur une pierre bleue, on lit l'épitaphe suivante, gravée en lettres gothiques :

𝕳ier light begraven joncvr. Anna van Mielene,
f᪲ Jeronnimus, tweetste huusvr. van Gillis Coets,
overleet den xv᪲ᶜᵑ novemb. xvᵒ lxviii, ende
Gilleken Coets, f᪲ Gilles, overleet den xᶜᵑ decembris
xvᵒ xliii, mitsgaeders Lieven Coets, f᪲ Gillis,
overleet den xxviii᪲ᶜᵑ novembris vxᵒ lii.
𝕭rg sepulture.

7° Une pierre indiquant l'entrée du caveau du chanoine Charles
Van Hoobrouck, avec cette inscripiion :

OSTIUM
MONUMENTI
REVERENDI ADMODUM AC NOBILIS DOMINI DOMINI
CAROLI VAN HOOBROUCK,
HUJUS ECCLESIÆ CANONICI,
OBIIT 31 JANUARII 1707.

8° Près de cette pierre, on trouve l'épitaphe du chanoine
Louis-Joseph de Coninck, petit-neveu du chanoine Van Hoobrouck que nous venons de citer; elle est ainsi conçue :

D. O. M.
ET
PIÆ MEMORIÆ
REVEREND. ADMODUM AC AMPLISS.
VIRI DOMINI
DOMINI LUDOVICI JOSEPHI
DE CONINCK,
EXEMPTÆ HUJUS CATHEDRALIS
ECCLESIÆ
CANONICI NOBILIS GRADUATI
AC PROTONOTARII APOSTOLICI.
DECESSIT VIII SEPTEMBRIS 1744.
ANNO ÆTATIS SUÆ XLVI.
REQUIESCAT IN PACE.

9° Nous voici devant deux pierres qui recouvrent la sépulture
de Philippe van der Noot, XIII° évêque de Gand, dont le mausolée est placé dans la chapelle de N. D. aux Rayons, située au-
dessus de celle où nous nous trouvons.

OSTIUM MONUMENTI
(ILLUSTRISSIMI AC REVERENDISSIMI)
D. P. E. VANDER NOOT,
XIII. EPISCOPI GANDAVENSIS.

———

D. O. M.

MONUMENTUM
ILLUSTRISSIMI AC REVERENDISSIMI DOMINI
PHILIPPI ERARDI VANDER NOOT,
XIII. EPISCOPI GANDAVENSIS,
QUI OBIIT 3ª FEBRUARII 1730.
REQUIESCAT IN PACE.

10° Un autre prélat appartenant à cette illustre famille, Maximilien-Antoine van der Noot, XVᵉ évêque de Gand, repose sous une autre pierre de marbre blanc, sur laquelle on lit :

HIC JACET
ILLUSTRISSIMUS
AC
REVERENDISSIMUS DOMINUS DOMINUS
MAXIMILIANUS ANTONIUS
VANDER NOOT,
XV. GANDAVENSIUM EPISCOPUS,
STEMMATE PERILLUSTRIS,
DOCTRINA AC PIETATE
CONSPICUUS,
OMNI VIRTUTUM GENERE CLARUS,
PATER PAUPERUM,
FORMA GREGIS,
ECCLESIÆ PRINCIPUM NORMA,
OMNIBUS OMNIA FACTUS,
E VIVIS AD SUPEROS
TRANSLATUS EST XXVII SEPTEMBRIS
ANNO M. D. C. C. LXX., ÆTATIS LXXXV,
EPISCOPALIS DIGNITATIS XXIX.
REQUIESCAT IN PACE.

Quartiers :

Vander Noot. Hinckaert. Enghien. Berchem.
Masnuy. Bernard. de la Croix. Fourneau.
Leefdael. Gavere. Schoonhove. vander Elst.
Eynatten. Busleyden. van Schoore. vander Noot.
Vander Gracht. de Thiant. Berlo. de Romerswale.
de Gruutere. de Heurne. Rym. de Bruxelles.
Varick. Berchem. Damant. Brant.
Michault. Boisot. Halmale. Gottignies.

11° L'ancien maître-d'hôtel des évêques de Hornes et vander Noot, le sieur Étienne Motte, a aussi sa sépulture dans cette chapelle. Voici son épitaphe :

CI GIST LE Sr ÉTIENNE MOTTE,
NATIF D'AUENNE, EN SON VIVANT MAITRE
D'HOTEL DE FEU MESSEIGNEURS DE HORNES
ET DE VANDER NOOT, SUCCESSIVEMENT
ÉVÊQUES DE GAND, TRÉPASSA 14 MARS 1736.

R. I. P.

12° Un autre prélat, Govard-Gérard van Eersel, XVI° évêque de Gand, gît sous une pierre de marbre blanc, sur laquelle on lit :

D. O. M.

JACET HIC ILLUSTRISSIMUS AC REVERENDISSIMUS DOMINUS
GOV. GER. VAN EERSEL, S. L. ET I. U. L.,
ANTV. NATUS, LOVAN. IN ARTIBUS PRIMUS, ET HUJUS EXEMP.
ECCL. CATHED. SUCCESSIVE CAN. GRAD. ARCHID. ET PRÆPOSITUS
ET INTEREA TUM AD COMITIA FLANDRIÆ TERTIO DEPUTATUS
PRIMARIUS, TUM VARIIS ALIIS II SQ. GRAVISSIMIS
ET RELIGIONIS ET REI PUBLICÆ NEGOTIIS
OCCUPATUS, ADSPIRANTE VOCE DEI VOCI
POPULI XVI GANDAV. EPUS. AT VIX. SEXTO HUJUSCE
DIGNITATIS EXPLETO ANNO PERVIGIL
PASTOR, PATER OPTIMUS, MECÆNAS
MUNIFICUS CLERO SIMUL ET POPULO
CHARUS. A PATRIA TOTA DEFUNCTUS LUGETUR.
QUÆ VIVUS HUIC CATHEDRALI
PAUPERIBUSQ. DONAVIT, QUÆQ. BIS MORIENS
TESTAMENTO LEGAVIT, ÆTERNUM SUNTO SINGU-
LARIS CHARITATIS MONUMENTUM,
OBIIT 24 MAII 1778. ÆTAT. SUÆ ANNO LXV.

R. I. P.

13° L'épitaphe du chanoine de Volder :

D. O. M.

AC
PIIS MANIBUS NOBILIS AC
REVERENDI ADMODUM DOMINI
JUDOCI DE VOLDER,
I. U. LICENTIATI, HUJUS
ECCLESIÆ CANONICI GRADUATI.
OBIIT X MAII 1697.
REQUIESCAT IN PACE.

14° Une autre pierre remarquable, mais que nous croyons transportée de la chapelle de Saint-Landoald, de l'église haute, dans la crypte (1), est celle de la famille de la Villette; en voici l'inscription :

D. O. M.

MONUMENTUM LIBERUM
FAMILIÆ
PRÆNOBILIS AC AMPLISSIMI VIRI DOMINI
LUDOVICI DE LAVILLETTE,
REGIS ET CÆSARIS CONSILIARII ET PROCURATORIS GENERALIS
IN PROVINCIALI FLANDRIÆ CURIA,
NEC NON ET CONJUGIS EJUS
DOMINÆ ISABELLÆ VAN COSTENOBLE,
FILIÆ NOBILIS DOMINI FRANSCISCI ET ISABELLÆ
GRIETTENS, CONJUGUM. OBIIT ILLE DIE SEXTA
MAII 1728. ANNO ÆTATIS SUÆ 75. ILLA AUTEM
13 JULII 1700, ANNO ÆTATIS 57.
RELIQUERUNT SEQUENTES LIBEROS HIC SEPULTOS,
SCILICET :
AMPLISSIMUM ET NOBILISSIMUM DOMINUM
JOSEPHUM JUDOCUM DE LA VILLETTE,
REGI A CONSILIIS ET PROCURATOREM GENERALEM
IN EADEM FLANDRIÆ CURIA, QUI OBIIT
11 SEPTEMBRIS 1732, ANNO ÆTATIS SUÆ 36,
PRÆNOB. DOMICELLAM MARIAM,
OBIIT 14 JULII 1774, ÆTATIS SUÆ 76.
DOMICELLAM THERESIAM DE LA VILLETTE,
OBIIT 7 MARTII 1772. ANNO ÆTATIS 72.
PROCREAVIT AUTEM PRÆDICTUS DOMINUS
JOSEPHUS DE LA VILLETTE EX DOMINA
MARIA JOANNA DE MEY, EJUS CONJUGE,
MARIAM DE LA VILLETTE, QUÆ OBIIT 8 NOVEMBRIS
1757. ÆTATIS SUÆ 37.
ET
FRANCISCUM DE LAVILLETTE, OBIIT 11 MARTII 1779, ÆTATIS
SUÆ 57. HIC ETIAM SEPULTURAM LEGIT
PRÆNOB. DOMINUS FRANCISCUS VAN COSTENOBLE,
FRATER PRÆDICTÆ DOMINÆ ISABELLÆ,
QUI OBIIT 17 DECEMBRIS 175 . ÆTATIS 95.

R. I. P.

15° La pierre tumulaire qui couvre la sépulture du chanoine

_____

(1) HELLIN, p. 448, et le *Supplément*, p. 39, ne mentionne pas les dates, vu que la pierre tumulaire n'a été posée qu'en 1773.

Jacques-Jean De Block; elle porte cette épitaphe :

HIC JACET
REVERENDUS ADMODUM AC ERUDITISSIMUS DOMINUS
JOANNES MATTHEUS DE BLOCK, S. T. L.,
HUJUS EXEMPTÆ CATHED. CANONICUS, ET THES.,
SEDE VACANTE CUM ALIIS VICARIUS GENERALIS,
MORTUUS 18 DECEMBRIS 1750, ÆTATIS 86 ANNORUM,
FUND. ANNIV.
CUM SUO FRATRE GERMANO MAGISTRO
CAROLO BENEDICTO DE BLOCK, J. U. L.,
IN CONCIL. FLAND. AD¹º HORUM ECCLESIÆ
ÆDITUO, URBIS SCABINO, ET CAPITULI RECEPTORE,
MORTUO 2 OCTOBRIS 1722, HUJUSQUE PROLIBUS
LIVINO JOSEPHO, MORTUO 15.
JANUARII 1729, ÆTATIS 14 ANNORUM;
REV. ADMODUM AC ERUDITISS. DOM.
JACOBO JOANNE DE BLOCK,
S. T. ET JUR. CAN. L. HUJUS EXEMPTÆ
ECCLESIÆ CANON. GRAD., MORT. 28 OCTOB.
1734. ÆTAT. 34 ANNORUM.
R. I. P.

Le pavement contient encore plusieurs autres pierres tumulaires, dont quelques-unes sont devenues illisibles. Parmi celles qu'on a enlevées de l'église haute pour en garnir cette chapelle, nous citerons celle de Jean-François de Castro et de sa femme, Robertine-Françoise Ballet, ornée de seize quartiers; celle de Robert-Jacques Van den Hecke, chanoine de Saint-Bavon, mort le 10 juin 1779, et celle de la famille de Roucourt.

Dans la nef, une grande pierre sur laquelle on lit en lettres gothiques :

Hier licht begraven Jacob
Trunlma die syn g....
die starf den 3ᵉⁿ junney
xvᵉ xxxviij.

Hier licht begraven joevr.
Margriete van Male, starf
den xii dach in
ougst, anno xvᵉ viii.

Huitième Chapelle.

Trois fenêtres laissent pénétrer le jour dans cette chapelle, dédiée à Notre-Dame.

L'autel, construit en 1575, est dû à la munificence de Joachim de Ruuck, qui eut trois femmes, comme l'atteste l'inscription suivante :

Hier licht begraven Joachem de Ruuck, fⁱ Arenaut, die overleet den . . . . . . ende jonckvrauwe Joane Diericx, syn eerste huusvrauwe, die overleet den jᵉⁿ meye xvᵒ lxi, ende Margriete Laute, syne tweede huusvrouwe, die overleet den xxvᵉⁿ july xvᵒ lxxxviij, ende Joanne vander Kene, syne derde huusvrouwe, die overleet den. . . . . .

La même épitaphe se trouvant dans la chapelle précédente, il devient difficile de dire où le donateur a été inhumé.

Le tableau d'autel à volets représente *une sainte Famille*, d'après Raphaël. Sur l'un des volets intérieurs, on voit Joachim de Ruuck, accompagné de ses quatre fils, et sur l'autre, Jeanne van der Kene, sa troisième femme, avec ses trois filles. Ces portraits, d'une délicatesse extrême, sont bien certainement de la main d'un peintre en renom de l'ancienne école flamande. Il est à déplorer qu'une œuvre aussi précieuse ait été confiée à un restaurateur inhabile.

En face de l'autel, on voit un monument de marbre blanc et noir, élevé en 1563 à la mémoire de Simon Bette et de sa femme, Éléonore de Waudripont. Le bas-relief qui occupait le centre, a disparu, et les deux statuettes d'albâtre, qui représentaient sans doute les patrons des fondateurs, sont fortement endommagées. Sur la partie inférieure on lit :

D. O. M.

GENERIS NOBILITATE, ANIMIQ. VIRTUTE CLARISS. VIRO
AC D. SYMONI BETES, DOMINO A BOTTELE, DOMI ET
MILITIÆ MAGNIS MUNERIBUS PERFUNCTO : EJUSDEMQ.
CONJUGI, DOMINÆ ELEONORÆ DE WAUDRIPONT, ETIAM
AB ANTIQUA PROSAPIA NOBILISS. MATRONÆ DESIDERATISS.
SUIS PARENTIBUS MODESTI LIBERI P.,
OBIIT ILLE IIᵃ NOVEMB. XVᵉ LIII.
HÆC VERO SEPTEMB. XVᶜ XLVII.

Quartiers :
Bette. Vaernewyck. Triest. Lovendeghem.
Meersch. Munte de Hollande. Angerelles. Massene.
Waudripont. du Queu. la Croix. Lannoy.
Kegele. van Stalle. Clockman. Cabiliau.

Ce monument mérite une restauration complète.

Au-dessus du mausolée de Simon Bette, on aperçoit une toile hexagone, représentant *Saint Hyacinthe, de l'ordre des Dominicains, enlevant le saint Ciboire au milieu des flammes qui consumaient son couvent,* par *Nicolas Rôose.* Ce tableau est d'un beau faire.

Le dernier tableau que nous ayons à examiner dans cette chapelle, est *la Résurrection de Notre Seigneur,* par *Antoine Vanden Heuvele.* Cette œuvre n'est pas une des meilleures de ce maître.

Dans le pavement, on trouve les pierres tumulaires suivantes :

1° Une grande pierre bleue, sculptée en relief aux armes de Rym; elle indique le lieu de sépulture de Philippe Rym et de sa femme, Jeanne Vanden Eechaute. Voici l'inscription :

STEDE DER BEGRAVINGHE
VAN PHILIPS RYM ENDE VAN
JONCV. JEHANNE VANDER EECHAUTE,
SYNE GHESELNEDE, 1540.

2° L'épitaphe de Jean-Baptiste-Ignace de Pickere :

D. O. M.

SEPULTURA
D. D. AC MAGISTRORUM
FRANCISCI ET JOANNIS

BAPTISTÆ IGNATII DE PICKERE,
QUORUM EPITAPHIUM HIC SUPRA
IN SACELLO DIVORUM BAVONIS ET
SEBASTIANI ANTE ALTARE IN LAMINA
MARMOREA POSITUM
EST.
R. I. P.

3° Une pierre indiquant la sépulture des barons de Zinzerling :

OSTIUM
MONUMENTI PERILLUSTRIS FAMILIÆ
BARONIS DE ZINZERLING.

4° L'épitaphe de Gilles Spruuts et de sa femme, Marguerite Boecx :

Hier licht begraven
Gillis Spruuts, f° Simons,
die stierf in 't jaer m. cccc. lxxvij.
Ende Joncv. Margareta Boecx,
Gillis wijf was, die stierf in 't jaer m. cccc. lxxij.

5° Une pierre indique la sépulture de la famille Goethals; elle porte cette inscription :

OSTIUM MONUMENTI
NOBILISSIMÆ FAMILIÆ GOETHALS.

Neuvième Chapelle.

L'autel, érigé sur la sépulture de Catherine de Vos, est dédié à Jésus souffrant. Il est orné d'une grande composition à volets, due sans doute au pinceau de *Franck-le-Vieux*, et datée de l'an 1604. Le grand panneau représente *le Calvaire*. Sur le cadre on lit :

ADORAMUS TE CHRISTE, ET BENEDICIMUS TIBI. QUIA PER SANCTAM CRUCEM TUAM REDIMISTI MUNDUM. ANNO M. CCCCCC. IIII.

Le volet intérieur de droite représente *le Portement de la croix*, et celui de gauche *la Descente de croix*.

Les deux volets extérieurs réunis représentent *Jésus marchant au Calvaire;* tous les membres de la famille De Vos le suivent et l'aident à porter sa croix.

Sur ces panneaux, on lit ces quatre vers flamands :

> 𝔇𝔢 𝔡𝔬𝔬𝔯𝔫𝔢𝔫 𝔡𝔦𝔢 𝔰𝔱𝔢𝔨𝔢𝔫, 𝔡𝔢 𝔟𝔯𝔞𝔪𝔢𝔫 𝔡𝔦𝔢 𝔥𝔞𝔨𝔢𝔫,
> 𝔒 𝔥𝔢𝔢𝔯𝔢, 𝔥𝔬𝔢 𝔰𝔞𝔩 𝔦𝔠𝔨𝔢𝔯 𝔡𝔢𝔲𝔯 𝔤𝔥𝔢𝔯𝔞𝔨𝔢𝔫?
> — 𝔊𝔞𝔢𝔱 𝔞𝔩𝔱𝔦𝔧𝔱 𝔡𝔢𝔲𝔯𝔢, 𝔩𝔞𝔢𝔱 𝔰𝔠𝔥𝔢𝔲𝔯𝔢𝔫 𝔱𝔬𝔢𝔩,
> 𝔄𝔩 𝔠𝔯𝔦𝔧𝔠𝔥𝔡𝔤 𝔴𝔬𝔫𝔡𝔢𝔫, 𝔍𝔠 𝔤𝔥𝔢𝔫𝔢𝔰𝔢 𝔲 𝔴𝔢𝔩. 1604.

Cette œuvre a du mérite et se trouve dans un état de conservation parfaite.

Au-dessous, sur le rétable de l'autel, on remarque l'inscription suivante :

CESTE TABLE D'AUTEL AT ESTÉ DRESSÉE PAR MADEMOISELLE GERTRUD DE VOS, EN MÉMOIRE ET RECORDATION DE LA MORT ET PASSION DE NOSTRE SEIGNEUR ET REDEMPTEUR JÉSUS-CHRIST, AUDEVANT DE LAQUELLE ET AUDESOUBZ LE MARBRE DE FEU NOBLE CHEVALIER MESSIRE JEAN DE VOS, SONT ENTERRÉES TROIS DE SES FILLES, ASCAVOIR : LADITE DEMOISELLE GERTRUD, LAQUELLE TRESPASSA LE 15 DE JANVIER 1612, ET DAMOISELLE MARGUERITE DE VOS, LAQUELLE DÉCÉDA LE XI D'OCTOBRE 1584, ET DAME ANNE DE VOS, FEMME DE MESSIRE ANTOINE TRIEST, CHLR, Sr DE MEERELEBEQUE, RUDDERSHOVE, ETC., LAQUELLE TRESPASSA LE XXIIII D'OCTOBRE 1577.

PRIÉS DIEU POUR LEURS AMES. AMEN. 1604.

En face de l'autel, on voit incrusté dans la muraille un joli monument de marbre, entièrement doré et colorié, élevé à la mémoire de Maximilien Triest et de sa femme Catherine Triest, dont voici l'épitaphe :

HIER LICHT BEGRAVEN JONCHEER
MAXIMILIAEN TRIEST, Fs MER PHILIPS, DIE
OVERLEEDT DEN 29 SEPT. 1611, ENDE
JONCVRAU CATERINA TRIEST, Fa JONCHEER
CHARLES, SYNE HUYSVR., DIE OVERLEEDT
DEN 24 MAERT 1607.
BIDT VOOR DE ZIELEN.

Quartiers :
Triest. van Hoien. Bourgoignen. Andries Andric.
van Royen. Asche. Vilain. Ostende.

A la droite de l'autel, un monument mutilé, dont le soubassement seul subsiste encore, indique par l'inscription suivante qu'il fut élevé jadis à la mémoire de Melchior de Loquenghien, seigneur de Pamele, chanoine-trésorier du chapitre de Saint-Bavon (1) :

DEO OPT. MAX. ET BEATO LANDOALDO
SACRUM NECNON Mo NOBILIS AC REVERENDI DOMINI
MELCHIORIS DE LOCQUENGHIEN DE PAMELE,
QUONDAM HUJUS ECCLESIÆ CANONICI ET
THESAURARII, QUI OBIIT 20 DEC. 1636.

Ce monument a été enlevé de la chapelle de Saint-Landoald et descendu dans la crypte, lorsque le pavement de l'église haute fut renouvelé.

Dans le pavement, nous remarquons deux pierres tumulaires; l'une, parfaitement conservée, porte cette inscription dans la bordure :

Hier licht begraven Jan Deups, fᵉ Jooris, die overleet den xvij°ⁿ dach in meye xv° liiij. Ende joncvr. Jakelyne Uytlaeyus, fᵉ joncheer Coelaerts, zyn huysvr., overleet den xxj lauwe xv° lvj.

Aux quatre coins sont gravés les emblèmes des Évangélistes.

L'autre pierre sépulcrale, de marbre blanc, porte l'épitaphe et les armoiries de Jean le Monier, doyen du chapitre de la cathédrale.

D. O. M.
REVERENDISSIMUS ADMODUM ET AMPLISSIMUS DOMINUS
DOMINUS JOANNES LE MONIER,
EXEMPTÆ CATHEDRALIS ECCLESIÆ SANCTI BAVONIS
DECANUS,
TER SEDE VACANTE, CUM ALIIS
VICARIUS GENERALIS,
H. S. E.,
QUADRAGINTA FLOR. MILLIA
PAUPERIBUS LEGATIS,
OBIIT 6ᴬ AUGUSTI
Aᵒ 1675.
R. I. P.

(1) V. page 162.

27

Dixième Chapelle.

Ici on ne trouve qu'une seule pierre tumulaire. Elle couvre la sépulture de Ruffelaert Boureel et de sa femme, Pétrouille de Senechale. Voici leurs épitaphes, gravées sur la bordure de la pierre ornée des effigies des défunts et des emblèmes des quatre Évangélistes :

Hier leicht begraven Ruffelaert Boureel, die staerf int jaer m. cccc. ende xliij, den xxvj"en dach in aprille.

Hier licht begraven joncv. Pierone Senesscale, Ruffelaerts wijf was, die staerf int jaer xiiij° ende. . . . . .

Devant cette chapelle :

SEPULTURE
VAN
Sr PIETER DEPIC,
Vᵗ NICOLAES, OVERLEDEN DEN 12 NOVEMBER 1737,
OUDT 72 JAEREN,
ENDE
MARIE MAGDALENA DEPIC,
SYNE SUSTER, OVERLEDEN 24 DECEMBER 1729,
OUDT 66 JAEREN.
R. I. P.

Onzième et douzième Chapelles.

Elles n'offrent rien de remarquable.

Treizième Chapelle.

Une obscurité profonde règne dans cette chapelle qui sert actuellement de magasin. Il est pénible de voir ces lieux, jadis consacrés au culte et si bien disposés pour inspirer le respect et le recueillement, livrés aujourd'hui à un usage indigne de leur origine. Le mobilier de toute espèce qui encombre ces magnifiques souterrains, leur donne l'aspect ignoble d'une salle de vente.

Espérons que des mesures ne tarderont pas à être prises pour rendre à la crypte son caractère imposant et religieux, qu'elle n'aurait jamais dû perdre. Dans cette chapelle on trouve cependant un beau monument funèbre, élevé à la mémoire de *Gilles du. Faing* et de *Marguerite de Steelandt;* sur la sépulture où leur cendre repose, on lit :

D. O. M.

HIC SITUS EST
PERILLUSTRIS NOBILIS ET GENEROSUS DOMINUS
DOMINUS ÆGIDIUS DU FAING,
EQUESTRIS FAMILIÆ ET ORDINIS,
BARO DE JAMOIGNE, TOPARCHA DU FAING, HASSELT, LINAY, MARKEGHEN,
MOYEN, VRYE, RYE, ET REGI CATHOLICO A CONSILIIS, BELLI ET AULÆ PALATINUS,
SERENISSIMORUM ARCHIDUCUM ALBERTI ET ISABELLÆ, BELGII PRINCIPUM,
DOMESTICUS HONORARIUS, CONSILIARIUS INTER NOBILES VIROS DUCATUS
LUXEMBURGENSIS, SUPREMUS TOTIUS FLANDRIÆ BAILLUUS ET ARCHIPRÆTOR
CAPITANEUS PRÆFECTUSQ. CHINENSIS, GUBERNATOR FLORENVILLANUS,
QUI VIRTUTE ET PRUDENTIA INCLYTUS
TRES ET VIGINTI LEGATIONES AD REGES, PRINCIPES, DYNASTAS, IN GERMANIA,
LOTHARINGIA, JULIACENSI DUCATU, ITALIA OBIVIT, AC POTISSIMUM DE
MANDATO PHILIPPI III, HISPANIARUM REGIS, AD DANIÆ REGEM LUCTUS
TESTANDI CAUSA OB MORTEM REGINÆ CONJUGIS EJUS Aº CIƆ. IƆC XII, SUPRA VERO
SÆPIUS PUBLICIS ET ARDUIS NEGOTIIS ADMOTUS REGUM ET PRINCIPUM SUORUM,
NOMINE INDICTIS IMPERIALIBUS DEPUTATIONIBUS, COLLOQUIIS,
TRACTATIBUS, ET VARIIS AD PROVINCIARUM
ORDINIS PROPOSITIONIBUS EORUM EXPECTATIONI SATISFECIT.
OBIIT FATO SUO GANDAVI, II DECEMBRIS CIƆ. IƆC. XXXIII,
CANDORE GRATUS, VIRTUTE CLARUS, MERITIS IMMORTALIS.
POSUIT EJUS MEMORIÆ MOESTA CONJUX,
NOBILIS ET GENEROSA DOMINA
DOMINA MARGARETA DE STEELANDT,
DICTORUM SUPRA LOCORUM BARONISSA ET DOMINA,
QUÆ INDUTA VIRTUTE EX ALTO COELIBEM VITAM BONIS OPERIBUS
ADORNANS VIVERE DESIIT
ANNO CIƆ. IƆC. LV, PRIMA MARTII, ÆTATIS SUÆ LXX.

Quartiers :

Du Faing. de Tassigni. du Hautoy. de Margy.
de Gugnon. de Wal. de Grimerschet. du Menil.
de Steelandt. de Edinghen. de Eede, dit Dendermonde. de Ymeloot.
de Martens. de Cabiliau. de Dalem. de Vocht (1).

(1) Voir p. 85.

Devant cette chapelle est une pierre bleue, dont l'inscription est devenue presqu'illisible. Voici ce que nous en avons pu déchiffrer :

Hier licht begraven Joncv. Johane Psewuus,
gheselnede was van Joos Heinderix, die starf
den helfsten in ougst, anno xiiii° lxxxix.
. . . . . Jacob Heinderix,
f² Joos, die overleet den xi°ᵉ sporcle,
xv° xl.. . ende Joncv. Gheertrugt
Danckaerts, syne gheselnede, die overleet
den ix°ⁿ in sporcle xv° lviii.

Hier light begraven Janeken,
Barbelken ende Fransinkin,
Jacops Heinderix tsaligher memorie.

TOMBEAU DE LUC MUNICH, DERNIER ABBÉ DE SAINT-BAVON.

Dans la partie centrale de la crypte, contre l'une des grosses piles de maçonnerie qui supportent la voûte, est placé le sarcophage de Luc Munich, dernier abbé de l'abbaye de Saint-Bavon et premier prévôt du chapitre.

En visitant la douzième chapelle de l'église supérieure, nous avons dit que le sarcophage de Luc Munich fut descendu dans la crypte au commencement du XVIIᵉ siècle (1), et nous sommes entré

---

(1) Item, betaelt aen Jan Vander Linden, steenhauwer, dry pont vyff schellinghen groot, over selve dachhuren by hem ende syne knechten ghevroecht in het opprechten van eenen authaersteen ende den selven steen te accommoderen, ende over het oprechten vande sepulture vanden abt Lucas.

Item, noch aen Mr Quintyn de la Hay, metser, over diversche reparatien by hem in den croch ghedaen, als in het opmaecken die sepulture vanden abt Lucas.

(*Fabrique de l'église, comptes de l'année* 1637).

dans quelques détails inconnus jusqu'à ce jour au sujet de la profanation qu'il subit à l'époque de la réforme religieuse (1).

Il ne nous reste plus qu'à donner la description du monument tel que nous le voyons aujourd'hui.

Le sarcophage d'un style simple et qui devait être porté, comme nous l'avons vu, par quatre figures de marbre noir, représentant des frères cellites, est décoré sur la face principale des armoiries de Luc Munich (1), de celle de l'abbaye de Saint-Bavon et de celles du chapitre.

La partie supérieure en pierre de touche représente, sculptée en haut relief, l'effigie de l'abbé en habits pontificaux, les mains jointes. Dans la bordure on lit : SEPULTURA Rdi IN CHRISTO PATRIS AC DNI. D. LUCÆ MUNNICH, ABBATIS LXI ET ULTIMI ECCLIÆ SACTI BAVONIS GANDEN., QUI OBIIT Aº 1562 DIE 18 JANUARII, ÆTATIS SUÆ 72. ORATE PRO EO. CAPITULUM GRATITUDINIS ERGO POSUIT Aº 1600.

TOMBEAUX DES ÉVÊQUES.

Les tombeaux des quatre évêques, dont les mausolées décorent le chœur de l'église supérieure, sont creusés dans la partie centrale de la crypte.

Sur la pierre qui couvre le cœur de l'évêque d'ALLAMONT, on lit l'inscription suivante :

D. O. M.

QUO PRIMUM VIXIT,
ULTIMUMQUE DEO ET ECCLESIÆ SUÆ
MORTUUS EST :
ILLUSTRISSIMI
AC
REVERENDISSIMI DOMINI
EUGENII ALBERTI D'ALLAMONT,
RURÆMUNDENSIUM V,

---

(1) Luc MUNICH porte : d'azur, à un arbre arraché d'argent, au chef d'or chargé d'un aigle éployé de sable; la crosse d'abbé posée en pal derrière l'écu et surmontée d'une mitre pontificale, le tout d'or; devise : INTELLECTUM DA MIHI ET VIVAM.

GANDENSIUM IX^{mi} EPISCOPI
COR HIC SITUM EST,
RELIQUUM CADAVER MADRITUM SIBI VINDICAT,
QUO CUM PONTIFICIS REGISQUE CONSENSU
FESTINAVIT, DEO DUCE, COMITE VIRTUTE,
UT COMMISSUM SIBI OVILE,
RE ET FACTIS, NON VERBIS, AUT SPECIE TUERETUR
IV KALEND. SEPT. CIƆ. IƆ. C. LXXIII.
ANTE ABLATUS EST, QUAM PROVIDENTIA DIVINA
OPTATIS EJUS HUMANIS RESPONDERET,
UT PACE PERFECTA PERFRUATUR,
QUISQUIS TRANSIS, DEUM PRECARE.

Cette pierre, de marbre blanc, est décorée des mêmes quartiers que le monument du chœur (1).

Du même côté, on remarque une autre pierre tombale, de marbre blanc : elle couvre la dépouille mortelle du célèbre évêque Triest, dont le mausolée, œuvre de Duquesnoy, figure également dans le sanctuaire du chœur de l'église supérieure. Voici l'épitaphe gravée sur ce marbre :

HIC SITUS EST
ILLUSTRISSIMUS
AC
REVERENDISSIMUS DOMINUS
ANTONIUS TRIEST,
V. BRUGENSIUM PER QUINQUENNIUM,
AC DEIN VII GANDENSIUM ANNIS XXXV
EPISCOPUS,
IN PASTORALI OFFICIO, ET SOLLICITUDINE
VIGILANS ET INDEFESSUS.
IN CONCILIO STATUS REGIS CATHOLICI
FIDELIS ET PRUDENS.
ERGA PAUPERES IN VITA ET IN MORTE
MISERICORS ET LIBERALIS.
ERECTIS AMPLEQUE DOTATIS
VERÆ PIETATIS MONTE,
AD GRATIS MUTUANDUM INDIGENTIBUS,
AC COTIDIANA XXX PANUM DISTRIBUTIONE.
IN ECCLESIAS
AC PRÆSERTIM HANC CATHEDRALEM SANCTI BAVONIS,

(1) Voir p. 106.

CUJUS FABRICAM SPLENDIDE AUXIT AT DITAVIT,
MUNIFICUS.
TANDEM MERITIS PLENUS, AC MATURUS COELO,
ANNO ÆTATIS LXXXI, SACERDOTII LV,
EPISCOPATUS XL.
OBIIT DIE XXVIII MAII M. D. C. LVII.
LECTOR BENE ANIMÆ APPRECARE.

Quartiers :

Triest. van der Hoyen. Bourgogne. Wackene.
van Royen. Assche. Vilain. Ostende.

Au centre de la crypte, on remarque une pierre simple et
modeste, rappelant la mémoire de l'évêque Albert de Hornes :

D. O. M.

MEMORIA
ILLUSTRISSIMI AC REVERENDISSIMI DOMINI
ALBERTI DE HORNES,
XII EPI. GAND.

—————

TOMBEAU DE GÉRARD LE DIABLE.

C'est dans cette partie de la crypte que l'on voyait jadis la
tombe de GÉRARD VILAIN, surnommé : *le Diable,* châtelain de
Gand, et de sa femme, MARGUERITE VAN SIMPOL.

Dans un manuscrit du XVIe siècle, nous trouvons la description de cette tombe de marbre, décorée de l'effigie, sculptée en
haut relief de Gérard Vilain, d'après les *annotations* d'un artiste
peintre, nommé *Stroovere,* dont les œuvres sont restées incon-
nues. Voici cet extrait :

In den choor van St Baefs, wylen St Jans, onder eenen boghe ter
syden vanden hooghen autaer, neffens het H. Sacraments huyseghen,
was een verheven tombe met een figure van een mans persoon in waepenen ligghende, stekende syn voeten jeghens twee honden, hebbende
een schilt, daerup dat stonden de waepenen van Vilain (1) ende d'an-

—————

(1) Les armes de VILAIN sont : de sable au chef d'argent. Celles de VAN SIMPOL sont :
d'argent à dix hermines posées en orle, à un écu d'azur en abîme.

notatie van Stroovere, schildere in dien tydt draecht, dat is de tombe van Gheert de Vilain, rudder, die hy hadde doen maecken met de vyf steeghers vanden choor. Syn huys was t'clooster vande paters, t'welck heet noch naer hem Gheeraerts duyvels steen. Voorts seyt Stroovere : dit is de tombe van Margriete de Sumpol, huysvrauwe van mher Geeraert van Vilain, desen laghen aldus inden crocht op de suytsyde tusschen twee pilaeren, sy dede den crocht maecken binnen den tydt dat haeren man was te Jerusalem (1).

Un autre peintre que nous avons déjà cité, *Arent Van Wynendale,* a dessiné ces deux monuments en 1560. Ces aquarelles qui appartiennent à la collection de Mr P. J. Goetghebuer, portent l'inscription suivante :

Dit is de tombe vā mer Gheeraert de Vilegn, ruddere, welcke stont sent Jans inden koor die hy hadde doen maken met den vyf steeghers. Syn huus was het clooster vanden paters t'welck heet noch naer hem : Gheert sduvelssteen (2).

Dit es de tombe van vrouwe Magriete vā Simpol, huusvrouwe van mer Gheeraert de Vilegn, dese lach aldus inden krocht op de suuptzpde tusschen twee pilaren. Sy dede den krocht maken binnen der tyt dat huer man was te Jerusalem.

Ainsi, selon l'inscription conservée sur ces aquarelles, Gérard Vilain, surnommé : *le Diable,* fit construire le chœur de l'église de Saint-Jean avec les cinq marches. Puis il se rendit en Terre-Sainte. Pendant son absence, sa femme Marguerite van Simpol contribua encore dans les dépenses auxquelles la reconstruction de cette partie de l'édifice, ordonnée par le corps échevinal des Trente-Neuf, devait donner lieu (3).

(1) Ce MS. appartient à M. le baron de Saint-Genois.
(2) Une partie du château de Gérard le Diable fut incorporé dans le couvent des Hiéronimites. V. DIERICX, *Mémoires sur la ville de Gand,* t. II, p. 515 et suiv.
(3) Voir p. 5.

28

Rapportons ici ce que De Bast dit de ce puissant seigneur, si attaché à la foi de ses pères et si fier du sobriquet diabolique que l'histoire lui a donné.

« Gérard de *Gandavo* ou *Villanus*, fils de Siger, châtelain de Gand — écrit De Bast; — nous ne savons pour quelle raison il fut appelé *Gérard le Diable*. Il prit même ce titre dans plusieurs diplômes. *Unde autem id illi agnomen accesserit, incertum est*, dit Lindanus; *eo certe non modo non offensum fuisse, sed delectatum, in indicio est quod etiam in tabulis publicis, quas variis locis vidi, ipse usus est*. Il se plaisait à emprunter ce titre dans divers diplômes; entr'autres une charte de l'an 1264, commence par ces mots : *Universis proesentes litteras inspecturis, Gerardus, dictus* DIABOLUS, *de Gandavo miles, et Elisabeth ejus uxor, salutem in Domino*. Il avait choisi pour sa demeure le château situé sur la rive gauche de l'Escaut, vis-à-vis de la rue *Reep*. Il y a lieu de croire qu'il en fut le fondateur, puisque cet antique édifice portait autrefois le nom de *Château de Gérard le Diable, Petra Gerardi Diaboli*. Ce magistrat fit quelque temps les fonctions de vice-châtelain au nom de Marie, Châtelaine héréditaire, dont il était le tuteur; il décéda au XIII⁰ siècle, et fut enterré dans la crypte de Saint-Bavon, qu'il avait auparavant restaurée à grands frais (1). »

Il est à remarquer qu'aucun auteur ne cite le nom de la femme de Gérard Vilain, dont le tombeau, ainsi que celui de son mari, fut brisé par les Iconoclastes.

Le manuscrit que nous venons de citer et les aquarelles de *Arent van Wynendale* comblent cette lacune.

Nous entrons dans la partie centrale, où le jour n'arrive que faiblement. Vue de cet endroit, la crypte a quelque chose de mystérieux et de solennel.

---

(1) DE BAST, *Ancienneté de la ville de Gand.*

Contre le mur gît le Christ dont nous avons parlé en décrivant la septième chapelle de l'église souterraine. Autrefois cet endroit isolé portait le nom de Jérusalem, parce que les groupes, *la Descente de croix* et *la Mise au tombeau du Christ,* sculptés par *Guillaume Hughe,* que nous verrons dans les oratoires extérieurs, y furent placés en 1480.

Lorsque l'église paroissiale de Saint-Jean fut érigée en collégiale et placée sous le vocable de Saint-Bavon, ces groupes furent transportés dans l'église haute et placés sous le jubé, de chaque côté de l'entrée du chœur.

A partir de cette époque, le sombre et mystérieux oratoire de la crypte, si propre au recueillement religieux, mais non moins favorable à la licence, fut supprimé. Un témoin contemporain cité par un auteur moderne (1), nous a transmis la remarque suivante : « Si la piété y trouvait de la consolation, le libertinage y » trouvait un lieu commode et favorable pour s'y réfugier : je me » refuse — poursuit-il — d'en relever les turpitudes arrivées de » mes jours; je me contenterai de dire que, là, furent trouvés, » d'après une exacte énumération, faite en 1556, neuf enfants » nouvellement nés. »

(1) DE GOESIN-VERHAEGHE.

LA TOUR.

———

Aucun auteur, que nous sachions, n'a donné une description bien détaillée de cette imposante tour, véritable colosse de granit, s'élevant dans les airs au milieu de la vaste et populeuse cité flamande. Nous avons dit au commencement de ce travail que ce fut le 25 mai de l'an 1462, que Philippe Conrould, abbé de Saint-Pierre-lez-Gand, posa la première pierre de cette majestueuse construction (1).

Les travaux ne marchaient qu'avec lenteur, car les archives de la cathédrale possèdent un acte de 1474, c'est-à-dire douze ans après la pose de la première pierre, dans lequel Gilles Papal et sa femme Virel Borluut sont cités comme ayant contribué dans les dépenses auxquelles la construction de la tour donna lieu (2).

En 1534, on termina la flèche qu'on décora l'année suivante, le 8 septembre, d'une gigantesque croix de fer et le *Memorieboek* nous apprend que ce travail dangereux fut exécuté par un certain Jean De Somere, charpentier, habitant de la commune de Wondelghem.

Marc Van Vaernewyck raconte que peu de temps après, cette

---

(1) In dit jaer leyde men den eersten steen van Sente Jans turre ende 't leydeme mynheere de prelaet van Sente Pieters neffens Ghendt, ende was den xxv van meye.

(*Memorieboeck der stad Gent*).

(2) V. les Pièces justificatives, n° XXV.

croix fut brisée par un ouragan et précipitée sur la maison du chapitre, située au coin de la rue qui reçut depuis cet événement le nom de *rue de la Croix*. Ici, nous devons remarquer que le *Memorieboek* ne parle pas de cet événement. Il se contente de rapporter que le 22 juin de l'année 1564, c'est-à-dire trente ans après l'époque à laquelle on fixe la chute de la croix, celle-ci fut remplacée par une autre décorée des armoiries de Viglius [1]. Un autre manuscrit de l'époque, également publié dans le *Memorieboek*, fixe l'érection de cette dernière croix, qui avait 19 pieds de hauteur et pesait 945 livres, au 2 septembre de la même année [2].

En 1603, la flèche de la tour de Saint-Bavon ayant été consumée par la foudre, elle ne fut plus reconstruite.

Plusieurs années après ce sinistre, le 1er juin 1641, la belle cathédrale devint le théâtre d'un terrible incendie, dont la relation a été conservée par le jurisconsulte Égide Burgundis [3].

Le feu avait pris à l'édifice par l'imprudence des plombiers qui travaillaient aux gouttières. La charpente qui fermait le faîte de

(1) Den XXIIen juny was 't cruyse dat ghebroken was van St Jansturre wederomme gherecht ende ghemaect by meester *Laureyns Rooman*, smet, ende daerop een vaentken met eenen coorenschoof daer inne, te wetene, de wapene vanden proost Viglius, ende 't cruyse volmaect zynde met een haentken, zoo 't zelve vanden coorenschoof verandert was, was 't zelve opgherecht by den zone van Lieven De Vos, ghenaempt Pierken, vande oudde van neghen jaren, metter hulpe ende adresse van zynen vadere.

(2) Den IIen dach in september in 't selve jaer, was te Ghent in de waeghe gheweghen 't nieuw cruys om weder te stellen up den turre van sente Jans, gheseyt sente Baefs, ende weecht IXc XLV pont, ende was lanck vander booghden upwaerts XIX houtvoeten, ende de veren waren lanck XIIII houtvoeten.

(Memorieboek, 11e deel, bl. 328 en 329).

(3) Ad epicheremata politica sive animantium, hominumque certamina litesque et lusus A' παρτησις, sive appendix ΡΑΝΙ I BAVONIS INCENDIUM. *Gandavi, apud Joan. Kerchovium*, 1642, in-4o. Des fragments de cet opuscule ont été traduits et publiés par DE GOESIN-VERHAEGHE, dans sa *Description historique de la cathédrale de Saint-Bavon*.

la tour, étant devenue la proie des flammes, on remplaça cette construction par une voûte en maçonnerie, au-dessus de laquelle on établit la plate-forme actuelle. Près de deux siècles plus tard, le 11 septembre 1822, la même cause amena le même désastre.

La hauteur de la tour, depuis sa base jusqu'à la plate-forme où l'on arrive par 446 marches, est de 271 pieds 8 pouces, soit 81 mètres 65 centimètres.

L'entrée de la tour est pratiquée à l'extérieur de l'église, dans la tourelle du côté sud de la façade principale.

Que le lecteur veuille bien nous accompagner dans notre ascension. Un escalier de pierre en spirale nous conduira d'abord dans la chambre de la sonnerie, où nous nous arrêterons pour dire quelques mots des cloches qui s'y trouvent, et même de celles qui ont disparu dans les divers tempêtes politiques.

Sonnerie.

Aujourd'hui, Saint-Bavon possède cinq cloches. Le gros bourdon appelé BAVON, est bien certainement un des plus beaux de la Belgique. Il existe dans les archives de la cathédrale un acte passé le 19 novembre 1635, entre les dignitaires du chapitre et le fondeur *Florent Delcourt,* de Douai, acte par lequel celui-ci s'engage à couler deux nouvelles cloches. L'une devait peser jusqu'à 9500 livres et l'autre 6400 livres, la première répondant au ton de UT, et la seconde au ton de RE (1).

Le gros bourdon, décoré des armoiries de l'évêque Triest et de celles du chapitre, porte l'inscription suivante :

BAVO. VOCOR, MEOVE CUM TOTO HOC CAMPANARU CONCENTU, QUÆ IN-SIGNIBU EPALIBUS ET CAPLARIB', PARITER ADORNAMUR ÆRE PROPRIO FUNDI FIERIQUE CURARUNT ET PERIL. R^{dns} D. ANTONI TRIEST EPUS. GAND.

(1) V. les PIÈCES JUSTIFICATIVES, n° XXVI.

BARDELOOS ROBERTUS DENTIERES. R.R. D.D. NICOL. DE HAUDION, PRÆP. FRANC. DE GHISTELLES, DEC. GUIL. ARENTS, ARCHID. PETR. VAN ESCH, CANTOR. MELCH. DE LOCQUENGHIEN, THES. GUIL. VRANCX, SCHOLAS. NICOL. BREYDEL POENIT. CARL. ADRIAENSSENS, JACOB. RYCKART, FRANC. COTRELLE, MAXIMIL. VAN WOESTYNE, CORNELI OOMS, ARCHIPR. PHILIP. MATTHIAS, BOLD. DE RENSSY, PHILIP. BLYLEVEN, JOES DEENS, EGIDE ESTRIX, WALTER ESCHI, ANDR. GUYART, GUIL. VAN MEER, ERNEST GUERINCX, MICHAL. VILAIN, ROBERT DAUBERMONT, GEORGI BERTHOLF, EUGENIUS DE BOUSSU, OES CANONICI ET CAPLM. HUJUS ECCLESIÆ CATHEDRALIS Ste BAVONIS GAND. ANNO M. DCXXXVI.

La seconde cloche, également décorée des armoiries de l'évêque Triest et de celles du chapitre, porte cette inscription :

EGO MARIÆ NOMINE, ET IODE CU BAVONE INSIGNIB. DECORATA SUM, EORUDEMQUE ÆRE FUSA, PERIL. ET R^{mi} Dⁿ ANT. TRIEST EPI GAND. RR. DD. NICOL. DE HAUDION PRÆS. FRANC. DE GHISTELLES, DEC. GUIL. ARENTS, ARCHID. PETRI VAN ESCH, CANT. MELCH. DE LOCQUENGHIEN, THES. GUIL. VRANCX, SCHOLAS. FRANC. HILLE, CAR. BARDELOOS, ROBERTI DENTIERES, JACOBI RICKAERT, FRANC. COTRELLE, MAXIMIL. VAN WOESTYNE, CORN. OOMS, ARCHIP. PHILIP. MATTHIAS, BALD. DE RENSSY, PHILIP. BLYLEVEN, JOIS DEENS, ÆGIDII ESTRIX, WALT. ESCHII, NICOL. BREYDEL, POENIT. CAR. ADRIAENSSENS, ANDR. GUYART, GUIL. VAN MEERE, ERNESTI GUERINCX, MICHALIS VILAIN, ROB. DAUBREMONT, GEORGII BERTHOLF, EUG. DE BOUSSY, CANONICORUM ET CAPLI. HUJUS ECCLESIÆ CATHED. S. BAVONIS GAND. ANNO M. DC. XXXVI.

Les trois autres cloches sont d'une date plus récente; mais comme elles furent payées sur les fonds de la donation que l'évêque Antoine Triest avait faite à la cathédrale, elles portent également les armoiries de ce vénérable prélat, ainsi que cette inscription :

PERIL. ET RMUS D. ANTONIUS TRIEST, EPUS. PRÆPOSITUS DECANUS ET CAPLIUM CATHED. ECCLÆ S. BAVONIS GANDAVI FUDIT JOANNES PAUWELS GANDAVI 1725.

Les comptes de l'année 1617 font mention d'un fondeur, nommé *Jean Groingnaert*, qui refondit la cloche MARIE (1).

Ce fut le 18 janvier 1511, après l'achèvement de la tour, que les premières cloches furent inaugurées en présence des administrateurs de l'église de Saint-Jean et d'une affluence considérable de fidèles (2).

Après la suppression de l'abbaye de Saint-Bavon, les cloches de l'église conventuelle suivirent les moines à leur nouvelle résidence, et peut-être est-ce l'une d'elles qui fut mise en branle, en 1549, par Philippe II, après que ce prince eut juré de maintenir les droits, les priviléges et les libertés de l'église (3).

Lorsque les Iconoclastes se ruèrent sur les édifices appartenant au culte catholique, leur premier exploit fut de s'emparer des cloches. Saint-Bavon comme tous les autres temples religieux perdit les siennes, parmi lesquelles il y en avait une qui portait le nom du Sauveur (SALVATOR). Le manuscrit de Corneille Breydel nous apprend que les cloches des églises de Gand et des environs

---

(1) Item, betaelt Michiel Van Larrebeke, over mr Jan Groingnaert, clockgieter, vier ponden vier schellingen groote, tot volle betaelinghe van neghendertich ponden thien schellyngen zes grooten, van het verghieten vande clocke Maria, das hier by quittantie, IV pond. IV sch. gr.
                    (*Comptes de la fabrique de la cathédrale de* 1617).

(2) In dit jaer (1511) luden de clocken eertwarf op sente Jans grooten nieuwen turre.

Den XVIIIen january luidde eerstmael de groote clocke up sente Jansturre, waeromme deselve regieders van sente Janskeercke hilden eene bede, ende daer quam veel ghelts inne.
                    (*Memorieboek*, IIe deel, bl. 24).

(3) Up den heleghen Sinxendach bracht men de clocke van sente Baefs t'sente Jans, ende men vrochte alle Sinxendaghen aen 't casteel.
                    (*Memorieboek*, IIe deel, bl. 208).

Naer 't voornoemde banckct es de prince ghereden ter stedewaert inne naer sente Janskercke, daer de selve prince de clocke trock ende beswoer de Heleghe Kercke.
                    (*Memorieboek*, IIe deel, bl. 253).

furent transportées au beffroi pour y être brisées, et le relevé général constate qu'on y pesa 322,766 livres d'airain (1).

La charpente qui supporte les cloches que nous voyons aujourd'hui, est de bois de chêne provenant de l'ancienne forêt de Wynendaele. Elle a été construite par Jean Pauwels, pour la somme de 2090 florins, à l'époque où Florent Delcourt coula le gros bourdon et la cloche MARIE.

En continuant notre ascension, nous nous arrêterons un instant dans une vaste salle octogone située au-dessus de la sonnerie. Les arêtes de la voûte élevée s'appuyent sur des colonnettes posées sur des socles à têtes humaines, dont quelques-unes sont mutilées. Autrefois, cette pièce était occupée par un magnifique carillon, digne de rivaliser avec celui du beffroi communal. Ce joyeux instrument, si cher au peuple de la Flandre, ne datait que du commencement du XVIII° siècle. Les comptes de l'année 1727 nous apprennent qu'un fondeur, nommé *Jean Pauwels*, fut chargé par le chapitre de l'exécution de ce travail (2).

Ce carillon ainsi que plusieurs cloches furent précipitées de la tour par les républicains français, qui imitèrent avec une vérité effrayante les excès commis deux siècles auparavant par leurs

(1) V. les PIÈCES JUSTIFICATIVES, n° IV, *partie flamande I, partie française* 69.

(2) Item, betaelt aen *Joannes Pauwels*, meester clockgieter, de somme van hondert dertigh ponden, ses schellinghen, elf grooten, ses deniers, over het restant van t'gene den selven verdient heeft met het gieten, accorderen ende hanghen vanden beyaert, daer in begrepen dry ponden thien sebellingen grooten over het clauwier, ende eenen twintigh ponden grooten voor de ooghen gegoten in de clepels, volgens syn ordonnantie en quitantie, l° XXX lib. VI sch. XI gr. VI d.

Item, betaeld aen meester *Jan Pauwels*, klockgieter, op rekeninghe van t'gene hy heeft verdient in t'gieten van den beyaert, de somme van vier hondert en t'neghentigh ponden grooten wisselgelt, per dry quitantien respectivelyck van den 23en augusti en 23 october 1726, en den 18en febru. 1727, dus IV° LXXXX lib.

(*Comptes de* 1727).

29

prédécesseurs, les Iconoclastes. Aujourd'hui, cette salle, qui porte encore les traces de la tourmente révolutionnaire, est vide. Une large ouverture circulaire, pratiquée au centre du pavement et entourée d'une balustrade de bois, laisse au visiteur la faculté de plonger le regard jusque dans la partie réservée aux cloches.

A cette hauteur, le bruit de la ville ne vient point frapper l'oreille. Le silence n'est interrompu que par le croassement des corbeaux sortant de leur asile et par la brise soufflant dans les hautes fenêtres ogivales de la tour. Appuyé sur la balustrade, l'œil pénètre au fond du gouffre où gisent les cloches. Tout-à-coup ces masses d'airain semblent se mouvoir. Une force invisible les agite et bientôt lancées à grandes volées, elles ébranlent la tour de leurs voix puissantes et sonores. Sublime et majestueuse harmonie, qui saisit l'âme et l'élève vers son Créateur!

En 1625, les cloches de Saint-Bavon sonnèrent pour célébrer la prise de Breda, par le marquis de Spinola, puis elles tintèrent pour appeler le peuple au pied de l'autel de saint Macaire, afin que Dieu éloignât le fléau de la peste qui sévissait avec fureur. Elles lancèrent de nouveau leurs brillants accords dans les airs, lorsque l'infante Isabelle se rendit dans la cathédrale pour remercier le ciel de l'heureuse délivrance de la reine d'Espagne, qui venait de donner le jour à une princesse que la mort allait enlever au berceau (1).

Il ne nous reste plus qu'à franchir la distance qui nous sépare de la plate-forme.

PANORAMA.

Si par une magnifique journée, lorsqu'aucun nuage ne trouble l'azur limpide du ciel, on arrive à la plate-forme de Saint-Bavon,

---

(1) V. les PIÈCES JUSTIFICATIVES, n° XXVII.

on reste frappé d'étonnement à la vue du spectacle qui se déroule. Les richesses agricoles de la Flandre apparaissent comme par enchantement et nous rappellent ces vers d'un écrivain belge (1) :

> Quel séjour en effet, et quels climats vantés
> De cette terre heureuse effacent les beautés?
> Soit que le laboureur, d'une main exigeante
> Retournant sans repos la glèbe obéissante,
> Fasse naître partout sur un sol complaisant
> Ce luxe végétal, dont l'aspect ravissant,
> Industrieuse Alost, sur ta côte fleurie,
> Arrête l'étranger qui l'admire et l'envie;
> Soit qu'aux plaines de Waes sa lente activité
> De ses sables ingrats domptant l'aridité,
> Arrache de ce sol, péniblement fertile,
> Des moissons qu'envirait l'abondante Sicile . . . . .

Au printemps, ces vastes plaines couvertes d'une verdure tendre et parsemées d'immenses champs de colza en fleurs, semblent sourire aux rayons d'un soleil bienfaisant. Puis arrive l'été, qui ajoute encore aux promesses faites par le printemps. Enfin, l'automne, prodigue de ses richesses, se charge d'acquitter les dettes contractées par ses sœurs. C'est alors que la campagne s'anime. Les champs se peuplent d'une armée de moissonneurs. Les blés, dont les épis dorés se balançaient agités par le vent, tombent sous la faux et la serpe. Les chevaux et les bœufs attelés aux lourds chariots, traînent péniblement la précieuse récolte aux fermes où les chants et les cris de joie accueillent les laborieux moissonneurs. La vie active, pleine de force et de jeunesse, règne dans toutes les parties de ce magnifique panorama.

Au sud, l'horizon est borné par de hautes collines, qui dérobent Alost, Audenarde, Renaix et Tournai à l'œil avide du visiteur. Partout la vue s'étend sur des bois épais, des champs fertiles et de gras pâturages arrosés par les eaux de l'Escaut, du

_____

(1) Ph. LESBROUSSART.

la Lys et de la Lieve. Les tours de Bruges, l'antique rivale de
Gand, apparaissent du côté de l'ouest. Puis, vers le nord, au
bout de cette ligne étroite, sur laquelle une locomotive lilliputienne glisse aussi rapide que l'hirondelle rasant la terre, on
aperçoit la tour de Lokeren, belle construction dont on distingue
parfaitement tous les détails architectoniques. Ramenant enfin le
regard vers Gand, il se fixe sur cette place où s'élevait jadis la
riche et célèbre abbaye de Saint-Bavon, dont nous avons tant de
fois eu occasion de parler dans le courant de notre récit.

De ces opulentes et fastueuses constructions qui abritèrent les
pieux et courageux apôtres de la Flandre, il ne reste plus que
quelques ruines dont nos arrière-neveux ne verront probablement
plus de vestiges.

ORATOIRES EXTÉRIEURS.

En parlant de la partie centrale de la crypte, nous avons dit qu'on y remarquait vers la fin du XVe siècle, deux groupes dus au ciseau du célèbre sculpteur, *Guillaume Hughe.*

Marc van Vaernewyck rapporte que de son temps, c'est-à-dire vers la fin du XVe siècle, ces groupes sculptés dans l'ancien style, étaient comptés parmi les plus belles œuvres de la ville de Gand, et que les amateurs accouraient de loin pour les admirer (1).

Plus tard, ils furent transportés sous le jubé de l'église haute. Actuellement, ils forment le principal ornement des oratoires extérieurs. Dans celui du sud, on voit le groupe représentant *la Mise au tombeau du Christ.* Joseph d'Arimathie et Nicodème déposent le corps de l'Homme-Dieu dans la sépulture. Toutes ces

(1) Daer is ook een konstig beeldhouwstuk te sien in den krogt der selve kerk, welken krogt, verciert met pilaeren, kapellen, autaeren en schilderyen, soo groot en schoon is, dat hy menige kerck te boven gaet. Dit werk staet in eene afgeslotene plaets van vooren in den gemelden krogt, geheeten *Jerusalem,* alwaer het soo donker is, dat dit konst-stuk niet kan gesien worden als by middel van het keers-licht. Het is eene begraeving Ons Heeren, met beelden van natuerlyke grootte, gemaekt door *Willem Huyhe.* Al is dit stuk na de oude wyse, het moet nogtans aen de beste gesnedene werken van Gend niet wyken; en al staet het in eene duystere plaets, het is soo verlicht geworden door de faem, dat vele liefhebbers uyt verre landen errewaerds gekomen zyn om het selve te besigtigen.

figures, de grandeur naturelle, sont pleines d'expression et jusque dans leur attitude le sceau de la douleur a laissé son empreinte.

Une copie de la *Descente de croix* de Rubens, orne également l'oratoire.

Dans celui du nord, est placé l'autre groupe, dû également au ciseau de *Guillaume Hughe;* il représente *le corps du Sauveur étendu sur le giron de sa divine Mère*. Joseph d'Arimathie, saint Jean et Marie Madeleine accomplissent la sainte œuvre de l'ensevelissement.

Ce groupe est digne de celui que nous avons vu dans l'autre oratoire.

NOTES.

—

Pierres commémoratives.

Au moment où nous mettons la dernière main à ce travail, on vient d'encastrer dans les murs latéraux du grand portail l'inscription commémorative ci-après :

ÉGLISE CATHÉDRALE DE SAINT-BAVON, A GAND.

941. CONSTRUCTION DE LA CRYPTE DE SAINT-JEAN, PAR TRANSMARE, ÉVÊQUE DE TOURNAY.

1228. RECONSTRUCTION DE LA PARTIE ANTÉRIEURE (STYLE DE TRANSITION).

1274. CONSTRUCTION DU CHOEUR ET RECONSTRUCTION DE LA PARTIE POSTÉRIEURE DE LA CRYPTE (STYLE OGIVAL 1AIRE).

1461-1534. CONSTRUCTION DE LA TOUR (STYLE OGIVAL 3AIRE), ARCHITECTE JEAN STASSINS.

1533-1534. LES NEFS ET LE TRANSEPT (STYLE OGIVAL 3AIRE).

1559. ÉRIGÉE EN CATHÉDRALE SOUS L'INVOCATION DE SAINT-BAVON.

1500. BAPTÊME DE CHARLES-QUINT.

—

941. WYDING DER KROCHT VAN SINT-JAN, DOOR TRANSMARUS, BISSCHOP VAN DOORNYK.

1228. HERBOUWING VAN HET VOORGEDEELTE DER KROCHT (OVERGANGSTYL).

1274. STICHTING VAN HET KOOR DER KERK EN HERBOUWING VAN HET ACHTERGEDEELTE DER KROCHT (1e OGIVALE STYL).

1461-1534. OPBOUW VAN DEN TOREN (3e OGIVALE STYL), BOUWMEESTER JAN STASSINS.

1533-1534. BOUWING VAN DE MIDDEN- EN ZYDEBEUKEN DER KERK (3e OGIVALE STYL).

1559. TOT HOOFDKERK VERHEVEN ONDER DE AENROEPING VAN DEN HEYLIGEN BAVO.

1500. DOOP VAN KAREL V.

Baptême de Charles-Quint.

Dans un curieux manuscrit que nous avons en notre possession, on trouve des détails au sujet des cérémonies qui eurent lieu à Gand en 1500, à l'occasion du baptême de Charles-Quint. Ce manuscrit est intitulé : EECHO VAN DEN LANDE VAN WAES. *By gevolg des tyds, in regeringe der geestelyke en weireldlyke overheden,* WEERGALMENDE : *de roomsche katholycke kercke, een- apostolyk en heyligheyt, miraklen, onfaelbaerheyt, reliquien, voortbreyding, stryd, vervolgingen, concilien, standvastigheyd, voor-rechten, bannen, jubeleen en triomphen;* DE DAEDEN *der keyzers, van Oosten et Westen, der koningen van Vranckryk, forestieren en graven van Vlaenderen als haere beheerschers, hunne wappens ofte schilden, alliantien, stamhuyzen, huldingen, eertytels, macht, pracht, inkomen, geldmunten, orders en kleeding;* GESCHIEDENESSEN *door aerdbevingen, overstroomingen, brand, onweer, ziekte, moord, oorlogen en beroerten, ketteryen, regt-pleginge, roof, tiranny, toovery,* ONDERMENGD *door eerste uytvindingen, wonder en dierbaerheden, prys van goederen en eetwaeren, daggelden, pensioenen, manieren van tyd en andere rekeninge, spreken en schryven, rym en gonicons, met meer andere en de redenryken, soo als van elders, uyt vele schryvers vergadert door* P. J. HEYNDERICKX.

Ce titre extrêmement long donne l'analyse du contenu du volume. L'auteur a consulté les écrivains de toutes les époques, et c'est d'après un auteur qui vivait sous le règne de Philippe II, et dont il donne le texte, que nous rapporterons quelques particularités omises dans la description des fêtes qui eurent lieu à l'occasion du baptême du prince Charles (1).

Selon ce MS., le vaisseau d'argent offert par le magistrat de Gand au prince Charles lors de son baptême, pesait 50 livres.

(1) Voir p. 88.

Les saints Évangiles, donnés par le clergé de Flandre, portent cette souscription : *Ondersoekt de Schriſturen.*

L'archiduc Philippe, père du futur empereur, ne fut pas seul à faire largesse au peuple de monnaie d'or et d'argent. Le magistrat de Gand suivit son exemple et le MS. nous apprend qu'un riche marchand d'étoffes de soie imita le prince. Devant sa maison il avait fait élever un arc de triomphe, brillamment illuminé au moyen de cinquante torches tenues par ses serviteurs. Au centre du portique, le marchand avait placé ses deux enfants, son fils et sa fille, qui offrirent au prince un buste d'or d'une grande valeur. Puis ils répandirent de la monnaie d'or à profusion au milieu de la foule qui suivait le jeune prince. Le nom de cet opulent bourgeois de Gand n'est pas parvenu jusqu'à nous.

N. Cleef, peintre.

Les comptes de l'année 1708 de la donation faite par l'évêque Antoine Triest à la cathédrale, contiennent un article qui prouve qu'à cette époque un peintre nommé *N. Cleef*, reçut une somme de 83 livres 16 escalins 1 gros, pour un tableau destiné au maître-autel (†). M. Adolphe Siret ne cite pas cet artiste dans son *Dictionnaire*. C'est donc un nom de plus à ajouter à la liste des peintres que cette famille a fournis.

Entrées latérales de l'église.

Dans les comptes de l'année 1782, nous trouvons que le célèbre architecte bruxellois *Guimard*, fit le plan des entrées latérales de la cathédrale de Gand.

(†) Item, betaelt aen monseur *N. Cleef*, de somme van dryentachtich pondt sestich schell. eenen groot, over een schilderye dienende tot den hooghen authaer, volgens syn billiet ord. quit., LXXXIII lib. XVI sch. I gr.

(*Comptes de la donation Triest, année* 1708).

30*

Restauration du tableau de Rubens. — Restauration de la tour.

Dans la description de la chapelle du Saint-Sacrement, nous avons dit, que cette chapelle occupe la place de l'une des deux entrées latérales supprimées par l'évêque Fallot de Beaumont (1).

Au moment où nous terminons notre ouvrage, on entreprend de rouvrir l'entrée du sud et de transférer le tabernacle et les vases sacrés dans la chapelle de N. D. aux Rayons, et par suite de ce changement, le vœu que nous avons exprimé en parlant du tableau qui orne l'autel de cette chapelle, est réalisé (2). Cette belle toile de *Nicolas Roose* a pris place dans la chapelle dédiée à saint Pierre et saint Paul, en face de la magnifique œuvre d'*Otho Venius*. Le tableau de *saint Roch* par *Picqué,* vient d'être placé dans le seizième chapelle, dédiée à saint Liévin.

Un autre changement important aura lieu. Le chef-d'œuvre de *Rubens* va subir une restauration complète; puis, il changera de place avec *la Glorification de la sainte Vierge,* par *Nicolas Roose* (3).

De grands travaux vont être exécutés à la tour, qui sera restaurée dans toutes ses parties. Espérons qu'aussitôt que le Gouvernement aura mis la main à l'œuvre, il la complétera en ordonnant l'achèvement de ce magnifique édifice religieux.

(1) V. p. 21.
(2) V. pp. 60-62.
(3) V. p. 72.

PIÈCES JUSTIFICATIVES.

N° I.

Ordonnance de l'empereur Charles-Quint, par laquelle il accorde au chapitre de Saint-Bavon, transféré à l'église de Saint-Jean, les droits, priviléges et immunités de l'abbaye (10 juillet 1540) (1).

CHARLES, par la divine clémence Empereur des Romains, tousjours auguste, Roy de Germanie, de Castille, de Léon, de Grenade, de Navarre, d'Arragon, de Naples, de Sicile, de Maillorques, de Sardainie, des Isles, Indes et terre ferme de la mer Océane, Archiducq d'Austrice, Ducq de Bourgoigne, de Lothier, de Brabant, de Lembourg, de Luxembourg et de Gueldres, Comte de Flandres, d'Arthois, de Bourgoigne, Palatin, et de Haynnau, de Hollande, de Zeelande, de Ferrete, de Haynenau, de Namur et de Zutphen, Prince de Suave, Marquis de Saincte Empire, Seigneur de Friese, de Salins, de Malines, des cité, villes et pays d'Utrecht et Overyssel, et Dominateur en Asie et en Afrique. SCAVOIR faisons à tous présents et advenir, comme naguerres nous estans en notre ville de Gand pour mettre ordre aux affaires de nos pays de par deça, ayons pour contenir en nostre obéissance les manans et habitans d'icelle ville et à la perpétuelle transquillité, repos et unions, tant de ladicte ville que de tout nostre pays et conté de Flandres, mesmes à fin d'éviter que les maulx et inconvéniens passéz doresnavant n'adviennent et pour aultres bonnes et urgentes raisons à ce nous mouvants, faict faire et édifier un chasteau au lieu pour-pris et closture de l'église et seigneurie de S' Bavon lez nostre dicte ville de Gand,

---

(1) M. GACHARD publie egalement cette pièce dans la *Relation des troubles de Gand sous Charles-Quint.*

comme lieu le plus propice et convenable, lequel édifice se continue
chascun jour et pour y besoigner selon nostre désir, advis et conclusion ayt esté trouvé nécessaire, d'abbatre et démolir la plus grant
partie de la dicte église, ce qui at esté faict, et à ceste cause le
révérendissime cardinal de Farnèse, légat du sainct siége apostolicque
envoié vers Nous, at du tout supprimé la dicte église de S⁺ Bavon et
icelle transféré et translaté en l'église paroissiale de S⁺ Jehan en nostre
dicte ville, en érigeant icelle esglise paroissiale en esglise collégiale
comme il est plus à plain contenu es bulles de la dicte translation
sur ce despeschées et il soit que notre vouloir et intention est que
les Prélat, Doien, Chanoines, Chapitre, Supposts, Vicaires, Serviteurs
et Officiers de la dicte église de S⁺ Bavon jouissent plainement et
entierrement de touttes les libertés, privileges, immunitez et franchises, tant d'assiz, maltotes, gabelles que aultres impostz, charges et
servitudes dont ils ont jouyz jusques à présent et comme ils faisoient
auparavant la dicte translation et que de nostre dicte volunté et
intention, les dicts Prélat, Doien et Chapitre nous ayent requis d'avoir
lettres en tel cas pertinentes, afin de eux en aider quand besoin sera,
pour ce est-il, que Nous ce considéré, inclinant favorablement à la
supplication et reqᵗᵉ desdicts suppliants et aians aggréable ladicte
translation, avons de nostre certaine science et authorité déclaré et
ordonné, déclarons et ordonnons par ces présentes, que lesdicts
Prélat, Doien, Chapitre, Supposts, Familiers, Vicaires, Serviteurs et
officiers de ladicte esglise de S⁺ Bavon présents et advenir, ensemble
les aultres curéz et chapelains de la dicte esglise de S⁺ Jehan à présent uniz et incorporéz avecq lesdicts de S⁺ Bavon et faisant ensemble
un college, et nombre ayent et jouissent à tousjours des mesmes
privileges, libertés, franchises, immunitéz, droits, costumes, usaiges,
exemptions et aultres choses quelconcques tant au regard des assiz,
maltottes, impostz, guet et guarde, que aultres charges particulières
et personeles, dont les dits de S⁺ Bavon ont jouy et usé auparavant
ladicte translation et ce qui en dépend, voulant et déclarant que les
maisons et héritaiges claustrales et chanoiniales que lesdicts suppléants
auront et acquereront, leurs familiers, serviteurs et officiers, soient
et demeurent à tousjours en la mesme nature, liberté et du tout
exempts du pouvoir, justice, cohertion et jurisdiction de nostre dicte
ville à l'endroict des choses dessus dictes comme lesdicts de S⁺ Bavon
estoient auparavant ladicte translation, le tout sans fraude et malin-
gien, si donnons en mandement à nos améz et féaulx, les Président et
gens de nostre chambre du Conseil en Flandre, grand Bailly de Gand

et tous aultres nos justiciers, officiers et subjectz que de ceste nostre présente grace, déclaration, octroy, accord et consentement ilz facent, souffrent et laissent lesdicts suppléants plainement, paysiblement et perpetuellement jouyr et user sans leur faire, mettre ou donner ny soffrir estre faict, mis ou donné, oires ny au temps advenir destourbier, moleste ou empeschement, au contraire, car ainsy Nous plaist il, en tesmoing de ce Nous avons faict mettre nostre grand scel à ces présentes. Donné en nostre ville de Bruges, le Xme de juillet, l'an de grace 1540 et de nos regnes à scavoir de Saint-Empire le XXIe, des Espaignes, des deulx Sicilles et aultres, le XXVe. — Sur le ploy estoit escript, par l'Empereur et signé Bave et scelé avecq le grand scel de Sa Maj^{té} imperiale, de cire vermeille pendant en double queue de parchemin.

N° II.

Lettres de confirmation de la translation du chapitre de Saint-Bavon à l'église de Saint-Jean (13 janvier 1541).

CHARLES, par la divine clémence Empereur des Romains, tousiours auguste, Roy de Germanie, de Castille, de Léon, de Grenade, d'Arragon, de Navarre, de Naples, de Sicille, de Maillorcque, de Sardaine, des Isles, Indes et terre ferme de la mer Océane, Archiduc Daustrice, Duc de Bourgoigne, de Lothier, de Brabant, de Lembourg, de Luxembourg et de Gelders, Comte de Flandres, Dartois, de Bourgoigne, Palatin, et de Haynau, de Hollande, de Zelande et de Ferette, de Hoiguenault, de Namur et de Sutphen, Prince de Swave, marquis du Sainct Empire, Seigneur de Frise, de Salins, de Malines, des cité, villes et pays d'Utrecht, d'Overyssel et Groningen et Dominateur en Asie et en Afrique. A nos amés et féaulx les chief Président et gens de nos privé et grand conseaulx, Président et gens de nostre conseil en Flandre, grand Bailly de Gand et à tous autres nos iusticiers et officiers que ce regardera, salut et dilection, receu avons l'humble supplication de vénérables nos chiers et bien amés les Abbé, Doyen et Chapitre de l'église collegiale St Bavon, en nostre ville de Gandt, contenant comme pour meilleure observance et entretenement de la translation et érection de ladicte église de St Bavon et des previleges, graces et exemption dicelle il ait pleu à nostre St Père le Pape moderne approuver et confirmer lesdictes translation, érection, previleges, graces et exemptions et dhabondant accorder ausdits remonstrans quils et les curés, chapellains, vicaires et autres suppots dicelle église pourront joyr de toutes graces, indulgences, previleges, immunités, prerogatives, franchises et exemptions que cy devant ont été concedées aux Abbé et couvent dud' St Bavon, avant la démolition diceluy couvent tant par feu le Pape Julius que autres ses prédécesseurs, comme le tout est plus plain contenu en la bulle sur ce expediée, toutefois lesdicts remonstrans pour ne contrevenir à nos ordonnances au fait de l'exécution des bulles aplicqués en nos pays de pardeça, ne pourroyent ny vouldroyent user de leffect de la dicte bulle de confirmation et concession sans préallablement sur ce avoir nos lettres doctroy, congié et licence, humblement les requerant, pour ce est-il, que Nous les choses dessusdictes considerées, aus susdicts suppliants inclinant favorablement à leur dicte supplication et requeste, a nous ottroyé et accordé, ottroyons et accordons, en leur donnant congié et licence de grace special par ces présentes, quils puissent et pourront faire mectre ladicte bulle à exécution deue, selon la forme et teneur, et en vertu dicelle joyr de telles graces, indulgences, previleges, franchises et exemptions quils ont parcy devant icy, et en ioyssent plainement sans pour ce aulcunement mesprendre, pourveu que sa raison de ladicte exécution sourdit différent question ou débat, ils seront tenus en faire les poursuites pardevant juges residens en nos pays de pardeça, ausquels la cognoissance en debvra appertenir et non ailleurs, le tout selon et en suivant nos ordonnances sur ce faites. Si vous mandons et a chacun de vous endroit soy et si comme a luy regardera que de nostre présente grace, congié et licence vous faites, souffrez et laissez lesdicts suppliants plainement et paisiblement joyr et user, cessans tous contredits et empeschement, au contraire, car ainsy Nous plaist il. Donné en nostre ville de Bruxelles le XIIIe jour de janvier lan de grace, mil cincq-cens quarante ung, de nostre Empire le XXIIe et de nos regnes de Castille et autres le XXVIe. — Desoubs estoit escry : par Lempereur en son conseil. Signé Verheyken et scelée du grand scel du dict Empereur.

N° III.

Cahier des charges, clauses et conditions de la construction de l'église de Saint-Bavon. — L'adjudication des travaux a lieu dans la maison du Chapitre, le 28 décembre 1550. — Toiture : mode de la soumission et qualité des matériaux. — Fer. — Pierres des Escaussines et de Flandre. — Dimensions des fenêtres. — Bois. — Mode de paiement. — Caution à fournir par l'entrepreneur. — Acceptation définitive de l'ouvrage (1).

D'originele aenbestedinge vande materialen tot het bauwen vande parochiale kercke van Sente Jans, nu Sente Baefs, binnen Gend, anno 1551.

Alzoot der K. M¹ gelieft heeft vuyt zonderlinghe affectien die zyne M¹ heeft tot den dienste Gods te beghiften de keercke van Sente Jans, binnen der stede van Ghendt, van der somme van vichtien duusent italiaensche croonen, van zessen dertich stuvers tstic, omme de selve gheemployert te werdene ter faebrycken ende weercke vander voors. keercke, by ordonnantien ende advyse van mynen heere den grave van Reulx, gouverneur van Vlaenderen, den grave van Lalaing ende de heere van Praet, ende overmidts dat de zelve heeren vbsterende andere huerlieder groote affairen concernerende den dienst vander voorseyder M¹, daertoe niet verstaen noch vacieren en moghen, hebben ghecommitteert in huerlieder plaetse de eersame ende discrete meester Jan de Mayo, deken vander voorseyder keercke, met Anthuenis de Baenst, mer Jan de Vos, rudders, ende Guillame van Waelwyc, raedt der zelver M¹, ende zyn onfanghere generael van Oostvlaenderen; omme de voors. weercken en fabrique te doen maeken met alder diligentien, ten meesten profyte dat moghelic zy, volghende huerlieder commissien, ende instructie daer van ghedespescheert :

So eyst dat de voorseyde ghesubroguierde vanden zelven heeren commissarissen vuyt crachte van dien, eerst daeruppe ghecommuniquiert hebbende met meesters weercklieden hem dies verstaende, gheadviseert hebben te besteden metten bernen van tween keerssen, daervan men deerste bernen zal int Capittelhuus vander zelver keercke tsdisendaeghs, den xvj⁰ⁿ decembris xvᵉ vyftich naestcommende, ten tien hueren voor der noene, ter zelver plaetsen zal men ooc bernen de tweede leste keersse, tsdisendaeghs den xxiijᵉⁿ der zelver maent daer naer volghende, ooc ten tien hueren voor der noene, de partien van weercke hier naer volghende, ende dit al in taschweerck, naer t'inhouden vanden articulen hier naer verclaerst ende ghespecificeert.

In den eersten, anghaende den scaeilgen daken metter leveringhe ende tautghedae van dien, metgaders den berde, naghelen ende diesser meer ancleeft.

So zal de ghone die ter eerster keerssen dese bestendinghe vande scaeilgen daken van Sente Jans keercke, wesende groot taichtentich roeden, ende den dom met vier torrekins dertich roeden, al ombegrepen tenden mate, tenden ghelde, ten twintich voeten viercant elcke roede, ende den voet elf duymen lanc; ten minsten pryse innestellen zal by beslotene letteren, daer inne stellende huerlieder name ende toename, metgaders de somme van dien int langhe ghestelt, zal hebben voor eenen pot wyns drie ponden grooten, ende diet bliven zal ten vuytgane van de tweede ende laeste keersse ooc by beslotene letteren, als boven, zal hebben insgelycx drie ponden grooten.

Item, dannemers zullen ghehauden wesen tzelve dack vanden bueke ende cruuse metten dom ende vier torrekens te doen maken ende deckene, metgaders daer toe te leverne al tghuendt datter toe behouvende es, te wetene, de scaeilgen ghenaemt wesende blau martich toosch vanden besten, metgaders ooc te leverene de berderen daertoe dienende van droghen gheassoysonneert haut, zo dat niet en clinghe, te wetene : dobbel clyppeclap van rynschen haute, dobbel scaeilgelatten ofte andere herde berdereulaten ende met ergere met de naghele daer toe dienende, ghesorteert ten drie ponden elc duyst, ende die naghelen dienende ten berde ghenaghelt met ghentschen dueryseren, ende op elcken kepere ghenaghelt met drie naghelen, ende de dicke scaeilgen ghenaghelt met stopnaghelen, alle de voornoemde scaillien wel ende lovelic ghebrocht op zyn derde, metgaders ooc te leverene voet latten ende vorstlatten daertoe behoorende, al dwelcke naghelen ghemaect ende ghesmet zullen moeten zyn van goeden Mingion, Boucher ofte Heerentals yzere vanden taysten ende vanden besten yzere, ende dit al ter visitatie.

Item, anghezien dat de temmeraigen vanden temmerlieden moet zyn ghelevert ende vulmaect te Kersavonde xvᵉ eenenvichtich, ende dat men als vandan voort zal moghen beghinnen te weercken ende decken, ofte eer zo wanneer datter ghereetscepe es, zo eyst ghecondi- tioneert dat t'decken zal moeten wesen vulbracht ende ghedect tsente Jansmesse xv° lij naest commende, vp de verbuerte van vyf ende twin- tich ponden grooten, ten profyte vander fabrique vander zelver keercke.

Bestedinghe vanden yzere.

Ten zelven daghe zal men stellen ter keerssen ende besteden vp de conditie als vooren de leveringe vanden yzerweercke, dienende ende behouvende ter zelver keercke, als van Miugon, Bouchier ofte Heerentals yzere ghemaect ende gesmeet zoot behoort ende hier naer verclaerst staet.

Te wetene, dat de ghuene die ter eerster keerssen dese bestedinghe van yzere ten minsten pryse innestellen zal, by beslotene letteren, daer inne stellende huerlieder name ende toename, metgaders de somme van dien int langhe, zal hebben voor eenen potwyns dertich scellingen grooten, ende diet bliven zal ten vuytgane vande tweede ende laeste kersse, ooc by beslotene letteren als boven, zal hebben insgelyckx xxx s. gr.

Item, dannemer zal ghehouden zyn te leveren tgetal xlvj yseren ghelaesbalcken in de twee groote cruynsvensteren, te wetene : zuut ende noort, waeraf elcken balck moet zyn twee duimen breedt en onderhalf duime dicke, lanc xviii voeten metten evelden daertoe die- uende, bedraghende tsamen in ghewichte ellef duusent ponden ofte daeromtrent.

Item, noch zal zyn ghehauden te leveren om de cleyn cruysveyn- steren int zelve cruysweerck boven lxxv yzeren balcken, metten emel- den daer toe dienende, twee duumen breet ende eenen duum dicke, ende in ghewichte zeven duusent ponden ofte daer omtrent.

Al welcke yzeren ghelaes veinsteren balcken gemaect ende gelevert sullen moeten wesen onthier ende sente Jansmisse xv° eenenvichtich naestcommende, vp de verbuerte, indien contrarie ghebuerde, van tien ponden grooten, ten profyte vande fabrique.

Ander tweeste bestedinghe van yzere.

Insghelycx zal men ooc besteden tpont vanden yzere datter behou- ven zal van binnen ende van buuten der voornoemde keercke in de wyen, beloopende ten ghewichte zulc als men bevinden zal ter leverin- ghe van dien, alghemaect wel ende lovelic ghesmeedt van yzere alvoo- ren, ende de gone die dit ten minsten pryze innestellen, zal hebben ten

31

eersten keersse xxx s. gr., ende ter tweeder keersse, ghelycke somme van xxx sc. gr.

Ten 1° zal daer naer ghehouden zyn te leveren zeven langhe yzeren ronde balcken, commende onder tvauteersele vander zelver keercke, elc met eenen coppelroe ende elc met eenen ryne onder an vuythanghende, elcken balck lanc eenenvichtich voeten zeven duumen, ende eenen halven int ronde, weghende elcken voet inde lingde xiiij pont, ende de sluetels van dien breedt drie duumen ende een half ende twee dicke, weghende den voet xxiiij pont inde lengde.

Item, de oogen vanden ronden balcken int middel moeten zyn op elcke zyde vande ooghe alzo dicke als den grooten balck es zeven duumen en half.

Item, de leveringhe vanden yzere by den ponde vanden bauten, spanghen ende clauwen, ende de groote naghelen van eenen grooten tstic ende daerboven te leverene, ghemaect ende wel ende lovelic ghesmeet ende gehwrocht alle tyserweerck dat tot desen voornoemden weercke behouven zal, ten minsten pryse elc pont daer vooren, tzelve inneghestelt ende op de tweedde leste keersse bliven zal.

Item, de xiiij yzeren sluetels, elc xv voeten lanc en xiiij ooghen om te anckeren ande ghebinden.

Item, xxviij hanckers om beede de ghevels ende zes anckers om an dé barren ende voorts alle de veten en banden die commen ende behouven zullen omme tvergaderen vanden haute.

Ende dit moet ghelevert ende volmaect zyn tsente Jansmesse xv° eenenvichtich, op de verbuerte van tien ponden grooten als boven, ooc ter profyte als boven.

Ander derde bestedinghe van naghels.

Item, daer en boven zal men ooc besteden de leveringhe vanden naghels, zo hier naer volcht, ende die dat ter eerster keerssen ten minsten pryse innestelt, zal hebben tien scellingen grooten, ter tweeder keersse ghelycke x sc. gr.

Ten eersten, zal de annemer ghehouden zyn de leveringe te doene vanden naghels ten vier myten tstic.

Item, de leveringhe vanden naghels van vj myten tstic.

Item, vanden naghels van acht myten tstic.

Item, vanden naghels van xij myten tstic.

Ende ooc vande leveringhe te doene vande naeghels van xviij myten tstic.

Metten ponden zy gheweten hoe vele libers in elc hondert weghen moet.

Alwelcke naghelen de annemer zal moeten leveren tallen tyden ende wylen dies versocht wesende, zo dat de weercklieden daerby gheen ghebreck en hebben, vp peyne van xx sc. gr. telcken alst ghebuerde, ende voorts tzelve ghebreck met allen scaden ende interesten daer van te commende ende spruytende te verhalene ende recouvereren op den voornoemden annemer.

Ende alle dese weercken voornoemd, moeten zyn ghemaect van goeden, taeyen yzere, ghenaemt Heerentals, Mingion ofte Bouchies goet, van myne niet roofbrakich ofte baubrakich, wel ende lovelic ghemaect, gesmeet ende ghewrocht.

Bestedinghe ende leveringhe van arduynen ende escaucoyins steenen, met-gaders den fautsoenen van dien accorderende op den patroon die men ten daghe van de keersse tooghen zal.

Voorts, zoo zal men besteden de leveringhe vanden witten braban-schen dobbelen ende ynckelen orduyn, wel ende lovelic ghesteert, ende ooc andere vlaemsche ordunen vanden besten myne, zo wel by der roede als by den voete, ten minsten pryse innestelt als vooren, zal hebben ter eerster keersse xx sc. gr. ende ter tweeder keersse ghelycke somme van xx sc. gr., de roede gheestimeert van twintich voeten vier-kant, maken vier hondert voeten op den ghentschen voet van elf duymen lanck.

Item, te leveren vierentzeventich voeten planckiers van escaussine steen, breedt wesende drie voeten en half met een waterlyste over-sprynghende.

Item, te leveren in elcken ghevele borduyn van drie cleene venster-kins op zyn drihouck om boven locht te hebben met huerlieder har-nasschen, naer vuyt wysen vanden patroon die men ten daghe vander keerssen tooghen zal, daerinne gaen omtrent cxxvj voeten ende zo vele waterlysten oft daer omtrent.

Item, noch te leveren cl voeten avynckele met twee cruysen van orduyn steenen naer den patroon van desen avynckele, breedt wesende in tnaeste zestien duumen, met eender lyste vooren vuerspringhende ende achter over tdack ooc vuer springhende, te samen breedt zynde twee voeten ende drie duumen metten liste, ende dicke acht duumen.

Item, dese leveringhe moet vulmaect ende vullevert zyn tusschen dit ende Lichtmesse, ofte ten alderlancxten den eersten van maerte naestcommende, op de peyne van zes ponden grooten, ten profyte van der fabrique.

Ander dweeste bestedinghe ende leveringhe van orduyne.

Item, d'annemer zal ooc ghehouden zyn te leveren omme tmacken vande zelve twee ghevels int noorden ende zuyde, een voye van witten orduynsteene met twee pinanten in elcken ghevele, eene pinante met eender loove, hooghe zynde vier voeten en halven ofte daer omtrent, daer de voye inne zal staen, ende daer oppe een waterlyste die se decken zal, lanc om beide ghevels lxxiiij voeten ofte daer omtrent, breedt achtervolghende den berde ende patroon daer van zynde.

Ende die ditte ten minsten pryze inne stellen zal, zullen hebben ter eerster keersse ghelycke somme van vyftien scellingen grooten, ende ter tweede leste keersse ghelycke xv sc. gr.

Ander derde bestedinghe.

Item, te leveren de blende voyen vier voeten en half ofte daer omtrent hooghe, metten pinanten op de houcken daer de voyen tusschen sluyten zullen, xxiiij panden accorderende metter voye vande ghevels.

Se wie dit ten minsten pryze innestellen zal ter eerster keerssen, zal hebben tien scellingen grooten, ende insghelyex tien scellingen grooten ter tweeder keerssen.

Ander vierde bestedinghe.

Item, te leverene hondert twintich voeten orduyn steenen waterlysten, om op de blende voyen te stellene, breedt naer tbert ende patroon dwelck men ooc tooghen zal hem zo vele cappement om de inschoeten boven der voyen ende zo vele dacklysten alsser behouven zullen tot omtrent hondert tzestich voeten toe.

Item, te leveren dienst om de dosseringhe vanden torrekens van ordune van buuten vp dboucken vanden achcanten omtrent iiij° lxv voeten.

Item, te leveren xxxii arketten ofte booghen van orduyne van tsluyten vanden weercke onder de dachlysten, achtervolghende den berde van elc pant dat men booghen zal alsboven.

Al dit voorseyde orduyn begrepen zo wel in de voorgaende als in deze bestedinghe moet zyn Bedsbeerch, Lede, Oosterzele, Vlierzeele ofte Baleghem ende geen andere, al goet leverlick ende waerdelyck goet. Elcken voet van elf duymen, zoet voeren staet.

Voorts zo moeten alle deze voorseyde leveringhen ende bestedinghen van orduyne ghedaen, vullevert ende vulmaect zyn, tusschen dit ende Paesschen naestcommende, vp peyne van zes ponden grooten vp elcke bestedinghe, ten profyte vander fabrycque.

Ander bestedinghe van leveringhe, fantsoen ende weercke vanden besten ordune als voren, omme 't vulmaken vanden hiernasschen scoeten metten posten, naer vuytwysen vanden patroon, die men ten dach vander keerssen tooghen zal.

In den eersten, men zal besteden de twee veynsteren zuyt ende noort boven den hooghen coor, wyt zynde zeventien voeten en half ofte daer omtrent, lettel min ofte meer, elc seven posten hooghe ende vyf posten met den middelpost wyt, ende elcken post hooghe twee voeten vier duumen, noch onder dese ii veynsteren moeten zyn an elcke zyde een voye corresponderende op de houde voye vanden coor, ghelevert ont-hier ende alf meye.

Item noch beede de groote langhe veynsteren, inde ghevels vanden cruyce vander kercke, metgaders doude veynstere onder den grooten turre, daer van de twee langhe veynsters zyn hooghe xxiiij posten, elcken post hooghe twee voeten, lettel min ofte meer, ende wyt seventien voeten en half, ende daer moeten innecommen zeven posten metten middel post ende veynster onder den grooten turre, naer advenant vander lingde ende wydde naer haren heesch, dese veynster onder den torre ghlevert thalf meye, ende de twee groote veynsteren te leveren als de ghevels vpghemaect zyn.

Ander bestedinghe.

Men zal noch besteden zes veynsteren ande zuuytzude boven int voorseyde cruyse, daer af de viere zyn wyt elc zeven en half, ende ander twee omtrent tien voeten hooghe, twalef zo ellef posten daeraf; inde viere commen zullen twee posten inde de wydde ende inde andere twee, vier posten.

Ander bestedinghe.

Men zal noch besteden ghelycke zes veynsteren vp de noortzyde van den cruyse vander zelver weercke.

Ander bestedinghe.

Men zal noch besteden de vier veynsters vanden bueck ande zuyt-zyde, beneden elcx met vyf posten ende den middelpost alvolghende den heesch vanden weercke en den patroon die men tooghen zal.

Ander bestedinghe.

Men zal noch besteden ghelycke vier veynsters op de noortzyde van den bueck vander zelver kercke beneden.

Ander bestedinghe.

Men zal noch besteden de posten ende harnasschen zonde schooten van dander vier veynsters up de zuytzyde vanden middelsten beuck, boven elcke veynster met vier posten ende dander weerck naer advenant dat heescht, volghende de patrone daervan zynde.

Ander bestedinghe.

Men zal noch besteden vier ghelycke veynsters boven op de noortzyde.

Item, alle deze leveringhen ende weercken moeten vullevert zyn binnen der keercken, ende vulcommen inder manieren voorseyt tusschen dit en half meye naestcommende, op de verbuerte vp elcke bestedinghe van vier ponden grooten, ten profyte vander fabriquen, zo voorseyt es, ende zo wie elcke leveringhe ende bestedinghe ten minsten pryze innestelt, zal hebben ter eerster keersse xx sc. gr., ende zo vele ter tweeder keerssen.

Ander bestedinghe van leveringhe van haulte datter ghebreeckt boven tghuene dat men bevint deser keercken toebehoorende ende overschietende om tvulmaken vanden Dom ende de vier torrekins op beede de cruyscooren, zo hier naer volcht.

Item, inden eersten zal dese annemere ghehouden zyn te leveren acht stylen, elc vichtich voeten lanc, ellef duumen dicke ende xiiij duumen breedt, den voorcant ghesaecht op zyn acht canten, de xxi lingde moeten zyn in eecken herdt, ende de xxix voeten linden, sceerp van canten, ende zullen moeten zyn gheheel rechte, item noch viii platen, elc xxiij voeten lanc, acht duumen dicke ende ellef duumen breedt; ende die dit ten minsten pryze innestelt ter j^{er} keersse, zal hebben xx sc. gr., ende ter ii^{ter} keersse van ghelycken.

Tweede bestedinghe vanden zelven resterende haulte.

Item, te leveren zeven balck xxv voeten lanc, ellef duumen vierkant, twee duumen spannende.

Item, noch ome de burstweere acht sticken, elc xi voeten lanc, xij duumen dicke ende elc stic xx duumen breedt.

Item, om het maken vanden vppersten wille eenen balcke xxix voeten lanc, noch twee sticken elc xiiij voeten ende eenen halven lanc, noch vier inthueghen, elc xi voeten lanc, noch vier calvers elc neghen voeten lanc, ende acht corbeelen, vj voeten lanc; alle dese stux xi duumen viercant.

Item, om den overspronck ende welveringhe al boven acht sticken, elc twalef voeten lanc, tien duumen dicke ende elc stic xxii duumen breedt; noch viii sticken, elc xiij voeten lanc, viii duumen dicke ende xxii duumen breedt.

Item, om het maken vanden hecketten acht sticken, elc tien voeten, alle drie voeten breedt ende elc stic zes duumen dicke.

Item, om den zelven turre acht colummen, elc xvij voeten lanc, zes duumen dicke ende acht duumen breedt; alle eecken berdt.

Item, noch acht intheughen, elc tien voeten lanc, acht duumen dicke ende tien duumen breedt.

Item, noch xvj cruysbanden, elc xviij voeten lanc, alle zes duumen dicke ende ackt duumen breedt.

Item, noch om den zelven dom, lxiiij velghen, elç tien voeten lanc, alle vier duumen dicke, deen ende vyf duumen breedt, dandere ende vier duumen breedt, crom ghesaecht naer een mole.

Item, tweeste velghen xlv sticx, elc zeven voeten lanc, alle drie duumen dicke, deen ende vier duumen ende dandere drie duumen ende eenen halven breedt, al croom ghesaecht naer een mole.

Item, noch lxxx velghen, elc vier voeten lanc, alle twee duumen ende eenen halven dicke ende alle vyf duumen breedt, crom ghesaecht naer een mole.

Item, noch omme de cleene vier dommekins, hondert xxviij velghen tot zes voeten lanc, alle de drie duumen dicke, ondere vier duumen breedt ende boven drie duumen breedt, crom ghesaecht naer een mole.

Item, noch om de zelve houder vichtich velcxkins, elc twee voeten lanc, alle drie duumen dicke ende vier duumen breedt, crom ghesaecht naer een mole.

Item, noch vyf...? lanc de twee l voeten, en dander xxxvj voeten, xx blocken om op te weerckene ende leveren al tnagelhaut.

Item, al dit voornoemde haut moet zyn goet van haute ende al sceerp van canten, alle de voorseide partien hier inne ghedenomeert van eecken herdt, ten meesten profyte ende huerbuer vanden vulcommene vande weercke.

Item, dese leveringhe moet vulcommen zyn tsente Jansmisse naestcommende, vp peyne van tien ponden grooten, ten prouffyte vander fabriquen als vooren.

Ende zo wie dese voorseyde twee bestedinghen ende leveringhen van haute, ten minsten pryse innestelt inder manieren voorseit, zal hebben ter eerster keersse xx sc. gr., ende ter tweeder keersse ghelycke xx sc. gr.

Voorts, zal de betalinghe van alle den voorseyden bestedinghen ende

leveringhen ghedaen werden in drie termynen, te weten : een derde
ghereedt, een ande derde ter halver leveringhe ofte ten halven weercke,
ende tleste derde als tzelve vullevert, opghemaect ende vulbracht zal
zyn, ter visitatien van weercklieden, hem dies verstaende met conditien
dat dannemer ghehouden zal zyn souffisanten zeker te stellene voor
deerste derde van zynder bestedinghe ofte leveringhe, ende insghelycx
voor tweede derde, metgaders ooc voor tvulcommen van al dees voorseit es, vp peyne boven verclaerst ende daer en boven scaden ende in-
terresten, die de keercke zoude moghen hebben, inde voorseyde
leveringhe ofte weercken niet behoorlic ten voorseyden tyde ghedaen
en waren.

Aldus ghdaen onder de hanteeken van den voorseyden commissarissen, den iiij[en] december xv[c] vyftich.

De Mayo deken, *de Baenst, de Vos, Waelwyck.* SCEPENEN VANDER KEURE
IN GHENDT, naer tversonc voor hemlieden in comeren ghedaen by *Augus-
ten Boecaert,* als procureur van *M. Jan Demey,* deken vander collegiale
keercke van Sente Baefs, metgs. edele weerde mer *Anths de Baenst* ende
mer *Jan de Vos,* rudders; *Giulle van Waelwyck,* raeds skeisers ende zyn
ontfanghere general van Oostvlaendren, als inde steden van mynheeren
den grave van *Reulx,* gouverneur van Vlaendren ende Arthois, den
grave van *Laleyn* ende den heere van Praet, ghesubrogierde commissarissen ten employe vande xv[m] italiaensche gouden croonen byder
Ma' der voornoemde keercke ghegheven, omme temployeren in dnieuwe
weerck der zelver wisen ende verclaersen tvoornoemde contract van
bestedinghe ende anneminghe van leveringhe ten zelven weercke dienende, ende anghenomen by m[e] *Lievin van Male,* tzelfs m[e] Lievins laste,
alzo verre alst hem angaet ende daerby verbonden staet volghende
zynder kennesse ende consente wettelic ende executoire sversouckers
coste. Actum den xvj[en] in meye xv[c] eenen vyftich.

                                                 BURIDAN.

Den xxvij[en] november xv[c] eenenvyftich, was op tverzouck vanden
voornoemden Boecaert over de zelve heeschers. Ende naer tconsent
by Vincent Vander Piet, procureur over M[e] *Lievin De Scumere,* voor
scepenen voornoemt ghedoeghen dit contract, tzelfs M[e] *Lievins de Scu-
mers* last alzo verre alst hem aengaet, ghewyst wettelick ende executoire
ende ghecondemneert in de costen, bedragende achtien grooten. Actum
ut supra.

                                                 MESTERE.

Les comptes de la fabrique de l'année 1555 contiennent deux articles qui se rapportent aux fenêtres construites à cette époque, on y lit :

Item, betaelt Laureys Rooman, ter causen van zynder leveringhe van yaerwercke van diversche roeden, balcken ende haecken naer tverclaers van zynen billette verorbuert *an de nieuwe veysteren int nieuwe wercke.* Compt by billette ende quitan. by hem gheteeckent in date den XVIII[en] octobris a° XV° LV, — XVI lib. IX sch. gr.

Item, betaelt Philippus De Vos, lootgietere, ter causen vander leveringhe van nieuwen loidt, verorbuert *aen de xxij veysteren boven inden nieuwen wercke ende int cruce,* naer verclaers van zynen billette. Compt per quitan by zynen handt gheteeckent, in datem den X° octobris VC° LV, — IIII lib. X sch. IIII d. X gr.

N° IV.

Mémoire justificatif de Corneille Breydel, secrétaire de Luc Munich, dernier abbé de Saint-Bavon, et secrétaire-receveur-général et exécuteur testamentaire de Viglius d'Aytta de Zuichem, deuxième Prévôt mitré du Chapitre de Saint-Bavon.

Ce document, très-important pour l'histoire de la Prévôté et du Chapitre de Saint-Bavon, est trop volumineux pour le donner ici *in extenso.*

De la première partie, rédigée en flamand, nous ne reproduirons que les passages qui concernent notre sujet. Quant à la deuxième partie, rédigée en français, il nous a paru utile de la donner en entier.

En tête du manuscrit figure la requête du Chapitre, adressée à l'Évêque de Gand, tendant à réformer quelques anciens usages concernant le culte. Puis arrivent les réclamations que ledit Chapitre élève contre le Prévôt, Bucho d'Aytta, son coadjuteur et les héritiers de Viglius. Cette pièce est intitulée :

Dit syn de pointen en articlen die myn Heeren vanden Cappitel van Sinte Baefs te Gendt syn heeschende ten laste vanden sterfhuyse van wylent saliger memorie myn Heer Viglius, Proost vande voorseyde kercke, etc.

Le Chapitre exige que les héritiers de Viglius rendent compte de l'emploi des revenus de la Prévôté et des fonds provenant de ventes d'arbres. — Il demande caution pour les rentes délaissées par le Prévôt Luc Munich, ainsi que pour les joyaux, l'argenterie, les ornements, la vaisselle, etc., que Viglius ou son successeur ont aliénés.

32

Vient ensuite une déclaration portant ce titre :

Declaratie dienende tot preuve ende verificatie vande Rekenynghe te doenc myn Heeren d'Executeurs vanden testamente van myn eerw. Heer Bucho Aytta, S. T. D., Proost van Ste Baefs, ende voor myn heer syn coadjuteur inde selve Proosdye, Grave Charles van Egmont, als oock rudder vanden orden vanden gulden Vliese, Gouverneur vanden lande, grafschap ende casteel van Namen.

Les causes du procès qui eut lieu devant la cour prévôtale de Saint-Bavon y sont longuement détaillées. Les parties s'étant conciliées, elles signèrent une convention, le 18 septembre 1578, à Anvers, dans la maison de Saint-Bavon, située *op de Vlaschmerckt*. Un compte général des revenus de la Prévôté fut dressé le 6 août 1579, par ordre du Prévôt Bucho d'Aytta, qui était à cette époque au congrès de Cologne. C'est principalement sur ce compte que le receveur-général Breydel base son mémoire justificatif. Il discute tous les articles; mais nous ne rapporterons que ceux qui concernent notre sujet, en les marquant par les lettres de l'alphabet.

PARTIE FLAMANDE DU MÉMOIRE DE CORNEILLE BREYDEL.

SOMMAIRE.

A. Construction du grand portail de la cathédrale. — B. Anniversaire de la mort de l'abbé Raphaël Mercatel. — C. Anniversaire de la mort de Michelle de France. Drap mortuaire brodé à ses armes. Sa pierre tumulaire. — D. et R. Collége fondé par Viglius à Louvain. — E. Restaurations faites à l'église de Saint-Bavon. Vitraux. — F. Aliénation de bijoux et d'argenterie. — G. Bucho d'Aytta au congrès de Cologne. Il vend la vaisselle. Il est suspecté. — H. Des chanoines ont vendu la magnifique croix d'or et 1089 marcs 11 esterlins d'argenterie ont été aliénés. — I. Cloches enlevées pendant les troubles. — J. On veut offrir le chef-d'œuvre des frères Van Eyck à la reine d'Angleterre. — K. Restauration de la chapelle de Viglius après les premiers troubles. — L. Restauration du tombeau de Luc Munich, dernier abbé de Saint-Bavon. Ce monument est de nouveau saccagé en 1578. Les restes de Luc Munich sont livrés aux flammes. — M. Le tombeau de Viglius est brisé par les Iconoclastes en 1578. Le corps ensanglanté de Luc Munich. Effet salutaire du vin sur les briseurs d'images. — N. Jean van Hembyze, chef des Iconoclastes. Jean Bollaert. Les chapelles de Luc Munich et de Viglius ne sont pas restaurées. — O. Jean Hauchinus, archevêque de Malines, arrive à Gand. Il consacre les églises et les chapelles restaurées. — P. L'archevêque, le doyen de Saint-Gudule et Corneille Breydel dînent chez Jean Bollaert. Breydel y trouve des débris des chapelles de Luc Munich et de Viglius. L'archevêque fait enlever de l'hôtel de Jean van Hembyze, occupé momentanément par Frédéric Perrenot, seigneur de Champagny, les objets d'art appartenant aux églises. — Q. Crucifix d'albâtre du maître-autel de la cathédrale. Plusieurs objets volés pendant les troubles sont rendus aux églises. Mort de l'évêque Lindanus. Jean Bollaert ne restitue pas les pièces qu'il possède, à l'église de Saint-Bavon. — R. Acquisitions faites par Viglius. — S. Couronne ou lustre de Viglius, brisé par les Iconoclastes. — T. et U. Le prévôt Adrien Vareus fait mal restaurer les tombes de Viglius et de Luc Munich.

A. — Zo der voorn. fabrique vande kercke van Ste Baefs gerestitueert moet worden de somme van 28 lib. 1 sch. 7 gr. tot het maecken van het groot portael (t'welcke t'anderen tyden gecommen es vanden clooster van Sinte Baefs) onder den torre aen deyndeldeure, ende dat eensdeels in recompense vande vercochte juweelen in den troublen tydt, naervolghende den consente daer toe verleent by myn voorn. Eerw. Heere *Viglius*, den 16 februario 1570.

. . . .

B. — Daer toe voeghende dat niet betamen en soude de pieuse fondatie vanden voorn. Prelaet *Raphael* (qui fuit filius naturalis *Philippi boni ducis Burgundiœ*, baccalaureus theologiæ, et 36 continuis annis abbas monasterii Sancti Bavonis) teenemael verdonckert soude blyven, daer af de pelle vanden voorn. Prelaet *Raphael* als noch ghebruyckt werdt int celebreren vande jaerghetyden voor de zielen vande overledene prelaten ende Bisschoppen van Ghendt, de memorie doet ververschen ende ghedyncken.

C. — Zo de voornoemde Proost ende Coadjuteur souden moghen betaelen twee deelen van vyfve, inghevalle de voorn. van het capittel te vreden syn voor den tydt vande voors. ses jaeren te betalen de dry deelen van vyfve vanden jaergetyde gefondeert by den voorn. goeden Hertogh *Philippus van Bourgongnen*, over de ziele van vrauwe *Michielle van Vranckryck*, begraeven in 't clooster van Sinte Baefs, daer af de pelle metten wapenen daer op gheborduert noch gheweest ès voor de leste troubelen in de kercke van Sinte Baefs, ende den steen van sepulture van de voornoemde vrauw *Michielle* gebrocht int jaer 1540 in Sint Jans, nu Sint Baefs kercke, geleyt ende gemaeckt is voor den autaersteen in St Nicolaes capelle, die myn Heer den raedtsheer Mr *Pieter van Steelant* ende syne huysvrauwe, jonffrauwe . . . . *Martins,* dochter van M^{er} *Jacob Martins,* President vanden provinciaelen Raedt van Vlaenderen, by consente van myn Heere R^{me} Bisschop ende Capittel nu doet uyt devotie met een afsluytsel bevryden.

. . . .

D. — De heeren erfgenaemen vanden voornoemden heer *Viglius* en willen niet receleren nochte loochenen, ofte de selve huerlieder eerw.

Heer oom en heeft gedaen vercoopen vele opgaende boomen in de proostye, opgaende bosschen staende tot eene goede merckelycke somme als van omtrent 27,000 guldens, daer af hy t'zynen profyte in gereede penninghen ontfaen heeft omtrent sesse so seven duysent, die hy gheemployeert heeft *tot stichtinge vanden collegie by hem gefondeert binnen der stadt ende Universiteyt van Loven, wesende voor sesse studenten Vriesen, ende zesse studenten afgegaen-choraelen vande kercke van Sinte Baefs,* boven noch de somme van . . . . . duysent guldenen by den voorn. eerw. heer uyt syn eyghen goeden tot t'volmaecken vande voornoemde collegie metten incoop van diversche huysen ende erfven, ende stofferen van meubelen ende catheylen wel ende ryekelyck daer toe gheinpendeert.

E. — Ende de reste vande voorschreven somme van ontrent 27,000 guldenen heeft den voorn. eerw^{en} Heer Proost *Viglius* geemployeert tot reparatie vande kercke van Sinte Baefs, vanden nieuwen cappitelhuyse, portael, afsluytsels ende steeghers vande zydtchooren der selver kercke van Sinte Baefs, tot eene nieuwe vierschaere van Sinte Baefs, plantagien van eeckelen om jonghe heesters af te queecken ende oock van plantinghen van diversche boomen op de heerweghen ende dreven, reparatien van pachthoven, van huysen (daer af sichtent zyn overlyden t'huys van Everghem zeer vervallen es, ende t'huys te Sloote metten pachthove gheheel vervallen) ende merckelycke beneficien van glaesen vensters in de voornoemde kercke van Ste Baefs, als in meer andere kercken onder t' patronaetschip van Ste Baefs gestaen ende gheleghen, boven noch vele ende groote aelmoesen in graen ende geldt by hem de dienaers, officianten ende membren vande kercke liberalyck ghejont.

. . . .

F. — Aengaende het verloeck van alle de juweelen vergult ende onvergult, de digniteyt van de proostye toebehoorende, die myn eerw. Heer *Viglius* soude moghen weghghegheven hebben, gemelt in 7^e article van de voors. scapittels pretentien, den voornoemden *Cornelis Breydel,* als alleene overlevende executeur van vyfven vanden testamente van den voorn. eerw. Heere *Viglius,* ende ontfangher generael van zynen sterfhuyse, es bereet alle huere hem daer af, ende den voornoemde Heeren erfghenaemen, te dechergeren.

Item, daer de voornoemde Heeren van het capittel by den 8^{en} article van huere voornoemde pretentien zyn heesschende alle tzelver, vergult en onvergult, der proostie toebehoorende, t'welke myn voorn. eerw. Heer *Viglius* tot leeninghe vande Co. Majesteyt geemployeert heeft, de

voornoemde *Breydel*, in qualiteyt voorschreven, verclaert daer af pertinent bescheyt gedaen ende gegeven t'hebben anno 1578, in handen
vanden voorn. eerw. Heere Proost doctor *Bucho*, naervolghende het
inhouden vanden derden artikel vanden testamente van mynen voorn.
eerw. Heere *Viglius*, midtsgaders noch van alle andere saecken int
voors. artikel belast.

. . . .

G. — Niet willende de voornoemde *Breydel* verzwyghen dat hy vanden
voornoemden doctor *Bucho*, Proost binnen Colen wesende, veradverteert
es geweest dat hy eenighe vasselle by adven vanden nunce apostolicq,
aldaer oock wesende, geengaigeert heeft om den dienst vande Co. Mat.
onsen geduchten heere, ende om het catholicq ghcloove, maintinerende
daer af de restitutie vervolght te moeten werden aen de selve Majesteyt niet wel te vreden wesende van de malversatien (zo hy schryft) van
eenighe myns heeren Rᵐᵉ ministers ofte officiers jeghens hem int repe-
teren vande voors. juweelen geuseert, hem ter causen van dien hebbende gedaen excommuniceeren, ende de selve juweelen ontfaen
hebbende, die gedaen bringhe duer Hollant ten grooten pericle (1).

(1) Dans le tome I de nos *Documents historiques inédits concernant les troubles des
Pays-Bas de 1577 à 1584*, nous avons donné quelques détails sur BUCHO D'AYTTA,
prévôt de Saint-Bavon et député au Congrès de Cologne. Comme ce personnage
appartient essentiellement à notre sujet, nous allons reproduire ces détails.

Ce fut le 5 avril de l'année 1579, qu'eut lieu à Cologne l'ouverture solennelle du
fameux Congrès, provoqué par le pape Grégoire XIII et par l'empereur Rodolphe II,
dans le but d'opérer par leur médiation, une réconciliation entre le roi d'Espagne et
ses sujets des Pays-Bas. Tous les habitants de cette malheureuse contrée, que la
guerre civile désolait depuis si longtemps, jetaient un regard plein de confiance et
d'espoir sur cette assemblée, composée des plus illustres personnages de ce temps.
Médiateurs et députés s'y rendirent en grand nombre et y deployèrent un luxe vrai-
mènt extraordinaire. Quoique leurs noms soient cités dans presque tous les auteurs
qui ont écrit l'histoire des dissensions politiques au XVIᵉ siècle, il ne sera peut-être
pas inutile de les donner également dans un ouvrage où tant d'hommes célèbres nous
ont déjà passé et nous passeront encore devant les yeux. D'abord nous citerons les
Médiateurs à la tête desquels figurait Jean-Baptiste Castagna, archevêque de Rossano,
nonce du pape; le même qui monta sur le trône pontifical en 1590, sous le nom
d'Urbain VII; les électeurs de Trèves et de Cologne; l'évêque de Wurtsbourgh; Otton-
Henri, comte de Schwartsemberg; les envoyés du duc de Juliers et du prince-évêque
de Liége. De la part du roi d'Espagne, comme plénipotentiaire, don Carlos d'Aragon
y Tagliavia, duc de Terra-Nova, chevalier de l'ordre de la Toison d'or, l'un des diplo-
mates les plus distingués de son temps; malheureusement il ne put agir dans ces
négociations comme ses intentions parfaitement connues pouvaient le faire espérer,
parce que ses instructions secrètes étaient presque toujours contraires aux pouvoirs
officiels qu'il avait reçus. Le prince de Parme lui adjoignit, par ordre du roi, Maxi-

Verhopende de voornoemde proost *Bucho* in tyden ende wylen te
doceren van syne getrauwichede int bewaren vande voorschreven
juwelen, ende dat bovendien myn Heer R^me bisschop selve dien aengaende meer te beschuldighen es, ende op pretext vande voorleden
furien eenighe juweelen met sommigh adherente digniteyten ende
canonicken van sinte Baefs, int jaer 1579 binnen Antwerpen wesende,
doen verzetten, ende den prys ende penninghen daer af ghecommen,
onder huerlieden gedeelt, ende onder andere is daer inne gheweest
het cruyce van fyn gaudt, ghebrocht int jaer 1540 uyt t'clooster van
Sinte Baefs in Sinte Jans kercke, zonder dat de voornoemde digniteyten
ende canonicken dies eenighe noodt hadden, midts sy alle ende een

milieu de Longueval, comte de Bucquoi, seigneur de Vaux, et les conseillers d'Asson-
leville et Fonck ou Funch. A la tête des députés de l'archiduc Mathias et des États
se trouvait Philippe de Croy, duc d'Arschot, accompagné de Jean vander Linden,
abbé de Sainte-Gertrude, et de Fréderic d'Yve, abbé des Marolles; de Bucho d'Aytta
de Zuichem, prévôt de Saint-Bavon à Gand; de Gaspard Schetz, seigneur de Grob-
bendonck; de François d'Oignies, seigneur de Beaurepaire; de Bernard de Mérode,
seigneur de Rumen; d'Adolphe de Goer, seigneur de Caldembroeck; d'Adolphe van
Meetkerke; d'Adrien vander Mylen, docteur en droit et conseiller à la cour de
Hollande; d'Aggeus d'Albada, docteur en droit, et de plusieurs autres encore. On
sait quel fut le résultat de ces négociations entamées avec tant d'éclat; elles n'a-
boutirent à rien, et le Congrès se sépara au bout de sept mois sans avoir rien
décidé. Bucho d'Aytta faisait partie, comme nous venons de le voir, de la députa-
tion des États et le rôle qu'il joua dans les événements de cette époque nous
engage à donner quelques détails sur sa biographie que nous extrayons de l'*Histoire
chronologique des Évêques et du Chapitre de l'église cathédrale de Saint-Bavon.*
« BUCHO D'AYTTA DE ZUICHEM, Docteur en Théologie, et Licencié ès Loix, fils de noble
homme Serip d'Aytta dit Gritmann, et de D. Barbe Hettemant Frisons, Neveu et
Coadjuteur du Prévôt Viglius, fut premièrement Chanoine de la Cathédrale de Te-
rouane. Cette ville aïant été démolie en 1553, et une partie dudit Chapitre transféré par le S. Père Paul IV à la Cathédrale de la Ville d'Ypres, Bucho y fut fait Chanoine gradué, et premier Archidiacre de cet Evêché, jusqu'au 26 Novembre 1571,
qu'il vint résider à Gand, y aïant été nommé Chanoine de S. Bavon par S. M. I.
Charles V, lorsqu'il étoit encore aux études, et sans doute aussi sollicité à cette dernière résidence par son oncle Viglius, qui avançoit en âge, et l'avoit choisi pour son
Coadjuteur et Successeur futur. En vertu de cette nomination Bucho, après le décès
du premier, se présenta le 21 Juillet 1577, au Chapitre pour prendre possession de la
nouvelle Prévôté érigée en conformité des arrangements pris par le dernier Possesseur, et octroïés par le Souverain le 27 Juillet de la même année; sur quoi le Chapitre, aïant délibéré pendant trois mois, lui accorda enfin la possession de cette
dignité le dernier du mois d'Octobre suivant. Il fut député en Novembre 1576, par le
Clergé de la Flandre à l'Assemblée des États du Païs pour conclure la fameuse Pacifi-
cation de Gand, qu'il signa aussi. Depuis ce temps il tint le parti des États contre le
Roi, jusqu'à l'année 1579, que les mêmes États l'envoyèrent au Congrès de Cologne,

ygelyck int voors. jaer 1579 ende meer andere naervolghende jaeren, huere vruchten van haere digniteyten ende prebenden volcommelyck ontfaen hebben. Zonder dat oynt by eenighe vande voornoemde digniteyten nochte canonicken restitutie gedaen es geweest van t'voorn. veralieert gauden cruyce, præter vanden eerw. Heer archipresbiter Mr *Pieter Simons*, overleden bisschop van Ypre, ende den eerw. Heer penitencier Mr *Cornelius Vrancx*, jeghenwoordighen abt van Sinte Pieters clooster nevens Ghendt, hoe wel de voorn. heeren van Sinte Baefs in dien tyden ende oock sichtent middelen genouch gehadt hebben omme de weerde van t'voornoemde veralieneert gaude cruce, ende van d'andere juweelen vande kercke tot twee stonden

où il se réconcilia avec son Souverain, qu'il n'abandonna plus dans la suite, quoique les Etats restassent rébelles; il décéda dans la Ville de Bois-le-Duc le 30 Octobre 1599, et fut enterré dans l'Eglise Cathédrale de S. Jean (à Gand), où l'on mit cette Epitaphe sur sa Tombe :

NOBIL. AC REV. D.

BUCHO AYTTA,

VIGLII PRÆSIDIS NEPOS, S. THEOL. LICENT.

ECCLESIÆ GAND. PRÆPOSIT. HIC CONDITUS EST :

QUEM IMMENSIS OB FIDEM CATH. PROCELLIS

JACTATUM, VIGILI RELIGION. AC REIP. CARA DISP.

REGI CATHOL., CLERO, MAGNATIBUS,

S. P. Q. GAND. GRATUM, INVISA SORS, ET

PRÆMATURA MORS

FIDO HOC IN PORTU COLLOCAVERE,

NUMQUAM PERITURUM. REDIBUS DOM.

CAROL. PHILIPPUS DE RODOAN

BERLEGEMIUS, EPISC. BRUG.

FOLCARDUS A SUICHEM CANON. ET CANTOR GANDENS.

THOMAS GRAMMAYE ARCHIDUCUM

COMMISSAR. EXECUTORES DESIDERII SOLATIUM

HOC ESSE VOLUERUNT.

OBIIT 1599. OCTOBRIS DIE 30.

L'auteur de cet article biographique ne nous dit pas que Bucho d'Aytta savait manier l'épée; cependant il est certain qu'il combattit en 1583 sous les ordres d'Ernest de Bavière, prince-évêque de Liége, récemment élu par le Chapitre et les Magistrats de Cologne, Électeur en remplacement de l'archevêque Gebbard Truchsès, excommunié par le pape Grégoire XIII, *comme un membre pourri*, parce qu'il avait épousé la belle Agnès de Mansfeld, chanoinesse de Guérichen. Ce mariage provoqua une guerre dans laquelle Bucho d'Aytta trouva plusieurs fois l'occasion de se distinguer; ses faits d'armes lui valurent bientôt le titre de gouverneur du château de Kaiserwerth, forteresse importante dont la défense lui fut confiée. Peu de temps après, il déposa les armes pour reprendre ses fonctions ecclésiastiques et prouva ainsi qu'on pouvait être à la fois : prêtre, diplomate et guerrier.

veralieneert, zo hier vooren art. 10 ende 11 geallegeert es, te restitueren, zoverre huerlieden devotie ende goede affectie daer toe geinclineert hadde geweest, want met partinente documenten- geverifieert can worden dat zy daer toe machtigh waeren te furnieren bet dan 63,000 guldens.

. . . .

H. — Es bevonden dat t'ghewichte vande fierters, crootsen, zelveren ende vergulde juweelen bedreghen heeft den nomber van *thien hondert neghen en t'achentigh marcq elf enghelsche,* zonder ende boven t'ghene by eenighe particuliere t'hueren prouffyte verzuymt (1).

Tot recouvremente vanden welcken van weghen myne eerw. Heeren Deken ende capittel van Sinte Baefs den voorn. *Breydel* heeft requeste ghepresenteert aen myne Heeren vanden raedt van Vlaenderen, die doende coucheren by den voorn. Mr *Antheunis Schoorman*, ende pensionaeris advocaet van myn voorn. eerw. Heere den proost *Viglius.*

I. — De gheroofde clocken aengaende, es bevonden dat den nombre van dien anno 1579 binnen Ghendt soo met waghens als met schepen ghebrocht, bedraeght ende beloopt tot *dry hondert twee en twintigh duysent seven hondert seven en sestigh ponden,* zò die in de waghe onder t'Belfort deser stede gheweghen syn gheweest.

Zonder datter eenighe clocken uyten clauwen vande voornoemde commissarissen vry zyn geweest, præter eene die op Sinte Baefs turre hanghende ghescheurt wesende, by nachte deur de O (*sic*) secretelyck afghelaeten es geweest ende by eenighe particuliere op eenen rolwaghen weghghevoert.

. . . .

J. — De tafele van ADAM en EVA was beweghen tot int schepenhuys vander Keure. Welcke tafele de principaele belhamers vande rebellen gedestineert hadden den prince van *Orange* te geven, omme voorts gheschoncken te werden der *coninginne van Engelandt,* ter welcker cause ende omme de voornoemde heere van *Lovendeghem* (2), duer

---

(1) Après la reddition de Gand au prince de Parme, le magistrat de la ville, aidé de C. Breydel, fit en 1585 l'inventaire de tous les objets ayant appartenus au culte catholique et enlevés des églises par les sectaires. Le mémoire donne à ce sujet d'intéressants détails.

(2) JOSSE TRIEST, seigneur de Lovendeghem et de Ruddersbove, comme la plupart des membres de cette ancienne famille, joua un grand rôle dans les événements politiques de cette mémorable époque. Devenu suspect aux Calvinistes, ils le mirent à la

middel van syne vrienden (recht totter voors. taefele hebbende) t'selve
belet ende tot den paeys gheneghen was, zo al t'selve duer syn vanghen
ende onghenadighe torture wel ghebleken es, daer af de voorn. *Breydel*
duer syne menich saisissementen oock wel syn deel ghehadt heeft, zoot
een ieghelyck ghenouch notoir ende bekent es.

. . . .

A ce mémoire est joint un autre document dont voici l'intitulé :

*Copie uyt de minute van eenen brief geschreven aen den edelen Heer
Alfonso Salve, secretaris van haere serenissime Hoogheden, door Cornelius
Breydel.*

Myn Heere, zo ick van eenighe goede vrienden geadverteert ben van
der naerspraecke tot mynen laste gaende by vele eerw. edele ende
ghequalificeerde persoonen, van dat ick als eenen vande executeurs
vanden testamente ende oock rentmeester generael vanden sterfhuyse
van mynen eerw. Heer myn Heer *Viglius*, Proost, President, Cance-
lier, etc., van zalighe ende onverghetelycke memorie, deser werelt
overleden 8 mey 1577, gheen beter devoir ghedaen en hebbe tot het
restaureren ende repareren vander selve sepulture, en hebbe niet
connen laeten uwe edelhyt daer af desen te kennen te gheven zulckx
daer toe ghedaen es gheweest, tot verclaringhe vande waerhyt, ende
executie vanden ghenen die men daeromme zoude willen beschuldighen.

In den eersten, zo naer het begraven vande voorn. eerw. Heere
lichaem binnen Ghendt in de cathedrale kercke, tot Brussel ghekeert,
ende int sterfhuys vergadert zyn gheweest de vyf executeurs vanden
testamente van zynder Eerw', metten erfgenaemen negotierende op
t'fait vander executie vanden selven testamente naer den inhouden
van dien, ende den annotatien tot directie van dien by den voornoemden eerw. Heer testateur pro instructione executorum ghemaect, es
geresolveert ende geordonneert gheweest den 22 mey 1577, zulcx hier
naer volght.

. . . .

torture. C'est à cet acte du cruauté, que d'autres personnages considérables subirent
également, que Corneille Breydel fait allusion.

Nous avons publié dans nos *Documents inédits concernant les troubles des Pays-Bas
de 1577-1584*, t. II, p. 438, une lettre de Josse Borluut, seigneur de Boucle, accompagnée de notes où tous ceux qui souffrirent la torture en même temps que Josse
Triest, sont désignés.

K. — My te meer vermaende heer *Henryc Desmaretz,* canonick van
Sinte Baefs, capellaen van synder Eerw' ende een vande executeurs
vanden voorseyden testamenten my doende ghedyncken, dat zyn Eerw'
terstont naer de beeldstorminghe gheschiet den 23 augusti 1566, my
belaste zyne capelle, autaer ende sepulture te restaureren ende daeromme betaelt inden jaeren 1566, 1567 en 1568, 1041 guldens 4 stuyvers, my vermaenende oock de voornoemden *Desmaretz* zynen secretaris geschreven, dat hy in persoone te duer cause tot Ghendt commen
zoude, omme te ziene de gesteltenesse vande voors. capelle, zo zyn
Eerw' alsdan ghedaen heeft.

Ende soo uyt Spagnien diversche advertentien gheschreven waeren
vander afcompste vande Con. Maj. van hooghloflicker ghedachten,
omme te remedieren de troublen in Nederlant gheresen, zo heeft myn
voorn. Eerw. Heer *Viglius* binnen Ghendt ter saecken voorschreven
ghecommen wesende syne capelle, autaer ende sepulture ghedaen repareren inder manieren voorschreven, ende boven dien alle de ghees-
telicheyt ghedaen vermaenen tot reparatie van alle de ghefoulleerde
kercken, cloosters, capellen, autaeren, etc., « pour divertir (zo zyn
» Eerw' zeyde) le juste courroux de sa catholique Majeste. »

. . . .

L. — Daer en boven heeft syn Eerw. met groote neersticheyt ghedaen
repareren ende restaureren den autaer ende sepulture van myn Heer
den Prelaet synen voorsaete, *begraeven tusschen Onze Lieve Vrauwe ende
backers capelle,* daer omme ick betaelt hebbe 310 guldens 4 1/4 stuyvers.

Ende soo daernaer, te wetene in augusti 1578, de rebellen vianden
vande heleghe catholicque roomsche religie ende vande Con. Maj. de
beelden in Sinte Baefs kercke anderwarf bestormt, d'autaeren ghedestrueert ende ghevioleert hadden, zo hebben zy onder andere anderwarf
de voors. sepulture van mynen eerw. Heere de Prelaet Heer *Lucas
Munich,* LXI^en en laetsten abt van Sinte Baefs (mynen eerw. Heer ende
M^r sal. m^e), overleden ende begraeven in januario 1562, stylo Tor-
nacensi, gheheel ghedestrueert metten autaer daer nevens staende ende
t'lichaem vanden selven Prelaet uytter looden tombe ghewerpen ende
met haut ghedaen verbernen, niet teghenstaende dat ick by quidam
wesende, eenen peter vanden voornoemden Heer Prelaet, dede ver-
soucken aen den goddeloosen *Jan van Hembyze,* dat hy sulckx beletten
zoude, ten respecte dat hy Hembyze schepenen vander heerelyckhede
van Sinte Baefs gheweest, ende des voorn. Heere Prelaets wyn ghedroncken ende broodt aen syn tafele liberalyck gheeten hadde, ende
dickmael willecom gheweest, t'welcke niet en opcreerde, mits de gie-

richyt den exploiteerders moverende omme t'hebben de rynghen daer
mede de voornoemde Prelaet begraven was, *t'welcke waeren happebour-*
den van aude cassen gheraept, die ick met wylent Mr *Laurens Bieban* ende
Mr *Lucas* synen sone, chirurgiens ende barbiers vanden voornoemden
Heer Prelaet, de zelve aen de vingeren ghesteken hadden.

M. — In welcke voorschreven maendt van augustus 1578, ende ten
zelven daghe de voornoemde beeldestormers ghelycke destructie deden
inde capelle van mynen voorn. eerw. Heer *Viglius,* destruerende zyne
sepulture, afbrekende ende roovende allerande costelycke materialen
van touchesteenen, ranssteenen, witten marbre ende albastre, mey-
nende de tombe van myn eerw. Heer *Viglius* uyt te breken, ende syn
lichaem ghelycke scoffiericheyt aen te doen, t'welcke hemlieden onsset
wiert by Mr *Lievin Vanden Heede,* bedienende de secretarie ofte greffie
vanden heerlyckhede ende vierschaere van Sinte Baefs, ende *Joachim*
de Rinck, concherge vanden wynkelder van Sinte Baefs, de welcke de
voornoemde rebellen vermoeyt ende mat van breken in den kelder van
het capittel gheleet hebben, daer zy hemlieden vol en zat van wyn
ende bier ghedroncken hebben, zonder dat zy huerlieder opset aende
voorn. sepulture volbrocht hebben. Daer af hemlieden te meer abhor-
rerende t'ghene dat de voorn. *Vanden Heede* ende *Rinck* hemlieden
zeyden, te weten, dat zy mercken zouden dat t'lichaem van myn voorn.
eerw. Heer *Viglius* onlancx, te weten, in mayo 1577, int graf geleyt
was, ende dat t'lichaem van mynen eerw. Heer de Prelaet *Lucas,* langhe daer te vooren, te weten, in januario 1562 begraven wesende, ten
daghe vande voors. furieuse openbrekinghe uytter looden tombe, noch
bloedende was, als zy t'selve verbranden, daer af de vier principaelste
stormers vele bloets uyt huerlieder neusen quyte wierden, ende naermaels zeer miserable ghestorven zyn.

Zo dat midts dien t'voorn. lichaem van mynen eerw. Heere *Viglius*
in zyn tombe ende graf ghebleven es, alwaer t'selve noch ligghende
es, God de Heere zy danck, ende hebbe betaelt de voorn. *Joachim*
De Rinck, concherge vanden voornoemden capittelkelder, de somme
van veertigh guldenen alsdan by de voorn. rebellen, *Vanden Heede,*
Rinck ende andere die hemlieden hielpen opvullen, verteert.

N. — Hoe wel des anderen daeghs alle de costelycke materialen van
marbre, albaster, ransteen, touchesteen als andere weghghevoert wierden ten huyse van *Cornelis Hutsebaut* ende *François Van Anselare,* steenhauwers, ende oock ten huyse vanden voorn. *Jean van Hembyze,* die
vele van dien by de selve steenhauwers heeft ghedaen verwercken in

zyne salette in de Volderstraete, daer alsnu den autaer staet vande
paters van de societeyt Jhesus ghebenedyt.

Zo oock vele vande selve costelycke materiaelen by den voornoemde
steenhouwers gelevert ende verwerckt zyn gheweest int huys van *Jan
Bollaert*, staende in de Margoleinstraete, ghenoemt den *Eenhoorne*, aen
twee tafereelen staende noch jeghenwoordelyck in de salette vanden
selven huyse, zo ick langhen tyt daer naer verstaen hebbe.

Siehtent der destructie van welcke voorschreven twee autaeren ende
sepulturen vande voorn. eerw. Heeren lesten Abt ende eersten Proost
van Sinte Baefs, de twee voorschreven capellen alsoo ongherepareert
ghebleven syn gheduerende de regeringhe vande rebellen totter pu-
blicatie vande reconciliatie by de Con. Maj. der stede van Ghendt ende
inwoonders van dier verleent.

O. — Achtervolghende welcke gracieuse reconciliatie de doorluchtige *Hertoghe van Parma*, lieutenant vande Con. Maj., Capitain ende
Gouverneur van dese Nederlanden, zeer ernstelic bewillight heeft den
alder eerw[sten] Heere myn Heere *Joannes Auchinus*, Aertsbisschop van
Mechelen, binnen dese stede te commen ende te reconcilieren de
kercken, cloosters, capellen, aultaeren ende alle andere gheestelycke
plaetsen,

Onder meer andere heeft den voorn. alder eerw[sten] Heere Aertsbisschop, reconcilierende in octobre 1584, de kercke van Sinte Baefs met
eenen ghereconcilieert ende gheconsacreert de capelle ende nieuwen
aultaer van myn voorn. eerw. Heere *Viglius*, staende in de voorn.
kercke ende oock de capelle ende aultaer staende int hof van Sinte
Baefs in de Scheldstraete.

. . . .

P. — Binnen welcken tydt de voorn. alder eerw[sten] Heer Aertsbisschop binnen Ghendt logerende in de *Balance*, ten huyse van *Pieter van
Tessele*, in de Mariolynstraete, bewoont by *Jan van Pottelsberghe*, ende
den deken van Sinte Goedele tot Bruessele, Heer *Henryc Desmaretz*,
logerende int achterhuys vanden voornoemden *van Tessele*, heeft syn
Eerw[t] my t'zynder tafele dickmaels ghenoot metten voorn. Joncheer
Pieter de Vos, die met myn Heere *Champagney* (1) ende andere tot
Beveren gheweest hadden, ende van Syne Hooghyt de gracieuse recon-
ciliatie gheobtineert, ende dat duer d'oude kennesse aen voorn. eerw[sten]
Aertsbisschop aen myn ghebadt hadde, ten tyde als hy Deken van

_____

(1) FRÉDÉRIC PERRENOT, seigneur de Champagny, frère du fameux cardinal de Granvelle.

Sinte Goedele ghedoopt hadde het zoonken van myn Heer den Raedsheer *Hopperus*, den welcken mynen Heere den Ill^{mus} Cardinalis *Granvellanus* et R^{dus} D. *Viglius* noemden Gaius Anthonius, multis mirantibus. Wesende de zelve Gaius Anthonius jeghenwoordelyck canonick van Sinte Baefs.

Ende soo de voorn. eerw^{sten} Heere Aertsbisschop op eenen noen ghenoot was met synen hospes *Pottelsberghe*, ten huyse vanden voorn. *Jan Bollaert*, naeste ghebuer vanden voornoemden *Pottelsberghe*, met *Lucas Deynaert* (1), ontf. generael vande gheestelycke goedinghen, ende meer andere daer ick oock mede was, zo es aldaer den voornoemden *Pottelsberghe* commen besoucken naer maeltyt den sergeant-major van Curtrycke, die de stadt van Curtrycke (de zelve *Pottelsberghe*, capitain ende gouverneur van weghen de rebellen daer af wesende) gheintercipeert hadde van s'Conincx weghen, den selven *Pottelsberghe* ghevanghen nemende, ende de stadt in s'Conincx ende de *Hertoghe van Parma* handen leverende, daeraf de voornoemden sergeant-major metten voornoemden *Pottelsberghe* vele goede propoosten t'samen hadden, ter presentie van zyne Eerw^t.

Gheduerende welcke propoosten ick my a part ghehauden hebbe aen cenen cant vande voornoemde salette, speculerende op twee tafereelen aldaer ghemaeckt vande voornoemde costelycke materiaelen ghebrocht uytter kercke van Sinte Baefs, vande voorschreven twee afghebroken sepulturen. Ende mynen voorn. eerw^{sten} Heere scheydende vanden voorn. sergeant-major en *Pottelsberghe*, es my aenghecommen ende syn handen legghende op beyde myn schouderen, vraeghde my : « Amice, quid meditaris ? » daer op ick zeyde dat my verwonderde de voornoemde twee tafereelen daer te siene, midts ick noynt te vooren daer of iet zekers ghehoort hadde, wesende de selve tafereelen ghemaeckt van beede de voorschreven sepulturen; midts ick vele vande materiaelen vande sepulture van myn Heer den Abt *Lucas* ende alle de materiaelen vande sepulture van myn eerw. Heer *Viglius* aldaer bekende, want ick die betaelt hadde.

Waer op zyn Eerw^t cum gemitu et altis suspiriis zeyde, dat grootelycx te verwonderen was, dat zulcke luyden, scilicet *Jan Bollaert*, semblant makende uytwendigh van hemlieden te reconcilieren met God ende zyne beleghe catholicke kercke (daeromme synen persoon aldaer

(1) Loc Deynaert était aussi lieutenant de la bourgeoisie de Gand. Il désirait comme tant d'autres d'en finir avec la guerre civile. Le 12 avril 1584, il fut invectivé et qualifié de traitre en plein conseil de guerre, par le capitaine Bonte, fougueux personnage qui lui donna sur le champ un coup de poignard dans le bras.

ghenoodt was) noch zulck gherooft goedt uytter kereke in huere huysen houdende waeren ende aldaer synen persoon met syn suyte tracteren, zegghende tot my : Wel, Domine Secretaris, draeght sorghe opdat naer t'redresseren van alle de kercken affairen ende oock vander justitie, den toecommenden Heer Bisschop van Ghendt deze materiaelen uyt desen huyse doet halen ende in de kercke van Sinte Baefs restitueren.

T'welcke naermaels verstaen hebbende R^{mus} D. *Wilhelmus Lindanus Damasi*, ghedenomeerden Bisschop van Ghendt, ende boven dien dat de voorn. *Jan van Hembyze*, hooft vande rebellen binnen Ghendt, vele vande voornoemde materiaelen vande voorschreven twee sepulturen afghebroken t'zynen huyse hadde ghedaen voeren ende aldaer employeren zoo vooren gheseyt es, zo heeft zyn Eerw^t my ende andere zyne dienaers ende officiers belast de voorschreven materiaelen aldaer te doen afbreken ende uythaelen, ende dat stracx ende zonder eenigh dilay, niet jeghenstaende dat myn Heer van *Champaigney*, intvoorn. huys alsdan logierende, syn Eerw^t dede bidden by den heere van *Schoonberghe*, baillin van Sinte Baefs (1), t'zelve afbreken ende uythaelen te differeren, tot dat hy *Champaigney* uytten zelven huyse vertrocken zoude zyn.

Daer toe mynen voorn. Eerw^{sten} gheensins verstaen en wilde, belastende *Jan de Jaghere,* schaut van Sinte Baefs ende concherge van zynen hove in de Scheldstraete, de voorn. materiaelen stracx af te doen breken, ende met den ghenen noch in meer andere plaetsen wesende, te doen bringhen met straetwaghenen int voornoemt hof van Sinte Baefs, wesende t'hof vanden Bisschop van Ghendt.

Q. — Tot welcken effecte hebbe ick bewillight Mr *Jan Schoorman,* beeldesnyder, ende oock messagier deser stede, mynen goeden compere ende ghetrauwen vriendt (die my ghegheven hadde het albastre crucifix ghestelt ende noch staende op den hooghen aultaer vande kercke cathedrale van Sinte Baefs, int reconcilieren vander selver kercke by den voorn. eerw^{sten} Aertsbisschop, als gheen ander nerghens vindelyck wesende), t'ghene voorschreven by myn Heere R^{mus} *Lindanus,* belast met wercklieden te doen volcommen, daer vooren ick hem betaelt hebbe voor synen dienst ende daghueren van hem ende syn ghesellen, de somme van 3 lib. 7 sch. 11 gr., den voornoemden *Matthys Vander Schueren,* 12 sch. 6 gr., ende *Jan Vanden Berghe,* concherge vande ammonutien vande rebellen int clooster vande freremineuren, 2 lib. 7 sch., voor de bewaeringhe vande materiaelen die aldaer laeghen,

___

(1) Jacques Borluut, seigneur de Schoonberghe.

ende dat by adresse van joncheer *Philip van Steelant,* Heere van Hasselt, ghecommetteert sergeant-major vande stadt sichtent der reconciliatie (1). Ende noch betaelt *Jan Biestman,* van een aultaer met den waghen te haelen van t'kerckhof van Sinte Amand totten aultaer van deser capelle, 10 schellynghen, ende *Sebastiaen Vander Linden,* steenhauwer, vanden selven te verhauwen ende approprieren by billiet, 30 sch. 9 gr., ende Heer *Adriaen Van Vale,* van een voetbert voor den selven aultaer, 11 sch., al naer inhouden van myne rek^e vanden jaere 1582, ghehoort den 11 januarii 1586, item, noch in myne rek^{en} vande jaeren 1583, 1584, 1585, 1586, ghehoort den 26 jan. 1588, 27 sch. 2 gr.

Daer en boven heeft myn voorn. Heer R^{me} *Lindanus* sichtent belast uytten voornoemden huyse van *Jan Bollaert* te doen halen de voorschreven materialen aldaer totten voorschreven twee tafereelen gheemployeert, welcke niet vulcommen en es gheweest, midts de voorn. Eerw. Heere reysende naer Ruremonde, ende corts naer syn wederkeeren es cranck gheworden, ende die weirelt overleden 2 in oct. 1588. Cujus anima in benedictione sit.

Alwaer de voornoemde materialen ende tafereelen int voornoemt huys van *Bollaert* noch jeghenwoordelyck zyn, zonder daer toe eenigh voorder devoir ghedaen te werden, ten respecte (zoot te presumeren es) dat *Pieter Bollaert,* f^e *Jans* voornoemt, peter es van mynen Heere R^{me} jeghenwoordigh.

Welck ick niet aensiende, en hebbe niet connen laeten te meer stonden te vermaenen diversche vrienden vanden voornoemden *Pieter Bollaert* tot restitutie vande voors. tafereelen, maer es my t'selve belet gheweest by diversche sinistre middelen by den vyandt teghen my voortghestelt, die Uwe Edelhyt sal believen t'aenhooren.

Ici, Corneille Breydel donne le narré des nombreuses tribulations qu'il a eu à subir. Ce factum n'est certes pas dénué d'intérêt. Il trace le tableau fidèle des mœurs de cette époque, mais comme ce récit ne se rattache en rien à notre sujet, nous le passerons pour arriver au passages suivants :

R. — Daer myn voorn. eerw. Heere *Viglius,* gheniet hebbende de vruchten ende incommen vande voors. proosdye 13 zo 14 jaeren, de selve kercke fabrique, huysinghen ende pachthoven ghebeneficieert heeft tot het dan 75,000 rynsguldenen.

(1) Philippe de Steelant, seigneur de Hasselt, issu de l'une des plus anciennes et des plus illustres maisons du pays, était conseiller au Conseil de Flandre.

Boven twee bursen by zynder Eerw⁴ gefondeert int seminarie episcopatus Gandavensis, voor twee afgaende choraelen propter vocis mutationem, omme aldaer te studeren ende te verwachten plaetse vacerende int collegie by zyn Eerw⁴ ghefondeert binnen der stadt ende universiteyt van Loven, tot studie ende onderhoudt van ses choraelen vande kercke van Sinte Baefs, ende ses Vriesen van t' gheslachte ende stamme van *Aytta,* midtgaders eenen president, dienaer ende maerte, daeromme syne Eerw⁴ groote sommen gheimpendeert heeft tot reparatie, stofferen van huyscatheylen ende meubelen, midtsgaders tot incoop van pachthoven, thienden ende renten, uytbringhende jaerelyckx ontrent 1500 guldens, ende daer toe een jaer gheprevenieert en in archivo collegii in casus adversos gheleyt, die ick in specie bonæ aureæ monetæ anno 1569, in den coffer van het collegie gheleyt hebbe.

. . . .

S. — Zyne Eerw⁴ (*Viglius*) heeft gheaccordeert by zynen ontfangher van Wulfsdonck jaerlycx betaelt te werden twee hondert rinsguldenen, te weten, tot proffyte vande choraelen hondert guldenen, den vicarissen twee en t' seventigh guldenen, ende tot waschlight op eene croone te bernen op de 12 feestdaghen vande Proostie, achtentwintigh guldenen, t' welcke zo by de voornoemde heeren vanden cappittel, met groote dancksegghinghe gheaccepteert ende onderhouden es gheweest totter destructie ende beeldestorm in de voorsyde kercke.

Op welcken dagh vande beeldestorminghe de voorseyde croone ghebroken synde, en es t' voors. licht noynt sichtent ghebernt nochte onsteken gheweest, hoe wel de voorn. ontfangher van Wulfsdonck de voorseyde 28 guldenen, sichtent t' jaer 1582 altyts betaelt heeft in handen vanden generaelen ontfangher vanden Cappitel, t' welcke ick U Edelheyt affirmere waerachtigh te wesen.

. . . .

T. — Hoe wel M. *Adriaen Vareus* zelve als Proost de voors. sepulture heeft wille repareren, hebbende daertoe gheleent vanden rentmeester van t' voorn. collegie van mynen eerw. Heer *Viglius* binnen Loven ghefondeert, eene goede somme van penninghen, al eer by daer toe vande proviseurs vander voorn. collegie consent hadde.

Welck voorschreven reparatie by den voorn. *Vareus* begonnen teenemael onteert heeft de voornoemde sepulture, hebbende ghedaen den decksteen vande tombe van zeer costelycken marber dierghelyckx in dese stadt niet wesende, ende die wel 150 guldens ghecost hadde, vercorten op elcke zyde wel eenen halven voet, ende het binnewerck gheheel corrumperen, stellende in de plaetse vanden schoof eene roede naer t' fatsoen vande comete vanden jare 1579, tempore *Francisci ducis Alencona* visa. Quaet presagie voor den ghenen die zegghen : quod R^{dus} Dominus *Viglius* fecit perniciosus ecclesiæ suæ.

In welcke sepulture in de plaetse vanden touchsteen aldaer zeer breet ghestaen omme t' epitaphium inne te schryven, es ghestelt eenen swarten dornyex arduynsteen, boven noch meerandere fauten boven ende onder in de voors. sepulture ghevrocht.

U. — Hebbende oock de voorn. *Vareus* uyt zyn authoriteyt doen maecken eene tombe in de backerscapelle van swarten dornycxschen orduyn met opschrift, dat t' zelve zoude becost zyn gheweest by myn heeren vanden Capittel, wetende een jeghelyck dat t' zelve ghemaeckt es met een deel vande penninghen ghegheven by *Benedictus*..... (sic), tafelhouder vande Lombarden gheweest, by forme van restoir naervolghende de reconciliatie hem by der heleghe Kercke verleent.

PARTIE FRANÇAISE DU MÉMOIRE DE CORNEILLE BREYDEL.

SOMMAIRE.

34

— 47. 48. 49. 50. Contestations à ce sujet. — 51. Karl Van Mander parle de la tombe de Viglius. — 52. Description de la chapelle de Viglius. — 53. Mobilier confié à la garde de Breydel. — 54. Bucho d'Aytta, prévôt, et le comte Charles d'Egmont, coadjuteur de la prévôté de Saint-Bavon. — 55. Promesses. — 57. 58. 59. Le prévôt Vareus brouille les cartes. — 60. 61. Description du tombeau de Luc Munich. — 62. Destination du mobilier de la prévôté. — 63. Pillage et incendie du château de Loochristi en 1583. — 64. Droits et franchises de la prévôté. — 65. Restauration du pont de Meulestede. — 66. Le droit de *Marckgeldt* d'Everghem. — 67. Les habitants de Wondelghem réclament leur cloche. — 68. Topographie. — 69. Inventaire des joyaux, argenterie, reliques, ornements, cloches, etc., enlevés pendant les troubles. — 70. Conclusion.

A Messieurs les fiscaulx de Leurs Altesses Serenissimes au Conseil provincial de Flandres.

Remonstre avec treshumble reverence *Cornille Breydel*, qu'il a servy en ce conseil à feu Mᵣ *Pierre Coval* advocat, mary de damoiselle *Barbara Lotin*, cousine du remonstrant dez le 24 août 1549, jusques au 25 décembre 1557; qu'il at esté advanché au service de secrétaire de Monsieur *Lucas Munich*, dernier abbé de Saint-Bavon, de bonne mémoire, duquel estoit coadjuteur messire *Viglius ab Aytta de Zuichem*, chief Président du privé Conseil de feu de trèshaute mémoire *Philip*, second Roy d'Espagne, Comte de Flandres, etc., lequel seigneur Président ayant succédé après la mort dudit Prélat *Lucas*, qui mourut le 18 de janvier 1562, styl de Flandres, a continué le remonstrant en son service de secrétaire de la Prévosté de Saint-Bavon, avec la recette générale de tout le revenu d'icelle, après avoir rendu compte de la maison mortuaire dudit feu Prelat à Messieurs les exécuteurs de son testament, auquel feu Messire *Viglius* ayant le remonstrant servy jusques à son trépas advenu le 8 de may 1577, ledit Seigneur *Viglius* l'at dénommé par son testament un des exécuteurs d'icelluy et aussy receveur général de tous des meubles, argent et vaisselles, que seroyent trouvéz à son trépas; contenant ledit testament plusieurs notables charges de grande importance, et signament pour l'honneur, service et conservation de ladite Prévoste et Église de Saint-Bavon, et des joyaulx et ornements pontificaux receuz par ledit Seigneur *Viglius*, après le décès de sondit prédécesseur, avec charge de les laisser ensemble, quantité et valeur, à son successeur, avec tous les meubles de six principales maisons de ladite Provosté, le tout passant en valeur plus de cent vingt mille florins.

1. Laquelle délivrance n'a le remonstrant sçu pertinement faire tant par les troubles passés, qu'aussy pour le trespas de quatre aultres

exécuteurs dudit testament, scavoir : Messire *Maximilien Morillon*, Prévost d'Aire, depuis Évesques de Tournay, Messires *Cornille Sfolders* et Henry *des Muretz*, chanoines de Saint-Bavon, et docteur *Elbertus Leoninus*, et aussy pour plusieurs iniques traverses au remonstrant survenus (1).

2. Or, comme le suppliant at présentement plus de loysir pour négocier à sadite charge d'exécuteur dudit testament et s'en démeler avant son trépas, estant parvenu par la bonté de notre bon Dieu, à l'eaige d'environ de 76 ans, vouldroit bien humblement supplier vos Seig^{res} de le vouloir en cette affaire (s'estant de grande importance concernant la haulteur et droit de patronat competant au prince comme collateur de ladite Prévosté et quelques Prébendes de ladite esglise, que feu l'Empereur *Charles*, de tresglorieuse mémoire, ait eu en fort grande et tressingulière recommandation) d'assister de vos faveurs.

3. Et ce au respect que ledit feu Empereur par le LVIIe article de son ordonnance dressé pour le règle, ordre et administration de la justice de votre Conseil, donné à Bruges, le 20e jour de May 1522, commande que le procureur général de Flandres par ordonnance du Conseil s'enquerra du fait, conduite et gouvernement des Prélats, etc.

4. En conformité de laquelle ordonnance, sadite impériale Majesté étant en l'année 1539 venu en ses païs d'Espagne, par le royaulme de France en ce Pays-Bas, pour mettre ordre et remède aux altérations advenues en cette sa ville de Gand, ait enchargé ses fiscaulx d'intenter action et procès contre les manans de ceste dite ville tant en général que particulièrement, et le procès estant instruit à sadite Majesté, le dernier jour d'avril 1540, donné sentence par advis et conseil des chevaliers de l'Ordre, chef de ses consaulx, M^{rs} des requestes et plusieurs autres bons personnages, contre lesdits manans de cette ville, et entre autres mis ordre sur quelques lieux ecclésiastiques, comme contient ladite sentence.

5. Et pour la seureté de la ville et bons bourgeois d'icelle, afin de à l'advenir n'estre sujets à semblables émotions passées, a sadite impériale Majesté fait ériger une citadelle ou chateau, y appliquant l'abbaye et monastère de Saint-Bavon avecq l'église, et tous les édifices d'icelle abbaye et monastère, et l'abbé et religieux (estant auparavant à scavoir en l'an 1536, changés de personnes régulières en église col-

(1) Tous ces personnages ont joué des rôles importants dans le grand drame des troubles du XVIe siècle.

legiale), fait transporter par le légat apostolicque le cardinal *Farnèse,* en ceste ville en l'église de Saint-Jehan Baptiste, avec tous les reliques, ornemens, jouaulx et vasselles, en faisant desdits deux églises de Saint-Bavon et de Saint-Jehan, ung corps et union, et de ce dressé une singulière ordonnance et pertinente règle sur la conduite de tous les personnes servants à la dite église, y estant à ce députez, Messire *Philippe Nigri,* archidiacre de Theroanne, Chancelier de l'ordre de la Thoyson d'or, et Messire *Cornille Scepperus,* tous deux conseillers du conseil privé, et ce avec préalable advis de Madame *Marie,* Reyne d'Hongrie, sœur de sa dite impériale Majesté et Gouvernante de ses pays de pardecha, et des seigneurs du conseil d'Estat et aultres, datée ladite ordonnance et union du 30 jour de janvier 1541.

6. La quelle ordonnance, après avoir esté insinuée par Mr *Anthone Van Hille* dit *Pluvion,* notaire, ausdits prélat, doyen et chapitre de Saint-Bavon, pasteurs, margliseurs et maîtres de la table des pouvres de Saint-Jehan, at été enregistrée par charge de sadite impériale Majesté en un livre, reposant en la greffe de la Keure, nommée *den zwarten Bouck,* gebonden in berderen met leren beyserde sloten, commençant anno 1540, fol. 274, pour par les eschevins estre prins regard et suing sur l'entretienement d'icelle.

7. Et ce singulierement afin que les services des chapelles fondées en la dite église de Saint-Jehan, en nombre de 74, ne fussent obmises, sur quoy les eschevins des deux bancqs auroient toujours eu bien espécial égard, comme étant les deux maisons eschevinales édifiées en la paroche de Saint-Jehan, ayant de toute anchienneté usé en tous les affaires du seaul de Saint-Jehan, comme ils font encore (1).

(1) Le sceau de la commune connu sous le nom de : sceau de Saint Jean (*Sinte Jans zeghel*), était employé par le magistrat de Gand dès le XIIe siècle. La plus ancienne empreinte que l'on connaisse de ce sceau est appendue à une charte donnée par Robert de Bethune, comte de Flandre, et les échevins de Gand, datée du 10 juin 1306 (*a*).

M. Van Duyse, archiviste communal, dans son *Inventaire analytique des chartes et documents appartenant aux archives de la ville de Gand,* fait observer au sujet d'un acte de l'an 1288 (n° 153), vidimé par le juge impérial et notaire public, André Plance, en 1319, *indictione tertia, die vicessimo secundo, mense februarii,* que ce vidimus contient la description du sceau de la communauté de Gand, à l'effigie de saint Jean-Baptiste et la description du contre-sceau. Voici en quels termes : *Procurator*

(*a*) V. Baron Jul. de Saint-Genois, *Inventaire analytique des chartes des comtes de Flandre,* n° 1130.

8. Pour plus estroite conservation desquelles susdites chapelles et du revenu diceux, Messires *Cornelius Jansenius*, premier évesque de Gand, et ledit Messire *Viglius*, prévost, ont prins plusieurs bons advis et résolutions, et aussy pour la conservation des troys cures de ladite anchienne église et paroche de Saint-Jehan, selon leurs lettres missives sur ceste matière reciproquement escrites.

9. Aussy pour plus assurée conservation desquelles chapelles et des fruits et revenu d'icelles, ont les prévost, doyen et chapitre trouvé bien convenable en l'an 1564, commettre ung receveur général diceulx, et aussy pour éviter les abus et négligences cy devant commis, par aulcuns chapelains tenants registre des charges recognues sur quelcunes maisons et héritages, dons ils estoient seigneurs fonsiers, appellez : Landtheeren, avec charge de par le dit receveur général, rendre

dicti domini Guidi Moyeazii exhibuit quamdam patentem literam, sigillo quodam cereo viridis coloris sigillatum, pendente in quodam cordono rubro de serico; non viciatam, non cancellatam, nec abolitam seu corrosam, in aliqua sua parte, imo sanam et integram : in cuius quidem sigilli circumferentia hac litere legebantur : SIGILLUM JOHANNIS BAPTISTE, GANDENSIUM CIVIUM PATRONI. *In quo sigillo erat impressa imago infra quoddam tabernaculum et scriptum ibidem :* BEATI JOHANNIS *ut prima facie apparebat, et a parte alia dicti sigilli erat contrasigillum, in medio cujus erat impressa imago Agnus Dei, ut prima facie apparebat : in cujus contrasigilli circumferentia hac litere legebantur : Secretum Scabinorum.*

On lisait donc autour du sceau la légende qui correspond au sceau d'argent conservé au dépôt de nos archives, sauf à lire au lieu de *Sigillum*, les mots : S. Sancti (*Sigillum Sancti*), et à joindre au mot *patroni* la phrase *ad legationes*.

Quant au contre-sceau, la description qui en est donnée en 1313, nous paraît évidemment fautive, car le notaire impérial André Plance nous apprend que ce contre-sceau portait l'image de l'Agneau divin; or nous savons positivement par la charte de 1306, dont nous avons parlé plus haut, que le contre-sceau du *Sinte Jans zeghel*, portait un lion rampant, armoiries de la ville de Gand, avec cette inscription : *Secretum legationum Gandensium.*

La matrice du sceau communal auquel Corneille Breydel fait allusion et que nous reproduisons ici en gravure, existe encore dans les archives de la ville; elle est d'argent, mais n'a point servi aux deux chartes que nous venons de citer, étant postérieure à leur date. En examinant attentivement tous les détails, on acquiert la conviction que le sceau communal, appendu à la charte de 1306, n'est pas entièrement semblable à celui dont la matrice d'argent est encore conservée à l'hôtel-de-ville. Dans ce dernier, on remarque une tête humaine à côté de la jambe droite de saint Jean-Baptiste, détail qu'on ne trouve pas dans les empreintes du XIV⁰ siècle.

Ce sceau a été gravé pour la première fois, d'une manière assez peu satisfaisante, dans notre *Histoire généalogique et héraldique de quelques familles de Flandre*, à la suite de la charte de Robert de Béthune et du magistrat de Gand de l'an 1306, mentionnée plus haut.

compte tous les ans dudit revenu auxdits prévost et chapitre, aux gages du XX° denier du revenu de chacune chapelle.

10. Or, comme durant les premiers troubles, les rebelles avoient saisy tout le revenu desdites chapellenies, ordonnant et dispensant d'iceluy tant pour leurs ministres que pour aultres prophanes affaires, mesdits seigneurs, prévost, doyen et chapitre ont, venant icy gouverner le duc *d'Alva*, impetré nouvelle commission pour ung receveur général, ce qui at esté poursuivi par ce remonstrant en l'an 1567, estant alors en cour ches mon dit seigneur, Messire *Viglius*, son bon seigneur et maître, lequel Dieu ait en sa gloire, ayant le remonstrant lors payé aux despens de mon dit seigneur les depeches de la dite commission.

11. Des fruits et revenu de toutes lesquelles chapellenies, le remonstrant a eu l'honneur de reconnaître ce que at esté fait du tems des rebelles à l'endroit l'employ du revenu d'icelles, d'aultant qu'il a esté par les eschevins de la Keure commis à la taxation de la deuxiesme capitation, pour la pourpaye de la somme pécuniaire accordée à sa Majesté par la concession de la gracieuse reconciliation de cette ville et manans d'icelle, avecq plusieurs aultres nobles et notables de ceste ville, y estant advanché par feu M° *Anthone Schoorman*, qui avait servi à mondit seigneur *Viglius* en ce conseil, en qualité de son advocat pensionaire, et aussy servi Monsieur le prévost, doctor *Bucho*, jusques ladite reconciliation.

12. Auquel service le remonstrant ayant eu par expresse charge du magistrat, inspection et maniance de tous les comptes, lettres et affaires négotiés par les commissaires des rebelles et prétendu magistrat, at entre autres trouvé les comptes desdites chapellenies et pardessus icelles a obtenu du Monsieur le prélat de Saint-Pierre, proche parent de sa compagne, copie d'un registre desdits chapellenies, couché par escrit par son prédecesseur avant la permutation, par le dit prélat de Saint-Pierre, faite de son droit de patronage de l'église de Saint-Jehan avec le prélat de l'église de Saint-Bavon, contre le droit de patronage des églises de Saint-Michel, de Saint-Martin d'Eckerghem, ayant trouvé par le dit registre de Saint-Pierre, que de toute ancienneté sont esté en ladite église de Saint-Jehan environ septante-quatre chapellenies, desquelles les fruits et revenu montent à plus de douze cent florins par an.

13. Desquelles susdites 74 chapellenies ne sont à présent que vingt

supervivans possesseurs, desquelles aulcuns des possesseurs propriétaires ne reçoivent l'enthier revenu de leur bénifice, de sorte qu'annuellement la reste des fruits monte à plus de six cent trente florins, 38 chappons et 34 .... (sic) par an, qui sont employés par le receveur *Guillame De Keyser*, à la volunté de Messire *Adrien Vareus*, prévost.

14. Comme le mesme prévost *Vareus* s'est advanché de vouloir supprimer les deux cures de l'anchienne église de Saint-Jehan, et commettre un pléban, ascavoir Messire *Willelmus Arents*, propriétaire de la troisiesme cure, lequel Messire *Willelmus Arents*, estant parvenu à une prébende de la dite église, a longtemps receu les fruits, tant desdits trois cures que de sa prébende, sub uno et eodem tecto.

15. Le tout contre l'anchienne fondation desdits trois cures contenues audit registre du prélat de Saint-Pierre, la dite ordonnance Caroline du 30 janvier 1431, et contre la bonne et pieuse intention de mondit seigneur R^{me} Evesque *Jansenius* et de mondit seigneur *Viglius*.

16. Le quel seigneur prévost estant sollicité après le trespas de Mr *Pierre Raes*, pasteur d'une portion, par Messires *Willelmus Aurys* et *Leo Bernaerts*, pasteurs, pour incorporer la portion vacante avec leurs portions, ne trouva ceste incorporation aulcunement ny en raison, ny en équité fondée; escrivant au remonstrant que en cas que les trois n'auraient compétence, que la raison requerroit qu'ils en feussent pourveus.

17. Et quoique l'on a sceu dire ou remonstrer audit *Vareus*, tant de la pieuse intention desdits seigneurs, R^{me} Evesque et Prévost *Viglius*, et que mondit S^r R^{me} avait escrit qu'il estoit d'intention et avoit commencé de distinguer la paroisse de Saint-Jehan en trois diverses parties, secundum decreta synodi provincialis Mechliniensis de decanis christianitatis pastoribus et eorum officiis, Cap. 8°, comme il avait fait à Audenaerde, selon que de tout tems en la dite église de Saint-Jehan estoit observé, habens portio ejusdem parochiæ (transscaldana vocata), proprium sacellum et cimeterium ad sepeliendos mortuos, l'on na sceu devertir le dit prévost *Vareus* de son opinion.

18. Non obstant aussy qu'on lui remonstroit la longue et grande extendue de la dite paroisse, à scavoir : depuis la porte de l'Empereur, comprendant tout le quartier s'extendant jusques au grand chateau, et jusques et y comprinses les maisons de *Jehan Salenson* et la veuve *Vander Straete*, à l'opposit du dit *Salenson*, sur la rue appellée de *Hoog-*

poorte, auprès le marché au poisson, et que de notre memoire avoient deservy lesdits trois cures, à scavoir : la première, Messire *Lievin Berchman*, après M. *Pierre Raes* et après Messire *Pierre De Lays;* la deuxiesme, magister *Ægidius Blaserius* vel *Blasius*, curtracencis; magister *Willelmus Aurys;* et la troisiesme, magister *Adrianus De Vos*, magister *Anthoine Van Heetvelde*, magister *Adrianus De Meyere*, *Leo Bernaerts* ac postea *D. Ludovicus Hughe*, habentes præfati pastores semper duos visitatores vel cooperatores.

19. Aussy sont lesdits trois cures de toute anchienneté esté tauxés, pro subsidiis ecclesiasticis, distinctement et séparement, et entre aultres en l'an 1333, pro precariis comitis Flandriæ solvendis in summa 2500 librarum, chacune desdits cures à 70 lib., ce que depuis a esté observé, tant pour aultres aydes ecclesiastiques et despences, pour les conciles que aultrement.

20. Si comme ledit prévost *Vareus*, avecq aultres ses adherens, ont grand tort aux chapelains, vicaires et aultres ministres de l'église cathédrale de Saint-Bavon, contre l'expresse ordonnance et disposition dudit feu dernier prélat *Lucas*, par luy faite et dressée du revenu et distribution de tous les fruits des dignités, prébendes, bénéfices et aultres de ladite église par l'authorité du saint Siège apostolique et confirmation de Sa Maj., aussy contraire le contenu du concordat arresté entre mon dit Seigneur *Viglius* d'une part, et le chapitre de ladite église d'aultre part, le 20 de juiny 1565, approuvé et soubsigné par ledit R. Seig. Evesque *Jansenius*, aussy non obstant que les prévost, doyen et chapitre sont tenus in suis admissione, receptione, possessionisque, adeptione, promittere se observaturos eamdem concordiam juramento de super per eos præstito et præstando.

21. Contenant ledit concordat que le receveur général du chapitre, singulis tam in dignitate constitutis et canonicis suppositis ac membris nec non fabricæ et bursâ communi dictæ ecclesiæ fideliter suas portiones secundum memoratam dispositionem distribuere tenebitur, et præfatum capitulum de super præpositum et suos successores perpetuis futuris temporibus erga omnes et singulos quorum intererit liberos et indemnes servare.

22. En quoy plusieurs abus sont esté commis et se commettent encores fraudant les chapelains, vicaires et aultres serviteurs de l'église des accrescences des chapellains et vicaires absens, ad collusiones viandas ut dicunt, nam non fiunt majores collusiones quam circa distributiones plumbetorum canonicorum et præbendarum in fraudem fabricæ et communis bursæ, y committant pour distribuer ung necho qui n'oseroit contredire à Messieurs les grands, à cause de leurs abusives pretendues absences, de sorte que la fabrique et bursa communis en souffrent grand interest.

23. Et soub correction, seroit convenable que quelque notable persone ecclesiastique seroit commis à la dite. distribution de bonne et enthière conscience, comme au remonstrant souvient y avoir veu en son temps, messire *Cornille Disures,* vénérable pbre chapelain de la dite église et depuis trespassé, pater confessor priorissæ et monialium monasterii divæ Margaritæ in Donsa nunc habitantium Gandavi in parochia sancti Martini de Eckerghem.

24. Oultre lesquels susdits abus, le remonstant supplie à Messieurs les fiscaux, de considerer et entendre le tort et grand deshonneur que fait le dit Prévost *Vareus* à la bonne mémoire de mon dit R^{de} seigneur *Viglius,* qui fut U. J. doctor, protonotarius apostolicus, prévost de ladite église, président du conseil d'état du Roy, chancelier de son ordre de la Thoyson d'or, præfectus regiæ bibliothecæ in aula Bruxellensi, custos archivi comitatus Hollandiæ in arce gandana conservata, et des plus nobles parens du coté paternel et maternel du pais de Frise, comme appert par le .... (sic), environné de couronne royale sur le tymbre de ses armoiries et avecq ung double visage servant de visière, ad exemplum armorum *Alexandri* magni regis Macedonii.

25. Pour lequel tort funder et deduire fait à scavoir que Messieurs les doyen et chapitre de Saint-Bavon ont en l'année 1566, intenté different contre ledit Seigneur prévost à l'audition des comptes de l'année 1565, touchant le resort de 63 bonnieres de prayerie gisans et comprins es limites de la seigneurie de Wulfsdunck, appartenante à la prevosté, pour lequel different sont esté servis et exhibés de la part de deux parties, plusieurs escrits communicatoires, production des temoins et oculaire veue de lieu faite avec une carte figurative, à cest effect dressé par mesureur et géographe juré, aux grands dépens tant de defroy des commissaires que de leurs vacations, que mon dit R^{dr} Seigneur prévost se confiant sur son bon droit ma faict payer, montant à la somme 194 lib. 6 esc. tournois, alloués en mes deux comptes particuliers rendus à mondit Seigneur, les 28 de febvrier 1567 et le dernier de janvier 1568.

26. Finalement sentant lesdits doyen et chapitre leur tort, ont

35

député vers mondit Seigneur *Viglius,* estant lors à Bruxelles, leurs confrères, Messires *Clemens Crabeels* et *Anthoine Van Heetvelde,* par acte capitulaire du 7 de mars 1567, pour accorder dudit different avec sa Reverence, ce qu'ils ont faict, remonstrant en toute reverence a mondit Seigneur que pour l'honneur du service divin en ladite église, beaucoup de choses y estoient requises et necessaires, luy representant le tout avecq fort bonne grace, ce qui estant entendu par sa Reverence, at accordé tout les ans estre payé par le receveur de ses dits biens gisans et comprins soubz la recette de Wolfsdonck, la somme de deux cent florins, à scavoir, cent florins pour les choraux, soixante-douze florins pour les vicaires, et vingt et huit florins pour chandelles de cire à allumer, quotannis in duodecim festis præposituræ, ayant esté à cet effect dressé et pendu une couronne peinte des armoiries de sa Reverence devant le Saint Sacrement, entre le grand autel et l'arbre armoye de la memoire de la feste de la Thoyson d'or, de l'année 1559.

27. Ce que par lesdits Seig^{rs} députés du chapitre, at esté avec grand et honeste remercyement accepté, y entrevenans aussy les chanoines *Oudardus Eyse* et *Erasmus Reyneere,* qui lors estoyent à Bruxelles avecq le remonstrant pour leurs affaires particuliers, demeurans lesdits 64 bonnieres de prairies à mondit Seigneur prévost et ses successeurs en perpetuité.

28. Et ce que dessus at esté recogneu par mesdits S^{rs} doyen et chapitre, pardevant les conseillers de ce conseil, Mrs *Gerard Rym, Joosse Huusman* et *Philippe Steelant,* le 24 de mars audit an 1567, et lesdites cierges mises et tous les ans allumées en ladite couronne, in præfatis duodecim festis præposituræ, jusques en l'année 1572, que ladite couronne feust par les rebelles, au saccagement de ladite église de Saint-Bavon, rompue et par pièces emportée.

29. Sans que depuis la gracieuse reconciliation de ceste ville, le remonstrant a sceu obtenir la restitution de ladite et aultre nouvelle couronne ny faire allumer les dix-huit cierges qui souloyent estre brulées, in dictis duodecim festis præposituræ, en l'arbre de l'ordre de ladite feste de la Thoyson d'or que les rebelles ont laissé enthière.

30. Et cependant n'a le receveur général ou de la fabrique oublyé de annuellement recevoir lesdits 200 florins dudit receveur de Wolfsdonck, et ce depuis l'année 82 jusques oires, et craint le remonstrant que les 172 florins pour les choraux et vicaires ne sont employez selon ladite concorde et intention de mondit R. Seigneur *Viglius.*

31. A quoy a le remonstrant fait pluseurs iustances et singulièrement environ deux années passées, ayant Mous^r le R^me faict l'office des vespres, le remonstraut le suivit jusques dedans la sacristie que sa R^me Seig^re s'aloit deshabiller de ses ornemens pontificaux, luy faisant, le remonstrant, souvenir de ladite fondation tant d'années obmise en chargeant bien particulièrement ledit prévost *Vareus,* qui at esté longuement receveur général dudit chapitre.

32. Disant le remonstrant à sa R^me Seigneurie quil estoit mal séant à sa qualité de passer tel deshonneur à la bonne memoire de mondit Seigneur *Viglius,* ayant été environs sept années allié en mariage avec sa sœur Damoiselle *Jaqueline Damant,* et par icelle alliance receu avecq ses frères et parens grand honneur et bien favorable advancement.

33. Requerant à sadite R^me Seigneurie de se souvenir aussi du grand bien, honneur et advanchement que mondit Seigneur avoit fait à ladite église de Saint-Bavon, fabrique, membres, entretenemens, réparations des maisons et censes et plusieurs beaux plantages, ayant en cela despensé pendant le tems de trois années (que sa R^me avoit joy des fruits et revenu de la prévosté), oultre la somme de 75 mille florins, comme le remonstrant est prest de verifier par documens authentiques et souffisants.

34. Sans en ce que dessus, comprendre deux bourses fondées au seminaire de l'evesché de Gand, chacune de 50 florins par an, pour deux choraux de ladite église de Saint-Bavon, attendant place vacante au collége fondé par ledit Sr *Viglius,* en la ville et université de Louvain, pour six choraux de ladite église et six frisons de la noble parenté tant paternelle que maternelle d'icelluy fondateur, y ayant basty ung beau et fort plaisant collége, avec un président, ung serviteur et deux servantes, et en revenu annuel tant des deux censes et dismes que bonnes rentes, jusques à quinze cent florins par an, y ayant, in casus adversos, fait mettre, in arca collegii, par le remonstrant une année en bon or.

35. Et à la vérité, il n'est à pardonner ny à l'ung ny à l'autre, que lesdits 28 florius que le receveur des biens de Wolfsdonck appartenants à l'evesque paye tous les ans, comme a fait du revenu escheu deux années devant ladite reconciliation de cette ville, ne sont employez selon ladite pieuse intention du Seig^r *Viglius,* ayant esté beaufrère de Monseigneur R^me, ou du moins employé pour la réparation de sa sépulture et effigies de marbre ou albastre requises en sa chapelle comme y souloient estre avant le saccagement fait par lesdits rebelles.

36. Or, il peult souvenir à quelques Seigneurs du chapitre qu'estant requis par le remonstrant de faire leur devoir envers ledit prévost *Vareus*, pour luy persuader de faire allumer lesdits dix-huit cierges, in præfatis duodecim festis preposituræ, il leur at repondu que pour lors la cire estoit trop chiere, ce qu'est bien impertinent.

37. Se persuavant le remonstrant que ledit prévost *Vareus* a conceu quelque desdaing ou mauvaise impression de mondit R^{de} Seigneur, pour les propos par luy tenus en plaine table le 19 juillet 1590, au logis de feu Mr *Jehan Van Daele*, demeurant lors en la maison où que se tient l'escoutet et receveur *Jehan De Spira*, ayant le remonstrant lors rendu ung compte des arbres vendus à Loochristi, à Messieurs *Martens, Bygaerde, Zuichem, Vander Varent*, ledit *Van Daele* et *Damant* chanoines, disant ledit *Vareus*, quod dominus *Viglius*, pernitiosus fuisset ecclesiæ sancti Bavonis, propter cassationem pensionis duorum millium florenorum ad opus episcopatus Gandensis constitutorum super bonis abbatiæ et monasterii sancti Petri blandiniensis, en cela demonstrant qu'il ne portoit bonne affection audit R^e Seigneur *Viglius*, pour l'espoir qu'il avoit possible conceu de quelque jour parvenir à l'évesché de Gand.

38. Lequel maltalent a depuis continué contre l'honneur de mondit R^{de} Seigneur *Viglius*, en une question que le remonstrant at intenté en ce conseil sur requeste exhibé contre Messire *Jehan D'Hertoghe*, chanoine et receveur du membre des obites et anniversaires des Seig^{rs} dignités et chanoines de ladite église, pour avoir les deniers de la cloiture de son compte dernier du revenu de la chapelle de mondit Seigneur, fondé en ladite église, pour par le remonstrant estre employé à la réparation de ladite chapelle, aultel, images d'albatre et sepulture de mondit R^{de} Seigneur *Viglius*, comme le remonstrant est tenu tant par le testament dudit Seigneur, que aussy par acte resolu par ses coexecuteurs dudit testament et sieurs députés des héritiers du défunt du 22 mois de may 1577, ayant a ceste effecte, comme dict est, presenté requeste audit conseil, le 9 d'août 1604, contre ledit Messire *Jehan D'Hertoghe*, chanoine.

39 A laquelle requeste, ledit *Vareus* a servy de reponce au nom de Messieurs prévost, doyen et chapitre joincts avecq ledit chanoine *D'Hertoghe*, alleguant que le remonstrant n'étoit recevable, et ayant le

remonstrant repliqué le 13 décembre 1604, ledit *Hertoghe* avec Messieurs du chapitre servants de duplique le 8 de janvier 1605, ont allégué que le remonstrant avoit esté mis en curatèle le 3 de novembre 1604, et partant n'estoit qualifié pour poursuivre son intenté action.

40. Depuys lesquelles procedures estant ledit chanoine *Hertoghe* trespassé, le remonstrant a recommencé de nouveau intenter la susdite poursuyte contre Messires *Baudouin Meganck*, tresorier, et *Charles Bardeloos*, chanoine de ladite église, comme exécuteurs du testament dudit feu chanoine *Hertoghe*, comme appert par l'escrit servy par lesdits exécuteurs le 17 de novembre, et par la replique du remonstrant du 18 du mesme mois de novembre 1605, soutenant le remonstrant par icelle sa replique, que les deniers dont estoit question seroyent promptement furnis ès mains de Messire *Pierre Bernaert*, doyen de ladite église et receveur de la fabrique d'icelle, afin que iceux deniers feussent par luy avec le remonstrant employés à la restauration de ladite chapelle, aultel et sepulture.

41. Sur laquelle replique servants lesdits exécuteurs de duplique et se fondants sur ladite curatele, le remonstrant s'est déporté de faire ultérieure poursuyte, jusques la décision de la question tant en ce conseil que pardevant les eschevins de la keure contre ladite curatele décernée en l'absence du remonstrant, et sans avoir esté préalablement adjourné ne aussy oy contre ycelle en ses exceptions et défenses, ensuyvant le premier article de la 23me rubrique des coustumes de cette ville, par sa royale Majesté decretées.

42. Pendant lequel différent susdit ledit prévost *Vareus* a volu, usant de son propre mouvement et privé authorité, faire reparer ladite sepulture, ce qu'il a fait tellement quellement, ayant à cest effect faict payer par le receveur dudit collége de mondit Seigneur *Viglius*, fondé à Louvain, quelque bonne somme.

43. Et avecq grande injure de la bonne memoire dudit R^de Seigneur, a bien vilainement deshonoré ladite sepulture, faisant racourcher la pierre de marbre servant de couvercle dudit tombeau (nestant semblable en ceste ville, ayant cousté 150 florins), de chacun costés ung demy pied, et au lieu de la table de pierre de touche qui y avoit pour l'inscription de l'épitaphe, y fait mettre une pierre de noir orduyn de Tournay, plus estroite que nestoit ladite pierre de touche, y ayant fait mettre les armes de sa R^ce resemblant mieux la comète de l'année 1579,

comme une verge que a uue gerbe de blé, vrayes armoiries de la maison d'Aytta.

44. N'estant aussy l'escriture y mise pour l'épitaphe digne pour tel personage, à comparer avecq aultres composés par plusieurs docteurs et persones de qualité, selon les services faicts par ledit Seigneur *Viglius* aux feus empereurs *Charles, Ferdinand* et *Maximilien*, tant en Allemagne, à Munster devant Ingolstadt, à la guerre d'Allemagne, en la chambre impériale à Spier, item aux Roynes de Portugal et de France, dona Leonora, à la Reyne *Marie de Hongrie,* gouvernante, à Madame de *Parme,* aussy gouvernante de ces pays, à *Don Jean d'Austriche, Don Louis de Requesens,* grand commandeur et aultres, oultre ce ses professions eues ès universités tant de France que Italie, et ambassades en Danemarque vers les hanstedes (1) et autres, quod rusticus Molebecanus ignorat.

45. Ce que ledit *Dominus Molebecanus* at encoires depuys demonstré en une cause que le remonstrant at encoires indécise contre feu *Hercules Herls,* en son vivant receveur des biens tant de la prevosté que des biens communes dudit prévost et chapitre, pour estre payé du droit de marckgeldt, appellé en Brabant pontpenninghen, à cause de la vendition de deux censes et une disme situées en la paroisse de Vremde en Brabant, sous le marquisat d'Anvers, partie du bien et patrimoine de Monsieur *Aloyinus Bavo,* comes Hasbanicæ pro sua hereditaria portione in ducatu Lotharingiæ Flandrice dictus Lothryck.

46. Lesquelles susdictes censes et disme sont esté aliénés et vendues par le prélat de Saint-Bavon, Messire *Raphael de Mercantelles*, Evesque de Rosense, à feu *Pauwel Robyns,* dont pour la rescission desdicts et autres parties vendues par ledit prélat en l'année 1494, sont esté intentés poursuytes et proces au conseil de Brabant, par ledit S[r] prélat *Lucas Munich,* avec les doyen et chapitre, et sur le commencement de l'altération de la religion en ces pays at esté audit conseil pronuncé sentence contre lesdits de Saint-Bavon, non obstant les doctes et singuliers motifs de droit et consultations dressées pour lesdicts de Saint-Bavon, impetrants de rescission par lesdits docteurs D. *Joachimus Hopperus, Livinus Bresius,* et une autre par docteur *Elbertus Leoninus.*

_____

(1) Hans-steden, les villes hanséatiques d'Allemagne et du Nord, qui faisaient partie de la Hanse teutonique.

47. Et ayants depuys les héritiers dudit *Pauwel Robyns* vendu lesdits censes et disme, le receveur desdits biens de Saint-Bavon, au dit
quartier d'Anvers, *Willem Vander Vekene*, prédecesseur dudit *Hercules*,
at convenu des parties vendues pardevant la justice de Saint-Bavon,
au dit marquisat d'Anvers, ès paroiches de Bouchaut et autres circon-
voisines, sur lequel différent ont parties par intervention de persones
de qualité, fait appointement, et ont les acheteurs desdits censes pro-
mis de payer audit receveur pour le droit seigneurial, estant le XXe
denier à la vente, la somme de 38 livres de gros, et ce du tems au
profit de mondit seigneur le prévost *Viglius*, dont avant son trespas
pour les troubles survenus n'a esté receu quelque chose.

48. Les troubles passez, estans les villes de Gand, Bruxelles, Malines
et Anvers reduyctes soubz l'obéissance de sa Majesté, le remonstrant
a par plusieurs fois fait souvenir audit receveur *Hercules Herls*, la
susdite action deu à la maison mortuaire de mondit R. seigneur, et
semblablement audit prévost *Vareus*, allant vers Anvers, avec ledit
thrésorier *Baudouin Meganck*, luy a donné ung mémoirial de ladite restante dette, luy priant d'en parler audit receveur *Herls*, ce qu'il n'a veu
faire, ny aussy en fait mention audit thrésorier, qui tunc ipsi fuit comes pro negociis ecclesiæ et capituli sancti Bavonis.

49. De sorte que le remonstrant, pour recouvrer ladite dette, a fait
arrester en cette ville la veufve dudit receveur *Herls*, le 31 de mai 1607,
pour constituer caution d'estre à droict pardevant le magistrat de ceste
ville, pour pretensions dudict droict de marckgelt par son mary receu,
que aussy pour aultres actions competans au remonstrant contre icelle
veufve, ensuyvant le billiet contenant la cause dudit arrest, soubsigné
par *Gabriel De la Bouverie*, manant et inhabitant de cette ville, s'ayant
constitué cautionaire et plesge pour ladite veufve.

50. Estant depuys ledit arrest, la cause suspendu pour ladite inique
curatele du remonstrant, comme semblablement sont tenus en estat et
surceance plus et vingt et buyt actions par le remonstant intentées tant
en ce conseil, pardevant les bailly et hommes de fief du Vienbourg de
Gand, aussy devant les eschevins des deux bancqs de ceste ville, la
justice de Saint-Bavon et de Zynghem, que ches plusieurs aultres loix
et justices subalternes.

51. Et retournant au fait de ladite chapelle, autel et sepulture de
mondit R^{de} seigneur, fault examiner l'excellent livre de Mr *Charles
Vander Mandere*, imprimé en Hollande, contenant plusieurs braves ou-

vraiges sepultures, érigéz tant en Pais-Bas que en plusieurs aultres villes, pays et provinces.

52. Au quel livre est contenu que dessus la table peinte estant sur l'autel de mondit *Viglius*, estoit un crucifix de pierre de touche et le corps de notre Seigneur d'albastre, et au costé droit d'icelle croix, les effigies de la benoîte Vierge et mère Marie et de saint Jehan, taillez d'une pierre d'albastre blancq, et au costé gauche, l'effigie dudit Sʳ prévost à genoulx, acoustré avec ses ornements pontificaux, ainsy qu'il est peincte par le dehors de la dicte table d'autel, et à l'opposite dudit autel, pardessus la sepulture estoit bien vifvement contrefaite la ville de Jherusalem.

53. Oultre tout ce que dessus, prendront vos Seigneuries, s'il leur plait, regard que en la dite chapelle ne sont les ornemens délaisséz par mondit Rᵈᵒ Seigʳ *Viglius*, pour le service divin, selon l'inventaire en dressé, et du quel inventaire ensemble des autres inventaires desdits ornemens pontificaux du prélat et vasselles, avec tous les autres inventaires de plusieurs précieux meubles des six principales maisons de Saint-Bavon, le remonstrant désire estre deschargé, tant pour luy que pour sa veufve et héritiers, suppliant très-humblement que vos Seigneuries soyent servyes en cela l'assister, soit par advis et addresse de Messieurs de ce conseil ou devers Monsʳ Illᵐᵉ et Rᵐᵉ archievesque Metropolitain de Malines ou devers leurs Altezzes Serenissimes.

54. Eucores ne peult le remonstrant dissimuler le tort que se fait aux héritiers de feu doctor *Bucho Aytta*, nepveu et successeur de mondit Seigneur *Viglius* en ladite prévosté, et à son coadjuteur Monsʳ le Comte *Charles d'Egmont* (1), estant à présent chevalier de l'ordre de

(1) Nous avons publié dans nos *Documents historiques inédits concernant les troubles des Pays-Bas*, t. II, p. 193, une lettre du comte palatin, Richard duc de Simmeren, aux États de Flandre. Comme cette pièce se rapporte à la prévôté de Saint-Bavon, nous allons la traduire; elle est datée du 9 décembre 1580, par conséquent antérieure de plus de trente ans au mémoire de Corneille Breydel.

« Richard, par la grâce de Dieu comte palatin du Rhin et grand duc de Bavière.
» D'abord notre salut affectionné aux aimables, honnêtes et chers particuliers.
» Lorsque, sur une invitation que nous lui avions adressée, notre noble, aimable et cher cousin, le comte Charles d'Egmont, est venu dernièrement nous rendre visite, il s'est loué des bienfaits qu'il a reçus de vous, de la bienveillance que vous avez, en tout temps, montrée envers lui, et surtout de ce que vous lui avez généreusement accordé le *beneficium* et la *provision* de la prévôté de Saint-Bavon. Vos procédés à l'égard de notre jeune cousin nous pénètrent de reconnaissance et nous nous em-

la Thoyson d'or, gouverneur pour leurs Altezzes de la conté, chateau et pays de Namur, en ce que icelluy doctor *Bucho*, prévost, compète avecq ledit Sr Comte ayant esté son coadjuteur, du revenu de ladite prévosté, ensuyvant l'accord arresté en la ville d'Anvers le 18 septembre 1578, entre ledit prévost *Bucho* pour luy et mondit Seig^r d'*Egmont* son coadjuteur, avec les députés des héritiers de mondit R^{de} Seigneur *Viglius* d'une part, Messieurs *Petrus Damant*, chantre, *Clemens Crabeels*, archidiacre, *Petrus Gilles*, thresorier, *Anthonius Van Heetvelde*, *Cornelius Sfolders*, *Martinus Bygaerde*, *Jacobus De Zeelandre*, *Erasmus Reyneere*, *Willelmus Valerius*, *Folcardus Aytta de Zuichem* et *Engelbertus Verreycken*, chanoines de ladite église de Saint-Bavon, d'aultre part.

55. L'accomplissement duquel accord ont aulcuns Seigneurs principaulx dudit chapitre désiré enthièrement et sincèrement entretenir, escrivant audit S^r prévost comme s'ensuyt : S. P. Reverende Domine præposite, cum *Cornelius Breydel*, secretarius R^æ V^æ indicaverit receptoribus ecclesiæ, ut rationes suas Antverpiam mitterent, etc., et similiter R. V. dominum *Zeelandre*, redire mandet, omniumque membrorum, quorum receptor extitit, et quorum secreta tam R. V. quam nobis celata sunt, rationem et reliqua reddat : ut tandem vicariorum

pressons de vous témoigner notre gratitude. A cette occasion notre cousin nous a appris que par suite d'obstacles survenus du temps qu'il faisait ses études à Mayence, il n'a pu jouir de la provision que vous lui aviez accordée, et que pendant deux ans il n'en a point touché le revenu, parce que Bucho, qui se donne le titre de prévôt de Saint-Bavon, le retient, sauf 1300 florins de Brabant qu'il a reçus dernièrement et qu'il a dû dépenser en voyages et en procès. Il a donc été obligé de contracter des dettes considérables, afin de pourvoir à son entretien et de vivre selon son rang; mais ses créanciers sont venus le harceler, ce qui diminue grandement la considération dont il a besoin et le couvre de honte.

« Nous avons la conviction que votre désir est que notre cousin jouisse des avantages attachés à la prévôté de Saint-Bavon; car il se trouve actuellement dans une situation, d'autant plus misérable que la maison d'Egmont n'a depuis quelque temps, que des infortunes à supporter. D'après ces renseignements, nous vous prions de continuer vos bienfaits à notre cousin et de conduire les affaires de manière à ce qu'il puisse payer ses dettes; que la provision soit régulièrement acquittée et que l'on force ceux, qui, pendant un certain temps, ne se sont pas soumis à l'*administration*, à présenter un compte légitime. Nous, notre cousin et jeune pupille, ainsi que toute la maison d'Egmont, nous nous recommandons à votre bienveillance.

« Dans l'espoir que vous aurez égard à ce qui est dit ci-dessus, nous sommes votre dévoué. Symmeren, le 9 décembre 1580. »

REICHARDT PFALZGRAVE.

36

capellanorum, choraulium aliorumque subditorum necessitatibus subveniatur *et R. V. imprimis de contractu Andverpiæ inito rectius persolvatur*. Quæ si fiant aliquorum calumniæ cessabunt quibus nos insimulant propria quidem curare bursisque ad implendis sollicitos esse, juramenti vero præstiti omnino immemores. His rogantes ut hæc nostra scripta benigno animo suscipiat D. O. M. deprecantes ut R. V. diu nobis servet incolumen ex Gandavo 10 mensis februarii 79. Suscriptum erat Reverentiæ Vestræ, *P. Gillis, A. De Meyere, M. Bygaerde,* ita est *Erasmus Cornelius Vrancx, B. Meganc,* deditissimi confratres, et in dorso R^{do} ac eximio Domino D^{no} præposito ecclesiæ sancti Bavonis Coloniæ.

56. Ausquelles lettres ledit seigneur prévost a respondu le 16 de mars 1579, escrivant entre autres, quod superest ago V. D. immensas gratias pro sedulitate et solicitudine ad implendi contractum Andverpiæ initum de quo ad *Breydelium* quoque scripsi. Ac rogo V. D. ut ea quæ incepistis mecum agatis libertate communicandi negotia vestra, et mutuam amicitiam cum omnibus confratribus alere V. D. non desistant. Ego vicissim in omnibus paratissimum exhibebo et rogo D. O. M. vestras dominationes diù incolumes servet, Coloniæ 16 martij anni 1579.

57. Lesquelles reciproques amiables promesses sont depuys passées en fumée, mesmes depuis que ledit prévost *Vareus estant entré en la bergerie par trois diverses portes,* at esté receveur général des biens dudit chapitre, et avecq quelques ses facteurs et adhérens reparty entre eulx le revenu de la dite prévosté des années 1577, 1578, 1579, 1580, 1581 et 1582, avecq ce qui encoires appartenoit audit prévost et coadjuteur, ensuyvant ledit accord faict en Anvers, sans à tous les chanoines en faire part, comme le feu official Mr *Simon Arendts,* de bonne mémoire, s'en est plainct à quelques ses confrères et aultres personnes de qualité, luy disant ledit *Vareus* ne luy competer aulcun droit en ce que dessus, quia ex junioribus erat.

58. Ce que ne fauldra le remonstrant de recouver comme il en est tenu (ayant esté accepté au service de secrétaire et receveur général dudit seigneur prévost, tant pour luy que pour mondit seigneur le Conte d'*Egmont,* son coadjuteur, en telle qualité et authorité comme il avoit servy mondit seigneur son oncle et predecesseur) pour en rendre compte pertinent à Monsieur Doctor *Herman Moesyenbroucq,* chancellier d'Overyssel, et le seigneur *Thomas Grammaye,* comme exécuteurs du testament dudit seigneur prévost Doctor *Bucho Aytta,* ensemble à mondit Seigneur le Conte *Charles d'Egmont,* chevalier de la Toison d'or, gouverneur de Namur, encoires vivant.

59. Requerant encoires le remonstrant qu'il plaise à Messieurs les fiscaulx, entendre au tort que ledit *Vareus* faict aux héritiers de feu Monsr le R^{me} Evesque Messire *Willelmus Damasi Lindanus*, encoires qu'il est premier et principal exécuteur de son testament, et par vous, Messieurs, entendre les mérites du procès pour cause et action semblable ventilé en ce conseil, entre les héritiers de feu Messire *Mathias Lambrecht*, trespassé Evesque de Bruges, et les doyen et chapitre de l'église cathédrale de Saint-Donas audit Bruges, en quoy ne faudra le remonstrant pour plusieurs grands respects, et ne faire singulier debvoir et aussy pour lui avoir esté bon seigneur et M^r, selon les advis de sept doctes jurisconsultes.

60. Comme semblablement ledit remonstrant est d'intention de avecq la grace de Dieu de faire changer la lourde sepulture et épitaphe que ledit *Vareus* a faict faire audit feu prélat *Lucas Munich*, dernier abbé, ayant esté premier seigneur et M^r du remonstrant, et d'en faire oster la lourde pierre d'orduing noir de Tournay, portant l'inscription de ladite sepulture d'estre fait aux despens du chapitre, contraire à la vérité.

61. Esperant que Monsr le R^{me} moderne sera content que le remonstrant y fache mettre les quatre frères Cellites ou Cellebroers, de pierre de touche qui sont en la maison de sa R^{me} S^{ie}, par ledit prélat *Lucas*, passé longtems destinés à porter son tombeau de pierre de........ (sic) que le remonstrant fera, si Dieu plait, en honneur de sondit tresreverend et honoré seigneur et bon maitre.

62. Aussy ne doubte le remonstrant estre eschappé hors la mémoire de Monsieur *Malassys*, l'advis par luy et l'advocaet *Delvael*, donné au remonstrant par escrit le 18 novembre 1595, touchant les meubles des principales maisons de la prévosté de Saint-Bavon, vendus par les commisaires des rebelles, et aussy aulcuns entre eux reparties, lesquelles doibvent comme dessus est discoucú, estre délivrés au futur successeur de mondit R^{de} Seigneur, ensuyvant le contenu du 3e article de son testament, en quoi supplie le remonstrant comme dessus que vos Seigneuries soyent servis en honneur du droit patronat et collation de ladite prevosté de Saint-Bavon, competant à son Altezze Serenissime (de laquelle les biens sont appliqués à l'évesché par le saint Siége apostolique et bon plaisir de sa Royale Majesté) l'assister pour sa décharge et acquit de sa conscience.

63. A quoy servira grandement le traicté de trefves arresté en la

ville d'Anvers le 14 d'avril 1609, pour recouvrer les meubles précieux de toutte sorte que feurent transportées hors la maison de Saint-Bavon au village de Loochrist au mois de novembre 1583, en laquelle incontinent après qu'elle feut spolié de toutes sortes de meubles, les rebelles y misent le feu et la brulèrent avecq la maison du chastellan, brasserie, granges, estables et généralement le tout.

64. Comme semblablement compète à l'Évesque de Gand, ensuivant ledit traité des trefves, action des terres et prairies employés à la fortification de cette ville, ensemble la diminution de ses droicts seigneuriaux et rentes seigneuriales et foncières, dont convient poursuyvre recompense, comme ledit feu prélat *Lucas* at poursuyvy et obtenu pour la démolition de sadite abbaye, maisons claustrales, droit de marckgelt, rentes seigneuriales et aussy fonsières et aulcunes prairies, ayant esté le remonstrant solliciteur de ceste matière, et poursuyvit et icelle obtenu en l'an 1560, par l'intervention de Monsieur R. D. *Viglius,* estant lors coadjuteur dudit sieur Prélat.

65. Le remonstrant se confie de la bonne mémoire de Monsieur l'advocat fiscal de ce qui est passé et commencé pour les réparations du pont et chemin à Meulestede, et aussy des ponts appelés Keernemelcbrugghe, Bemunsbrugghe et d'Everghem.

66. Aussy de la poursuite du procès intenté du vivant de mondit R. Seigneur *Viglius,* par le bailly d'Everghem pour le droict de marckgelt, à cause des héritages vendues à l'entour l'église de Wondelghem, dont le procès prend encoires indécis à la vierscare d'Everghem.

67. Avec aultre instance par requeste exhibée en ce conseil par les manans de ladite paroiche de Wondelghem, requerans que la cloche de la dite paroiche estant en la maison de Monsr le R^{me}, soit amené sur le cimitière dudit Wondelghem, pour leur en servir ad convocandum populum ad ecclesiam.

68. Et fait à considérer que Messieurs n'ont oublyé le commencement du besoigné, visitations, veues de lieu et descriptions figuratives pour les ruysseaulx de la *Leede* entre Loochristi et Desselberghe et aussy de la *Lysdoncleede,* passant à Waesmunster chez l'hotellerie appelé *Pots,* dont le cours des eaus venant de Gand par Moerbeke, Exaerde, Sinay et villages à l'environ se racourceroit, tombant par la rivière la Durm en la grande rivière de l'Escault plus de 12 lieus.

69. Suppliant le remonstrant d'entendre que en ses mains sont les

papiers de toutes reliques, fiertres, cappes, mitres, ornemens pontificaux, vasselles d'or et d'argent saisy par les commissaires des rebelles
ès abbayes, églises, monastères et chapelles de cette ville, ensemble du
quartier de Gand, aussy touttes les cloches de cette mesme ville et
quartier de Gand, montants en nombre de juste poix à 322,066 livres,
pour la plus grand desquelles à recouvrer, le suppliant at besoing de
l'assistance de vos Seigrs fiscales, commandans par tout ce quartier
de Gand.

70. En quoy vos Seigrs pourront faire grand honneur et service
aux églises, monastères, couvents et chapelle, de ceste ville, dont Messieurs les Rmes évesque, prévost, doyen et chapitre au regard d'environ
trente églises de leur patronat, et Monsieur le prélat de Sainct-Pierre,
patron de plus grand nombre d'églises en son patronat spoliées de
leurs cloches, en ont passé longtemps desiré faire poursuyte, esperant
que en cecy Monsr le Reverendissime avec Messieurs les doyen, archidiacre, chantre, escolatre et archiprestre ne faudront par bonne dévotion de faire tout bon devoir avec mondit Seigr le prélat de Saint-Pierre,
ayant esté longtemps pénitencier de l'église de Saint-Bavon et en tous
endroicts assisté à diriger et administrer les affaires de ladite église,
comme est à espérer qu'il fera encores mesmes pour recouvrer ce que
hors ladite église et thresorie dicele at esté employé aux prestz faits
tant à sa Majesté que aultrement, pryant le remonstrant que cecy se
puysse effectuer du vivant de mondit Sr Rme qui passe l'eaige de 78 ans
et le remonstrant plus de 75 ans, ayant, Dieu mercy, encoires bonne
et vive memoire avec pertinente demonstration des lieux et places où
que se pourront recouvrer les lettrages servants à la vérification de
tout ce que dessus, en quoy notre Seigneur ne faudra de luy donner
la grace à vos Seigrs volunté prompte pour le service Divin, haulteur
et droits du patronage de sondit Altezze, ce que servira d'éternelle
mémoire à la postérité et en honneur de vos Seigrs, ensemble de Messieurs les Président et conseillers, qui en ce que dessus tiendront,
comme inhabitans de ceste ville, la main favorable, en quoy notre
Créateur et benoit Redempteur les veuillent inspirer par son saint
Esprit.

N° V.

Contrat passé entre les administrateurs de l'autel de saint Jean-Baptiste et le peintre Gaspard De Crayer, concernant l'exécution du tableau représentant la Décollation de saint Jean-Baptiste (*Liber contractuum,* f° 36 v°).

Hedent date deser hebben d'Eerwerde Heeren *Joannes Le Monier,* tresorier, ende *Joannes de Tollenaere,* canoninck vande exempte cathedraele kercke van Sinte-Baefs ende administrateur vanden autaer van Sinte Jan-Baptiste binnen de selve kercke, op het advies vande Eerw. Heeren van het capitel van diere, besteedt aen dheer *Jaspar De Crayere,* schilder, tot Brussel, die van ghelycken kendt vande selve heeren besteders aengenomen thebben het schilderen van een tafereel ofte autaer-stuck, representerende *Sinte Jans Onthoofdinghe,* lanck XIIII voeten onbegrepen, ten dienste vanden voorseyden autaer, inghevolghe vanden modelle ofte schits daer van synde ende by d'heeren besteders goet bevonden, welck voorseyden *De Crayere* belooft, midts desen het voorseyde stuck ten besten ende curieusten vuyt te wercken naer het vuytwysen vande conste ende daer over te doen syn vuyterste devoir, midtsgaders het selve stuck te leveren binnen deser stede van Ghendt inde maendt van meye naestcomende, dit alles voor ende midts de somme van *ses hondert guldens eens,* ende aen hem aennemer by dheeren besteders boven dien noch toeghevende, emmers doende volghen *seker schilderie geschildert op panneel* by *Maerten De Vos,* representeerende *Sinte Jan den Dooper,* ende staende jeghenwoordich op den voorseyden autaer, wesende voorts besproken ende gheconditionneert, dat vande voorseyde somme van ses hondert guldens, de drie hondert sullen aenden bovenschreven heer *De Crayere* moeten contant betaelt woorden ten daeghe van leveren ende stellen van het voorn. stuck, ten contentemente vande voorseyde Eerw. Heeren van het capitel, boven noch vyf patacons voor *een paer handtschoenen voor syne huysvrouwe,* te betalen ten selven daeghe, ende aengaende de drye hondert resterende guldens, sullen betaelt woorden drye jaeren immediatelyck daer naer, te weten, alle jaeren een hondert guldens. Alle welcke bovenschreven conditien ende bespreckselen partyen contractanten beloven midts desen punctuelick te volcommen ende hun inde te onderhouden. In teecken der waerheyt syn hier afgemaeckt twee ghelycke instrumenten ende by hemlieden respectiveleyk onderteeckent. Actum tot Ghendt, den 22 november 1657, ende was onderteeckent : JASPAR DE CRAYERE.

N° VI.

Les archives communales de Gand renferment un acte passé par devant notaire, contenant la relation d'une guérison miraculeuse, opérée en 1643, par les reliques de sainte Colette.

Cette pièce, assez peu intéressante pour notre sujet, prouve cependant quelle importance on attachait, même vers la fin du XVII° siècle, aux faits ayant une apparence surnaturelle.

Comparut pardevant moy *Louys Sluuzeman,* notaire publycq, resident en la ville de Gand et en presence des tesmoings cy après denommez en personne : *Anne Delahaye,* eagée de quarante-six ans ou environ, natyf de Valenchienne, laquelle at affirmé et attesté comme elle faict par cestes à la plus grande gloire de Dieu et de sa fidèle servante la B. Colette, par les merites et intercession de laquele ladicte comparante chemine maintenant sans estre aydée, ce qu'elle na jamais sceu faire depuis vint ans, ce quy est arivez comme il sensuit :

Asscavoir qu'a ladicte comparante vint un grand désir de visiter le S. corps de ladicte B. Colette, lequel est tenu en grande vénération au couvent des pauvres Clarisses à Gand, quelle a mesme fondé et où elle est trespassée, estant donc transportée ladicte comparante contre l'advis des docteurs et de ses amis quy jugoyent qu'elle se mettroit en un évident péril de mort.

Et estant arivée à Gand, elle fut conduite audit couvent non sans grand travaille de celle quy l'aidoit, et venant à la porte de lesglise, elle sentit un odeur fort suave, quy le fit dire deux ou trois fois : *Mon Dieu quil sent ycy bon,* et entrant dedans elle se mit à genoux contre le cœur et elle pria S. Colette, qu'elle l'aurroit pleu impetrer de sa S. grace, ce qui estoit le plus expedient pour le salut de son ame, car elle n'a jamais demandé autre chose, se quayant faict elle alloit prier les Religieuses pour avoir le manteau lequel ayant esté mis en la rolle, elle apperçoit qu'il estoit enveloppé dans un drap vert, lequel estant osté elle ne vit plus que de lor, et incontinent elle devint comme hors de soy mesme et sy mal qu'elle pensoyt mourir, tellement qu'elle n'aperçoit quant on le mit ny quant on l'otast, estant un peu revenue à soy mesme, on la donna un peu deau de la S. à boire et du pain qui avait touche à ses S^{tes} Reliques, ce qui la conforta quelque peu, on la mit en la main une sienne relique et son voille sur sa teste, avec quoy elle se sentit fort consollée et toute baignée en larmes et sy debille qu'elle estoit impossible de se tenir à genoux, se quy estoit bien à son grand

regret et ayant rendu lesdicts reliques, print congé, elle sortyt seule
au grand estonnement de celles qui l'accompaignoient; estant arivée
sur un pont quy est un peu elloigné dudit couvent, elle revint à soy
mesme et demandant où elle estoit et eulx qui l'acompaignoint, le
firent signe avec la main quelle vouldroit aller viste comme on fait
aux enfans. Cecy est advenu le 23 de juillet lan 1642, et alloit encor
le mesme jour visiter le S. Crucifix de Dinse et celuy du Beghinaige,
ayant depuis tousjour continué de chiminer seule. Dieu soit louwé; de
quoy les Docteurs et autres ont donné leurs attestations, et lan revolu
estant retourné à Gand pour rendre grace et visiter la Ste Colette, et
ayant este mis ses reliques en la main, elle sentyt la mesme suave odeur
qu'elle avoit senty la première fois à la porte de lesglise, cecy arriva
le 30 de juillet de l'an 1643.

Ainsy faict et passé le viijᵉ d'aougst xvjᵉ quarante-trois, en presence
de Reverend père *Constantinus De Herde*, confesseur dudit cloistre et
diffiniteur de la province de Flandres de Saint-Joseph, et honorable
homme *Christoffle Vanderhaghen*, tesmoings à ce requis et appellez.

(Étaient signés) : *Anne Delehay, Fr. Constantinus Dherde, Christoffels
Vanderhaghen* et *L. Sluuzeman*, not. publ.

Je soubsigné affirme et atteste aussy par cestes que j'ai esté présent,
quand la susdite *Anne Delahaye* ma sœur est guary audit cloistre comme
dessus. Faict en présence des susdits tesmoings le jour et mois comme
dessus.

(Signés) : De par moy *Franchoyse Delahaye,*
                         Fr. Constantinus Dherde.
                         Christoffels Vanderhaghen.
                         L. Sluuzeman, not. publ.

N° VII.

Crayon généalogique, indiquant le degré de parenté entre Josse Triest, seigneur de Lovendeghem, mari de Quintine Borluut, et Josse Vydts, seigneur de Pamele, mari d'Isabeau Borluut, fondateurs de la chapelle d'Adam et d'Ève, à l'église de Saint-Jean, aujourd'hui Saint-Bavon.

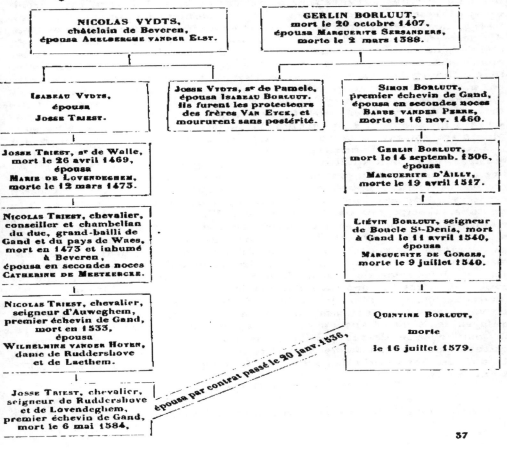

N° VIII.

Autorisation donnée par Philippe IV au graveur PAUL PONTIUS de graver le tableau de GÉRARD HONTHORST, appartenant à la cathédrale de Saint-Bavon. — Parchemin avec sceau plaqué en cire rouge.

PHILIPPE, par la grace de Dieu roy de Castille, d'Arragon, de Léon, des deux Sicilles, de Jherusalem, de Portugal, de Navarra, etc., archiducq d'Austrice, duc de Bourgoigne, de Lothier, de Brabant, de Limbourg, de Luxembourg, notre très-cher et féal le Chancellier et Gens de notre Conseil ordonné en Brabant et tous autres nos Justiciers, Officiers et Vassaux Seigneurs de notre dit pays de Brabant et d'Outremeuse, salut. Receu avons l'humble supplication de *Paul Pontius*, sculpteur et bourgeois de notre ville d'Anvers, contenant qu'il auroit gravé en taille doulce certain subject représentant *le Fils de Dieu mort et sanglant gisant sur le giron de sa tres sacrée mère, et Saint Jean Évangeliste, Sainte Marie Magdalene et plusieurs petits anges pleurant amerement,* servant grandement pour exciter la dévotion, à quoy bien ledit suppliant aye employé beaucoup de temps, d'estude et de fraiz, il craint néansmoins que d'autres graveurs en faisans copie viendront à le frustrer du profict qu'il espère d'un si long et frayeux travail, sil ne luy estoit sur ce pourveu de nos lettres à ce convenables humblement requerant icelles, pour ce est-il, que désirans ledit suppliant estre recompensé de ses labeurs et frais, luy avons permis et octroyé, permettons et octroyons par ces presentes d'imprimer ou faire imprimer, vendre et distribuer par tout notre pays de Brabant et pays d'Outremeuse, le susdit subject et représentations, sans que autres que ledit suppliant ou ayant droit et pouvoir de luy le puissent graver, imprimer ou faire imprimer, contrefaire, vendre et distribuer ius au temps de six ans, à compter du jour et date de cettes, et ce sur peine et confiscation d'icelles, et enoultre d'incourir en l'amende de douze florins pour chasque exemplair par celuy à forfaire qui fera à ce le contraire, si vous mandons et commandons et à chacun qu'il appartiendra qu'ayez ledit suppliant de cette notre presente grace permission, en la manière que dessus paisiblement faire et laisser posséder et user, cessans tous empeschemens, au contraire, car ainsy nous plaist-il. Donné en notre ville de Bruxelles le cinquiesme de novembre XVI° trente trois.

Par le Roy en son Conseil,

SOYENS.

L. S.

Octroy pour imprimer certain subiet des images.

N° IX.

Chapelle de Notre-Dame aux Rayons.

A. *Revêtement de marbre de la chapelle de Notre-Dame aux Rayons* (1).

Geven de Heeren Kerckmeesters te kennen dat op den **28** january **1713**, is aengegaen seker contract tusschen syn Hoogw. den modernen Bisschop, de Eerw. Heeren Proost, Deken ende Capittel deser cathedrale, ende *Philippus Martens*, meester steenbouder, tot het stellen van een marbelen werck dienende tot het becleeden vanden muer binnen de capelle van O. L. V. ter Radien, binnen de cathedrale voors', voor de somme van 600 lib. gr. wisselgeldt, breeder vuytwysende het contract daervan synde, dat alsoo tot het volcommen van het werck syne voorn. Hoogw. hem heeft verobligeert de helft daervan te sullen betaelen, onder conditie dat de andere helft betaelt wordt vuyt de penninghen aencommende dese donnatie. Synde oock gheconditioneert dat dese somme aenden aennemer sal worden betaelt in dry payementen, waervan het I° payement bedraeghende duysent guldens wisselgeldt, is betaelt door gemelde Hoogw. den Heere Bisschop, soo is het II° payement van gelycke 1000 guldens wisselgeldt, betaelt van wegens dese donatie door de Heeren kerckmeesters op den 30 december 1714, volgens quitan. Dus I° LXVI lib. XIII sch. IIII gr.

Item, over eenighe wercken binnen de voorschreven capelle gemaeckt door den steenbouwer *Martens*, die in het contrackt van aenbesteedinghe van het marbelwerck niet en waeren begrepen, breeder uytwysende het billiet van specificatie albier overghebracht, monteerende ter somme van twee en dertigh ponden grooten. XXXII lib. gr.

Op den 5° november 1716, betaelt aen Mr *Matthys De Revel*, de somme van veerthien ponden over het maecken van twee dueren in de capelle van onse L. Vrouwe, op wedersyde vanden autaer, volgens syne ordonnantie ende quittantie, XIIII gr.

(*Comptes de la donation Triest de l'année 1714*).

B. *Clôture de marbre de la chapelle de Notre-Dame aux Rayons.*

Hedent den XVIII° january 1657, syn d'eerw. Heeren *Philippus Matthias*, caneunick ende aertspriester, midtgaeders *Alexander De Visch*,

---

(1) D'après un inventaire de l'an 1594, les archives de la confrérie de Notre-Dame aux Rayons possédaient à cette époque des comptes de l'année 1346.

pbre en caneunick vande exempte cathedrale kercke van S' Baefs, in de qualiteyt als geestelicke capellemeester vande capelle van Onse Lieve Vrauwe op de Radien, in de selve kercke, veraccordeert met meester *Jacques Cocx*, belthauder, raeckende het maecken ende stellen van een closture ofte afschutsel vande voorn. capelle, achtervolgende het patroon ofte modelle by de voors. Heeren onderteeckent, inder manieren naerschreven, ten eersten dat *de plinten onder sullen moeten wezen van naemschen toetsteen, daerop de basen met de tafels oock al van naemschen toutsteen, ingeleyt met differente italiaenschen marbre, met de moluren vande deuren, architraven, cornysen, timpanen met de tafels in 't midden, al van naemschen toutsteen, in 't midden twee gelycke ronde colommen ende aen eicken candt, halfve colomnen, al van witten italiaenschen marbre, de basen vande colomnen met de capitaelen, frysen festonnen, cartousen, ingelshoofden, quiragien inden midden, al van witten italiaenschen marbre.* Voorts alle de balusters moeten wesen conforme de gone van het Epitaphie van Syne Hooghw. den Bisschop, oock van witten marbre als boven, van achter binnen de capelle, ten minsten op de maniere van Sᵗᵉ Lievens capelle ende altemael geschuert ende gepolistert, d'hoochde twee ofte dry duymen hooger als de capelle van Syne Hoogw. naer den beesch van het wercke. Dit werk aldus gheconditioneert is besteet aen voorn. meester *Jacques Cocx,* voor de somme van *seven hondert ponden groote vlaemsch. eens,* te betalen als volght, te weten, *twee hondert ponden groon. contant, hondert ponden groon. in het stellen van het werck, hondert ponden groon.* naer dien het werk geheel gestelt sal wesen ten contentemente van Heeren besteders, *hondert ponden groon.* een half jaer daer naer, ende resterende pennynghen sullen d'heeren capellemeesters jegenwoordich ofte toecommende mogen laeten croyseren rentewys tot laste vande voors. capelle, den pen. XX°, tot profyte van voors. *Cocx,* welck capitael ofte rente sal moghen afgeleyt woorden met twintich ponden groon. telckens warf alst d'Heeren sal believen, midt opleggende de croysen van diere naer date van tyde. Welck werck sal wel ende loffelick geheel gemaect, gestelt ende gelevert moeten wesen *te Sinxen sestienhondert achtenvyftich,* ende alsdan niet volcommelyck gestelt ende gedaen synde sullen de heeren capellemeesters maer moeten betaelen vier duusent guldens. Bovendien is noch besprocken dat de voors. *Cocx* sal moeten leveren ende becostigen al het yser, loot, metsen, indient van noode is, ende voorts al het gene tot het volcommen van 't voors. werck noödigh ende behoorlick sal wesen, niet jegenstaende sulcx hier by niet particulierelyck en is gespecifiërt, ende sullen de specien van marbre ende steen moeten wezen vande schoonsten, ende sal het oudtwerck ofte clooture vande voors. capelle blyffven tot proffyte van diere, met last van tzelve te weeren t'haren coste. Toorconde syn hier van ge-maeckt twee gelycke contracten, ende by pertyen respectivelyck onder-teekent, wesende dit contract aengegaen op het adveu, goetvynden ende approbatie vande eerw. Heeren vande capelle vande voors. cathe-drale kercke.

Suit l'acceptation signée du sculpteur *Jacques Cocx*, datée du 19 janvier 1637.

Dans les comptes de la confrérie de Notre-Dame aux Rayons, année 1569, nous lisons :

Item, betaelt aen Mr *Jan Bambost*, temmerman van style, de somme van dry ponden seven schellinghen grooten, over tmaecken ende leve-ren vande deuren voor de voorn. capelle hanghende, mitgaeders eenighe daeghe dachueren ende ander leveringhe van haut ende dee-len, ten dienste vande voornoemde cappelle, per billiet van specificatie, ordon. ende quitt., III lib. VII sch. gr.

C. Stations de la confrérie de Notre-Dame aux Rayons.

Betaelt aen *Jacques De Clercq*, voor het panneel dienende aende statie van onse Lieve Vrouwe, hy Mevr. *Norman*, den 1° aug. 1636, V lib. X sch. VIII gr.

Item, aen Mr *Nicolais Roose*, voor het schilderen, den 18 augusti 1636, XI lib. gr.

Betaelt aen Mr *Guill. Mussche*, voor een moleure dienende aende selve statie, II lib. gr.

Betaelt aen *Pieter Nicasius*, voor de moleure te vergulden den 23 mey 1638, II lib. gr.

Aen den selven voor den orduynboghe te schilderen met olie verwe ende de lelie daer boven staende te vergulden, XXX sch. gr.

Betaelt aen Mr *Niclaes Roose*, over het schilderen vande statie van onse Lieve Vrouwe, staende aen de Scelstraete, XII lib. gr.

Betaelt aen Mr *Arnoult Vanden Bossche*, voor een achterrame ende een van voor de selve statie den 10 april 1637, III lib. gr.

Betaelt aen Mr *Pieter Nicasius*, voor het vergulden vande moleure, II lib. III sch. IIII gr.

Betaelt om de moleuren te snyden ende te leveren, II lib. gr.

Betaelt aen Mr *Quintin De la Haye*, van dachueren, caelk ende steen den 15 augusti 1637, II lib. III sch. IIII gr.

NOTA, dat de yseren traillen dienende tot de selve statien ghegeven syn van sommighe ghebuers, ende de reste heeft betaelt *Jan Van Gheldere*, ende *is* hem ghepasseert in syne leste rekeninghe.

(Comptes de la confrérie de Notre-Dame aux Rayons, année 1637).

D. *Obélisque de la Place de l'Évéché, érigé en 1737 par la confrérie de Notre-Dame aux Rayons.*

Betaelt aen Mr *François De Trieu*, steenhauwer, voor tmaeken ende leveren van een pyramide van arduynsteen, staende voor de Weynaerbrugghe, die by agreatie vande voors. Heere van Olsene (1) ghemaeckt is ende met adveu van myn Eerw. Heere den Bisschop ende Heeren van tcapittel den 14 october 1637, de somme van XXVIII lib. V sch. gr.

Item, betaelt aen Mr *Gregorius Van Halle*, clockgieter, voor viertich coopere radien, dienende van het belt van Onse L. Vrouwe ende voor eenen cooperen schepter, juny 1637, II lib. XIIII sch. gr.

Item, aen *Peeter Nicasius*, om de voors. radien te vergulden, 5^e maerte 1638, II lib. XIII sch. IIII gr.

Betaelt aen Mr *Jaques Cock*, beltsneyder, voor tmaecken ende het leveren van een Marie belt stande op de voors. pyramide, 18^en augusti 1637, VIII lib. gr.

Betaelt aenden selven voor vier witte marbere tafels, dienende in het midden vande voors. pyramide, tot XXX sch. het stuck, compt, VI lib. gr.

Betaelt aenden selven, voor tmaecken ende leveren van twee waepenen van witte marbere ghemaeckt, ende om de voors. radien te stellen in het beldt van Onse L. Vrouwe, tsamen II lib. IIII sch.

Betaelt aen Mr *Michiels De Groote*, om de gheheele pyramide van boven tot beneden te schilderen, midtsgaders een wapene ende laterne, 8^en maerte 1638, XXXIII sch. VIII gr.

Betaelt aen Mr *Nicolais Rooze*, om de vier marbere tafels te schilderen, 1637, V lib. gr.

Betaelt aen *Quintin De la Haye*, metser, om het fondament te maecken vande voors. pyramide ende de zelve te stellen, voor de dachuren van knechten, item voor tkalck, savel, enz., par een billet, IIII lib. III sch. IIII gr.

Betaelt noch voor vier voers savel die int billet niet en stonden, III sch. VIII gr.

(1) PHILIPPE LANCHALS, seigneur d'Olsene, etc., bienfaiteur de la confrérie.

Betaelt voor twee voers walcoenen ende twee voers sarcksteenen, stucken dienende voor tvoors. fondament, X sch. IIII gr.

Item, voor twelf hondert careelsteenen, XXV sch. gr.

Noch voor het bringhen der voors. steenen, II sch. gr.

Betaelt aende cnaepe van *Lienaert* den placker, over twee dachuren en half ghevrocht aende pyramide, V sch. IIII gr.

Betaelt aen M*r* *Jaques Bernaert*, om verscheyden eyserwercken dienende aende voors. pyramide, blyckende in syn billet, 17*en* maerte 1638, II lib. II sch. VIII gr.

Betaelt aen *Janneken De Vos*, voor het loot in docken ghegoten, II lib. V sch. gr.

Betaelt om het hout te doen saeghen dienende tot het stackytse, staende rontom de pyramide den 17*e* augusti 1637, XX sch. gr.

Nota. Dat het haut is meestendeel ghegeven gheweest van onse capelle ende van myn heer *Cottrel*.

Betaelt aen *Adolf De Somere*, voor 37 voeten spillen ende het schalck te huren, 17*en* augusti 1637, XXIIII sch. XI gr.

Betaelt aen *Jan Schers*, temmerman, voor tmaecken van het voors. stackytse oft hecken, den 19*en* september 1637, II lib. I sch. VIII gr.

Betaelt aen M*r* *Nicasius*, om het voors. stackytse te schilderen met groen olie verwe, 12*en* augusti 1637, XVI sch. VIII gr.

(*Comptes de la confrérie de Notre-Dame aux Rayons de l'année* 1637).

N° X.

Comptes concernant la Chaire de vérité.

Item, betaelt den 3 augusti 1743 aen *L. Delvaux*, meester beeldthauwer tot Nivelle, de somme van *dry hondert en twintigh* ponden grooten, ter rekeninghe van het eerste payement vanden Predickstoel voor de cathedrale kercke, synde geaccordeert te betaelen over het selve eerste payement met het arriveren van het wit marmer steen in dese landen, tot *vyf duysent guldens*, volghens contract gepasseert voor den notaris *Van Thieghem* op den 6 maerte 1741, dus hier de selve somme volghens ordonnantie en quitantie. — III*e* XX lib. gr.

Item, betaelt op den 14 september daer naer, ter causen als vooren, aen M*r* *De Coninck*, ter rekeningh vanden selven *L. Delvaux*, de somme van *vyfentachentigh ponden, dry sch. vier grooten*, per ordonnantie en quitantie. — Lib. XXXV. III. IIII.

Item, betaelt aen d'orders vanden voornoemden *Delvaux*, op den

13 october ter voorseyden jaere, ende ter causen als vooren, de somme van *hondert dryendertigh ponden, ses schellinghen en acht grooten* aen *Pieter Haesbrouck,* per ordonnantie en quitancie. — I⁺ XXXIII. VI. VIII gr.

Item, betaelt den 14 december ten selven jaere ende ter selver cause als vooren aen *Ignatius Hocken,* de somme van *hondert ponden grooten,* per ordonnantie en quitantie, by orders vanden selven *Delvaux.* — I⁺ gr.

Welcke vier voorgaende sommen ghevoeght by de *duysent guldens* betaelt aenden selven *Delvaux,* ende verantwort in de rekeninge deser donatie vanden 3 maerte 1742, sauden beloopen tot de somme van *acht hondert vyfendertigh ponden grooten,* ende alsoo verovert op de *vyf duysent guldens, een pondt, seshien schellingen en acht grooten,* hetgone sal valideren aen dese donatie in de tweede betaelinghe.

Item, betaelt den 8 april 1744 aen *L. Delvaux,* meester beeldhauwer tot Nivelle, de somme van *twee hondert achtentsestigh ponden en seshien schellinghen grooten,* ter rekeninghe van het tweede payement vanden predickstoel voor de cathedrale kercke, volghens accord ende ordonnantie vande Eerweerde Heeren kerckmeesters en quitantie van den selven *Delvaux.* — II⁺ lib. LXVIII. XVI gr.

Item, betaelt den 26 october 1744 aenden selven *L. Delvaux,* de somme van *hondert sesent'sestigh ponden, dertien schellinghen en vier grooten* ter causen als vooren, synde de betaelinghe geassineert à sieur *Ottens* tot Antwerpen, ende hier ontfanghen by *Frans Vander Elst,* volghens ordonnantie als vooren. — I⁺ LXVI. XIII. IIII.

Item, noch betaelt aenden selven *L. Delvaux* den 26 februarii 1745, de somme van *twee hondert dryendertigh ponden, ses schellinghen en acht grooten,* ter causen als voorgaende volghens ordonnantie en quitan. — II⁺ XXXIII. VI. VIII.

Item, betaelt aen den commis tot Quatrecht door *L. Delvaux,* de somme van *ses ponden en vyf schellinghen grooten,* over het recht Maj⁺ van diversche stucken marbre, ende andere vanden nieuwen predickstoel voor de cathedrale kercke, per certificat vanden commis ende ordonnantie vande Eerw. Heeren kerckmeesters. — VI. V.

Item, ontfaen als vooren tot Quatrecht de somme van *dry ponden, twee schellinghen en ses grooten,* ter causen als het voorgaende, per certificat ende ordonnantie als voorseyt. — III. II. VI.

Item, betaelt den 8 april 1745 aent' comptoir tot Quatrecht, vant' incommen van diversche stucken beelthauderye vanden nieuwen predickstoel, volghen certificat vanden commis aldaer, de somme van V lib. IIII sch. II gr. VI den.

Item, betaelt op den 24 october 1745, de somme van *negen schellingen en seven grooten*, ter causen als vooren per quitancie van *L. Delvaux.* — IX sch. VII gr.

Item, betaelt aen *L. Delvaux*, meester beeldthauder, de somme van *hondert vierent'sestigh ponden, thien schellingen en acht grooten*, over het restat van het tweede payement vanden predickstoel, per ordonnantie en quitancie. — I° LXIIII lib X sch. VIII gr.

Item, betaelt aenden selven, de somme van *seven ponden grooten*, over eene expresse voyage gedaen raeckende den predickstoel, by consent vande Eerweerde Heeren, volghens quitantie ende ordonnantie. — VII lib. gr.

Item, betaelt de somme van *twee ponden, achtien schellingen en vier grooten*, aende knechten gevrocht hebbende aenden predickstoel, voor een foye ofte Mey, met kennisse ende order vande Eerweerde Heeren kerckmeesters. — II lib. XVIII sch. IIII gr.

Item, betaelt aen *L. Delvaux*, de somme van *sevenviertigh ponden, derthien schellinghen en vier grooten*, over courtasie ofte gratificatie, in consideratie van syn overwerck vanden predickstoel, by orders vande Eerweerde Heeren en quitantie. — XLVII lib. XIII sch. IIII gr.

Item, betaelt aen *Lambert Panne*, vergulder, enz., de somme van *sevenentwintigh ponden, dry schellingen en twee grooten*, over aerbeytsloon in het vergulden ende maerbereren vanden predickstoel, met leveringhe van eenighe verwe, per ordonnantie en quitantie. — XXVII lib. III sch. II gr.

Item, betaelt aende weduwe van *Pieter De Swae*, de somme van *dry ponden, thien schellinghen grooten*, over leveringhe van diversche sorten van verwen, bustels ende andersints gheappliceert aenden predickstoel, per billiet, ordonnantie en quitantie. — III lib. X sch. gr.

Item, betaelt aen *Gabriel Toevoet*, meester gautslaegher, de somme van *sesthien ponden, neghen schellinghen en acht grooten*, over leveringhe van sesentachentigh boecken gaut à 23 stuyvers courant, den boeck tot het vergulden vanden predickstoel, per ordonnantie en quitantie. — XVI lib. IX sch. VIII gr.

Item, betaelt aen *Joannes Colin*, de somme van *seven ponden, achtien schellingen en acht grooten*, over synen dienst ende extraordinaire debvoir gedaen aenden nieuwen predickstoel, per ordonnantie en quitantie. — VII lib. XVIII sch. VIII gr.

Item, betaelt aen *Gilles Hertschap*, metsersbaes, over aerbeyts loon ende leveringhe van calck ende steen tot de fondamenten vanden selven predickstoel, en het leggen vanden maerberen vloer, per billiet, ordonnantie en quitantie. — XX lib. V sch. gr.   38

Noch betaelt aen *Jan De Jaeger*, meester steenhauder, de somme van *viertigh ponden grooten*, over arbeyts loon ende leveringhe van een deel vanden swarten maerbelen bant tot den thuyn onder den predickstoel ende eenighe steentiens inden vloer, mitsgaders syn debvoir gedaen ten regarde vanden selven predickstoel, per billiet, ordonnantie en quitantie. — XL lib. gr.

Eyndelinghe, betaelt aen *L. Delvaux*, de somme van *vyf duysent guldens courant*, over het derde ende leste payement van het maecken ende leveren vanden nieuwen predickstoel in de cathedrale kercke, volghens twee quitantien van date 9sten november 1745, ende comt hier de voornoemde somme in wissel tot *seven hondert vierthien ponden, vyf schellinghen en neghen grooten*. — VII^c XIV lib. V sch. IX gr.

(*Comptes de la donation Triest de 1744-1746*).

N° XI.

Maître-autel.

Geduerende den tydt deser rekeninghe en is by d'Heeren kerckmeesters geen remploy gedaen, nemaer hebben de selve ingevolghe van het contraekt ende accoordt gemaeckt by d'Eerweerde Heeren van het capittel met ..... *Vander Bruggen*, over het maecken ende stellen vanden hoogen autaer in dese kercke, aenden selven *Vander Bruggen* betaelt over het 1ste payement dese naervolgende sommen.

Eerst, is op den 1sten february 1702 door den ontfanger *De Riddere* tot Antwerpen betaelt aen s^r *Vander Bruggen, vyf hondert dertich ponden grooten wisselgeldt*, welcke somme aen Eerwerde Heer can. *Heylwegen*, als ontfanger generael, door den Eerw. Heer can. *Carolus Hoobrouck*, vuyt dese donatie gerestitueert syn. — Dus V^c XXX lib. gr.

Item, noch betaelt eenen wisselbrief van dito *Vander Bruggen*, ten proffyte van s^r *Georgio Vanden Eynde*, bedragende de somme van *drye hondert ponden vyfthien schellinghen wisselgeldt*. — III^c lib. XV sch. gr.

Item, noch betaelt aen dito *Vander Bruggen*, den XXI april, door den ontfanger *De Riddere* tot Antwerpen, de somme van *twee hondert ponden grooten wisselgeldt*, die oock vuyt dese donnatie goet gedaen syn. II^c lib. gr.

Item, noch betaelt den IX juny, aen dito *Vander Bruggen*, door de Eerw. Heeren kerckmeesters vuyt dese donatie, de somme van *een hondert vyftich ponden grooten wisselgeldt*. — I^c L lib. gr.

Item, noch betaelt tot Antwerpen door den ontfanger *De Riddere*,

aenden voors. *Vander Bruggen*, de somme van *twee hondert, acht ponden, sesthien schellinghen, acht grooten wisselgeldt*, die oock aenden ontfanger generael door de kerckmeesters vuyt dese donnatie gerestitueert
syn. — Dus IIe VIII lib. XVI sch. VIII gr.

Hebben nochtans geduerende dese rekeninghe ingevolghe van het
contract ende accoort gemaeckt by de Eerwerde Heeren van het capittel met Monsr *Vander Bruggen*, over het maecken ende stellen vanden
hoogen autaer in dese kercke, betaelt over het tweede payement dese
naervolgende sommen.

Eerst ende alvooren op den XXVe meye 1703, aenden voorn. *Vander
Bruggen* getelt de somme van *twee hondert pont groot. wisselgelt.* —
IIe lib. gr.

Item, noch aenden selven den 21 april 1704, de somme van *dry
hondert dryendertich pondt, ses schellinghen, acht groot. wisselgeldt.* —
IIIe XXXIII lib. VI sch. VIII gr.

Item, noch betaelt door ordre van Me *Verbruggen* aen *Philips Martens*, steenhouwer, den 30 april 1704, de somme van *thien pont groot
courant*, maeckende in wisselgeldt *acht pondt, elf schellinghen, ses grooten.* — VIII lib. XI sch. VI gr.

Item, betaelt door den ontfanger *De Riddere*, inde maent july 1704,
aen Mr *Verbruggen*, de somme van *twee hondert pondt gr. wisselgeldt,*
IIe lib. gr.

Item, betaelt op den vierden augusty 1704, door ordre van Monsr
Vander Bruggen aenden voorn. *Martens, vyftich pondt wisselgeldt.* —
L lib. gr.

Item, betaelt op den XIII^en october 1704, aen Mr *Verbruggen*, de
somme van *twee hondert pondt groot wisselgeldt.* — IIe lib. gr.

Item, noch betaelt den IX^en feb. 1705, aenden voorn. *Martens* door
ordre alsvooren, *vyftich pondt groot wisselgeldt.* — L lib. gr.

Item, noch betaelt op den XIIIe february 1705, door den heer
canonick *Janssens* aen Monsieur *Verbruggen*, de somme van *hondert
sessentsestich pondt, derthien schellinghen, vier groot wisselgeldt.* — I^e LXVI
lib. XIII sch. IIII gr.

Item, noch betaelt op den 21 february door den ontfanger S^r *De
Riddere* aen Monsieur *Verbruggen*, de somme van *hondert ende tachentich
pondt, ses schellinghen, dry grooten ende ses deniers wisselgeldt*, dus
alhier deselve. I^e LXXX pondt, VI sch. III gr. VI den.

Wort alhier gebrocht in vuytgeef de somme van *vier hondert negenen-
tsestich pondt, thien schellinghen*, over soo vele by de Heeren kerckmeesters, door order van dit capittel is betaelt tot Amsterdam, aen

sieur *Anthoine Turck,* over de coopsomme van vier witte marbele colommen door gemelden *Turck* gekocht van sieur *Hieronimius Bouckey,* coopman van marbel aldaer, dienende tot den hoogen authaer in dese cathedrale, mitsgaders noch de somme van *elf ponden, vier schellinghen, twee grooten,* over eenighe oncosten betaelt in het transporteren vanden witten gevrochten marbel, dienende tot den gemelden authaer, van Antwerpen in des stadt, ende alsoo tsamen *vier hondert tachentich pondt, veerthien schellinghen ende twee grooten,* welcke somme inde voorgaende rekeninge alleenelyk is gebrocht by memoire. — Dus albier IIII° LXXX lib. XIIII sch. II gr.

Wort alhier gebrocht in vuytgeef de somme van *veerthien ponden, vyf schellinghen courant gelt,* voor soo veel door de Heeren kerckmeesters by order van het capittel is verschoten aen schip ende wagenvraght, craengelt, aerbeytsloon, enz., in het vervoeren ende scheepdoen van twee gecochte marbere pilaeren met alle resterende gevrochten marbel, bevonden ten huyse vanden beeltsnyder *Verbruggen,* in het leste vande maent julius lestleden, ende sal moeten gerencontreest worden met gemelden *Verbruggen* ende valideren op het derde payement van syn contrackt in het gesagh vanden hooghen authaer deser kercke. — Kompt in wisselgeldt, XII lib. IIII sch. IIII gr.

Item, betaelt door de Heeren kerckmeesters de somme van *seventhien ponden, veerthien schellinghen, acht grooten courant geldt,* aenden steenhouder Martens, voor soo veel syn specificatief billiet door hem is verschoten aen vrachten, craengeldt, wagengeldt, aerbeytsloon, enz., in het lossen vanden gevrachten marbele colommen hierboven vermelt, ende te transporteren tot aende kercke, welcke somme soo als de voorgaende moet kommen in afrekeninge op het derde payement aenden interpreneur *Verbruggen* te betalen, naer tvoltrecken vanden hoogen authaer. — Kompt in wisselgeldt, XV lib. IIII sch. gr.

Item, is by d'heeren kerckmeesters alvooren betaelt de somme van *vyfendertigh ponden, sesthien schellinghen, een groot, ses deniers courant geldt,* soo veel bedraeght al het verschot tot Antwerpen gedaen in het vertransporteren van twee ongewerckte marbele colommen, volgens het specificatief billiet hier gevoeght, daerin begrepen *acht ponden grooten, acht schellinghen en half,* die aenden beelthouder *Verbruggen* gerestitueert syn over syn verschot in het betaelen vande vraght deser colommen van Amsterdam tot Antwerpen. — Compt alles in wisselgeldt, XXX lib. XIIII sch. VIII gr.

Item, betaelt aenden steenhouwer *Martens,* over synen aerbeytsloon ende verschot vanden oncosten in het lossen vande voors. colommen ende transporteren tot het kerckhof deser cathedrale, de somme van *thien ponden, seven schellinghen, thien grooten.* — Compt in wisselgeldt, VIII lib. XVIII sch. II gr.

Item, alsoo by apostille op het renseing vande voorgaende rekeninge is geordonneert sekeren post aldaer gebracht in vuytgaf, ende bedragende de somme van *vier hondert en tachentich pondt, veerthien schellingen, twee grooten,* te continueren by memorie in volgbende rekeninge om tsyner tyde te liquideren ende te rekenen met den intrepeneur *Verbruggen,* wort den selven albier geinsereert ten effecte voorsch., en is als volght.

Wort albier gebrocht in vuytgaf de somme van *vierhondert negenensestich pondt, thien schellingen grooten,* over soo vele by de heeren kerckmeesters door order van het capittel is betaelt tot Amsterdam aen sieur *Anthoine Turck,* over de coopsomme van vier witte marbele colommen door gemelden *Turck* gecocht van sieur *Hieronimus Bouckoy,* coopman van marbel, albier dienende tot den hoogen authaer in dese cathedrale, midtsgaders noch de somme van *elf ponden, vier schellingen en twee grooten,* over eenige oncosten betaelt in het transporteren vanden witten marbel, dienende tot den gemelden authaer, van Antwerpen in dese stadt, ende alsoo tsamen *vier hondert tachentich pondt, veerthien schellingen ende twee grooten,* welcke somme inde voorgaende rekeninge is gebrocht in vuytgaf ende albier dien voor memorie.

Item, is by de Heeren kerckmeesters noch betaelt aen sieur *Jan De Ridder,* notaris tot Antwerpen, de somme van *neghen pondt vyf schellinghen gro.,* courant geldt, over verscheyde debvoir ende door hem gedaen tot Antwerpen, soo in het passeren van contrackt met den beelthouwer *Verbrugghen,* als in hetgone door hem was verschoten in het maken van auten costen, scheepdoen ende arbeytsloon vande modellen van het oxael ende grooten autaer, midtsgaders over het gone tsynen huyse verteert is door de heeren *Soenens* ende *Appaert,* aldaer gelogeert hebbende ten tyde dat sy door de Heeren van het capittel gedeputeert syn geweest naer Antwerpen, tot het invorderen van affairen den authaer raeckende, volgens het medegaende specificatie, billiet ende quitan. — Kompt in wisselgeldt, VII lib. XVIII sch. XI gr.

Item, alsoo de Eerw. Heeren van het capittel hebben geresolveert het werck vanden hooghen autaer te laeten voltrecken door den geseyden steenhauwer *Philippe Martens,* soo is by de Heeren kerckmeesters betaelt over daghbueren, van alle de knechten gevroght hebbende aenden gesegden autaer, tsedert de maendt van augustus 1716, tot ende met den lesten february 1716, mitsgaeders over diversch ver-

schot en leveringhe gedaen ten behoeve van het meergeseyde werck,
breeder uytwysende het billiet van specificatie ende quit., ter somme
van *een hondert een en sestigh ponden, vyf schellinghen en vyf grooten,*
courant geldt, comt in wisselgeldt, de somme van *een hondert acht en
dertigh ponden, vier schellinghen en acht grooten.* — Dus I^e XXXVIII lib.
IIII sch. VIII gr.

Item, betaelt over het drincke-bier vande knechten gevrocht hebbende aenden voorschreven autaer, ten advenante van twee stuyvers
daeghs voor jeder, tsedert den 21^en vande maendt january tot ende
met het presenteeren deser rekeninghe, ter somme van *dry ponden,
vyf schellinghen en vier grooten,* courant geldt. Comt in wisselgeldt,
II lib. XVI sch. gr.

Item, is by de Eerw. Heeren kerckmeesters betaelt aenden knecht
die het meer geseyde werck dirigert, voor een primium uyt consideratie
van synen getrauwen dienst, *twee permissie schellinghen* ter weecke, comt
tsedert Alderheylighen besteden, wanneer hem desen bylegh is toe-
geseyt, tot ende met het passeeren deser synde achtien weecken, *een
pondt, sesthien schellinghen.* — I lib. XVI sch. gr.

Item, is nogh in verscheyde stonden aen alle de knechten aen het
meer geseyde werck gevroght hebbende, betaelt voor drinckgeldt
tsedert het begin van het werck tot den daeghe van heden, te saemen
II lib. XII sch. gr.

Item, op den 10^en augusti 1717, aen *Cornelis Van Reysschoot* betaelt
de somme van *seven ponden grooten,* over leveringhe van eenen boom
tot den grooten autaer, volgens syne ordonnantie ende quittantie. —
VII lib gr.

Op den 5 february 1718, betaelt aen meester *Pieter De Smet,* de
somme van *dry-en-veertigh ponden, veerthien schellinghen grooten,* over
leveringhe van haudt dienende tot de stellinghe vanden grooten autaer,
volgens syn billiet, ordonnantie ende quittantie. — XLIII lib. XIV
sch. gr.

Item, op den 12^en february 1718, betaelt aen *Jaques Colin,* de somme
van *dry ponden grooten,* over leveringhe van eenen lindenboom, dienende tot het croonement vanden grooten autaer, volgens syne ordonnantie ende quittantie. — III lib. gr.

Item, op den 27^en february 1718, betaelt aen *Pieter Lammens,* pot-
backer, de somme van *elf schellinghen en acht grooten,* over het backen
vande modellen vande posteuren vanden grooten autaer, volgens syne
quittantie. — XI sch. VIII gr.

Item, op den selven dito, betaelt aen sieur *Verbrugghen,* de somme van *twelf schellinghen en vier grooten*, het gonne hy verschooten hadde aen *Stephanus Delsari*, over leveringhe van twee plancken linden houdt, volgens syne quittantie. — XII sch. IIII gr.

Betaelt by de Heeren kerckmeesters op den 12^{en} meert 1717, aende Heeren *Sandra*, cooplieden van marmer tot Middelburgh in Zeelandt, de somme van *twelf pistoolen* in specie, die de Eerw. Heeren van het capittel hun wel hebben willen vereeren in consideratie vande verliesen, die sy hebben geleden in het verongelucken vande marmere colommen, gedestineert tot het werck vanden hooghen autaer, en menighvuldighe andere devoiren door hun aengewendt tot het becommen van andere colommen uyt Italien. — Dus hier XVIII lib. gr.

Item, is by ordre van dit capittel betaelt aen sieur *Verbrugghen*, beeldthouder van Antwerpen, alswanneer hy op expres ordre van het capittel naer Gendt is overgecomen, tot het veranderen en opmaecken vande hauten modelle vanden hooghen autaer, over becostinghe van syne voyage en vyftien daeghen vacatien, soo langh hy tot Gendt is geweest, en gevroght aende geseyde modelle, ter somme van *twelf ponden grooten wisselgeldt*. — XII lib. gr.

Item, betaelt aenden beeldthauder *Hebbelinck*, over dagh-hueren voor hem en synen kneght, mitsgaeders eenigh verschot door hem gedaen in het veranderen vande hauten modelle vanden hooghen autaer, ter somme van *twee ponden, acht schellinghen grooten*. — II lib. VIII s. gr.

Item, betaelt aenden boeckbinder *Snouck*, over het herstellen ende repareeren vande papieren daer het groot plan vanden autaer op geteeckent was, en eenigh verschot daertoe gedaen. — VII sch. gr.

Item, betaelt aenden beeldthauder *Hebbelinck*, de somme van *derthien ponden, veerthien schellinghen en vier grooten wisselgeldt*, over het maecken van alle de ciraeten aende marbele colommen vanden grooten autaer. — XIII lib. XIV sch. IIII gr.

Item, betaelt aende beeldthauders kneghten, die met *Verbrugghen* naer Gendt syn gecomen, om te wercken aende beelden en voorder snydewerck vanden autaer, over de oncosten van hunne voyage, ter somme van *twee ponden grooten*. — II lib. gr.

Item, is by de Heeren kerckmeeesters betaelt aen sieur *Verbrugghen*, over syne daghhueren, mitsgaeders de gone van syne dry kneghten, tsedert dat sy aenden autaer hebben beginnen te wercken tot ende mei den 7^{en} augustus 1717, volgens syne specificatie ende quittantie ter somme van *twee hondert ses en vyftigh guldens en acht stuyvers*, courant gelt. — Comt in wisselgeldt, XXXVI lib. XII sch. VIII gr.

Item, betaelt aende selve dry beeldthauders kneghts, over daghhueren tsedert den 7*" augusty tot den 15*" ditto, *twee ponden, sesthien schellinghen en acht grooten wisselgeldt*, mitsgaeders nogh *een pondt, veerthien schellinghen,* over vier en dertigh daghen drincke-bier, ieder a twee stuyvers daeghs, comt te saemen *vier ponden. thien schellingen en acht grooten.* — IIII lib. X sch. VIII gr.

Item, is by de Heeren kerckmeesters betaelt aen alle de kneghten vanden meester steenhauder, soo steenhauders, saegers als polysteraers, over hun drincke-bier, ten advenante van twee stuyvers daeghs, daer in begrepen hun saterdagh reght, tsedert den 6*" maerte 1717, synde den dagh van het doen vande leste rekeninghe tot ende met ultima february 1718, te saemen *vyf en dertigh ponden, thien schellinghen en ses grooten wisselgeldt.* — XXXV lib. X sch. VI gr.

Item, betaelt over dagh-hueren van alle de beeldthauders kneghts, die gevroght hebben tsedert den 15*" augusti 1717, tot en met den 18*" maerte 1718, ter somme van *ses en tachentigh ponden en eenen grooten wisselgeldt*, volgens het billiet van specificatie ende quittantie. — IIIIxx VI lib. I gr.

Item, betaelt aen sieur *Verbrugghen*, over syne dagh-hueren tsedert den 9*" augusty 1717, tot ende met den 18*" maerte 1718, volgens het billiet van specificatie ende quittantie, ter somme van *seven en vyftigh ponden, twelf schellinghen grooten wisselgeldt.* — LVII lib. XII sch. gr.

Item, is noch betaelt door de Heeren kerckmeesters aen *Philippe Martens,* meester steenhauder, over dagh-hueren van alle syne kneghts, tsedert prima martii 1717, tot ende met baef-misse 1717, daer onder gecomprehendeert diversch verschot door hem gedaen, alles volgens syn billiet van specificatie ende quittantie, ter somme van *dry hondert een pondt, twelf schellinghen en dry grooten courant*, comt in wisselgeldt *twee hondert acht en vyftigh ponden, thien schellinghen en seven grooten.* — II° LVIII lib. X sch. VII gr.

Item, aenden selven *Martens* nogh betaelt ter causen als hier vooren, tsedert baef-misse 1717, tot ende met 18*" maerte 1718, volgens syn billiet van specificatie ende quittantie, ter somme van *een hondert seven en negentigh ponden, seven schellinghen, negen grooten en ses deniers,* courant geldt, comt in wisselgeldt *een hondert negen en tsestigh ponden, dry schellinghen en thien grooten.* — I° LXIX lib. III sch. X gr.

Alsoo de Heeren kerckmeesters met authorisatie ende agreatie van Eerweerde Heeren van het capittel, hebben aengegaen seker accordt met sieur *Picavet,* silversmidt tot Antwerpen, over het maecken van alle de copere cieraten, dienende tot het Tabernakel vanden grooten authaer in dese cathedrale, soo is by hun aenden selven *Picavet* betaelt, over het eerste payement besprocken in het gemelde accoordt, ter somme van *hondert ponden grooten wisselgeldt*, volgens syne quittantie. — I° lib. gr.

Item, betaeldt aen sieur *Philippe Martens*, meester steenhauder, over de leveringhe van acht hondert en dertigh groote witte marmere vloersteenen, dienende voor den choor van dese cathedraele, met de rechten ende vreghten, en alle voordere oncosten daer aen clevende, volgens syne quittantie, ter somme van *twee hondert ses en twintigh ponden, eenen schellinck en acht grooten wisselgeldt.* — II° XXVI lib. I sch. VIII gr.

Item, nogh betaelt aenden geseyden *Martens,* over de daghhuren van alle syne kneghts, gevroght hebbende aenden autaer ende choor van dese cathedraele, tsedert het doen vande leste reekeninghe tot Baefmisse lestleden, mitsgaeders over eenige leveringhen ende verschot door hem gedaen, alles breder uytwysende syn billiet van specificatie ende quittantie, ter somme van *twee hondert een en tnegentigh ponden, derthien schellinghen courant geldt,* comt in wisselgeldt, *twee hondert negen en veertigh ponden, negenthien schellinghen en negen grooten.* — II° XXXXIX lib. XIX sch. IX gr.

Item, aenden selven *Martens* nogh betaelt over de daghhueren van alle syne kneghts, gevroght hebbende aenden grooten autaer ende choor binnen dese cathedraele, tsedert Baefmisse lestleden tot ende met den daeghe van heden, benevens nogh eenige leveringhen ende verschot door hem gedaen, alles volgens syn billiet van specificatie ende quittantie, ter somme van *dry hondert acht en twintigh ponden courant,* comt in wisselgeldt, *twee hondert een en taghentigh ponden, twee schellinghen en elf grooten.* — II° LXXXI lib. II sch. XI gr.

Item, betaelt aen sieur *Verbrugghen,* over syne daghhueren by de Eerweerde Heeren van het capittel hem toegestaen, ende gereguleert op *sesthien schellinghen* daeghs, tsedert het doen vande leste rekeninghe tot ende met den II°ⁿ van deze maendt van maerte, volgens syne quittantie in courant geldt, *hondert ses en vyftigh ponden, sesthien schellinghen,* comt in wisselgeldt, *hondert vier en dertigh ponden, acht schellinghen grooten.* — I° XXXIV lib. VIII sch. gr.

Item, betaelt aen alle de beelthouders kneghten, gevroght hebbende aenden grooten autaer binnen dese cathedraele, tsedert den 18°ⁿ meert 1718, tot ende met den II°ⁿ meert 1719, volgens de specificatie ende hunne quittantien in courant geldt, ter somme van *twee hondert ses en vyftigh ponden, ses schellinghen, vyf grooten en ses deniers,* comt in wisselgeldt, *twee hondert negenthien ponden, veerthien schellinghen, eenen*

39

grooten en *ses deniers*. — II° XIX lib. XIV sch. I gr. VI den.

Item, betaelt aen meester *Jaques Colin,* meester schrynwercker, over daghhueren en aerbeytsloon, mitsgaeders diversche leveringhen en verschot door hem gedaen, ten behoeve van het werck vanden grooten autaer binnen dese cathedraele, volgens syn billiet van specificatie ende quittantie, ter somme van *hondert seven en tnegentich ponden grooten courant geldt,* comt in wisselgeldt *een hondert, acht en tsestigh ponden, seventhien schellinghen en twee grooten.* — I° LXVIII lib. XVII sch. II gr.

Item, alsoo de Heeren kerckmeesters met authorisatie ende aggreatie vande Eerw. Heeren van het capitel hebben aenghegaen seker accord met sieur *Picavet,* silversmedt tot Antwerpen, over het maecken ende vergulden van alle de copere ciraeten ende deure, dienende tot het Tabernakel vanden hooghen autaer in dese cathedrale, voor de somme van *vyf hondert ponden grooten wisselgeldt,* welke somme naer het voltrecken van het voorschreven werck voor de Eerw. Heeren van dit capitel, by resolutie capitulaire vanden 23^{en} febr. 1720, is gheordonneert vermeerdert te worden met noch een bylegh van *seven en vyftigh ponden, thien schellinghen en eenen grooten wisselgeldt,* in consideratie dat het eerste accord te goeden coop was aenghegaen, ende den aenemer in t'voltrecken van syn aenghenomen werck syn devoiren wel hadde ghequeten, soo dat de somme totael nu comt *vyf hondert seven en vyftigh ponden, thien schellinghen en eenen grooten wisselgeldt,* met welcke somme den aennemer is voldaen, soo blyckt by syne quitantie staende op den voet van het contract alhier ghevougt, doch alsoo den meergheseyden aennemer op den 2^e augusty 1718, corts naer het teekenen van syn accord door de Heeren kerckmeesters waeren gheadvanceert *hondert ponden grooten wisselgeldt,* en dat die gheseyde *hondert ponden* de Heeren kerckmeesters hebben ghebracht in uytgaf in het rensing vande voorgaende rekening, fol. 20 (art. , page), en aldaer aen hun syn ghevalideert, soo wordt alhier maer ghebracht in uytgaf en uytgehetrocken de somme van IIII° LVII lib. X sch. I gr.

Item, is by Heeren kerckmeesters noch betaelt op den 25^{en} mey 1719 ende 19 november vanden selven jaere, aen sieur *Frans Bouge,* meester steenhouder tot Namen, de somme van *seven hondert en seventhien ponden, derthien schellinghen en vier grooten courant geldt,* in voldoeninghe van allen swarten marbel door hem ghelevert, soo aende cornichen vanden hooghen autaer, als hetghene achter den selven autaer met de twee arcaden ende dat daer van dependert, item, de becleedinghe vande gheheele en halfve pilairen binnen den choer, benevens alle de

trappen, soo vanden autaer, als inde syde beucken vande opper-
kercke, enz., alles volghens syne specificatie alhier ghevought, en
twee quitantien, comt hier over de gheseyde leveringhe in wisselgeldt,
ses hondert vyfthien ponden, twee schellinghen en elf grooten. — VI°
XV lib. II sch. XI gr.

Item, betaelt *Philippe Martens,* steenhauder, over daghueren van alle
steenhauders knechten, polysteraers, saghers, mitsgaeders over verscheyde leverynghen ende verschot door hem ghedaen ten behoeve van
dese cathedrale, en in sonderheyt den hooghen autaer en choor der
selve, gheduerende den tydt van ontrent een gheheel jaer, dat is
tsedert den 20°° maerte 1719, tot ende met den 2°° maerte 1720, ter
somme van *vyf hondert seven en seventigh ponden, seventhien schellinghen
en dry grooten courant geldt,* volghens syne specificatie ende quitantie,
compt in wisselgeldt *vier hondert vyf en neghentigh ponden, ses schellynghen en dry grooten.* — IIII° XCV lib. VI sch. III gr.

Item, betaelt aenden beldthouder en architect *Verbrugghen,* over
syne dachhueren in te hebben ghedirigeert het werck vanden hooghen
autaer binnen dese cathedrale, a *sesthien schellinghen* courant daeghs,
tsedert den 13°° maerte, tot enda met den 8°° november vanden jaere
1719, synde hondert en acht en vyftigh daghen en half, ter somme
van *hondert ses en twintigh pondt, sesthien schellinghen courant geldt,*
volghens de specificatie ende quitancie, comt in wisselgeldt *hondert
acht ponden, derthien schellinghen en neghen grooten.* — I° VIII lib.
XIII sch. IX gr.

Item, betaelt aen alle de beldhauders knechts, soo die van Antwerpen als van dese stadt, aen dachhueren en drinckebier, over te
hebben ghevroght aenden hooghen autaer tsedert den 13°° meert 1719,
par specificatie ende quitantie, ter somme van *hondert veertigh ponden,
veerthien schellinghen en ses deniers courant geldt,* comt in wisselgeldt,
hondert twintigh ponden, twelf schellinghen en ses deniers. — I° XX lib.
VII sch. VI den.

Item, betaelt aen *Jacobus Coppens,* meester beeltsnyder, de somme
van *vyf ponden, veerthien schellynghen grooten,* over het snyden van eene
deure van het tabernakel, item, twee cieraeten in het coronement,
ende acht en dertigh rooskens, per twee billietten, ordonnantie ende
quitantie. — V lib. XIV sch. gr.

Item, betaelt aen *Martinus Van Reynevelt* ende *Joannes Van Hersecke,*
de somme van *tweeendertigh ponden, vier grooten,* over het witten van
het bovenwerck vanden autaer, leverynghe van verwe, olie, lym, enz.
Volghens het billiet van specificatie, ordonnantie ende quittantie. —
XXXII lib. IIII gr.

Item, betaelt aen *Martinus Reynevelt*, de somme van *eenendertigh ponden, sesthien schellynghen en acht grooten*, over t'vergulden vanden hooghen autaer, volghens syn billiet, ordonnantie ende quitantie. — XXXI lib. XVI sch. VIII gr.

Item, betaelt aen *Joannes Van Hersecke*, de somme van *tweeendertigh ponden grooten*, over dachhueren by hem verdinct in het vergulden vanden hooghen autaer, volghens syn billiet, ordonnantie ende quitantie. — XXXII lib. gr.

Item, betaelt aen *Martinus Reynevelt*, de somme van *neghenentseventigh ponden, achthien schellynghen en acht grooten*, over leverynghe van vier hondert sessendertigh dobbel boecken gaudts, a *tweeentwintigh stuyvers* den boeck, dienende tot het vergulden vanden hooghen autaer, per quitantie. — LXXIX lib. XVIII sch. VIII gr.

Item, betaelt aen sieur *Verbrugghen*, de somme van *ses pistolen wisselgeldt*, voor een gratuiteyt door de seer Eerw. Heeren van het capitel aen hem ghejont, naer het voltrecken vanden hoogen autaer, comt in ponden grooten per quitantie. — X lib. X sch. gr.

Item, betaelt aen *Pieter De Smet*, de somme van *tweentseventigh ponden en ses schellynghen grooten*, over aerbeytsloon in het legghen vanden vloer, slete ende verlies van hout, coorden, enz., dienende tot den hooghen autaer, par twee billieten, ordonnantie ende quitantie. — LXXII lib. VI sch.

Item, betaelt aen *Jacobus Coppens*, meester beeldtsnyder, de somme van *een pondt, vier schellynghen grooten*, over eenighe ciraeten te snyden aende rolle van het tabernakel, per ordonnantie ende quitantie. — I lib. IIII sch. gr.

Item, by ordre vande Eerw. Heeren fabricqmeesters, betaelt over voiture, teyre, enz., ghedaen door sieur *Picavet*, commende van Antwerpen met de capitelen, basimenten, campanen ende timpane dienende tot het tabernakel, de somme van *twee ponden, seven schellynghen en thien grooten*. — II lib. VII sch. X gr.

Item, by order vande voors. Heeren, betaelt aen alle de cnechten die ghevrocht hebben aenden hooghen autaer, soo steenhauders, schrynwerckers, timmerliens, metsers, als ook aenden cnecht van sieur *Picavet*, synde t'samen in ghetal eenen dertigh, de somme van *vyfentwintigh pattacons en half wisselgeldt*, voor den mey, naer het voltrecken vanden hooghen autaer, comt in ponden groot courant. — XI lib. XVIII sch. gr.

N° XII.

Le Magistrat de Gand fait exécuter à ses frais une partie de la clôture du chœur.

Soo hebben myn edele Heeren Schepenen vander Keure geiont ende ghegeven aen ons kercke *duysent guldens*, eens ende tot het maecken van een half schutsel vanden choor, ieghens over de sepulture van myn eerw^{te} heere den bisschop Masius, nus over St Lieven capelle, blyckende by dordonnantie van myn voorn. edele Heeren schepenen, in daten van den XXVII^{en} aprilis 1624, overghegheven by den secretaris Mr *Van Marcke*, ende ordonnerende den tresorier deser stede de selve somme te betaelen in twee termynen, te weten, deen heelft wesende *vyf hondert guldens*, als tselve afschutsel besteet is, ende de resteerende *vyf hondert guldens* int opnemen ende als tweerck volmaeckt ende staen sal, dus hier ontfaen van *Jo^r Jan... Van Lake*, tresorier deser stede, op rekenynghe ende minderinghe desen V^{en} aprilis 1625, *vyf hondert guldens*, maeckende LXXXIII lib. VI sch. VIII gr.

Noch ontfaen vanden bovenschreven tresorier, desen XIII^{en} febr. 1626, dander *vyf hondert guldens*, over de volle betalinghe vande bovenschreven somme van *duysent guldens*, eens maeckende LXXXIII lib. VI sch. VIII gr.

De post boven de *duysent guldens* hiervoren inden text vermelt, hebben Heeren schepenen gheaccordeert ende ghejont noch *twee hondert guldens*, om te commen tot de volle betalinghe vande *twee hondert ponden grooten*.

Item, noch voor alle overwerken, de somme van X lib. VI sch. VIII gr., waervan den ontfangher inde naeste rekeninghe zal verandtwoorden.

Item, betaelt aen *Robert De Nole*, op rekenynghe van het maecken een afschutsel vanden hooghen choor, jeghens over Ste Lievens capelle, dwelcke besteet es aenden zelven M^r by men heeren den cantor van Essche ende men heere de kerckmeesters, voor de somme van *twee hondert ponden grooten*, tot welk werck ende afschutsel myn edele heeren van tmagistrat gheiont hebben *duysent guldens*, maeckende *een hondert sessentzestich pont derthien schellinghen ende vier grooten*, dus hier de somme van LXXXIII lib. VI sch. VIII gr.

Noch betaelt aenden zelven *Robert De Nole*, over tbovenschreven afschutsel, de somme van *vyf hondert guldens*, over de volle betaelinghe

vande *duysent guldens,* die myn edele Heeren schepenen vander Keure
deser stede tot het bovenschreven ciraet ende afschutsel geiondt hebben; dus hier LXXXIII lib. VI sch. VIII gr.

Noch verteert inde maelteyt, als wanneer men heeren de kerckmeesters tracteerden sommighe heeren vant capittel, met men heere den
voorschepen d'*Hellebus,* men heere den tresorier *Van Laken,* den bouck-
hauwer *Baert* ende men heere den prelaet van Audenburch, ten huyse
vanden doender deser (1), sonder daer inne begrepen den royen wyn
dier ghedroncken worden, midts dat men heere d'administrateurs van
tcappittel op heurl. rekeninghe tselve heeft doen stellen. Compt hier
IIII lib. X sch. X gr.

(Comptes de la fabrique de l'année 1625).

N· XIII.

Ce que coûtèrent les portes de cuivre doré du chœur.

Hebbende nochtans geduerende deze rekeninghe van t'contrackt ende
accoordt gemaeckt by de eerweerd. heeren van tcapittel met Mon^r
De Vos, copergieter tot Antwerpen, over het maeken ende stellen van
dry dobbele copere ofte brons deuren in dese kercke, betaelt over het
eerste payement de somme van *twee duysent guldens wisselgeldt,* volgens
vier quittantien, maekende in ponden grooten *dry hondert dryendertich
pondt ses schellingen acht grooten.* — III° XXXIII lib. VI sch. VIII gr.

(Comptes de la donation Triest, année 1706).

Item, betaelt aen S^r *De Vos,* copergieter tot Antwerpen, op minderinghe van het accoort met hem aengegaen, tot het maken van dry
copere deuren inde cathedrale kerke, ter somme van *hondert sessenses-
tich ponden, derthien schellingen, vier grooten,* volgens syne quittan. in
date XXVIII aug. 1706, dus hier I° LXVI lib. XIII sch. IIII gr.

Item, aenden selven over de selve redenen ter somme van *twee hondert pondt,* volgens syne quittan. van date 16^{en} december 1706; dus
hier II° lib. gr.

(Idem, année 1707).

Item, betaelt aen *Guill. De Vos,* de somme van *veertich ponden, vyftien
schellynghen, twee grooten,* over verschot ende volgens syn billiet, ordonnantie ende quittantie. — XIIII sch. II gr.

Hebbende nochtans geduerende deze rekeninghe getelt aen Sr *Guill.
De Vos,* copergieter tot Antwerpen, tot volle betaelinghe van twee

---

(1) JACQUES RYCKAERT, chanoine et receveur de la fabrique de l'église cathédrale.

copere deuren, als nu door hem gestelt achter den choor in deze cath. kercke, de somme van *vier hondert vierenveertich pondt, acht schellinghen*, volgens syne quitt. in date 15 marty 1708. — Dus alhier IIII° XLIIII lib. VIII sch. gr.

(Idem, année 1708).

Item, betaelt aen M' *Guill. De Vos*, copergieter tot Antwerpen, op avancie van het gene hy moet hebben over het maken ende leveren vande derde copere deure in dese kercke, de somme van *een hondert sessentsestich ponden, derthien schellinghen, vier grooten*, volgens syne quittantie. — Dus alhier I° LXVI lib. XIII sch. IIII gr.

(Idem, année 1709).

Betaelt aen M' *Guill. De Vos*, copergieter tot Antwerpen, op rekeninghe vande derde copere deure dienende achter den hooghen autaer, de somme van *dry hondert dryendertich ponden, ses schellinghen, acht grooten*, volgens syne quittantie vanden 14 meert 1709. — Dus III° XXXIII lib. VI sch. VIII gr.

Item, aenden selven, voor rest ende volle betaelinghe vande selve copere deure, de somme van *vyftich ponden, thien schellinghen*, per quittantie. — Dus L lib. X sch. gr.

(Idem, année 1710).

N° XIV.

Orgues.

Item, betaelt M' *Julius Anthony*, orgelmaecker, de somme van *sesentwintigh pondt, ses schellinghen, acht grooten*, volghende het accordt met hem ghemaeckt den 9™ juny 1617, omme d'orghelen deser kercke te vermaecken ende stellen, boven dien noch *vier ponden grooten* die d'Heeren van het capittel hem voor een gratuyteyt ende recompense toegheleyt hebben, bedraeghende t'samen XXX lib. VI sch. VIII gr.

Item, betaelt M' *Cornelis Horenbault*, de somme van *thien ponden grooten*, over het schilderen vande deuren van d'orghelen, hem besteit by myn heer *Chamberlain* voor de voors. somme. — Dus hier X lib. gr.

Item, betaelt *Pieter Claus*, scrainwercker, *vier ponden, acht schellinghen grooten*, over het vermaecken vanden stoel van d'orghelen ende het veranderen van alle de buysen ende secreten vande voors. orghelen, mitsgaders het leveren van diversche witten berdels, by quit. IIII lib. VIII sch. gr.

Item, betaelt M' *Pieter Plumion*, steenhauwer, over het vutdoen van twee yseren corbeelen, ende het indoken van twee anderen corbeelen, dacrup dat de deuren van d'orghelen rusten. — IIII sch. gr.

Item, betaelt *Jan Hollebeke,* over het blazen van d'orghelen in het repareren vande zelve, by ordonnantie. — XXVI sch. VIII gr.

Item, betaelt M' *Philips Wellens,* schilder, *twintich ponden grooten,* over het schilderen ende vergulden vande casse van d'orghelen, mitsgaders het vergulden van alle de pypen der voors. orghelen. Al by ordonnantie ende besteedinghe. — XX lib. gr.

Item, aen *Roelandt Reyniers,* over het maecken vande stellinghe tot het accorderen van d'orghelen en vergulden vanden stoel der voors. orghelen, enz. — VI lib. IX sch. II gr.

(Comptes de l'année 1617).

N° XV.

Toison d'Or.

Pour approprier l'église de St Jehan en la ville de Gand à la célébration du chapitre de l'Ordre, que la M^{té} du Roy a intention y tenir le Xe jour de juillet 1559, est besoing faire ce quil sensuit.

Premier, au regard du cœur, il est nécessaire de accroistre le nombre des sieges latéraulx, qui sont XVII de chascun costé, jusques au nombre de 24, et de audesus de la vausure de chascun desdits sieges, faire emparcqs correspondans à lemparcqs et largeur desdits sieges, pour y mectre et poser les tables aux armes des chevaliers, bien entendu toutesfois que les emparcqs des tableaux des Roys chevaliers dudict ordre qui sont à present en nombre de troys, doibvent estre plus grandz et eslevez plus hault que ceulx des Ducqs, contes et barons et aultres chevaliers, dont les deux seront à dextre en entrant de la nef audict cœur, et ce troisiesme au costé senestre. Et au regard des ceux des M^{té} de Lempereur defuinct et du Roy souverain dudict ordre, seront plus grands et haultz que ceulx desdicts Roys, lesquels seront posés et mis au font ou boult dudict cœur, contre le dosal au costé dextre prochain à lhuis dudict cœur du lez et costé de ladicte nef, lesquelz deulx tableaux toutesfois ne feront que ung à la séparation d'un petit pillier à jour, seullement mis entre les armes de leurs dittes M^{té}. Et quant à celluy de Lempereur moderne, sera de semblable haulteur et de telle largeur que lung desdictes M^{ts}, lequel se posera au mesme fond du costé senestre; le tout par deseure le revers des sieges dudict fons. Pour ce que après la célébration dudict chapitre, lintention de Sadicte M^{té} est de faire remettre et poser les anciens tableaux de lordre y tenu parcy devant endesoubz de ladicte vausure desdicts sieges. Pour faire lequel ouvrage fault oster lentrefont qui est de asselles depuis le hault jusques embas. Item, fault faire 54 tableaux pour mettre estdicts emparcqz. Item, sera decent et convenable de blanchir les pilliers et ancienne machonerie dudict cœur. Et sy seroit beau de faire (si povoit) que la vousuere dudict cœur (lequel est de boys) fust aussy blanchie à la similitude de la blanchure de la nef.

Item, est besoing et necessaire de reparer les verrières et en faire es lieux où il nen y a, lesquelz on poulroit des veirs blancz tant en la nef que audict cœur, et ce à la conservation des riches tappiseries quilz seront tendues en ladicte nef et croissée de ladicte église et aultres tentures audict cœur. Lesquelles, en cas de pluye, poulroient estre gatées en faulte desdicts verrières et reparations. Et pour suspendre et mettre lesdictes tapisseries se poulront mettre et plantre grands sapins en tant de endroitz que besoing sera pour porter lambourdes ou aultres petits sapins pour attacher ladicte tapisserie ou au lieu desdicts grands sapins se poulront mettre ferrailles et pilliers de ladicte nef et croissée pour porter lesdicts petits sapins.

Item, fault faire service de dosal (*jubé*), dumoings du costé dudict cœur, ce qui se poulroit faire de ample et commune machonnerie avec les montées pour servire à ladvenir en faisant le trin, mais pour la decoration de lentrée dudict cœur de lez et costé de ladicte nef, ledict trin se poulroit accomplir de blancq bois, recouvert ou revestu de chavanats ou toille et y peintre aulcunes histoires, duquel on se poulroit servir et ayder en y faisant quelque planchie legiere, soustenue par deux bons pilliers de chesne du costé de ladicte nef, lequel on poulroit aussy resvectir par dessus de chavanats en forme de vaulsure jusques à ce que le commodité se addonneroit de parchever ledict trin de pierre ou aultres materiaulx.

Item, fault faire ung chandellier ou herce pour servir de chandelabre au travées dudict cœur à lendroict au devant des premieres chaieres du costé de lautel où seront mis 54 cierges. Les deux dictes Mess de lEmpereur defunct et du Roy souverain dudict ordre de 3 livres chascun, et les aultes chacun de 2 livres.

Item, fauldra faire ung ouvraige es caroles dudict cœur à lendroict de l'entree laterale du costé dextre pour les chantres et organiste avec les orgues.

Au regard des trompettes ils poulront estre es galleries du hault dudict cœur, lesquelles à ces fins lon poulra faire nettoyer.

N° XVI.

Toison d'Or.

Up trapport ende vertooch by den ghedeputeerde van myn Heeren Schepenen vander Keure der stede van Ghendt hedent ghedaen myn E. Heeren den Prelaet vande collegiale keercke van S¹⁰ Baefs binnen der zelver stede, aengaende tfurnieren vanden costen omme te ghereeden den weercken ende chieragen binnen der voors. kercke, ter celebratie van der Oerdere vanden gulden Vliese, byder M¹ vanden coninc van Spaengnen onsen gheduchten Heere gheadvyseert, behouvende, myn voors. E. Heere in voorderinghe vande zelve wercken es te vreden van zyne zyde ende tzynen coste te doen maken de naervolghende perchelen.

Eerst, den doxael metten toebehoorten.

Tverlinghen vande ghestoelten.

Witten vanden choere metten zydebuecken ende capellen; behoudens dat myn voors. Heeren schepenen vander Keure tsurplus vanden wercke binnen der voors. collegiale kercke vuldoen, als tvauteersel over de voorn. ghestoelten;

De tafereelen ende inne de wapenen van mynen Heeren vande Ordere dienen gheschildert te zyne;

De rade inden choer metten luminaire, tortsen, wasse keerchen binnen der voors. kercke van noode wesende;

Het afscutsel vanden buecke; tvullen vanden venster en dier behooren zullen met glase;

Tsolderen vanden choor;

Ende generalic tghuent datter meer van noode ende gherequireerd wordt, ter decoratie vande voors. feeste als den Toyson der voorn. M¹ adviseeren zal.

Welteverstaende, dat zulcke weercken alsser naer de voorscreven solemniteyt dienen zullen ter verchieringhen vande zelve kercke aldaer blyven zullen, ghereserveert tglas inde neuwe vensters ghestelt, twelcke myne heeren vander stede vermoghen zullen te werene, zo wanneer by den particulieren edelen ende poorters, andere vensters int ghezach van dien, ghestelt zullen wesen. Actum den XXVIII⁰ⁿ van mey 1559, tot Loo xpi. Present : Le Thoison d'or, den onderbailly, metgaders als schepenen van Ghent, Philps. de Gruutere ende Pauwels Van de Velde, insghelycx M¹ Jan De Mey, dekin, M¹ Cornelis Canis, canonic van Sente Baefz, M¹ Franchois Van Zevecote ende Jan Van Groelft.

N° XVII.

Toison d'Or.

Eerweerdighe Heere, met ootmoedighe reverentie aen uwe E'. Dese es om dezelve te veradverteren als dat hedent myn heere de Hooch-bailliu ende Schepenen vander Keure tsamen vergadert hebben gheweest om te resolverene vande zake uwer E', kennelic daer toe zy in hem-lieden collegie ontboden hebben mynen heere den dekin, de Maye, ende naer langhe communicatie die zy onderlynghe hadden, zoo es de hendelynghe resolutie als dat zy dien aengaende met uwe E' als mor-ghen begheeren in communicatie te commen, daer toe zy deputeren zullen twee van huerlieder medeghezellen in wette, zullen hem ooc daer jechens vinden twee vanden cappitele mede bringhende (up dat moghelyk es) den herault omme de zake te handelen ende daer af een hende te makene. Ic hebbe verstaen dat de voorn. De Maye hem vro-melyck ghedefendeert heeft ende discretelyck gheandwoordt. Alzo myn voorn. Heere morghen (by der gracie Gods) verstaen zal.

My hiermede tuwer E' bevelende, bidde Gode almachtich dezelve te verleenene ghedurighe ghesontheyt ende prosperiteyt. In haesten. Vut myns heeren huus te Ghendt, XXVII van meye 1559.

Uwer E' onderdanich.

Myn heere den prelaet vande collegiale keercke van S'' Baefz tot Loo xpi.

N° XVIII.

Toison d'Or.

Mons' le M''. Volghende u scryven, zende ick u copie van woorde te woorde accorderende metter originale letteren missive vanden Co-ninck ghezonden an mynen Eer. Heere. Mynen Heere en wilt vander zelver originale niet scheeden, zoo dat myne heeren Schepenen metter zelver copie moeten te vreden zyn. Ghy zult eerst met die van het capittele adviseren, present Zevecote, wies ulieden te verandwoorden werdt op zulcke objectien als de voorn. van Ghendt zouden willen excogiteren. De copie vande missive aen die van Ghendt es int on-ghereede. Ghy mueght an hemlieden eene andere versoucken, als ghy hemlieden de copie van myns Heeren levert. Vale, XXIX° may LIX.

Wilt de zaeke met alder diligentie accelereren zoo myn Eer. Heere u belast, ick bidde u my te willen zenden uwe arresten Paponis.

U. Dienaer ende Vriendt,

CORN. BREYDEL.

Voorsienighen ende discreten Mr *Jan Van Groelft*, hofmeester van mynen Eer. Heere den prelaet van Ste Baefs tot Ghendt.

N° XIX.

Toison d'Or.

Den Deken vander collegiale keercke van Ste Baefz, over mynen heere den prelaet der zelver keercke. Gheconsidereert, dat myn heeren Schepenen vander Keure der stede van Ghendt, vanden advyse niet en zyn taccepterne t'verclaers, offre ende presentatie by den voorn. prelaet hemlieden by ghescrifte overgheghheven, angaende den weercken ende preparatie totten feeste vanden Toysoene binnen der voors. stede ende keercke, ende tzelfs weygheren scriftelic (alzo hemlieden ghedaen es gheweest) zeker andwoorde te ghevene, dies nochtans ten diverschen stonden ende noch jeghenwordelic verzocht zynde, ende mids dat de zake haeste requireert, omme de zelve niet te retarderene van zynder ende der keercke weghe. Ende omme de eere, welvaert ende proffyt vander voors. stede, ende den insetenen van dier te voorderen, consenteert ende es te vreden, dat de costen int gheheele clevende aende voors. wercken ende preparatie, volghende den compte vanden Thoyson Dor, zo wel ghedaen als te doene, ghedebourseert ende ghefurniert zullen werden, by ghemeenen ende ghelycken laste, te wetene, deen heelft van weghen der voors. stede, ende dandere vande zyde vanden voorn. prelaet ende zyne keercke; ende dat zonder prejuditie van elc van partyen, meer ofte min daer inne te dooghene oft supporterene, ter ordonnantie vander Mat onsen gheduchten heere. Versouckende aen u notaris hier af insinuatie ghedaen te zyne den voorn. Schepenen, ende van hemlieden op als andwoorde ende resolutie als voorn. te hebbene. Aldus ghedaen den IIe juny XV° LIV. Present als ghetuighe, *Jacques Du Cellier* ende *Jan Ghendries.*

N° XX.

Toison d'Or.

Monsr M^{re}. Myn. E. Heere heeft hedent ontfanghen briefven vanden Thoison Dor, mentionneerende van tverstellen vanden hooghen aultaer inden choir, ten welcken fyne ghy u by hem vinden zult, den zelven te kennen ghevende de groote excessive coosten die myn E. Heere dooghende es, alzoo by daeghelyckx ziedt ende die bemercken mach ende inghevalle dat mueghelyck es, dat ment eenichsins laete passeren zonder breederen ende meerderen coost te doene, zullet allesins ver-soucken, te meer ghemerck tperyckel datter namaels af zoude mue-ghen commen zoet apparent es, inde aude vaulsuren ende andersins. Indien ghy hoort ende bevindt by gheene redene ofte goede middele tzelve twerck te moghen achterhouden ende laeten passerene, zullet ten eersten ende minsten coste dies u mueghelick wezen zal, laeten maecken ende verstellen, zonder myn E. Heere hieraf meer te laeten importuneeren ende quellene. Hier mede zydt Godt bevolen.

Den schaut bringh met hem twee briefven, ghy zultse met hem communiquieren met *Zevecote,* ende vulcommen tinhauden van die, zonderlinghe van die vanden President.

Augaende de tapytserie, joncvrauwe *Schauts* zal te Ghendt commen ende besien de plaetse ende ghecryghen, eyst mueghelic, eeneghe tapyt-serie convenabele om mede te ghedoene.

By laste van mynen E. Heere U. dienaer,
PIERRE MAROUX.

Post scripta. Myn Heere heeft dezen naer noene ontfaen briefven van myn heere den President, zult de zelve overzien ende leezen met *Zevecooten,* ende den brief van *Roy darmes,* waer inne wy zeere ver-wondert zyn, zult de zelve terstont communiquerene met *Zevecote,* ende principalick den brief vanden President *Viglius,* ende zoo veele doen datter gheen meerder swaerheyt af en comme.

Eersaemen ende beminden Mr *Jan Van Groelsts,* hoofmeester van myn heere den prelaet van Ste Baefs, te Ghendt.

N° XXI.

La chronique du sacristain Henri d'Hooge.

Een exstrect uten brevier van wylen *H. Heynderic Dhooge,* ouden costere, gescreven vanden zelven.

> Recht up den XXVIII^{en} dach/
> Die inde wedemaent ghelach/
> Up Ste Pieters avondt/
> Ten viere vanden morghenstondt/
> Drouchine Ste Lieven onghespaert/
> Van Ste Baefs duer tSpeygaet tHautem waert/
> Ende des anderdaeghs daer naer/
> Brachtine duer dander gadt int openbaer/
> Ende met·feesten waren zy blyde/
> Twas prelaet te dien tyde/
> Van Bossuut myn heere Willem/
> Dit was ghedaen ic zeker ben/
> Teender goeder ghedinckenessen/
> Als me screef, verstaet dese lessen/
> Duust jaer ende vier hondert/
> Ic bidde dat niement daer in en verwondert/
> Ende noch screef me daer toe mede/
> Twee ende twintich inden waerhede/
> Ende tsependom zy hu bekendt/
> Doen was ghemets den Spey te Ghendt/
> Ts^{te} Baefs by Jan Sersanders tyde/
> Ende Zegher Meyeraets, God wil se verblyden/
> Ende Ste Lievin die martelare/
> Ende alle haer vrienden verre ende nare/

Item, int zelve jaer duust CCCC ende XXII, so was begraven tsente Baefs vrouwe *Michiele,* een wyf van *Philips,* hertoghe van Bourgoenge, dochter vanden coninc van Vranckeryke, ende int bringhen ter zelver kercke waert so werdt zu ghedreghen duer tselve Speygat den viii^{en} july, ende licht inden middel vanden choore in een tombe, ende haer ingewandt licht begraven inder religioesen kerckhof.

Dit naervolghende zyn de fierten van onse patroons ende patronessen, berustende in onse keerke van Ste Baefs by Ghendt.

Eerst quam Ste *Bave* int clooster int jaer ons Heeren VIe ende XIII, tot St *Amand.*

Item, den eerste dach van octobre, zoo overleet Ste *Bave* van deser werelt, dat was int jaer VIe ende XXX; dus was Ste *Bave* syn penitentie doende int clooster XVIII jare (1).

Item, den eerste van ouste wert Ste *Bave* gheheven huut der eerde, ende was int jaer VIe ende LXXX; dus lach Ste *Bave* inde eerde eer hy gheheven werdt XLIX jaer, ende Ste *Loey,* bisscop van *Noyhon,* verhiessene metten prelaet *Wilfriden* ende meer andere, ende was in eene fiertere gheleyt, ende eerst den ghemeene volke ghetocht, ende Ste *Bave* lach in dezen fiertere IIIe jaere ende XXX.

Item, als men screef M ende X, zo werdt eene schoondere fiertere ghemaect, ende daer werdt zyne heleghe ghebeente weder in gheleyt ende eerst den volcke ghetoocht by den abet *Erembole;* dus lach Ste *Bavens* ghebeente in desen fiertere XLVIII jare.

Item, als me screef M. LVIII, den X^en dach van meye, zo was eenen guldene fiertere ghemaect ende daer werdt wed. Ste *Bave* in gheleyt, daer hy noch in licht, by den bisscop *Boudin* van Noyhon ende den abet *Florbeert,* ende daer devoot rycke man in deze translatie, gheheete *Bruno,* dewelke gaf totten fiertere IX maerc goudts ende een half, ende II kilcten, II cappe, II casole, II geemsels ende noch meer in ghelde.

Van Ste Lieven, eerdsbisscop.

Eerst quam Ste *Levin* binne dese lande in ons clooster ts^te Baefs by Ghendt, den XVII^en dach van ougste int jaer ons Heeren VIe ende XXXIII, ende dede XXX messen achter een an thoofthende vanden grave van Ste *Baven,* up welken aultaer IIII verheven santen messe hebben ghedaen, te weten, Ste *Lievin,* Ste *Macharis,* Ste *Loey* ende Ste *Amandt,* ende meer andere heleghe persoonen, ende was maer daer naer totten XII^en novembri int zelve jaer.

Item, den XII^en dach van novembri waert Ste *Lieven* onthooft te

(1) Ces dates ne s'accordent point avec celles indiquées par l'auteur de l'*Histoire de l'abbaye de Saint-Bavon.* M. VAN LOKEREN dit que saint Amand donna la tonsure au comte Bavon en 651 et qu'il mourut au monastère de Gand en 654, après y avoir séjourné pendant trois ans et quarante jours.

Hessche, met Ste *Bricti* ende *Brictis* moeder, gheheeten *Craphahildis*, ende wert van synen discipelen te Haultem begraven, welc graf werdt vanden inghelen ghemaect ende *Brictis* met hem sancta *Craphahildis*.

Den XXVII^{en} dach van wedemaent werdt Ste *Lievin* verheve huut der eerden, by den bisscop van Cameryck, gheheeten *Diederic*, ende by de abdt *Eynards*, met vele meer andere persoone, geestelic ende weerlic, int jaer als me screef VIII^c ende XLII, ende lach Ste *Lievin* inde eerde IIe jaere ende IX, eer hy verheve was.

Item, den II^{en} dach van october werdt Ste *Lievins* gebeente verleyt in eene andere fiertiere by de bisscop van Cameryke, gheheete *Radbode*, ende by den abdt van Ste *Baefs*, gheheete *Wildinans*, int jaer ons Heere M. ende LXXXIII. Ende den volke werdt ghetoocht zyn helich ghebeente ende zyn ghebenedyde hooft, daer vele gate in stonden, de welke hem waren ghesteken eer hy onthooft was. Ende lach by inden eersten fiertere IIe jare ende XVI.

Item, den XXVII^{en} dach van wedemaent, als men screef duust hondert ende LXXI, zo wert wedere dezen helich ghebeente verleyt in eene andere fiertere, waer hy nu rustende es. Ende dese translatie was ghedaen int clooster by den bisscop van Dornyke, gheheeten *Galterus*, in presentien vanden abt, gheheeten *Betto*. Ende lach hy inde tweesten fiertere XCI jaeren. Ende wert by den bisscop weder ghetoocht zyn ghebenedyde hooft ende al tghebeente ende wed. in desen fiertiere beslooten. Ende in dit zelve jaer quamen van Cuelene int clooster van Ste *Baefs* V hoofden vande XI^m maegden, waer af de II hoofden noch hebben gevlochte gheluhaer.

Item, als me screef duust ende zevene, zoo quam den heleghen lichame van Ste *Lievin* ende van Ste *Brictius*, marteleere, van Haultem inden clostere van Ste *Baefs*, ende up dien tydt zo ware beede de gulden ghesticht, de guld. vanden abdt die daer teghenwordich was, gheheeten *Eremboldus*, metten geestelycke persoone. Ende dat hietme tgulde van buten, midts dat wy ons scryve bute der stede, in welc gulde deden bystandichede de neeringhe vande scipmans, de neeringhe vande brauwers, de wullewevers, de sceepmakers, de tycwevers, de cuupers, metsers, de pynders ende versche visschecoopers. Ende de wet vander stede die ordonneerden ooc een gulde, dwelc men heet tgulde van binnen.

Item, den eersten dach vande jars eyst commemoratie van Ste *Lievin*, welke commemoratie es commen huut de devocy van devoten persoonen, ende ter causen van dien zoo gaet me alle jare bove die relyquen staen.

Van Ste Landolf, eerdspriestere ende cardinael.

Eerst, quam Ste *Landolf* van Roome als me screef VI^c XXXVI, ende regierde het bisscopdom van Ludeke IX jaeren, tot Ste *Remaclus* quam, ende was meestere van Ste *Lambrecht.*

Item, Ste *Landolf* overleedt deser weerelt als me screef VI^c ende XLVI, in Wintershove. Ende daer wert hy begraven in Ste Pieters keerke, de welke keerke sy deden funderen ende hy wydest selve, ende int jaer van VI^c ende XLIII, zo begrouf hy Ste *Vincrane,* zyne zuster, in dese zelve keercke in Wintershove.

Item, als me screef VII^c ende XXXV, den XIII^en in wedemaent, zo wert Ste *Landolf* verheve, ende zyne zustere, Ste *Vincrane,* Ste *Amantis,* syn eerdsdyake, ende Ste *Adriaen,* maertelare, Ste *Landrade,* abdesse, den eersten dach van decemb. Ende lach Ste *Landolf* in de eerde eer hy verheve was LXXXIX jaren ende zyn zuster XCII jaren.

Item, als me screef IX^c ende LXXX, zo worden alle deze beleghe lichamen brocht van Wintershove, int cloostere van Ste Baefs, by den coninc van Vranckeric, *Hildericus,* met groote ende vele mirakelen.

Item, als me screef IX^c ende LXXXII, zo werdt Ste *Landolf* ghetranlateert met zynen ghesclscepe, eerst den ghemeenen volke ghetoocht by den bisscop van Nyhoen, gheheete *Lindolfus,* in presentien den abdt *Womaer* ende meer geestelix volcx ende weerlic.

Van Ste Macharys, eerdsbisscop van Antiocus.

Item, als men screef duust ende XI, zo quam Ste *Macharys* levende int cloostere ende wert vanden abdt *Eremboldus* minnelic ontfanghen.

Item, als me screef duust ende XII, zo overleet Ste *Macharys* voor tghemeen volc van dese stede vander pestelentie, ende quam mette quete ten reefte heten ende betoochde de plecke waer hy wilde begrave zyn. Ende ghinc eer hy sterf ofte ziec was inde kuekene, ende maecte een zoppe up tvissop, de welke by onghelucke ofte by der gracie Gods inde asschen viel, raepte weder up zyn broot uten asschen ende aet also, doen badt hy Gods dat daer nemmermeer meer asschen syn en mochte dan daer doe ware, ende zyn bede wardt van Gode verhoort ende zindert en quam daer noynt asschen, hoe vele viers dat mer maect.

Item, als men screef duust XLVII, den IX^en dach van meye, zo werdt Ste *Macharys* uter eerde gheheve vanden bisscop van Nyhoen, gheheeten *Boudin,* ende de bisscop van Cameryke, gheheeten *Lethbertus,* ende van vele prelaten. Ende hier was ooc teghenwordich de coninc van Vranckeryke, *Philips,* ende de grave van Vlaenderen, *Bou-*

din van Rysele, ende zyn zoone, *Boudin*, grave van Henegauwe, ende des anderdaechs daer naer, in presentien van alle deze heeren, zo werdt de keerke gewydt van deze twee bisscoppen.

Item, als men screef duust hondert LXXVII, den XI°ⁿ dach van hoymaent, zo was *S*ᵗᵉ *Macharis* ghetranslateert inden fiertere, daer zyn ghebeente nu in rusten es, by versoucke vanden abdt *Betto*, dewelke int zelve jaer starf.

Item, als me screef VII° LIIII, zo was abdt *Vander Heecken*, de bisscop van Ludeke, gheheeten *Egilfridus*, de welke vercreecht *Vander Heecken* den lichame van *S*ᵗᵉ *Veerele*, den XVI°ⁿ dach van novemb.

Item, als men screef IX° LXXXV, den VI°ⁿ january, zo quam van Roome den heleghen lichame van *S*ᵗᵉ *Pancracius* ende een deel van *S*ᵗᵉ *Baerbelen* by den versoucke van eene religieus, gheheeten *Ereboldus*, die abdt wert naer de doot vanden abt gheheeten *Odwinus*.

Item, translatio *Pancracii* ende *Barbere*, M. ende LXXX.

Item, *S*ᵗᵉ *Crisogon*° quam int cloostere als me screef IX° ende XXX, vanden stede van Roome, daer hy ghemartelezeert was.

Item, *S*ᵗᵉ *Amandt* starf int jaer VI°, ende in den tydt van *Fulco* den abdt.

N° XXII.

*Lettres des chanoinesses du chapitre de S*ᵗᵉ *Waudru, à Mons, à l'évêque de Gand. 1612-1618.*

Monseigneur,

Estants arrivéz en ceste ville les députéz de messieurs de S⁴ Bavon, pour reconduire en vostre Eglise le corps du benoist S⁴ Macaire, et le magistrat de ceste ville de Mons envoyant députéz de leur part pour servir à ceste acte religieux, nostre debvoir nous commandoit d'y faire pareillement quelque office signalé, car nonobstant que la bénédiction receue de la toute-puissante main de Dieu en la mémoire de ce Sainct, son grand serviteur, soit esté générale à toute ceste ville de Mons, sy est il que particulièrement en sommes esté bénéficiéz, ayant ledict corps sainct reposé en nostre Eglise sur lautel de tout temps dressé à Dieu, en l'honneur de S⁴ Macaire et les Damoiselles avec leurs officiers esté préservéz de la contagion. Sy est il que nostre serment et facon de ne porter nostre habit Ecclésiasticq hors de ce lieu de madame Sᵗᵉ Waudrud, nous at commandé de nenvoyer aucunes de noz compaignes à faire pareil debvoir à celuy du magistrat, nous avons employé grand soing et travail, et soustenu de la despense pour nous acquitter à l'honneur de ce S^t, cognoissant qu'entre tant des œuvres admirables que nous font cognoistre la bonté et grandeur de Dieu, il ny at aucun quy se puisse esgaler à ceux qu'il opère part et en ses bienheureux sainctz, qu'il at receu participans de sa divine gloire, et à ceste occasion tout ce que nous y avons travaillé et frayé, nous at servuy de voye de consolation de dévotion, et comme d'asseurance de la miséricorde de Dieu durant noz angoisses et afflictions, de sorte que sy les affaires se pouvoient passer à nostre désir, ce sainct gage ne ze bougeroit à iamais de nostre Eglise, ny nous arrière diceluy. Laquelle nostre dévotion et sainct désir nous faict supplier bien humblement que V. R^{me} Ill^{me} S^{rie} soit servie de faire part à ceste Eglise, de quelque pièce signalée du corps dudict Sainct, pour conserver en nous et noz successeurs la mémoire de ce bénéfice et la recognoissance qu'à ceste occasion debvons à Dieu, pour demeurer en perpétuelle action de graces par la ressouvenance de ceste affliction, tant grande et exorbitante que de toutes les contagions que par cidevant ont affligé diverses places et villes, iamais ne se trouva aucune tant abandonnée de tout secours humain, comme at esté ceste pauvre désolée ville de Mons, nonseulement abandonnée, mais comme proscripte et exilée de toutes places voisines et longtaines, nayant trouvé miséricorde plus grande que celle de St Macaire par le moyen de V. S^{rie}, et Messieurs de V. Eglise cathedrale, ayant esté le miracle de ceste assistence sy grand et évident que de quinze cent maisons lors infectéez à veue d'œuil, l'amendement a esté sy grand et signalé, que l'honneur en doibt demeurer à Dieu seul, la bonté et miséricorde duquel avons sentu en son bienheureux St Macaire, lequel prions pouvoir demeurer perpétuel intercesseur de ceste ville et de nostre Eglise de St Waudrud, et de vous,

Monseigneur,

Nous avons requis Monsieurs *Mainsent*, Doyen de St Germain, Monsieur *Mainsent*, son nepveu, Conseilller Ecclesiasticq de la souveraine Cour de Haynaut, et Monsieur *De Rauventeau*, Baillif de nostre Eglise, à quilz eussent à présenter à V. S. Ill^{me} ceste nostre lettre, en faire instante requeste, affin que puissions estre bénéficiéz de quelque portion dudict St Macaire.

De noste chapitre de Mons, ce 22 de juillet 1616.

Vos très humbles à vous faire service, les Damoiselles et persones du chapitre Ste Waudrud à Mons.

Par ordonnance du chapitre et estoit signé, F. GAILLART.

Messieurs,

Nous avons parlé à Messieurs voz députéz, estans veneuz en ceste ville pour ramener le corps du bienheureux Monsieur S¹ Macaire, et sy avons escript à Monsieur le Rᵐᵉ Illᵐᵉ Vostre Evesque, que faict que nous semble impertinent de vous faire iterativement quelque long discours sur les grandz bénéfices quavons receu de Dieu par son bonheureux serviteur S¹ Macaire, et l'obligation quavons à Vostre Eglise pour la servir en revange, cependant nous n'avons peu obmectre que de vous suppléer bien humblement à ce que voz Sⁱᵉˢ soient servies de nous faire à tousiours participantes de ceste bénédiction céleste, quavons receu présentement en noz afflictions et ce par la participation de quelque portion signalée dudict sainct corps, laquelle serat honorée chez nous de tous moiens chrestiens et possibles que scaurons adviser et sy conserverez chez nous et noz successeurs la mémoire de l'obligation qu'avons à voz personnes et Vostre Eglise, vous suppliant bien instantément de nous accorder ceste requeste. Nous avons requis Monsieur *Mainsent*, Doyen de S¹ Germain, Monsieur *Mainsent*, son nepveu, Conseillier Ecclesiasticq de la souveraine Cour de Haynaut, et Monsieur *De Rumenteau*, Baillif de nostre Eglise, à ce quilz dussent de nostre part vous faite pareille requeste. Sur quoy humblement nous recommandant, prions Dieu vous avoir,

Messieurs, en sa continuelle saincte grâce.

De nostre chapitre de Sᵗᵉ Waudrud à Mons, ce 22 de juillet 1616.

Voz bien humbles,

Les Damoiselles et persones du chapitre de Sᵗᵉ Waudrud à Mons.

Par ordonnance dudict chapitre et estoit signé, F. GAILLART.

N° XXIII.

La République française fait enlever les tableaux de la cathédrale.

Actum in congregatione extraordinaria 12 augusti 1794.

Eodem, gelesen eenen brief gesonden door de fransche commissarissen op het addres *au chanoine Looze où celui président actuel le chapitre;* ende alsoe actueel presiderende heer was d'heer Archidiaken, soo heeft dien brief ontfangen ende seffens de andere heeren medegedeelt, den selven behelsde dat den voorschreven heer hem seffens most

begeven naer het soo te vooren genoemt bisdom, waer op de andere
heeren geresolveert hebben sigh vergadert te houden tot het wederkeeren desselfs President; die naer eene goede ure tydts, is te rugh
gekeert, ende mondelynckx te kennen gegeven dat hem een schrift is
ter hand gestelt, inhoudende orders gedecreteert door het comitté van
publycke welvaert *tot het weghnemen der beste stucken schilderien berustende ende toebehoorende de cathedrale Sinte Baefs,* ende dit al op
responsabiliteyt van synen persoon, alle het welcke de vergaederde
heeren gehoort hebbende, geresolveert hebben sigh daer tegen niet te
stellen, als niet connende tegen openbaer gewelt.

Actum 12° augusti 1794, post meridum.

Eodem, heeft d'heer Archidiaken geraporteert dat hy wederom is
ontboden geweest heeft het quart voor twalf uren by de commissarissen der fransche Republique, die hem hebben afgevraegt ofte hy
ende de voordere capitulairen hun wilde tegen stellen, ofte het volck
opmaecken tot het beletten der oplightinge der schilderyen van Sinte
Baefs, conforme aen de vraege gedaen door de comitté van publique
welvaert. Waer op den voorschreven heer Aersdiaken hun breviter et
in propriis verbis heeft geantwoort : *Messieurs, contre la force il n'y a
point de résistance, et le chapitre cathedral n'a jamais été en état d'exciter
le peuple.*

Voorders heeft d'heer archidiaken nogh gedeclareert dat ter gele-
gentheyd van het geduerighe in ende uytgaen der werckluyden in de
cathedraele, hy gesaementlyck met d'heer pastor sancti Bavonis ge-
sorght heeft voor het tabernakle, vonte ende desselfs registers.

Voorder geresolveert soo haest de werckluyden met het afdoen ende
weghnemen der schilderyen geendight hebben, seffens het goddelyck
officie te ernemen.

Oock is gheauttoriseert geweest den heer archidiaken tot het teecken
garant over alle schilderyen in Sinte Baefs rustende, die syn weghge-
nomen, ende dit nomine congregationis dominorum.

Eeodem geresolveert de commissarissen der fransche Republique te
vraegen copien autentique van het proces-verbal nopende het weghnemen der schilderyen, die moet dienen voor decharge aen de reside-
rende heeren van het capitel.

(Cette décharge a été donnée).

Actum in capitulo extraordinario, 20 *februarii* 1795.

Syn gecompareert d'heeren canoniken *Bellanges* ende *Vander Beken,*
meldende dat sy gecommitteert waeren geweest vande heeren confra-

ters, die versamelt waeren geweest in de stad Middelburgh, in Zeeland, tot het convoieren het silverwerck, ornamenten ende archiven, immers alle effecten die in de voormelde stadt hadden gevlught geweest; rapporterende voorders dat het schip gearresteert lagh in het ambaght van Hulst tot Campen.

Wiert geresolveert dat die twee heeren gesaementlyck met den heer Lammens (1) souden consulteren over de maetregelen in deze netelachtige saecke, te nemen.

N° XXIV.

Argenterie de l'église cathédrale de Saint-Bavon, envoyée à la monnaie impériale. 1793.

Actum in capitulo extraordinario, 30 decembris 1793, post missam.

Geresumeert synde het object van het voorgaende capittel nopende een groot deel van het silverwerck deser kercke te geven in de munte aen den souverain, als hier vooren is uytgedruckt, behulpsaem te syn in de netelachtige omstandigheden in welke het landt als nu is, wiert geresolveert te committeren so sy mits desen gecommitteert worden de heeren cantor, tresorier, kerckmeesters ende secretaris, van het silverwerck t'examineren ende ondersoeken welck men gevoegelyk soude connen geven met last van rapport aen het capittel om alsdan finaelyck te resolveren.

Actum in capitulo extraordinario, 7 januarii 1794, post missam.

Eodem, rapporteerden de seer eerw. heeren cantor, tresorier, kerckmeesters en secretaris, dat sy ingevolge de capitulaire resolutie van den 30 december lest, hadden geexamineert het silverwerk deser kercke ende der dependerende capellen; dat sy van advies waeren, geconsidereert de tydtsomstandigheden, besonderlyck den noodt in welcken sigh bevint Syne Majesteydt den Keyser, te geven, emmers te senden naer de munte eene notabel deel, bestaende besonderlyck in de volgende stucken :

(1) PIERRE-PHILIPPE-CONSTANT LAMMENS, né à Gand, le 8 octobre 1762, mort dans la même ville le 9 juin 1836, reçut le 22 novembre 1815 du gouvernement des Pays-Bas, la mission d'aller à Paris pour y recueillir les manuscrits, livres, imprimés, objets d'art enlevés en Belgique par le gouvernement français.

Competerende den choor der cathedrale.

Ses klyne candelaers, wegende in oncen.	660	
Twee reliquiecassen van de HH. Cornelis en Livinus . .	189	
Silveren lessenaer der digniteyten.	182	
De canones voor de digniteyten	164	
Twee daegelyksche wieroockvaetten	114	
Twee schelpen.	26	
Verschulde schotel, lampet en ampullen	163	
Twee bellen ofte cingelen der digniteyten	62	
De groote silvere hostiedoose	17	
Twee silvere schotelkens voor de asche en paeschnagels .	38	
Een confoir met desselfs schotel	72	
Twee taefelcandelaers met den snuytter	38	10
Kleynen kelck voor de eerste communicanten	10	10
Eenen voet gebruykt geweest in t'abernacel. . . .	62	10
Eenen hoeker voor gewyt water	92	10
T'samen oncen. . . .	1831	10

Onse lieve Vrouwe capelle.

Vyf lampen	149	
Vier klyne candelaers	242	1/10
Een wieroockvat, gegeven door den graeve van Hasselt .	92	
	453	11

S[te] Macharius capelle.

Vier candelaers	258	1/4

Bedragende alle t'samen 2542 oncen 16 eng.

De seer eerweerde heeren gelet op het expositif van hunne gecommitteerde, hebben geresolveert soo sy resolveren mits desen de hier vooren [gechaveerde] objecten te bewegen inde munte ofte jointe, ingevolge de souvereine dispositie aengestelt binnen dese stad, tot welkens uytwerkinge wierden versogt ende gedeputeert de eerw. heeren *Petit*, tresorier, en kerckmeesters met last van de heeren geproposeerde directeurs te aensoeken van alles pernitente note te houden, te doen wegen ende over te leveren recepise gespecifieert naer behooren, om aen ons rapport te doen, met declaratie dat het de intentie van het capittel is het silverwerk hier vooren gechaveert, te geven aen den souverain, op den voet ingevolge de bespreken gedetailleert in de depeche op dit object, gegeven tot Brussel den 7 october 1793, met renuntiatie aen den intrest voor den tydt van twee jaeren naer date deser.

Actum in capitulo extraordinario 9 januarii.

Eodem, rapporteerden den heeren tresorier en kerckmeesters, dat sy ingevolge hunne commissie verleent in het voorgaende capittel, ten stadthuyse deser stad in de jointe hadden overgelevert het silverwerck, ende dat het selve in hunne presentie gewegen, maer is bevonden te beloopen tot 2517 oncen (F° 142 et suivants).

Actum in capitulo ordinario, 30 januarii.

Eodem, is overgebraght ter taefel capitulair den act van het afgelevert silverwerck deser kercke, ten ghewichte van 2517 oncen, geweerdeert op fl. 8285-14-0, die gelyt es by de rentebrieven donnatie Triest.

N° XXV.

Copie vande vrye sepulturen vut t'register vant capittel van Ste Baefs.

Vande sepulture onder den sarck mette viercante metaelne plaete, byden groeten pylaer int cruyce aende noortsyde.

Copie vuyt een brief ofte vonnesse van schepenen vander Keure, in date den XV^en in novemb. XIIII° LXXIIII, sca^tie her Ogiers van Massemme, onderteekent Heyma.

Wy *Claeis van Zickele, Jaspaer Vander Hole, Justaes Coets* ende *Lieven De Bels*, als kerckmeesters ende gouverneurs der fabrique van St Janskercke, binnen der stede van Ghent in desen tyt, doen te wetene alle lieden dat wy bevindende de goede jonste ende begheerte die onse beminde vriende Mr *Gillis Pappal*, f^e *Gillis*, secretaris der voorn. stede van Ghendt, ende joncvrouwe *Veerhelt Borluuts*, zyne wettelyke gheselnede, hebben inde voorn. kercke waert [int ghndt], die zy der selver kercke ende fabrique goede vrienden zyn, *ende zonderlinghe ten nieuwen wercke vanden turre, dat nu onlancx leden beghoenen es,* zeer behulpsamelyk haerlieder aelmoesenen ghetoont hebben, ende in goeder meeninge zyn, zoo wy verstaen hebben jaerlycx als men daer aen wercken zal noch geven zullen, ende in dancbaerhede van dien thaerlieder neerendster bede ende versoeck omme haerlieder devotie te voorderene, hebben gheconsenteert en consenteeren by desen over ons ende over onse naercommers, die kercmeesters vande voorn. kercke wesen zullen, den voorn. m^r *Gillisse* ende der joncv^r *Veerhelt*, zyne ghe-

selnede, eene plaetse omme eenen saerck van tamelycker groote te
leyghene voor den autaer vanden heleghen cruyce aenden pylaer ende onder
beelde van onsen Heere daer hy op den hesel zidt, inde zelve kercke van
S¹ Jans, omme heml. die zelve plaetse thuerlieder sepulture, midts haer-
lieder hoyr ende naercommeren te ghebruycken teeuwegen daghen, met
te ghevene ende over te leggene telcken begravingen, over den orloff
vande lichtinghe des zaercs, in aelmoessenen ende oorbuere der
voorn. fabrique, *de somme van zes schellynghen grooten*, ende dit al
boven den gheheelen funeralen die men metten lycke bringhen zal,
achtervolghende den ghemeenen rechte daeraf van ouden tyde inde
zelve kercke gheuseert; in bewarenesse van desen ende kennesse der
waerheden, zoo hebben wy kerckmeesters boven ghenoempt dese letteren gheseghelt metten zeghele vande voorn. kercke vuthanghende,
op den VII⁰ᵉⁿ dach van maerte int jaer Ons Heeren M. IIII⁰ LXII.

Nᵒ XXVI.

Contrat passé par devant les Échevins de Gand, entre le
Chapitre de la cathédrale et le fondeur Florent Delcourt,
pour la fonte de vingt-cinq cloches. — 19 novembre 1635.

A tous ceulx qui ces présentes lettres voirront ou lire oirront,
Eschevins et Conseil de la ville de Gand scavoir faisons; que pardevant
nous comparurent en personne vénérables Seigneurs, Messires *Melchior
de Loquenghien*, Chanoine et Trésorier, et *Philippe Matthias*, Chanoine
de l'église cathédrale de ceste ville, authoriséz à ceste fin par acte
capitulaire en date du XVIII de ce mois de novembre, signé *L. Vis-
scherye;* lesquels en vertu d'icelluy, ont recognu et déclairé d'avoir
faict avecq *Florent del Court*, qui à ce présent confesse pareillement
accepter le contract qui sensuit de mot à aultre :

Aujourd'huy, date de cestes, vénérables Seigneurs, Messʳˢ *Pierre Van
Esch*, Chanoiné et Chantre, *Melchior de Locquenghien*, Chanoine et
Trésorier, *Guillaume Vranx*, Chanoine et Escolatre, *Cornille Ooms*,
Chanoine et Official, *Philippe Matthias* et *Charles Adriaenssens*, Chanoines de l'église cathedrale de S¹ Bavon en la ville de Gand, commis
et députéz de très-révérend Père en Dieu, *Anthoine Triest*, Évesque de
Gand, et de Messʳˢ les Doyen et Chapitre, la Prévosté vacante, de
ladicte cathedrale église, par actes capitulaires du XXVIII⁰ de septembre, V⁰, IX⁰ et XVII⁰ de novembre, cest an XVI⁰ trente et cincq, sont

accordéz avecq *Florent del Court*, filz de *Jean*, marchand, et m^re fondeur de cloches, demourant à Douay, pour fondre deux cloches plus grandes que celle qui pend à présent sur la tour de ladicte église, dont l'une servira de *ut*, et l'autre de *ré*, accordante en doulceur, remplissante et fournissante en ton avecq la susdicte pendante, laquelle servira de *mi*, desquelles ledict *ut* devra peser nœuf mille trois, quatre ou cincq cens livres, et l'autre de *ré*, six mille deux, trois ou quatre cens livres, y employant la meilleure estoffe que se peult trouver, et ce au pris de douze pattars et demy la livre, au poix de la ville de Gand ou de la ville de Douay, au chois desdicts Seigneurs. Lesquelles cloches ledict *Florent* debvra livrer en la ville de Gand et les faire peser et puis transporter en ladicte église, tout à ses péril, frais et despens, et les faire tirer en hault à son péril, aux despens néanmoins desdicts Seigneurs, avecq telles inscriptions et armoiries que luy seront donnéz par lesdicts Seigneurs, et ce à la demy-caresme pour sonner à Pasques prochainement venant. Et au cas que lesdictes cloches pesoient davantage que dict est cy dessus, scavoir, ledict *ut* plus de nœuf mille cincq cens livres, et ledict *ré* de six mille quatre cens livres, ne seront lesdicts Seigneurs obligéz den payer aulcune chose. Et advenant que lesdictes cloches estant pendues, naccorderoient en doulceur et harmonie remplissante et furnissante avecq ledict *mi*, le jugement de quoy lesdicts Seigneurs reservent à eulx seuls sans se vouloir soubmectre au jugement des aultres, ledict *Florent* sera tenu et obligé de reprendre lesdictes cloches à ses frais et despens. Sy ne seront lesdicts Seigneurs obligéz de faire aulcun payement que premièrement lesdictes cloches seront pendues, auront sonnées et esté receues pour bonnes par iceulx, ce questant faict ledict *Florent* recepvra promptement en deniers comptans la moytié de la valeur desdictes deux cloches. Sy emprend-il lesdicts Seigneurs de refondre en la ville de Gand aultres cloches pour fornir un accord entier de vintcinq cloches, y comprinses les trois susdictes et trois feintes, commençant de *fa*, au pris de trois gros la livre touttes les fauctes à sa charge, et livrer en cloches aultant de livres que luy seront livrées en estoffe accordantes en ton, doulceur et harmonie, remplissantes et furnissantes en quart, quincte et octave avecq les aultres trois plus grosses. Et sy aulcunes d'icelles estans pendues ne sont trouvées telles comme dict est, il sera tenu de les refondre à ses frais et despens, et faire accorder comme dessus et livrer lesdictes cloches pour la feste de St Jean Baptiste, aussy prochainement venant, et ce que sera trouvé porter le prix du refondissement desdictes cloches, sera la moictié dicelluy pris avecq la moictié de laultre moictié restante, du prix des deux susdictes cloches payées à la St Jean de l'an XVIe trente et sept, et le surplus tant de l'un que de laultre à la St Jean XVIe trente et huict, saulf que sera validée que sur ce validera ausdicts Seigneurs lestoffe, sy aulcune demeure après le fondissement desdictes cloches, laquelle ledict *Florent* sera tenu reprendre en payement, au prix de dix soulz et demy la livre. Sy sera-il tenu de tenir bonnes tant lesdictes deux grosses cloches que les aultres par luy refondues le temps de trois ans, et polront lesdicts Messeigneurs, toutes lesdictes cloches faire sonner à leur volunté, et en cas quaulcunes viendront à rompre ou debvroient aultrefois estre refondues, il sera tenu de faire et les tenir bonnes aultres trois ans. Et pour lasseurance desdicts Seigneurs prester et mectre caution souffisante en la ville de Gand. Promectans les ambedeux parties de recognoistre ce present contract pardevant les Eschevins de la Keure de cette ville de Gand, soubs condempnation voluntaire faict ce XVIIe de novembre XVIe trente et cincq. En faicte de quoy nous Eschevins susdits, avons les ambedeux partyes comparantes à leur respective requisition condamné et condempnons par ces présentes en lentretiennement et accomplissement de tout ce que dessus et de chacun point en particulier. Tesmoing le seing manuel d'un, de noz secretaires et le scel aux causes de ladicte ville y appendant, ce XIXe de novembre XVIe trente et cincq. Sur le plis estoit : A. VANDER LUYTSEN.

N° XXVII.
Faits mémorables de l'année 1625.

Prise de Breda. — Peste à Gand. — L'Infante Isabelle visite la cathédrale.

Le 9 juin 1625, les Prélats des abbayes de Gand, le Conseil de Flandre et le Magistrat de la ville, se rendirent en grande pompe à l'église cathédrale, où ils assistèrent au salut, pour remercier Dieu du triomphe que le marquis de Spinola venait de remporter en s'emparant de Breda (*omme Godt almachtich te dancken van syn victorie ende innemen van Breda*).

Les cloches sonnèrent à grandes volées, pendant que le clergé entonnait le *Te Deum laudamus*. L'église était décorée comme aux grands jours de fête. Cette cérémonie à la fois nationale et religieuse, eut lieu entre neuf et dix heures du soir, à la clarté de nombreux cierges de cire.

En 1625, la peste sévit à Gand. Pour implorer la miséricorde divine, les divers voisinages firent célébrer à Saint-Bavon des messes en l'honneur de saint Macaire. Les archives fournissent à ce sujet les renseignements suivants :

Une messe chantée fut célébrée le 29 août 1625, par le voisinage de la Longue Monnaie. — Le 13 octobre, par le voisinage des Capucins, la rue Neuve Saint-Jacques, le voisinage du seigneur de Locquenghien, le Calanderberg et la Cruystraete. — Le 25 septembre, par le voisinage du Bélier. — Le 3 octobre, par la Place d'armes. — Les 4 et 5 octobre, par la rue des Marjolaines. — Le 8 octobre, par le quartier du Bas-Escaut. — Le 7 octobre, par l'autre partie de la Place d'armes. — Le 21 octobre, par la Santpoorte. — Le . . octobre, par la partie de la Longue Monnaie conduisant vers le Marché du Vendredi, etc.

Accouchement de la Reine d'Espagne.

A cette occasion l'Infante Isabelle assista au *Te Deum* chanté à Saint-Bavon.

Item, betaelt de spelieden deser stede, als hebbende ghespelt onder de messe ende te *Deum laudamus,* in danckseggjnghe van het gheluckich gheligghe vande Coninginne van Spaingnen, wesende inden selven dinst present onse doorluchtige princesse. XII sch. gr.

Item, betaelt *Jan Hollebeke,* clockluyder, over het luyen met de groote clocke, twee poosen, den eersten december XVI° XXV^{tich}, als wanneer de S^{me} Infante in onse kercke den goddelycken dienst quam hooren, de somme van IIII sch. gr.

Noch betaelt den selven over het luyen met de groote clocke, vier poosen, den XI^{sten} december XVI° XXV^{tich}, te weten, tsavens een poose, smorghens eene in dincommen te kercke vande S^{me} Infante ende int vuytgaen, tsaemen VIII sch. gr.

                                        (Comptes de la fabrique de l'année 1625).

FIN DU PREMIER VOLUME.

TABLE

DES NOMS-PROPRES ET DES NOMS DE LIEUX

CITÉS DANS CE VOLUME.

NB. Les noms d'auteurs et d'artistes sont imprimés en petites capitales.

43

44

TABLE DES MATIÈRES.

45

TABLE DES GRAVURES.

FIN DE LA TABLE DU PREMIER VOLUME.

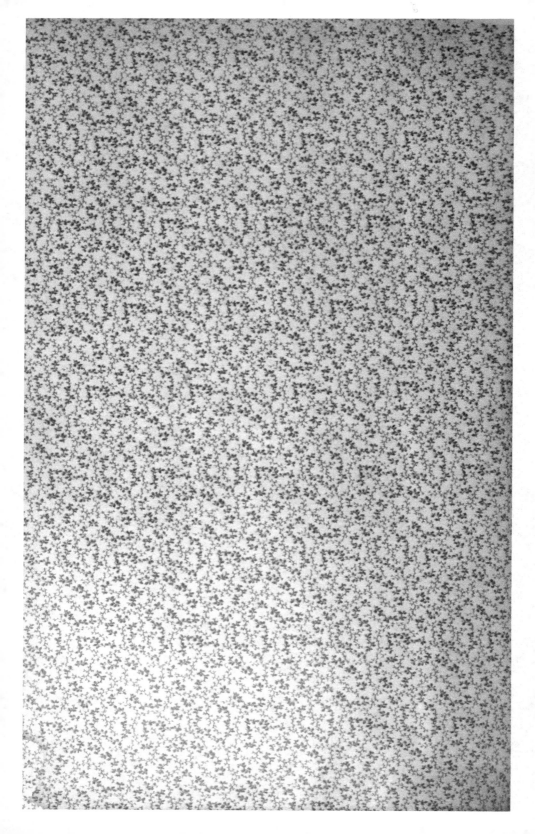

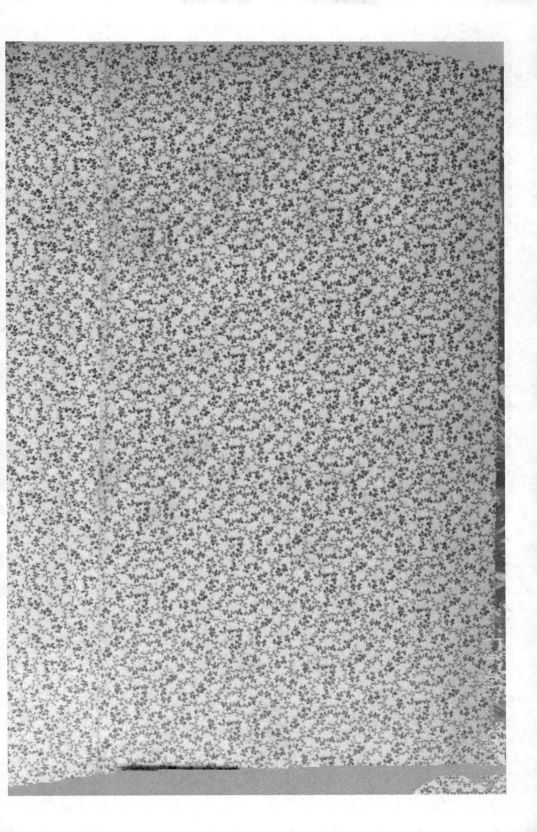

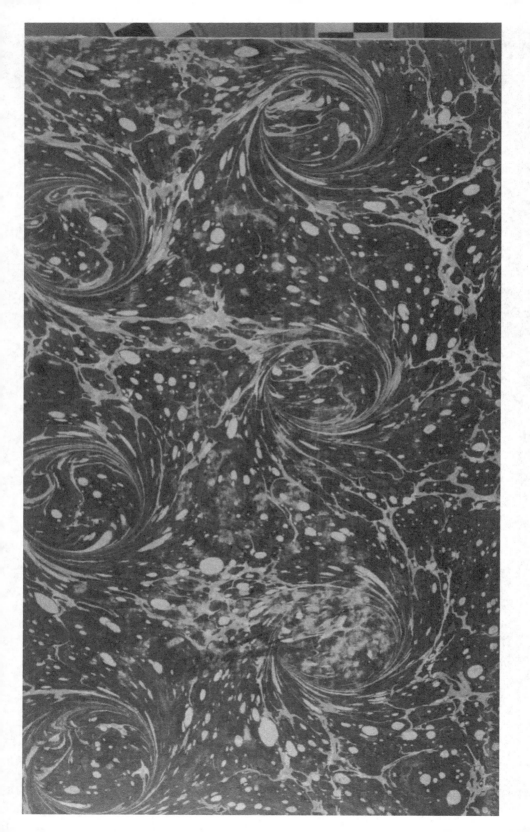

Im The Story

personalised classic books

JANE
IN
WONDERLAND

LEWIS
CARROLL

"Beautiful gift.. lovely finish.
My Niece loves it, so precious!"

Helen R Brumfieldon

⭐⭐⭐⭐⭐

UNIQUE GIFT

FOR KIDS, PARTNERS
AND FRIENDS

Timeless books such as:

 Kids

Alice in Wonderland · The Jungle Book · The Wonderful Wizard of Oz
Peter and Wendy · Robin Hood · The Prince and The Pauper
The Railway Children · Treasure Island · A Christmas Carol

 Adults

Romeo and Juliet · Dracula

 Highly Customizable

 Change Books Title

 Replace Characters Names with yours

 Upload Photo (or inside page)

 Add Inscriptions

Visit
Im The Story .com
and order yours today!

CPSIA information can be obtained
at www.ICGtesting.com
Printed in the USA
BVHW071436140819
555860BV00025B/2202/P